全国普通高等院校物流管理与物流工程专业教学指导意见配套规划教材

企业物流管理

主　编　隋　鑫
副主编　何　军　杨　雷　颜　萍
　　　　田　芳　邵　彤

中国物资出版社

图书在版编目（CIP）数据

企业物流管理/隋鑫主编．—北京：中国物资出版社，2010.9
（全国普通高等院校物流管理与物流工程专业教学指导意见配套规划教材）
ISBN 978－7－5047－3533－1

Ⅰ.①企…　Ⅱ.①隋…　Ⅲ.①企业管理—物流—物资管理—高等学校—教材
Ⅳ.①F273.4

中国版本图书馆 CIP 数据核字（2010）第 158269 号

策划编辑　王宏琴
责任编辑　郑欣怡
责任印制　方朋远
责任校对　孙会香　杨小静

中国物资出版社出版发行
网址：http://www.clph.cn
社址：北京市西城区月坛北街 25 号
电话：（010）68589540　邮政编码：100834
全国新华书店经销
三河市西华印务有限公司印刷

开本：787mm×1092mm　1/16　印张：20.75　字数：516 千字
2010 年 9 月第 1 版　2010 年 9 月第 1 次印刷
书号：ISBN 978－7－5047－3533－1/F·1389
印数：0001—3000 册
定价：33.00 元

序　言

随着经济全球化进程的加快和区域经济一体化的高速发展，现代物流作为一种先进的组织方式和管理技术，成为公认的“第三利润源”。现代物流在全球范围内已成长为一个充满生机并具有强大发展潜力的企业竞争力源泉，其发展水平正在成为衡量一个国家综合国力、经济运行质量与企业竞争能力的重要标志之一。物流业的高度发展对现代社会的经济发展具有极其重要的战略意义，并成为促进经济发展的重要保障和积极推动力量，正因为如此，物流产业在国际上被喻为促进经济发展的“加速器”。

2009年3月10日，国务院国发（2009）8号文发布了《物流业调整和振兴规划》（以下简称《规划》）。这是我国物流业第一个专项规划，也是第一次以国务院名义发布的指导物流业发展的文件。该规划是十大产业中唯一的服务业规划，能够列入其中，表明党中央、国务院对物流业发展的重视。《规划》在分析我国物流业发展的现状与形势的基础上，提出了指导思想、原则和目标、十项主要任务、九大重点工程和九条政策措施。《规划》特别指出：“物流业是融合运输业、仓储业、货代业和信息业等的复合型服务产业，是国民经济的重要组成部分，涉及领域广，吸纳就业人数多，促进生产、拉动消费作用大，在促进产业结构调整、转变经济发展方式和增强国民经济竞争力等方面发挥着重要作用。”

企业物流是企业生产经营活动的重要组成部分，是物流理论与物流技术发展的基础和重要载体。作为物流运作的基本单位，企业物流也是社会物流的基础。现代企业物流管理水平的高低不仅直接影响着企业自身的经营效益，而且还直接关系到我国物流整体水平的提高，也会促进第三方物流的发展，企业物流的进步更有利于供应链管理在我国的应用和推广。

本书紧紧围绕现代企业物流的基本内容，深入浅出，既考虑到国际物流理论的发展趋势，又考虑到国内物流的发展水平。在强调物流科学的知识性、普及性和探索性的同时，更加突出了现代物流知识和实践的时代性、系统性和精益性。编者大量地收集、分析和研究了国内外物流领域的先进研究成果和具体研究资料以及国内外知名企业的物流实践，力图在理论上和实践上共同反映出企业物流领域的最新发展。本书的编写具有以下特点：一是既包括企业物流方面的基础理论和前沿性内容，又包括企业物流管理实务方面的知识；二是内容深入浅出，通过对本书的学习帮助读者对企业物流管理建立全面系统的概念；三是各章后面附有习题及相关的案例分析，以有利于引导读者掌握内容要点，方便使用。

本书主要以企业物流为研究对象，全面系统地介绍了企业物流的各个职能环节和基本运作过程，内容涉及企业物流战略、物流组织、物流控制、供应链管理等物流管理基本框架，涵盖供应物流、生产物流和销售物流整个企业物流运作的全部流程，具有系统性、针对性、实用性等特点。本书主要作为高等院校教材和参考书，特别适合高等院校物流管理及相关专业的本科生学习使用，并可作为企业物流管理人员、技术人员的参考资料。

本书由沈阳师范大学物流管理专业的青年骨干教师精心编写。全书共分十三章，其中第一、第三、第六章由隋鑫编写；第二、第五、第十章由何军编写；第四、第十一章由杨雷编写；第八、第九章由田芳编写；第十二、第十三章由颜萍编写；第七章由沈阳工业大学的邵彤编写。

本书编写过程中得到了中国物资出版社编辑的大力支持和协助，在此表示诚挚的谢意。此外，书中参考了大量文献资料，借鉴和吸收了国内外众多学者的研究成果，在此对他们的辛勤工作深表敬意。

当前我国物流业正处于高速发展时期，相关物流理论知识仍在不断发展和完善之中，加之笔者业务水平有限，书中表述难免出现疏忽和谬误，敬请各位专家和读者批评指正，并及时反馈给作者，以便逐步完善（联系邮箱：suixin7761@sohu. com）。

隋　鑫

2010 年 6 月

目　录

第一章　企业物流概述

企业物流是企业生产与经营的组成部分，也是社会大物流的基础。中国经济要融入世界经济，中国企业要参与国内、国际市场竞争，需要增强现代物流意识，进一步采取先进的组织和管理技术。从世界物流运作的实际过程来看，随着生产技术水平的提高和内部管理手段的加强，企业在可控的生产过程内降低成本的空间越来越小，而在生产之外的采购、运输、仓储、包装、配送等环节上却潜力较大，这就使物流成为继降低劳动力成本和物资消耗之后的“第三利润源”。

第一节　物流概述

一、物流的起源与概念

（一）“物流”的起源与发展

当前在我国广泛使用的“物流”一词，是日本语“物的流通”（意思是具有物理性质的实物的流通）的简称，英文原词是 Physical Distribution（简称 PD，也可译为实物分配）。我国物流工作者在 1979 年直接从日本引进了“物流”这个词汇。由于日本也使用汉语词汇，“物流”一词也就被直接引用过来。

1. 传统物流（Physical Distribution，PD）

虽然“物流”一词是在 1979 年才传入我国，但“Distribution”最早出现在美国。

以詹姆士·约翰逊（James C. Johnson）和唐纳德·伍德（Donald F. Wood）为代表的学者认为“物流”一词首先用于军事。他们说，1905 年美国少校琼斯·贝克尔（Chauncey B. Baker）认为“那个与军备的移动和供应相关的战争艺术的分支就叫物流（Logistics）”。

而英国克兰菲尔德物流与运输中心（CCLT）主任、资深物流与市场营销专家马丁·克里斯多夫（Martin Christopher）教授则认为，阿奇·萧（Arch W. Shaw）是最早提出物流（Physical Distribution）概念并进行实际探讨的学者。1915 年阿奇·萧在《市场流通中的若干问题》（*Some Problems in Market Distribution*）一书中提出“物流是创造不同需求的一个问题”，并提到“物资经过时间或空间的转移，会产生附加价值”。这里，Market Distribution 是指商流；时间和空间的转移是指销售过程中的物流。

1927 年拉尔夫·布素迪（Ralph Borsodi）在《流通时代》一书中，初次用 Logistics 来称呼物流，为物流的概念化奠定了基础。

将物流活动真正上升到理论高度并加以研究和分析的当数著名营销专家弗莱德·E.

克拉克（Fred E. Clark），他于1929年在所著的《市场营销的原则》一书中，将市场营销定义为“商品所有权转移所发生的各种活动以及包含物流在内的各种活动”，从而将物流纳入到了市场经营行为的研究范畴之中。

在第一次世界大战的1918年，英国犹尼里佛的利费哈姆勋爵成立了“即时送货股份有限公司”。其公司宗旨是在全国范围内把商品及时送到批发商、零售商以及用户的手中，这一举动被一些物流学者誉为有关“物流活动的早期文献记载”。

1935年，美国营销协会最早对物流进行了定义：物流（Physical Distribution）是包含于销售之中的物质资料和服务于从生产地到消费地流动过程中伴随的种种活动。上述历史被物流界较普遍地认为是物流的早期阶段。

日本在1964年开始使用“物流”这一概念。在使用“物流”这个术语以前，日本把与商品实体有关的各项业务，统称为“流通技术”。

根据日本物流管理协会的资料记载，日本在20世纪50年代以后，经济已基本恢复到第二次世界大战前的水平。企业进行大规模设备投资和更新改造，技术水平不断提高，生产力大幅度上升。1955年成立了生产性本部，该团体为了改进流通领域的生产效率，确保经济的顺畅运行和发展，组织了一个由早稻田大学教授伊泽道雄为团长的考察团，于1956年秋季考察了美国的物流。当时日本还没有“物流”这个词，代表团的名称为“流通技术专业考察团”。该代表团在美国期间，美国著名教授肯巴斯先生讲到，美国30年来国民经济之所以顺利发展，原因之一就是既重视生产效率又重视流通效率。美国产业界真正认识到物流的重要性基本是在1950年前后，在此之前一直只重视销售，仅把运输、保管、包装、装卸等物流活动作为销售的辅助性活动。日本流通技术专业考察团在美国还发现，原来日本被称为流通技术的运输、包装等活动，美国人称为Physical Distribution（PD），从此便把流通技术按照美国的简称，叫做“PD”，“PD”这个术语得到了广泛的使用。

日本考察团回国后便向政府提出了重视物流的建议，并在产业界掀起了PD启蒙运动。在日本能率协会内设立了PD研究会，邀请平原直先生（历任装卸研究所所长、日本装卸协会会长，被誉为日本“物流之父”）担任会长，每个月举办PD研讨会；在流通经济研究所，日本权威物流学者林周二教授等也组织起PD研究会，积极开展各种形式的启蒙教育活动。

经过8年的努力，1964年日本政府终于开始对PD给予了关注。通产省几次邀请平原直先生去政府机关说明PD的重要性，为政府官员们讲课。同年7月，通产省决定讨论物流预算案时，担心新闻媒体在报道中讲PD日本人听不懂，于是邀请平原直先生同内山九万先生（日本通运株式会社专务董事）商议。内山专务认为PD中的“P”，即Physical在这里并不是“物质”的意思，而是“物理”的意思，Distribution是“流通”的意思，所以应把PD译为“物理性流通”，但又觉得作为一个名词，“物理性流通”字数过多、过长，只好缩为“物的流通”。于是“物的流通”这一新词在全日本媒体上发表了。

1965年，日本在政府文件中正式采用“物的流通”这个术语。此后，“物的流通”在日本逐渐家喻户晓，人人皆知。产业构造委员会内设立了“物的流通分会”；1970年成立的日本最大的物流团体之一就叫“日本物的流通协会”。1970年成立的另一个日本类似的物流团体——日本物流管理协议会每年举行的物流会议也都叫“全国物的流通会议”。1970年以后很多人又觉得“物的流通”也有点长，于是就干脆简称为“物流”了。“物流”这个词在日本至今仍在使用。

我国开始使用“物流”一词始于1979年（有人认为，孙中山主张“贸畅其流”，可以说是我国“物流思想的起源”）。1979年6月，我国物资工作者代表团赴日本参加第三届国际物流会议，回国后在考察报告中第一次引用和使用“物流”这一术语。但当时有一段小的插曲，当时商业部提出建立“物流中心”的问题，曾有人认为“物流”一词来自日本，有崇洋之嫌，于是改为建立“储运中心”。其实，储存和运输虽是物流的主体，但物流有更广的外延。而且物流是日本引用的汉语，物流作为“实物流通”的简称，提法既科学合理，又确切易懂。不久仍恢复称为“物流中心”。1988年中国台湾也开始使用“物流”这一概念。1989年4月，第八届国际物流会议在北京召开，“物流”一词的使用日益普遍。

2. 现代物流（Logistics）

“Logistics”一词出现在第二次世界大战期间。美国在对军火等进行战时供应时，首先采取了“后勤管理”（Logistics Management）这一名词，对军火的运输、补给、屯驻等进行全面管理。从此，后勤学逐渐形成了单独的学科，并不断发展为后勤工程（Logistics Engineering）、后勤管理（Logistics Management）和后勤分配（Logistics Distribution）。后勤管理的方法后被引入到商业部门，被人称为商业后勤（Business Logistics）。定义为“包括原材料的流通、产品分配、运输、购买与库存控制、储存、用户服务等业务活动”，其领域主要包括原材料物流、生产物流和销售物流。

在20世纪50年代到70年代，人们研究的对象主要是狭义的物流，是与商品销售有关的物流活动，即流通过程中的商品实体运动。因此通常采用的仍是“Physical Distribution”一词。

1986年，美国物流管理协会改名为美国物流协会，其理由是因为Physical Distribution的领域较狭窄，后勤管理较宽广。改名后的美国物流协会（C. L. M.）对后勤管理做的定义是：“以适合于顾客的要求为目的，对原材料、在制品、制成品及其关联的信息，从生产地点到消费地点之间的流通与保管，力求有成本—效率的最佳效果而进行计划、执行与控制。”

Logistics与Physical Distribution不同，它已突破了商品流通的范围，把物流活动扩大到生产领域。物流已不仅仅从产品出厂开始，而是包括从原材料采购、加工生产到产品销售、售后服务，直到废旧物品回收等整个物理性的流通过程。这是因为随着生产的发展，社会分工越来越细，大型的制造商往往把成品零部件的生产任务包给其他专业性制造商，自己只是把这些零部件进行组装，而这些专业制造商可能位于世界上劳动力比较便宜的地方。

在这种情况下，物流不但与流通系统维持密切的关系，而且与生产系统也产生了密切的关系。这样，将物流、商流和生产三个方面联结在一起，就能产生更高的效率和效益。近年来，日、美的进口批发及连锁零售业等，在运用这种观念方面积累了不少成功的经验。

由此可以看出，当前提到的 Logistics 的特点是：①其外延大于狭义的物流，因为它把起点扩大到了生产领域；②其外延小于广义的物流（Business Logistics），它不包括原材料物流；③其外延与供应链的外延相一致，因此有人称它为供应链物流。

Logistics 一词的出现，是世界经济和科学技术发展的必然结果。当前物流业正在向全球化、信息化、一体化方向发展。一个国家的市场开放与发展必将要求物流的开放与发展。随着世界商品市场的形成，从各个市场到最终市场的物流日趋全球化；信息技术的发展，使信息系统得以贯穿于不同的企业之间，这使得物流的功能发生了质变，大大提高了物流效率，同时也为物流一体化创造了条件。一体化意味着需求、配送和库存管理的一体化。这些，已成为国际物流业的发展方向。

虽然世界上大部分国家把 Physical Distribution 改为 Logistics，但我国和日本把 Logistics 仍译为“物流”，并未直译为“后勤”。1973 年 6 月在日本召开的国际物流筹备会议、1989 年 4 月在北京召开的第八届国际物流会议以及 1997 年 6 月在北京召开的“97 亚太国际物流会议”，都把 Logistics 译为“物流”。

在“97 亚太国际物流会议”上，日本山九株式会社顾问河野力提出“对物流应该树立一个新的观念——综合物流管理”。这一概念的提出，要求在组织物流工作时，注意把物流作为一个完整的系统进行综合管理，协调好各个环节之间的联系，达到低成本、高效率的目标。与会人士认为这一概念的确立，是对物流的含义和目标有了新认识，对拓展物流研究和发展将会起到十分重要的作用。会后，日本后勤系统协会专务理事稻束原树在东京会见了上海仓储赴日代表团成员，介绍 Logistics 这一概念时，也提到综合物流这一概念，又说 Logistics 还通常被称为“战略物流”（Strategic Physical Distribution）。

我国自 20 世纪 80 年代以来，并未把 Physical Distribution 直译为“实物分配”或“物的流通”，而是译为“物流”。近年来，也开始使用 Logistics 一词。1996 年原国内贸易部将《物流术语》列入行业编制计划；1997 年国家技术监督局将其列入国家标准计划。其中将 Logistics 仍译为“物流”，定义是：“以最小的总费用，按用户要求，将物质资料（注：包括原材料、半成品、产成品、商品等）从供给地向需要地转移的过程。主要包括运输、储存、包装、装卸、配送、流通加工、信息处理等活动。”“物流中心”英译名为“Logistics Center”；配送中心英译名为“Distribution Center”。

中国台湾地区物流界同样也把 Logistics 译为“物流”。1996 年台湾物流协会拟定的物流定义是：“物流是一种物的实体流通活动的行为，在流通过程中，透过管理程序有效结合运输、仓储、装卸、包装、流通加工、资讯等相关物流机能性活动以创造价值，满足顾客及社会性需求。”并强调指出，这是台湾地区现阶段发展环境下的本土化的物流定义，今后将不断观察世界物流趋势，在适当时机对物流定义予以修订，以符合本土及国际化物流发展之潮流。

（二）物流概念的理论界定

现代物流的理论研究与实践最早起源于美国，后来发展到欧洲和日本。物流概念出现以后，各国学者对于物流的理解均有不同表述，这既反映出各国学者对于物流理解的多样性，也反映出物流概念的内涵和外延随着时间的推移也在不断发生着变化。

现在很难统计到底有多少机构给出了物流的定义，但通过文献研究可以得出以下几个结论：第一，世界上对物流的定义远远没有统一，不同的机构从自身需要出发给出的物流定义，各有侧重；第二，发达国家成立比较早的物流组织给出的物流定义较有影响力，尤其是美国物流管理协会的定义较有权威性，以至于加拿大物流管理协会基本上采纳了该定义；第三，区域性物流组织试图统一多个国家的物流定义。以下列出的是国内外比较有代表性的组织和学者对物流所下的定义。

1. 国外对物流的界定

(1) 美国对物流的定义

美国市场营销协会 20 世纪 50 年代的定义："物流（PD）是对从生产阶段到消费或利用阶段物资的移动及货物处理活动的管理。"

1963 年成立的美国物流管理协会（National Council of Physical Distribution Management，NCPDM）最初对物流的定义是："物流是为了计划、执行和控制原材料、在制品及制成品从供应地到消费地的有效率的流动而进行的两种或多种活动的集成。这些活动可能包括：客户服务、需求预测、库存控制、物料搬运、订货处理、服务支持、工厂及仓库选址、采购、包装、退货处理、废弃物回收、运输、仓储管理。"

随着研究与认识的深入，1985 年该协会更名为 The Council of Logistics Management (CLM)，用 Logistics 代替了 Physical Distribution，并将其定义为："物流（Logistics）是对货物、服务及相关信息从起源地到消费地的有效率、有效益的流动和储存进行计划、执行和控制，以满足顾客要求的过程。该过程包括进向、去向、内部和外部的移动以及以环境保护为目的的物料回收。"

2001 年，CLM 对物流定义做了进一步修订，修订后给出了一个较为完整、简要，并为全世界企业及协会所参考及引用的物流中、英文定义："物流是供应链过程的一部分，针对物品、服务及相关信息的流通与储存，从起源点到消费点进行有效率及有效果的规划、执行与控管，以达成客户的要求。"（"Logistics is that part of the supply chain process that plans，implements，and controls the efficient，effective forward and reverse flow and storage of goods，services，and related information between the point of origin and the point of consumption in order to meet customers' requirements."）

2005 年伊始，美国物流管理协会（CLM）正式更名为供应链管理专业协会（Council of Supply Chain Management Professionals，CSCMP）。该协会对物流所下的定义为："物流是为满足客户需要，对商品、服务及相关信息在源头与消费点之间的高效（高效率、高效益）正向及反向流动与储存进行的计划、实施与控制的过程。"

(2) 日本对物流的定义

1981 年日通综合研究所出版的《物流手册》中这样解释："物流是将货物由供应者向需求者的物理性移动，是创造时间价值和场所价值的经济活动，包括包装、搬运、保管、库存管理、运输、配送等活动领域。"

日本工业标准中对物流的定义："物流将实物从供给者物理性移动到用户这一过程的活动，一般包括输送、保管、装卸以及与其有关的情报等各种活动。"

1992 年日本后勤系统协会（Japan Institute of Logistics Systems，JILS）：将物流改称为"后勤"，后勤是一种对于原材料、半成品和成品的有效率流动进行规划、实施和管理的思路，它同时协调供应、生产和销售各部门的利益，最终达到满足客户的需求。

日本原早稻田大学教授阿保容司在《新版物流基础》中指出："物流是克服时间和空间，连接供应主体和需求主体，创造部分效用的包括废气和还原在内的一切有形无形资材的物理性移动的经济活动，具体地说有运输、保管、包装、搬运、流通加工等物资流通活动与之有关的信息活动。"

（3）欧洲对物流的定义

1994 年欧洲物流协会（European Logistics Association，ELA）关于物流的定义为："物流是在一个系统内对人员和商品的运输、安排及与此相关的支持活动进行计划、执行和控制，已达到特定的目的。"

德国物流协会认为，"物流是有计划地将原材料、半成品和产成品由生产地送至消费地的所有流通活动"。

德国物流学者 R. 尤尼曼对物流学的定义："物流学是研究对系统（企业、地区、国家、国际）的物流及有关的信息物流进行规划与管理的科学理论。"

2. 我国对物流的定义

我国诸多学者都对物流的概念进行了界定，比较有代表性的论述有：

"物流是一个控制原材料、制成品、产成品和信息的系统。"

"物流是物质资料从供给者到需求者的物理性运动，主要是创造时间价值和场所价值，有时也创造一定加工价值和其他增值服务的一系列活动。"

还有一些学者提出了物流 7R 的定义，即："物流就是将恰当的质量（Right Quality）、恰当的数量（Right Quantity）、恰当的价格（Right Price）、恰当的商品（Right Commodity），在恰当的时间（Right Time），送到恰当的场所（Right Place）、恰当的顾客（Right Customers）手中。"

中国台湾物流协会 1996 年对物流的界定是："物流是一种物的实体流通活动的行为，在流通过程中，通过管理程序有效地结合运输、仓储、包装、流通加工、资讯等相关物流机能性活动的创造价值，以满足顾客及社会性要求。"

在所有对物流概念的界定中，中国国家标准对物流的定义最为权威。中华人民共和国国家标准《物流术语》（GB/T 18354—2006）中对物流概念的界定是："物流（Logistics）是指物品从供应地向接收地的实体流动过程。根据实际需要，将运输、储存、装卸、搬运、包装、流通加工、配送、信息处理等基本功能实施有机结合。"

综上所述，现代物流的目的是提高企业的收益（销售额的提高和利益的扩大），亦即通过经营重要资源的时间（快速送达）、物流质量（优良的运送、无差错运送）、备货（所需要的商品和数量）、信息（在库、断货信息、运送中信息、送达信息）等物流服务品质的提高，从原材料的调达开始到商品的生产以及最终顾客的让渡整个过程的物流成本的降低，来实现企业的高收益。

因此，我们认为现代物流应定义为：泛指原材料、产成品从起点至终点及相关信息有效流动的全过程，它将运输、仓储、装卸、加工、整理、配送、信息等方面有机结合，形成完整的供应链，为用户提供多功能、一体化的综合服务。

图 1－1 反映了物流概念的整体范畴，及 Logistics 与 PD 之间的关系。

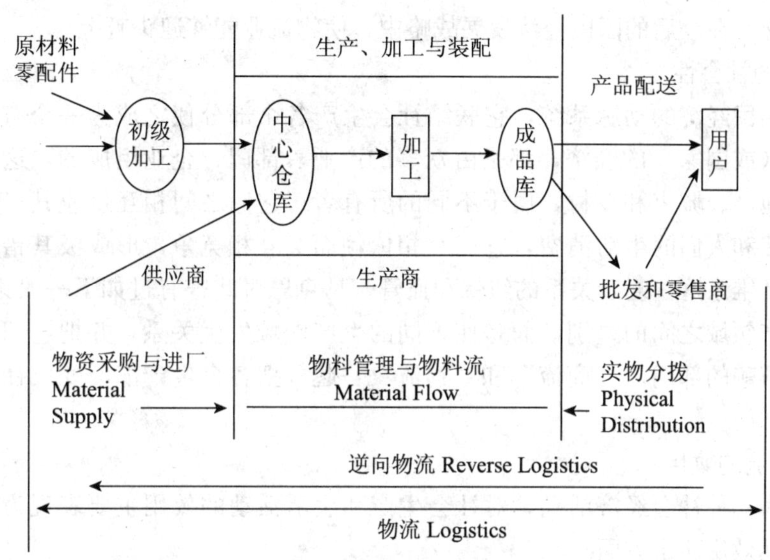

图 1－1　物流概念的整体范畴

二、物流的性质与功效

（一）物流的性质

1. 物流的生产性

物流问题长期以来得不到应有的重视，一个原因是没有正确地把物流作为生产力问题中应有之义来看待，似乎除了物质产品的直接生产过程以外，再没有其他领域体现生产力的内容了。这种对生产力的狭隘理解是自然经济观念的突出表现。另一个原因是商品流通理论研究中长期忽视生产力的内容，只是片面、孤立地考察所谓生产关系，对本应研究解决的物流能力、效率问题视而不见。我们说物流属于生产力的范畴，主要根据是：

①物流是社会化、专业化生产的内在规定，是由现代生产内在矛盾及其时空表现所决定的。因而物流属于物质生产行为所不可分割的一部分。

②物流能力是社会生产力在流通领域的具体体现。在现代社会，物流手段、物流能力与生产手段、生产能力同等重要。从产业结构和生产力布局的角度看，二者具有互相适应、互相促进和互相制约的关系。由于我国物流能力严重低于生产能力的要求，国民经济已经受到极大损害，巨额物质财富不能发挥效用，甚至被大量浪费。

③物流效率是整个经济效率高低的重要决定因素之一，为提高效率，广义的资源配置也包括物流领域的合理投入和分布。

④尽管学术界在生产劳动和非生产劳动的划分问题上长期存在广义、狭义等多种意见的争论，但都一致认为物流领域投入的劳动是生产性劳动，物流业是与工业、农业、建筑业、通信业同样的生产性产业，对物流的投资是生产性投资。

确认物流的生产力属性的实际意义就是要改变人们重生产、轻流通，重商流、轻物流的错误观念，在今后的国民经济发展战略中，使物流业能够迎头赶上。

2. 物流的社会性

物流是国民经济的动脉系统，它联结社会生产各个部分使之成为一个有机整体。任何一个社会（或国家）的经济，都是由众多的产业、部门、企业组成的，这些企业又分布在不同的地区、城市和乡村，属于不同的所有者，它们之间相互供应其产品用于对方的生产性消费和人们的生活消费，它们互相依赖而又互相竞争，形成极其错综复杂的关系。物流就是维系这些复杂关系的纽带和血管。马克思对此曾有过如下一段论述："交换没有造成生产领域之间的差别，而是使不同的生产领域发生关系，并把它们变成社会总生产中互相依赖的部门。""商流"和"物流"一起，把各个生产部门变成社会总生产中互相依赖的部门。

（二）物流的效用

物流作为一种社会经济活动，对社会生产和生活活动的效用主要表现为创造时间效用和创造空间效用两个方面。

1. 物流创造时间价值（或时间效用）

时间价值是指"物"从供给者到需要者之间本来就存在有一段时间差，改变这一时间差创造的价值，称作"时间价值"。时间价值通过物流获得的形式有以下几种：

（1）缩短时间

缩短物流时间，可获得多方面的好处，如减少物流损失、降低物流消耗、加速物的周转、节约资金等。从全社会物流的总体来看，加快物流速度，缩短物流时间，是物流必须遵循的一条经济规律。

（2）弥补时间差

供给与需求之间存在的时间差，是一种普通的客观存在，正是有了这个时间差，商品才能取得自身最高价值，才能获得十分理想的效益。物流便是以科学的、系统的方法弥补，有时是改变这种时间差，以实现其"时间价值"。

（3）延长时间差

在某些具体物流中存在人为地、能动地延长物流时间来创造价值的现象。例如，秋季集中产出的粮食、棉花等农作物，通过物流的储存、储备活动，有意识延长物流的时间，以均衡人们的需求。

2. 物流创造场所价值（或空间效用）

物流创造场所价值是由现代社会产业结构、社会分工所决定的，主要原因是供给和需求之间的空间差，商品在不同地理位置有不同的价值，通过物流将商品由低价值区转到高价值区，便可获得价值差，即“场所价值”，有以下几种具体形式：

（1）从集中生产场所流入分散需求场所创造价值

现代化大生产通过集中的、大规模的生产以提高生产效率，降低成本。在一个小范围集中生产的产品可以覆盖大面积的需求地区，有时甚至可覆盖一个国家乃至若干国家。通过物流将产品从集中生产的低价值区转移到分散于各处的高价值区，有时可以获得很高的利益。

（2）从分散生产场所流入集中需求场所创造价值

和上一种情况相反的情况在现代社会中也不少见，例如，粮食是在一亩地一亩地上分散生产出来的，而一个大城市的需求却相对规模大、集中，这也形成了分散生产和集中需求。

（3）从低价值地生产流入高价值地需求创造场所价值

现代社会中供应与需求的空间差十分普遍，现代人每日消费的物品几乎都是在相距一定距离的地方生产的。这么复杂交错的供给与需求的空间差都是靠物流来弥合的，物流企业也从中取得了利益。

在经济全球化的浪潮中，国际分工和全球供应链的构筑，一个基本选择是在成本较低的地区进行生产，通过有效的物流系统和全球供应链，在价值较高的地区销售。

（三）物流的功能

物流的功能是指物流活动应该具有的基本能力，以及通过对物流活动的有效组合达到的最终经济目的。物流的功能一般包括运输、仓储保管、包装、配送、装卸搬运、流通加工以及与上述功能相关的物流信息等。

1. 运输

运输是指通过运输手段使货物在不同地域范围间以改变“物”的空间位置为目的的活动，并创造场所效用，它是实现空间效果的主要手段，是物流系统中最为重要的功能要素之一。运输在物流活动中占有重要的地位，是社会物质生产的必要条件之一，是“第三个利润源”的主要源泉。

2. 仓储保管

它包括存储、管理、保养和维护等活动，消除生产和消费之间的时间间隔并产生时间功效，是产生时间效果的主要手段，用来克服需求与供给节奏不一致的矛盾，在物流系统中起着缓冲、调节和平衡的作用，保证物流活动的连续性与有效性。同时仓储还有调整价格的功能，防止产品过多导致价格的暴跌。因此，仓储具有以调整供需为目的的调整时间和价格的双重功能。

3. 包装

包装是指为保护“物”或使之单元化，以利于运输、装卸搬运、保管和销售等的技术。“物”在进入物流系统之前，一般要进行某种程度的捆扎、包装或装入适当的容器。因此，包装被称为生产的终点、物流的起点，具有保护性、单位集中性和便利性三大特性，同时具有保护商品、方便物流、促进销售、方便消费四大功能。

4. 配送

配送是物流的一种特殊的、综合的活动形式，它几乎包括了物流的所有职能。是物流的一个缩影或在某一范围内全部物流活动的体现。一般来讲，配送是集包装、装卸搬运、保管、运输于一体，并通过这些活动完成将物品送达的目的。配送问题的研究包括配送方式的合理选择，不同物品配送模式的研究，以及与配送中心建设相关的配送中心地址的确定、设施的构造、内部布置和配送作业及管理等问题的研究。

5. 装卸搬运

装卸搬运是指在同一范围内进行的、以改变“物”的存放状态和空间分量为主要内容和目的的活动。在生产领域中，装卸搬运常称为物料搬运。物流的各个主要环节和生产过程的各个阶段都要依赖装卸搬运活动进行衔接。装卸搬运是劳动密集型作业，内容复杂，消耗的人力与财力在物流成本中占有相当大的比重，常常是物流系统改善的难点之一。

6. 流通加工

流通加工是流通中的一种特殊形式。它是指在物品从生产领域向消费领域流动的过程中，为促进销售、维护产品质量和提高物流效率，而对物品进行加工，使物品发生物理、化学或形状变化的活动。流通加工的主要作用是优化物流系统，表现为：增强物流系统服务功能；提高物流对象的附加价值，使物流系统可以成为“利润中心”；降低物流系统成本等。

7. 物流信息

它是指获取表达物流活动的有关知识、资料、消息、情报、数据、图形、文件、语言和声音等信息，以及信息加工与处理的技术。信息流先于“物”流，信息流不仅伴随“物”流的全过程，而且贯穿其始终。物流信息具有“中枢神经作用”和“支持保障作用”。因此，物流信息也是物流的重要组成部分。物流信息技术也是物流管理活动的基础。

三、物流的基本分类

由于物流对象不同，物流目的不同，物流范围、范畴不同，因此形成了不同类型的物流。物流的类型主要有以下几类：

1. 宏观物流

宏观物流是指社会再生产总体的物流活动，从社会再生产总体角度认识和研究的物流活动。宏观物流还可以从空间范畴来理解，在很大空间范畴的物流活动，往往带有宏观性，在很小空间范畴的物流活动则往往带有微观性。宏观物流研究的主要特点是综观性和全局性。宏观物流主要研究内容是：物流总体构成，物流与社会之关系在社会中之地位，物流与经济发展的关系，社会物流系统和国际物流系统的建立和运作等。

2. 微观物流

消费者、生产者企业所从事的实际的、具体的物流活动属于微观物流。在整个物流活动中，其中的一个局部、一个环节的具体物流活动也属于微观物流。在一个小地域空间发生的具体的物流活动也属于微观物流。

3. 社会物流

社会物流指超越一家一户的以一个社会为范畴面向社会为目的的物流。

4. 企业物流

从企业角度上研究与之有关的物流活动，是具体的、微观的物流活动的典型领域。

5. 国际物流

国际物流是现代物流系统发展很快、规模很大的一个物流领域，国际物流是伴随和支撑国际间经济交往、贸易活动和其他国际交流所发生的物流活动。

6. 区域物流

相对于国际物流而言，一个国家范围内的物流，一个城市的物流，一个经济区域的物流都处于同一法律、规章、制度之下，都受相同文化及社会因素影响，都处于基本相同的科技水平和装备水平之中。

7. 一般物流

一般物流是指物流活动的共同点和一般性，物流活动的一个重要特点，是涉及全社会、各企业，因此，物流系统的建立，物流活动的开展必须有普遍的适用性。

8. 特殊物流

专门范围、专门领域、特殊行业，在遵循一般物流规律基础上，带有特殊制约因素、特殊应用领域、特殊管理方式、特殊劳动对象、特殊机械装备特点的物流，皆属于特殊物流范围。

第二节 物流管理及其演进与发展

一、物流管理概述

（一）物流管理的概念

物流管理（Logistics Management）是指在社会再生产过程中，根据物质资料实体流动的规律，应用管理学的基本原理和科学方法，对物流活动进行计划、组织、指挥、协调、控制和监督，使各项物流活动实现最佳的协调与配合，以降低物流成本，提高物流效率和经济效益。现代物流管理是建立在系统论、信息论和控制论的基础上的。

对物流管理的深入理解可分为宏观和微观两个层次。从宏观上来讲，物流管理就是要在市场经济体制下，运用管理的基本原理和方法，以国家或地区物流系统为研究对象，研究现代物流活动中的技术问题和经济问题，以实现物流系统最佳经济效益，不断促进物流业的发展，更好地为促进区域经济和提高人民生活水平服务。

从微观上来说，物流管理就是运用计划、组织、控制等管理职能，借助现代物流理念和现代物流技术，通过运输、搬运、存储、保管、包装、装卸、流通加工和物流信息处理等物流基本活动，对物流系统各要素进行有效组织和优化配置，来解决物流系统中物质供需之间存在的时间、空间、数量、品种、价格等方面的矛盾，适时、适量、适质、适价、适地为物流系统各类客户提供满足要求的物流服务。

（二）物流管理的目的

实施物流管理的目的就是要在尽可能最低的总成本目标下实现既定的客户服务水平，即寻求服务优势和成本优势的一种动态平衡，并由此创造企业在竞争中的战略优势。根据这个目标，物流管理要解决的基本问题，简单地说，就是把合适的产品以合适的数量和合适的价格在合适的时间和合适的地点提供给客户。

物流管理强调运用系统方法解决问题。现代物流通常被认为是由运输、存储、包装、装卸、流通加工、配送和信息诸环节构成。各环节原本都有各自的功能、利益和观念。系统方法就是利用现代管理方法和现代技术，使各个环节共享总体信息，把所有环节作为一个一体化的系统来进行组织和管理，以使系统能够在尽可能低的总成本条件下，提供有竞争优势的客户服务。系统方法认为，系统的效益并不是它们各个局部环节效益的简单相加。系统方法意味着，对于出现的某一个方面的问题，要对全部的影响因素进行分析和评价。从这一思想出发，物流系统并不简单地追求在各个环节上各自的最低成本，而是强调要进行总成本分析，以达到总成本最低，同时满足既定的客户服务水平的目的。

（三）物流管理的基本内容

物流管理不仅是企业的微观问题，也是政府和社会的宏观问题。政府面临的物流管理课题是如何创造现代物流发展的宏观环境，培育和发展物流市场，如物流基础设施的规划和建设，物流政策法规的制定执行，物流与环境和城市发展的矛盾协调等。这里主要讨论微观层面的物流管理内容，仅对物流活动环节和物流系统要素的内容作简要介绍。

1. 对物流活动各环节的管理

①运输管理，运输管理问题包括一系列计划和操作问题，其中包括：选择运输方式及服务方式、确定车队规模、设定行车路线、车辆调度与组织等。

②仓储管理，它包括原材料、半成品的储存方式，储存统计、库存控制、养护等。

③配送管理，它包括配送中心的选址及优化布局，配送机械的合理配置与调度，配送作业的制定与优化。

④包装管理，它包括包装容器和包装材料的选择与设计，包装技术和方法的改进，包装系列化、标准化、现代化等。

⑤装卸搬运管理，主要是设备规划与配置，装卸搬运作业。它包括装卸搬运系统的设计和组织等。

⑥流通加工管理，它包括加工场所的选定，加工机械的配置研究和改进，加工作业流程的制定与优化。

⑦物流信息管理，它是指对反映物流活动的信息、物流要求的信息、物流作用的信息和物流特点的信息进行搜集、加工、处理、存储和传输等。

⑧顾客服务管理，它是指对与物流活动相关服务的组织和监督。例如调查分析顾客对物流活动的反映，决定顾客所需要的服务水平和服务项目等。

2. 对物流系统要素的管理

①对人的管理，人是物流系统和物流活动中最活跃的因素。它包括对物流从业人员

的选拔和录用，物流专业人才的培训与提高，物流教育和物流人才培养规划与措施的制定等。

②对财的管理，财是指物流企业的资金。它包括物流管理中有关降低物流成本、提高经济效益等方面的内容。它是物流管理的出发点，也是物流管理的归宿点。它主要包括物流成本的核算与控制，物流经济指标体系的建立，所需资金的筹措与使用，提高经济效益的方法等。

③对物的管理，物是物流活动的客体，即物质资料实体。对物的管理贯穿于物流活动的始终。它涉及物流活动各环节，即物品的包装、装卸搬运、储存、运输、流通加工、配送等。

④对设备的管理，它包括对各种物流设备的选型与优化配置，对各种设备的合理使用和更新改造，对各种设备的研制、开发与引进等。

⑤对方法的管理，它包括对物流技术的研究、推广普及，对物流科学的研究与应用，对新技术的推广与普及，对现代管理方法的应用等。

⑥对信息的管理，信息是物流系统的神经中枢，只有做到有效地处理并及时传输物流信息才能对物流系统内的人、财、物、设备、方法等要素进行有效管理。

3. 对物流层次的管理

(1) 物流战略管理

企业物流战略管理就是站在企业长远发展的立场上，就企业物流的发展目标、物流在企业经营中的战略定位、物流服务水平和物流服务内容等问题作出整体规划。

(2) 物流系统的设计与运营管理

企业物流战略确定以后，为了实施战略必须要有一个得力的实施手段，即物流运作系统。作为物流战略制定后的下一个实施阶段，物流管理的任务是设计物流系统和物流网络、规划物流设施、确定物流运作方式和程序等，形成一定的物流能力，并对系统运营进行监控，及时根据需要调整系统。

(3) 物流作业管理

在物流系统框架内，根据业务需求，制订物流作业计划，按照计划要求对物流作业活动进行现场监督和指导，对物流作业的质量进行监控。

二、物流管理的特征

(一) 物流管理的基本特征

1. 以客户满意为首要目标

物流是以客户需要为出发点，是基于企业经营战略基础上从客户服务目标的设定开始，追求客户服务的差别化战略，以满足客户个性化需求。物流通过提供客户所期望的服务、在积极追求自身交易扩大的同时，强调实现竞争企业在客户服务方面的差别化，在了解竞争对手的战略基础上，努力提高客户的满意度。

在现代物流中，客户服务的设定优先于其他各项活动，并且为了使物流客户服务能有效地开展，在物流体系的基本建设上，要求物流中心、信息系统、作业系统和组织构成等条件的具备与完善。如在物流系统中必须做到物流作业效率化，即在配送、装卸、加工等过程中应当运用最恰当的方法、手段使企业能最有效地降低物流成本。

2. 以整个流通渠道的商品运动为管理过程

以往认为的物流是从生产阶段到消费阶段的货物流动，也就是说物流管理的主要对象是"销售物流"和"生产物流"，而物流管理的范围不仅包括销售物流和生产物流，还包括采供物流、回收物流以及废弃物物流。这里需要注意的是，现代物流管理中的销售物流概念也有新的延伸，即不仅是阶段性的销售物流（如厂商到批发商、批发商到零售商、零售商到消费者的相对独立的物流活动），而且是一种整体的销售物流活动，也就是将销售渠道的各个参与者（厂商、批发商、零售商和消费者）结合起来，以保证销售物流行为的合理化。

3. 以追求企业整体最优为主要目标

充分的分工与合作是当今市场的发展趋势，如果企业物流仅仅追求"部分最优"或"部门最优"，将无法在日益激烈的企业竞争中取胜。从原材料的调拨计划到向最终消费者移动的物的运动等各种活动，不只是部分和部门的活动，而是将各部分和各部门有效结合发挥出综合效益。也就是说，物流管理所追求的费用、效益，是针对调拨、生产、销售、物流等整体最优而言的。应当注意的是，追求整体最优并不是可以忽略物流的效率化，物流部门在充分知晓调拨理论、生产理论和销售理论的基础上，在强调整体最优的同时，应当与现实相对应，彻底实现物流部门的效率化。

4. 以重视效率和效果并重

物流从原来重视物流的设备等硬件要素转向重视信息等软件要素；从以前运输储存为主的活动转向物流的全过程；从原来的作业层次转向管理层次；从原来强调运力确保、降低成本等企业内需求的对应，转变为强调物流服务水平的提高等市场需求对应，进而更进一步地发展到重视环境等社会需求的对应。因此，物流管理重视效率方面的因素，更强调整个流通过程的物流效果，也就是说，从成果的角度来看，有些物流活动虽然使成本上升，但如果它能有利于整个企业战略的实现，那么这种物流活动仍然是可取的。

5. 以信息为核心来满足市场实际需要

物流活动已不是单个生产、销售部门或企业的事，而是包括供应商、批发商、零售商等有关联企业在内的整个统一体（供应链）的共同活动，因而现代物流通过这种供应链强化了企业间的关系。如果部门间的采购、生产、销售、物流结合追求的是企业内经营最优的话，那么供应链管理则是通过所有市场参与者的联盟来追求全过程效率的提高。这种供应链管理带来的一个直接效应是产需的结合在时空上比以前任何时候都要紧密，并带来了经营方式的改变。即从原来的投机型经营（生产建立在市场预测基础上的经营行为）转向实需型经营（根据订单生产），同时伴随着这种经营方式的改变，在经营管理要素上，信息已成为物流管理的核心，因为没有高度发达的信息网络和信息支撑，实需型经营是无法实现的。

6. 对商品运动的一元化管理

伴随着商品实体的运动，必然会出现"场所移动"和"时间推移"这种物流现象。

在当今产销紧密联系、流通整体化、网络化的过程中，“时间推移”已成为一种重要的经营资源。因为现代经营的实需型发展模式，不仅要求物流活动能实现经济效率化和客户服务化，而且还必须及时了解和反映市场的需求，并将之反馈到供应链的各个环节，以保证生产经营决策的正确和再生产的顺利进行。所以，缩短物流时间，不仅决定了流通全过程的商品成本和客户满意，而且通过有效的商品运动为生产提供全面而准确的市场信息。只有这样才能创造出流通网络或供应链价值，并保证商流能持续不断地进行。

从物流时间形态上看，只有整体地、全面地把握、控制相关的各种要素和生产经营行为，并将它们有效地联系起来，才能实现缩短时间的目标。显然，这要求物流活动的管理应超越部门的层次，实现高度的统一管理。现代物流所强调的就是如何有效地实现一元化管理，真正把供应链理念和企业整体理念贯彻到管理行为中。

（二）现代物流管理的新特征

随着物流业的发展，在供应链管理模式上增添新的内容，使现代物流管理出现了新的趋势。

1. 由顾客服务转向关系管理

过去物流管理着重于企业内部作业与组织的整合，以对下游顾客的服务为主要管理重心。因此，评价物流管理绩效的指标多半为订单周期速度、供货速度等。然而在供应链管理模式下，企业逐渐转向强调跨企业界限的整合，使得顾客关系的维护与管理变得越来越重要。物流管理已从物的处理提升到物的增值方案管理，为客户提供量身定做的物品与服务。

2. 由对立转向联合

传统商业通道中，企业间大都以自我为中心，追求自我利益，因此往往造成企业间对立的局面。然而在追求更大竞争力的驱动下，许多企业开始在各个商业流通机能上整合，通过联合规划与作业，形成高度整合的供应链通道体系，使物流通道整体绩效大幅提升。

3. 由预测转向终测

传统流通模式通过预测下游通道的资源来计划各项物流作业活动，不幸的是预测的准确性不足，因而浪费了许多商业资源和市场机会。新兴的物流管理趋势是强调物流通道成员间的联合机制，成员间互换物流系统营运及策略的信息，尤其是内部需求及生产的资料，使得上游企业无须去预测。流通模式是逐渐由预测基础向终测基础发展的。

4. 由经验管理转向权变管理策略

长期以来，经验曲线是企业用来分析市场竞争趋势及发展对应策略的方法，并以企业长年积累的经验作为主要竞争武器。然而科技的迅猛发展，企业固守既有经验寻求突破的经营模式反而成为企业发展的障碍。因此在高度变化的环境下，经验及现存通道基础结构反而变为最难克服的障碍。成功的企业要具有新策略方向的嗅觉和持续权变管理能力才能生存。

5. 由功能整合转向程序整合

在物流渠道竞争日趋激烈的环境中，企业必须更快响应上、下游顾客的需要。因而必须有效整合各部门的营运，以程序式的物流操作系统来运作。物流作业与活动多半具有跨功能、跨企业的特性，故程序式整合是物流管理成功的要件。

6. 由垂直整合转向虚拟整合

在传统物流渠道中，一些大型物流企业会进行物流通道的垂直整合，以期对通道掌握有更大的力量。事实证明这并不成功，反而分散了企业的资源，并将主业削弱。今日企业经营的趋势是专注核心能力，将非核心业务委托给专业管理公司，形成虚拟企业整合体系，为主体业务提供更好的物流服务。

在虚拟整合趋势下，供应链体系得以成功发展，物流产业也得到很大支持，配合主体业务商流之需，开发出新的增值服务项目，形成更专业的第三方物流，为市场、顾客提供更好、更多和高增加值的物流服务。

7. 由信息独享转向信息共享

在供应链管理结构下，供应链内相关企业必须将供应链整合所需的信息与其他企业共享，否则无法形成有效的供应链体系。

8. 由技能训练转向知识学习

在可预见的未来，物流程序主要以人力来完成。然而，物流作业多半需要在各个物流据点和运输网络中进行，大约有 90%的时间，物流主管无法亲自加以监控。物流全球化的发展趋势，更增加了物流人力资源管理的复杂度。物流主管必须将原来以个别人员技能训练为主的方式转变为向知识学习的方向发展。物流管理的成功需要建立物流从业人员的关键知识能力。而现阶段，在这一点上却是十分不理想的，有待物流企业及专业教育机构付出更多的努力。

三、物流管理的发展历程

人们对物流及其作用的认识，是随着经济社会的不断发展而深入的。同时，物流发展也反映了经济社会的发展，也是人们在不同时期对物流认识程度的反映。从 20 世纪 50 年代至今，社会物流和企业物流都有了很大发展，新概念与新技术层出不穷，各发达国家由于各自经济环境的不同，其物流的发展及其管理思想也有所不同。国际上关于物流发展的历程，主要有欧美的三阶段说和日本的四阶段及六阶段说。我国物流业从新中国成立以来，经历了比较明显的四个时期，物流产业在今天正在蓬勃地发展。

（一）欧美国家的物流管理发展历程

西方国家包括美国，一般将物流的发展过程划分为三个阶段：

1. 第一阶段：实体分配阶段（PD：Physical Distribution）

对物流最早的研究局限于销售范畴，随着市场环境的改变，即由卖方市场变为买方市场，使得生产企业不得不把注意力集中到产成品的销售上。这一阶段，物流管理的特征是注重产成品到消费者的物流环节。

2. 第二阶段：综合物流阶段（ILM：Integrated Logistics Management）

20 世纪 70 年代到 80 年代，随着国际经济一体化的发展，全球性竞争加剧，企业认识到只有不断寻求新的物流管理技术，才能立于不败之地。同时企业也逐渐地认识到把物料管理（Material Management，MM）与实体分配（PD）结合起来管理，把物流系统中的各个环节作为统一的连续过程来看，可以更有效地进行物流运作并使企业效益得到很大的提高，“MM”与“PD”的结合是这一阶段的特征。

3. 第三阶段：供应链管理阶段（SCM：Supply Chain Management）

20 世纪 80 年代到 90 年代，由于一系列外部因素的变化，企业特别是许多大型跨国公司开始把着眼点放在物流活动的全过程，包括原材料的供应商和制成品的分销商在内的整个生产过程和流通过程，这就形成了所谓的供应链或物流管道（Logistics Pipeline）的概念。供应链管理指的是全过程中的一切相关活动及其信息系统的综合管理。供应链或管道方法对节省成本费用、压缩订货周期、提高资金利用率和提高服务水平具有很大的潜力。

（二）日本物流管理的发展历程

1. 日本的井本重信物流咨询公司将物流管理演变的过程分为如下四个阶段

（1）第一阶段：切实保证运输与保管的时代（1965 年以前）

在这一时期，生产的东西都能卖出去，当时日本国内货物的陆路运输主要是铁路，但铁路不能灵活适应经济迅速发展的需要，企业需要千方百计地解决运输、保管、包装等问题。

（2）第二阶段：物流成本管理的时代（1965—1974 年）

这一时期，日本经济稳步发展，需求扩大。产业界由于生产的合理化而降低了成本，但市场竞争日益激烈。为确保收益，企业把目光投向了物流费用，企业用降低物流费用的办法来弥补在市场中失去的利益。

（3）第三阶段：建立物流管理系统的时代（1975—1984 年）

物流逐渐成为一门科学体系。不是把物流只看成是运输、保管等个别功能的工作，而是将它作为一个整体来把握。先进的企业为提高物流效率，独自积极地建立起物流体系。这里不仅只考虑物流的成本，而且要考虑物流本来具有的战略功能。

（4）第四阶段：从战略高度来考虑物流的时代（1984 年以后）

“物的流通”成为企业经营的战略性课题，亦被称为“物流战略化”，作为企业的中心课题，生产、销售、物流一体化战略日趋重要。

2. 日本日通综合研究所的六阶段说

日本的日通综合研究所在其发表的《物流知识》（第三版）中提出了物流发展过程的六阶段说，把物流管理的进程分为以下六个阶段：

（1）第一阶段：物流前期

物流处于从属的地位，只是按照生产和销售部门的要求，被动地完成运输和保管的工作。物流活动处于分散的状况。

（2）第二阶段：个别管理时期

物流成本意识出现，但还只停留在由发货部门、保管部门单独考虑如何降低运输成本和保管成本的层面上。

(3) 第三阶段：综合管理时期

企业开始组建物流部门，从经营的需要出发，采取措施综合解决物流功能的优化组合问题。在这一时期，生产和销售的需要是物流活动的前提。

(4) 第四阶段：扩大领域时期

物流对生产和销售的影响进一步受到重视。对于生产部门来说，对物流的考虑应该从产品设计阶段就开始。如从包装、运输、柔性化生产、物流效益等方面提出要求；对于销售部门来说，则应从接受订单、交货期限和方式等方面提出要求。这一时期，物流被视为"第三利润源泉"的观点已被普遍接受。

(5) 第五阶段：整体体制时期

物流成为生产和销售本身的一项内容，并且进入小批量、多品种发货时代。物流系统得以建立，并成为企业经营的重要组成部分。物流被放到企业经营战略的高度予以重视。

(6) 第六阶段：生产、销售、物流一体化时期

以信息技术为核心，把生产、销售、物流整合起来，建立了物流信息一体化的系统。

(三) 我国学者关于物流管理发展的五阶段说

以上介绍的是外国专家学者关于物流发展进程的几种观点。应该说，这些观点各有特点，但都局限于对本国物流发展进程的分析，还不能从世界范围内把握物流发展的过程。为了从总体上了解物流发展的过程和趋势，我国学者翁心刚教授提出，从发达国家企业物流管理发展的历史来看，物流管理的进程可以划分为以下五个阶段，如表 1-1 所示。

表 1-1　　物流管理发展阶段物流概念的演变

阶　段	特　征
第一阶段	物流功能个别管理（Transportation and Warehousing）
第二阶段	物流功能系统化管理（Physical Distribution Management）
第三阶段	管理领域扩大（介于 PD 和 Logistics 之间）
第四阶段	企业内物流一体化管理（Logistics Management）
第五阶段	供应链物流管理（Supply Chain Logistics Management）

1. 第一阶段：物流功能个别管理阶段（Transportation and Warehousing）

在这个阶段中，真正意义上的物流管理意识还没有出现。降低成本不是以降低物流总成本为目标，而是仅仅设法降低运输成本和保管成本等个别环节上，所采用的办法和途径局限于要求降低运价或仓储价格上。无论是企业对物流的认识程度还是物流在企业中的地位都还很低。

2. 第二阶段：物流功能系统化管理阶段（Physical Distribution Management）

进入这一阶段的主要标志是，物流概念开始出现，在企业内专门建立了物流部门。

通过设立物流管理部门，跨越物流功能个别管理阶段成为可能，因而物流管理进入系统化管理阶段。

物流管理部门一般设在企业本部，是从企业整体利益的高度上整合企业物流的企划部门。正是出于这个专门机构的设立和运作，各种物流合理化对策开始出现并付诸实施，如作业的机械化、包装材料和运输手段的重新选择、运输路线的变更、提高保管效率等，从而大大提高了物流的效率和合理化程度。

但是，在这一阶段，上述合理化对策只是由物流管理部门在可能的范围内推行，对生产和销售并没有产生什么影响。

3. 第三阶段：管理领域扩大（介于 PD 和 Logistics 之间）

在这个阶段，物流部门在企业中的地位有所提高，作用有所加强。物流管理部门可以出于物流合理化的目的向生产和销售部门提出自己的看法，而这些看法会影响到生产和销售计划或方式，有时使企业须重新考虑和调整。

这个阶段的重要性在于，对于众多的会影响到物流合理化的外部因素，物流部门终于可以站在物流的角度，以物流合理化理论为依据提出自己认为合适的看法，这一点对于物流合理化会产生深刻的影响。

需要指出的是，在这个阶段，物流部门对生产和销售部门提出的合作要求实现起来有一定的限度。比较突出的是在销售竞争非常激烈的情况下，物流服务一旦被当做竞争手段的时候，仅仅以物流合理化的观点要求销售部门提供协助往往不被对方所接受。这是因为，在这种情况下，企业考虑问题的先后顺序首先是销售，其次才是物流。

4. 第四阶段：企业内物流一体化管理阶段（Logistics Management）

在企业内物流管理一体化的特征，简单地讲就是为了实现“不生产、不采购、不移动尚没有确定销售对象的商品”，或者说，就是为了实现“只生产、采购、移动在市场上能够销售得出去的商品”的目标。显而易见的是，如果实现了企业内物流一体化管理，企业物流就会向着缩小的方向变化。

企业内物流一体化之所以被提上日程，受到越来越多的关注，从根本上说是由于市场需求的变化以及竞争的激烈。由于消费者需求的个性化和多样化，使得企业把握消费者需求动向的企图越来越难以实现，换言之，就是企业越来越感到市场的不确定性。在这种情况下，企业往往采用推出新产品的办法来适应市场的变化，从而导致市场的多品种化。如此一来就会出现两种后果：一种是企业生产的产品适销对路，形成热销，供不应求，出现市场缺货；另一种恰恰相反，产品销售状况低于预期销售量，供大于求，造成产品积压。而这两种情况都是企业不愿看到的，因为它们都会造成企业绝对收益的降低。

解决这一问题，关键是要尽可能准确地把握市场销售动向，尽可能按照销售动向来安排生产和采购，改变原来的按照预测进行生产和采购的方法，物流正是建立在这样一种思考上的管理方式。

5. 第五阶段：供应链物流管理阶段（Supply Chain Logistics Management）

企业内物流管理一体化系统实现的前提条件是准确把握市场需求的动向。然而，做到这一点是十分困难的，也就是说，企业很难真正准确地了解市场需求的动向。从途径和方法上来说，企业一般只能根据批发商的订货品种和数量的变化来了解和把握市场的动向（并非所有的批发商的订货都是真实的），而很难从零售商、消费者那里了解到真实的需求变化。对于这样的问题，物流是无法解决的。这是因为物流的范围仅限于个别企业的内部，在这种情况下，尽管各个企业都确立了物流体制，但是，如果是以虚假需求为依据的话，物流管理也不可能真正发挥作用。要想解决上述问题就必然要涉及外部企业，即供应链上的其他企业。

供应链物流系统是一个将与交易相关联的企业整合在一起的系统，即将从制造商到零售商所有供应链上的关联企业作为一个整体对待的系统结构。物流系统到了这个阶段就进入最为完整的阶段。

（四）物流管理演进变迁的主要趋势

从上述对物流管理发展阶段的划分可以清晰地反映出物流管理的发展进程，同时也为我们从不同的角度研究物流的发展提供了素材。物流管理演进变迁的主要趋势可以从以下几方面来分析：

（1）从物流手段来看，由原来开发物流机械等硬件变为开发信息系统等软件；

（2）从物流活动范围来看，从原来以运输保管为主扩展到运输、保管、搬运、包装、流通、加工等整个物流环节，再进一步扩展到包括采购在内的生产、销售以及相关的领域；

（3）从物流的目的来看，由重视功能变为重视成本（效率），进而变为重视服务效果；

（4）从管理的层面来看，由对运输、保管作业的管理变为对整个物流部门的管理，进而发展为对整个经营层面的管理；

（5）从满足需要的层面来看，由切实掌握运输能力、降低成本等满足企业内部的需要，到提高物流服务水平满足市场需要，再到考虑环境、公害、交通、能源等满足社会需要；

（6）从功能的层面来看，由确保运输能力到降低物流成本，再由作为销售竞争的手段到把它作为经营战略；

（7）从最佳效益的层面来看，从个别最佳效益到部门最佳效益（物流系统化），更进一步达到整体最佳效益（综合物流管理）。

从上述简单的描述中我们不难看出，现代物流的发展已从简单地考虑量的时代发展到考虑质的时代，进而发展到考虑综合效益的时代。

四、我国物流发展的过程和现状

新中国成立后，由于我国借鉴甚至套用了苏联的经济管理模式，物流不是独立存在的，物流功能大多按行业、部门划分形成条块分割。在企业设立的采购、供应、销售和生产等组织部门，完全是被动地服从于各级的计划，企业物流的各个环节处于各自为政的状态。在流通部门，也建立了为数不多的储运公司和功能单一的仓库。交通运输部门，也投入了大量的财力、人力和物力修建了一些国家公路、部分铁路，但整体运输能力和水平仍然十分落后，也不能适应当时国家经济发展的速度和要求，成为我国经济发展的瓶颈。

在20世纪70年代之前，我国物流业相当的落后，远远不能适应工农业生产和人民生活水平发展的要求。随着生产的发展，初步建立了物资流通网络系统，在物流管理方面尽管也采用了一些新的方法和措施，如物资订货计划会议、定点供应制度、按区域统一组织货源供应等初步形成了单项物流功能，但与现代物流的要求仍然相差甚远。在此阶段，在我国的经济发展中，物流是始终存在的，但是由于“纵向体制”的影响，在建立物流管理体制时往往忽视物流系统的存在，而过多地依照纵向行政管理原则来对物流进行调控。

20世纪70年代末，以当时的国家物资总局为首，铁道部、交通部、国家经委综合运输研究所等单位共同组成的中国物资工作者代表团，赴日本参加第二届国际物流会议。回国后在撰写的考察报告中，论述了日本国内的物流情况及大会内容。1981年，在物资部专业刊物《物资经济研究通讯》上刊登了由北京物资学院王之泰教授撰写的“物流浅谈”一文，第一次较为完整地将物流概念介绍进我国。从那以后真正意义上的物流也开始在祖国大地上悄然而生。

与世界发达国家相比，我国物流的发展处于相对落后状态，但发展较快。一方面，物流的概念和理念在我国出现的比较晚。在20世纪80年代初，学者开始学习引进日本和欧美的物流理论，这时的物流，特别是现代物流的概念和理论才开始在我国逐渐被重视；另一方面，随着改革开放的不断深入，中外合资、合作企业、外商投资企业纷纷建立，他们给我们带来了先进的物流理念和作业方法。与此同时，我国的对外贸易不断扩大，并积极地参与到国际物流当中，所有这些都使我国的企业逐渐对物流、现代物流有了了解，一些企业开始从内部对物流环节进行整合，追求物流合理化。更为重要的是，随着我国专家学者对物流理论研究的深入，以及物流在经济中的作用不断凸显，物流已经成为我国国民经济的重要组成部分，受到从中央到地方、从国家到企业方方面面的高度重视，物流正呈现出方兴未艾、欣欣向荣的局面。从1949年新中国成立以来，中国物流的发展大体可以分为四个时期。

（一）第一阶段：物流的形成阶段（1949—1956年）

在此阶段国民经济开始恢复，工业生产增长较快，交通运输建设有了较大进展，社会商品流通不断扩大。在这一时期随着生产的发展，初步建立了物资流通网络系统，流通部门相继建立了储运公司、仓储公司等附属于专业公司、批发站的“商物合一”型、兼营型的物流企业。在物流管理方面也采取了一些新的措施，如组织定点供应、试行按经济区域统一组织市场供应等。但物流业远远不能适应工农业生产和人民生活水平发展的需要。此阶段，国家对物流比较重视，专业性的物流企业得到了加强和发展，物流人才的培养也引起各部门的重视和关注，是我国物流业务的形成阶段。

（二）第二阶段：物流发展的停滞阶段（1966—1976年）

1966年开始的持续十年的动乱时期，给国家在经济上、政治上及其他方面都造成了严重破坏，设施基本上没有发展，甚至连原来的一些设施也遭到了不同程度的破坏。当然物流的发展也遇到了同样的情况。在此期间流通渠道单一，物流基础设施建设停滞，社会经济发展遭到破坏，国家建设减缓。物流业和其他行业呈维持现状或停滞状态，个别地方物流企业还遭到破坏，尽管修建了一些个别项目，但对整个物流影响不大，物流实力没有多大增强。物流理论的研究和物流实践基本处于停顿状态。

（三）第三阶段：较快发展阶段（1978—1990 年）

这一时期正是我国经济改革的开始，随着经济改革的不断深入，国民经济有了较快的发展，出于经济发展的要求，物流业得到了较快发展，取得了显著成绩。尤其是运输业、仓储业、包装业的发展较快，新建了大量的铁路、公路、港口、码头、仓库、机场等，不仅增加了物流设施，而且提高了物流技术装备水平，同时开展了水泥、粮食的散装运输和集装箱运输，开始建设立体自动仓库。

在物流基础设施建设中，以运输为例，截至 1990 年年底，我国陆、水、空运输网线总长度有了较大增长，其中 1/4 以上是在这 10 余年期间建成的。尤其是公路建设更为突出，已建成高速公路、汽车专用公路多达 4000 千米。这 10 多年来新建和改建的高速汽车专用公路超过了前 30 年建设总和的 3 倍。其他水运、空运、管道运输也都有很大发展。

此阶段，物流学研究开始被人们重视，人们在观念上逐步改变了孤立的对待包装、装卸、运输、保管、信息情报等职能，开始以系统的观点对它们的作用进行研究，在认识上前进了一大步。我国对物流理论的研究开始兴起，有关物流学术团体在此期间都相继成立，积极有效地组织开展国内、国际物流学术交流活动，了解和学习国外先进的物流管理经验。

中国物资流通学会于 1989 年 5 月在北京成功地承办了第八届国际物流会议，对我国的物流发展起到了促进作用。物流学作为一门独立的学科而正式确立，一些物流学的专著和译著也出版发行。

（四）第四阶段：高速发展阶段（1991 年以后）

这个阶段正是我国进入“八五”、“九五”计划建设时期，也是我国国民经济进入高速发展的时期，1992 年国内生产总值增长 12.8%，国民经济的高速发展必然要求物流体系迅速现代化以与之相适应。正因为如此，国家为高速发展物流业而采取了一系列重要措施。在“八五”规划中明确地把发展第三产业特别是物流业作为重点，在此期间动工兴建的 10 项特大型工程中，物流业就占有 5 项，而且全部是运输方面的。

进入“九五”规划时期，我国总货运量持续快速增长，1997 年已达到 12.55 亿吨，相应的货物周转总量达到 23337 亿吨。由于经济总量的增长，我国物流业面临十分艰巨的任务，国家因此加快了物流系统的建设，向标准化和国际化方向发展。

总的来说，在 20 世纪 80 年代初期之前，我国还没有真正意义上的物流概念，更谈不上现代的物流管理和物流活动。但是，在改革开放以后，我国的物流管理和物流活动的水平在不断提高，物流理论研究水平显著提高。另外，企业的物流意识逐步增强，出现了一批具有现代物流特征的物流企业，物流技术和设施、装备水平不断提高，宏观物流管理得到加强。我国的物流从引进、借鉴开始，很快走上了一条快速发展的道路。

第三节　企业物流管理的概念及内容

企业物流可理解为围绕企业经营的物流活动，是具体的、微观物流活动的典型领域。企业系统活动的基本结构是投入→转换→产出。对于生产类型的企业来讲，是原材料、燃料、人力、资本等的投入，经过制造或加工使之转换为产品或服务；对于服务型企业来讲则是设备、人力、管理和运营，转换为对用户的服务。物流活动便是伴随着企业的投入→转换→产出而发生的。相对于投入的是企业外供应或企业外输入物流，相对于转换的是企业内生产物流或企业内转换物流，相对于产出的是企业外销售物流或企业外服务物流。由此可见，在企业经营活动中，物流是渗透到各项经营活动之中的活动。

一、企业物流概述

（一）企业物流的概念

关于企业物流的内涵及范畴，可理解为企业物流是以企业经营为核心的物流活动，是具体的、微观物流活动的典型领域。

我国国家标准物流术语（GB/T 18354—2006）中对企业物流的定义为："生产和流通企业围绕其经营活动所发生的物流活动。"企业物流包括的活动范围十分广泛，主要内容有：工业包装、物料搬运、采购与供应、分销与配送、仓储与库存、物料需求与预测、售后服务与废品回收等。企业物流是从企业角度上研究与之有关的物流活动，是具体的、微观的物流活动的典型领域。企业物流概念的最早提出，可以追溯到 20 世纪 60 年代。1962 年 4 月，美国管理学大师德鲁克（Peter Drucker）在杂志上发表的"经济领域的黑暗大陆"的文章中首次提出了"物流"的概念。虽然当时提出的物流仅仅是针对产成品来讨论的，但很快就引起了企业界的巨大关注，真正的企业物流理念迅速波及原材料领域，进而形成为综合物流，发展到 20 世纪 90 年代，正式提出了供应链管理理念。

企业物流理念从提出到发展的相对较为成熟与完善，经历了近 40 年的时间。在这近 40 年的时间里，几乎每十年企业物流理念就得到一次极大的更新与充实。从本质上说，企业物流是企业的产品或服务的一种存在与表现形式。当初德鲁克提出企业物流概念的时候，仅仅指产品从生产出来后到消费者手中的这一段时间的存在与表现形式。而 1992 年美国物流管理协会对物流的定义则认为，"物流是为满足消费者需求而进行的对货物、服务及相关信息从起始地到消费地的有效率与效益的流动与存储的计划、实施与控制的过程"。这个时候物流已经作为一个复杂的企业运行过程而存在。到 1998 年，美国物流管理协会又在 1992 年物流概念的基础上引入了"供应链"的概念。到 2001 年，美国物流管理协会则对物流概念进一步充实、完善，演变为物流是供应链运作中，以满足客户要求为目的，对货物、服务和相关信息在产出地和销售地之间实现高效率、低成本的正向和反向的流动及储存所进行的计划、执行和控制的过程。

上述对企业物流概念的阐述过于学术化，有些晦涩，不易理解。因此，在企业实践中，对企业物流概念又形成了较为通俗易懂的表达方式，那就是认为企业物流就是由 7 个

"恰当"组成，即7R表达法。即恰当的产品、恰当的数量、恰当的条件、恰当的地点、恰当的时间、恰当的顾客和恰当的成本。7个"恰当"描述了物流的基本活动，强调了空间和时间的重要性，也强调了成本与服务的重要性。更为简略地说，企业物流就是关于某种产品或服务在客户需要的时候，客户能够在指定的地点得到满足。

事实上，现代企业物流是一个挑战与机遇共存的领域，它包括对信息、运输、存货管理、仓储、物料搬运、包装等作业领域的综合管理过程。

(二) 企业物流的发展过程

概括地说，企业物流的发展过程大致可以分为如下三个阶段：

(1) 第一个阶段：产品物流阶段，又称为产品配送阶段。这个阶段的时间起止为20世纪60年代初期至70年代后期，属于企业物流的早期发展阶段。在该阶段中，物流的主要功能大多围绕在对产品从企业工厂生产出来到如何到达消费者手中这一过程的运作上。

在当时，企业重视产品物流的目的是希望能以最低的成本把产品有效地送达到顾客。企业重视产品物流的主要原因来自两个方面：一是为了扩大市场份额，满足不同层次顾客的需要，扩张其生产线；二是为了对付企业内部与外部市场的压力，倾向于生产非劳动密集型的高附加值产品。产品物流阶段物流管理的特征是注重产品到消费者的物流环节。

(2) 第二个阶段：综合物流阶段。这个阶段的时间起止为20世纪70年代中后期至80年代后期，在这个阶段中，企业物流集中表现为原材料物流和产品物流的融合。实践证明，综合物流管理可以为企业带来更大的效益，因此，在这个期间综合物流得到了迅速的发展。

在当时，运输自由化以及全球性竞争的日渐加剧，使企业认识到把原材料管理与产品配送综合起来管理可以大大地提高企业运行效率与效益，因此，在上述因素的推动下，企业物流迅速地从产品物流阶段向综合物流阶段发生转移。

(3) 第三个阶段：供应链管理阶段。这个阶段开始于20世纪90年代初期，在这个阶段中，企业对传统的物流管理有了更为深刻的认识，企业已经将单纯的个体企业之间的竞争上升到企业群、产品群或产业链条上不同企业所形成的供应链之间的竞争这个高度。从20世纪80年代后期开始，信息技术获得了飞速的发展，信息技术的发展迅速转化为生产力，进而在生产领域掀起了一场前所未有的信息化革命。由信息技术所衍生的一系列外部因素的变化，使得企业开始把着眼点放开至物流活动的整个过程，包括原材料的供应商和制成品的分销商，进而使企业物流从综合物流阶段向供应链管理阶段发生转移。

二、企业物流的类型

从企业角度上研究与之有关的物流活动，是具体的、微观的物流活动的典型领域。企业物流又可区分为以下不同类型的具体物流活动：

(一) 企业生产物流 (Production Logistics)

生产过程中，原材料、在制品、半成品、产成品等，在企业内部的实体流动，称为生产物流。这种物流活动是与整个生产工艺过程伴生的，实际上已构成了生产工艺过程的一部分。

企业生产物流的过程大体为：原料、零部件、燃料等辅助材料从企业仓库或企业的“门口”开始，进入到生产线的开始端，再进一步随生产加工过程一个一个环节地“流”，在“流”的过程中，本身被加工，同时产生一些废料或余料，直到生产加工终结，再“流”至制成品仓库便终结了企业生产物流过程。

因此，根据生产过程的不同阶段，生产物流还可以进一步细分。如可以分成尚未进入生产过程中的生产准备物流（如原材料、燃料、协作配套件以合理的规模、方式、时间等进入厂区合理的位置），与生产过程相伴随的生产伴随物流（由原材料开始加工开始至工厂成品形成之前的生产过程），随着工厂生产过程结束、工厂产品的最后形成及其物品流动而形成的生产结束物流（工厂产品由合适的途径、规模、时间到达合适的地点，为进入社会流通做好准备）。

过去，人们在研究生产活动时，主要注重的是生产加工过程，而忽视了将每一个生产加工过程串在一起的，并且又和每一个生产加工过程同时出现的物流活动。例如不断地离开上一工序，进入下一工序，便会不断发生搬上搬下、向前运动、暂时停滞等物流活动。实际上，一个生产周期，物流活动所用的时间远多于实际加工的时间。所以生产物流合理化对工厂的生产秩序、生产成本有很大影响。生产物流均衡稳定，可以保证在制品的顺畅流转、缩短生产周期。在制品库存的压缩，设备符合均衡化，也都和生产物流的管理和控制有关。

（二）企业供应物流（Supply Logistics）

企业供应物流是企业为保证本身的生产节奏，不断组织原材料、零部件、燃料、辅助材料供应的物流活动，这种物流活动对企业生产的正常、高效进行起着重大作用。企业供应物流不仅是一个保证供应的目标，而且还是在以最低成本、以最少消耗、以最大的保证来组织供应物流活动的限定条件下进行，因此，就带来了很大的难度。现代物流学是基于非短缺商品市场这样一个宏观环境来研究物流活动的，在这种市场环境下，供应数量保证是容易做到的。企业的竞争关键在于：如何降低这一物流过程的成本，这可以说是企业物流的最大难点。为此，企业供应物流就必须解决有效的供应网络问题、供应方式问题、零库存问题，等等。

（三）企业销售物流（Sale Logistics）

企业销售物流是企业为保证本身的经营利益，不断伴随销售活动，将产品所有权转给用户的物流活动。如上所述，在现代社会中，市场环境是一个完全的买方市场，因此，销售物流活动便带有极强的服务性，以满足买方的要求，最终实现销售。在这种市场前提下，销售往往以送达用户并经过售后服务才算终止，因此，销售物流的空间范围很大，这便是销售物流的难度所在。在这种前提下，企业销售物流的特点，便是通过包装、送货、配送等一系列物流实现销售，这就需要研究送货方式、包装水平、运输路线等并采取各种诸如少批量、多批次，定时、定量配送等特殊的物流方式达到目的，因而，其研究领域是很宽的。

（四）企业回收物流（Returned Logistics）

不合格物品的返修、退货以及周转使用的包装容器从需方返回到供方所形成的物品实体流动，叫回收物流。企业在生产、供应、销售的活动中总会产生各种边角余料和废料，如作为包装容器的纸箱、塑料筐、酒瓶等，建筑行业的脚手架就属于这一类物资。还有可用杂物的回收分类和再加工，例如，旧报纸、书籍通过回收、分类可以再制成纸浆加以利用，特别是金属的废弃物，由于金属具有良好的再生性，可以回收并重新熔炼成有用的原材料。目前我国冶金生产每年有3000万吨废钢铁作为炼钢原料使用，也就是说我国钢产量中有30%以上是中间收的废钢铁重熔冶炼而成的。这些东西回收是需要伴随物流活动的，而且，在一个企业中，回收物品处理不当，往往会影响整个生产环境，甚至影响产品质量，也会占用很大空间，造成浪费。

（五）企业废弃物物流（Waste Material Logistics）

将经济活动中失去原有使用价值的物品，根据实际需要进行收集、分类、加工、包装、搬运、储存等，并分送到专门处理场所时形成的物品实体流动称为废弃物物流。生产和流通系统中所产生的无用的废弃物，如开采矿山时产生的土石、炼钢生产中的钢渣、工业废水以及其他一些无机垃圾等。但如果不妥善处理，不但没有再利用价值，还会造成环境污染，就地堆放会占用生产用地以致妨碍生产。对这类物资的处理过程产生了废弃物物流。废弃物物流没有经济效益，但具有不可忽视的社会效益。为了减少资金消耗、提高效率，更好地保障生活和生产的正常秩序，对废弃物资综合利用的研究很有必要。

企业物流系统的水平结构如图1-2所示。

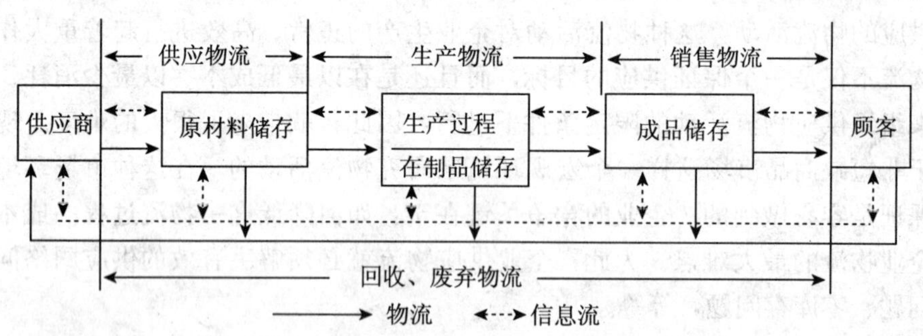

图1-2 企业物流系统的水平结构

三、企业物流管理的基本内容

企业物流管理在不同的发展阶段包含着不同的内容。随着企业物流从单纯的产品配送向综合物流直至向供应链管理阶段发展，企业物流管理包含的内容不断地得到增加、丰富，企业物流涉及的领域不断地得到扩大。现在看来，企业物流管理几乎贯穿着企业的整个运营过程。概括地说，企业物流管理包含着采购、运输、存储、物料搬运、生产计划、订单处理、工业包装、客户服务以及存货预测等若干项功能。

（一）采购

把企业采购活动归入企业物流是因为企业运输成本与生产所需要的原材料、零部件等的地理位置有直接关系，采购的数量与物流中的运输与存储成本也有直接关系。把采购归入企业物流领域，企业就可以通过协调原材料的采购地、采购数量、采购周期以及存储方式等来有效地降低运输成本，进而为企业创造更大的价值。

（二）运输

运输是企业物流系统中非常重要的一部分。事实上，运输也是企业物流最为直接的表现形式，因为物流中最重要的是货物的实体移动及移动货物的网络。通常情况下，企业的物流经理负责选择运输方式来运输原材料及产成品，或建立企业自有的运输能力。

（三）存储

存储包括两个既独立又有联系的活动：存货管理与仓储。事实上，运输与存货水平及所需仓库数之间也有着直接的关系。企业许多重要的决策与存储活动有关，包括仓库数目、存货量大小、仓库的选址、仓库的大小等。

（四）物料搬运

物料搬运对仓库作业效率的提高是很重要的，物料搬运也直接影响到生产效率。在生产型企业中，物流经理通常要对货物搬运入库、货物在仓库中的存放、货物从存放地点到订单分拣区域的移动以及最终到达出货区准备运出仓库等环节负责。

（五）生产计划

在当前竞争激烈的市场上，生产计划与物流的关系越来越密切。事实上，生产计划往往依赖于物流的能力及效率进行调整。另外，企业的生产计划还与存货能力、存货预测有关。

（六）订单处理

订单处理过程，包括完成客户订单的所有活动。物流领域之所以要直接涉及订单的完成过程，是因为产品物流的一个重要方面是前置期，即备货周期，它是指从客户下达订单开始，至货物完好交于客户为止的时间。从时间或者说前置期的角度来看，订单处理是非常重要的物流功能。订单处理的效率直接影响到备货周期，进而影响到企业的客户服务质量与承诺。

（七）工业包装

与物流紧密相关的还有工业包装，即外包装。企业物流中运输方式的选择将直接影响到包装要求。一般来说，铁路与水运引起货损的可能性较大，因而需要支出额外的包装费用。

（八）客户服务

客户服务也是一项重要的物流功能。客户服务水平与物流领域的各项活动有关，存货、运输、仓储的决策等都取决于客户服务要求。

（九）存货预测

准确的存货和物料、零部件的预测是有效存货控制的基础，尤其是使用零库存和物料需求计划方法控制存货的企业。因此，存货预测也是企业物流的一项重要功能。

除了上述列举的几个主要功能外，企业物流还包含诸如工厂和仓库选址、维修与服务支持、回收物品处理、废品处理等功能。当然，不同的企业或企业处于不同的发展阶段时，其企业物流不一定会涉及上述的方方面面。

第四节　企业物流的经营管理模式与经济影响

一、企业物流的经营模式

企业选择什么样的物流经营模式，主要取决于两个因素：其一是物流对企业成功的影响程度；其二是企业对物流的管理能力。据此，可以设计出三种决策方案：物流自营方案、物流外包方案、物流联盟方案。

（一）物流自营方案

物流自营是指生产企业借助于自身的物质条件自行组织的物流活动。在物流自营方式中，企业也会向运输公司购买运输服务或向仓储企业购买仓储服务，但这些服务都只限于一次或一系列分散的物流功能，而且是临时性、纯市场交易的服务，物流公司并不按照企业独特的业务程序提供独特的服务，即物流服务与企业价值链是松散的联系。

（二）物流外包方案

所谓物流外包即企业专注于生产或销售等核心业务以增强其竞争能力，而将其物流业务以合同的方式，在一定期限内将部分或全部物流活动委托于专业的物流公司（第三方物流，3PL）运作。外包是一种长期的、战略的、相互渗透的、互利互惠的业务委托和合约执行方式。由于任何企业所拥有的资源都是有限的，它不可能在所有的业务领域都获得竞争优势，在快速多变的市场竞争中，单个企业依靠自己的资源进行自我调整的速度很难赶上市场变化的速度，企业必须将有限的资源集中在核心业务上，强化自身的核心能力，而将自身不具备核心能力的业务以外包的形式或战略联盟、合作的形式交由外部组织承担。

日本通运公司2000年12月对货主企业的物流现状进行调查发现，日本约70%的货主企业将本企业的物流业务委托外部专业公司承办，其中近30%的企业表示今后将进一步扩大物流相关业务外包的比重。从业务类别看，将运输业务外包的比重约占90%；商品保管、装卸业务外包的比重约占60%；捆扎、包装的比重约占40%。其他相关业务和委托处理废弃物外包的比重也较高。其中，将部分物流业务委托外部企业承办的比重约为30%，全部委托承办的约为40%。今后拟委托外部企业构筑物流系统的货主企业也逐渐增多。美国国际数据公司（IDC，美国国际数据集团（IDG）的子公司）进行的“全球物流业务外包（BPO）预测与分析（2002－2006）”研究表明：随着全球经济一体化进程的加快、信息技术在物流领域的应用和发展、对一体化多渠道市场的需求的增多和物流服务提供商服务能力的扩充和完善，物流业务外包服务将逐步被社会认识、了解、认可和进一步采用。该研究同时预测全球物流业务外包平均每年将增长17%。

（三）物流联盟方案

物流联盟是企业双方在物流领域的战略性合作中进行的有组织的市场交易，形成优势互补、要素双向或多向流动、互相信任、共担风险、共享收益、长期互利、全方位的物流合作伙伴关系。物流联盟是介于物流自营和物流外包之间的一种物流组建模式，联盟双方在相互合作的同时，仍保持各自的相对独立性。物流联盟的建立有助于物流伙伴之间在交易过程中减少相关交易费用，如信息搜索成本、讨价还价成本、监督执行成本、机会主义成本、交易风险成本。

一般说来，如果物流对企业成功的影响程度很大，而企业对物流的管理能力很弱，或是物流对企业成功的影响程度不大，而企业对物流的管理能力很强，企业采用物流联盟模式较适宜。常见的物流联盟经营方式有：

①水平一体化物流联盟。通过同一行业中多个企业在物流方面的合作而获得规模经济效益和物流效率。如不同的企业可以用同样的装运方式进行不同类型商品的共同运输。当物流范围相近，而某个时间内物流量较少时，几个企业同时分别进行物流操作显然不经济。于是就出现了一个企业在装运本企业商品的同时，也装运其他企业的商品。

②垂直一体化物流联盟。要求企业将提供产品或运输服务等的供货商和用户纳入管理范围，要求企业从原材料到用户的每个过程实现对物流的管理；要求企业利用自身的条件建立和发展与供货商和用户的合作关系，形成联合力量，赢得竞争优势。

③混合一体化物流联盟。是水平一体化物流联盟和垂直一体化物流联盟的有机组合。

二、企业物流管理的基本职能

企业物流管理的职能主要包括合理组织生产力和不断巩固、完善生产关系两种基本职能。这是对整个物流活动职能在理论上的抽象概括。实际上，物流活动过程反映了生产力和生产关系的统一，人与物的关系同人与人的关系是紧密结合而不可分割的。这两种基本职能是结合在一起发生作用的。对物流管理的职能说法不一，但一般认为有五种职能。

（一）计划职能

计划是对企业未来物流活动所作出的安排和筹划。物流管理的计划职能是指为适应物流市场需要，通过对企业的外部环境和内部条件的调研、预测，对物流企业经营目标、经营方针作出决策。制订长期规划和短期规划及确定措施和方法，并将计划指标层层分解落实到物流企业各部门、各环节的职能。

（二）组织职能

它是指为实现物流企业经营目标而把企业物流活动的各个要素和各个环节，从劳动分工与合作上，从纵横交错的相互关系上，从时间与空间的相互衔接上，合理地组织起来，以形成一个有机整体，从而有效地进行物流活动的职能。

（三）指挥职能

它是指对企业各层次、各类物流人员的领导、沟通或指挥，保证企业物流活动正常进行和实现既定目标的职能。

（四）协调职能

它是指协调企业内部各层次、各环节的工作，协调各项物流活动，使它们能建立良好的协作关系，消除和减少工作中的脱节现象和存在的矛盾，以有效地实现物流企业经营目标的职能。

（五）控制职能（或监督职能）

它是指按预定计划或目标、标准，对企业物流活动各环节的实际完成情况进行检查，考察实际完成情况同原定计划、标准的差异，并分析原因、采取对策、及时纠正偏差，保证物流计划目标实现的职能。

以上企业物流管理的各项职能，构成了一个有机整体。通过计划职能，明确企业物流的目标与方向；通过组织职能，建立实现物流目标的手段；通过指挥职能，建立正常物流活动秩序；通过协调职能，及时解决内外矛盾，和谐一致地进行物流活动；通过控制职能，检查物流计划的实施情况，保证计划的实现。上述五种职能相互联系、互相渗透、相互制约、缺一不可。

三、企业物流的经济影响

（一）企业物流对宏观经济的影响

企业物流通过影响社会资源的配置来影响宏观经济的政策与发展。因此，企业物流与宏观经济之间具有紧密的关系，二者表现为相互适应、相互促进。概括地说，企业物流对宏观经济的影响主要表现在促进社会分工的专业化、改善供给状况、提高产业效率等方面。

首先是促进社会分工的专业化。企业通过物流活动有效地将产品送达市场，实现销售，进而促进企业生产的专业化，生产的专业化带来成本优势，成本优势带来竞争力的提高，竞争力的提高增加对社会经济发展的贡献。

其次是改善供给状况。有了企业物流活动，才能在生产地、仓储与需求地等之间取得某种平衡。改善供给的同时，物流活动还使得供给的产品或服务变得丰富多彩。从这个角度来说，物流作业提供了联结与存储的网络，它对现代经济的运转发挥着关键的作用。

最后是提高产业效率。通过物流整合，能够实现产业链的最佳组合，进而达到对整个产业效率的提高。

上述三个方面是物流作用于宏观经济的主要表现。在企业实践中，物流对于降低产品或服务的价格，对于提升某些地理位置的土地价值等也有明显的作用。具体地说，物流通过产生地点和时间效用来实现对产品价格的降低作出贡献。事实上，企业常常通过权衡规模经济效益和物流成本的增加来降低价格。如果生产企业从技术与管理方面改善物流系统，人们一定能看到价格的下降和产品的丰富等好处；另外，物流中的运输作业常常影响到土地价值。比如，航空港附近、水运码头附近以及高速公路的交会点附近等就常常是企业设置仓库或临时存储点的理想地理位置，而这自然影响到当地的土地价值。

（二）企业物流对微观经济的影响

从前述对企业物流的具体内容的讨论可以知道，企业物流几乎涉及贯穿企业运营的所有过程，因此，企业物流对这些过程都具有或多或少的某种程度的影响。这些影响就表现为企业物流与微观经济的某些互动关系，比如企业物流与生产制造的关系、企业物流与市场营销组合的关系等。

1. 企业物流对生产制造的影响

企业物流与生产制造的关系主要表现在对企业生产周期的影响，若物流稳定畅通，则生产周期可能相对稳定且较短；若物流起伏不定，则生产周期的波动可能较大。在现今不少竞争激烈的行业里或者原材料的价格变化较为频繁的行业，对物流的快速响应要求表现得更为强烈，比如IT制造业、通信行业等均如此。出于竞争的考虑，现今很多行业都趋于努力缩短生产周期并减少改变生产线的时间与费用，采用零库存方法进行存储与计划的公司更是如此。比如丰田汽车公司和戴尔电脑公司，就是通过零库存的生产模式以达到最大限度地控制存货风险，提高应变能力。除了生产周期外，企业物流还与产品包装直接相关，无论是生产作业还是物流作业中，包装的主要目的都是为了保护产品，以免受损。因此，物流中的运输方式、物流质量的高低与稳定性等都会影响到包装的要求与稳定性。

2. 企业物流对市场营销的影响

企业物流与市场营销的关系更为密切，称企业物流为市场营销的另一半也毫不为过，这是因为企业系统中的产品物流作业直接关系到产品如何被有效地运输、存储及送达客户，因而对产品的销售起着十分重要的作用。

从产品的角度来看，产品的大小、形状、重量以及工业包装等物理特性影响着物流系统对产品的移动和存储。具体地说，可能影响到对承运人的选择、设备的要求、破损率、存储能力、装卸设备的利用等方面，比如要求货损低的运输，可能选择空运；要求批量大的运输，可能选择水运等。此外，产品物流还直接影响到产品的消费包装，尤其是面向零售业的产品更是如此。事实上，在零售业中包装可能是影响销售的决定性因素，市场营销经理需要考虑包装的外观、提供的信息以及其他相关方面等。消费包装影响物流的重要性有以下几个方面：一是消费包装应该适应工业包装，消费包装的大小、形状影响到工业包装的应用；二是消费包装的物理特性影响到物流系统，如运输、装卸和仓储等。

从价格因素来看，在物流作业中把托运量调整到与运量相关的价格点是很重要的，而这直接影响到产品的运输成本，自然也就影响到产品的市场定价策略。通常情况下，铁路运输有最小托运量的要求，而公路运输有针对不同托运量的运价等级，运量越大，单位运价越低，一次性大批量托运可以获得折扣运价，从而降低单位产品的运输成本。

从渠道来看，产品的分销渠道和最终交易渠道都对物流有某种程度的影响。企业选择的分销策略，比如渠道类型、渠道层次等影响到物流的效率；最终交易渠道的数量与地域分布则直接影响到物流的成本等。

从促销来看，不同类型的促销对物流的要求是不同的。拉动式促销通过广告来实现，拉动式促销引起的需求不平稳，企业难以准确预测，因而对企业物流系统的要求是具有救急能力，反应迅速；而推动式促销是通过渠道中间商来实现，它所引起的需求相对较为平稳，企业预测也相对较为容易，因而对企业物流系统的要求是平稳通畅则可。不过，不同类型的促销方式对企业的营销费用需求不同，效果的持续性也不同，因此企业需要对营销费用与物流成本进行综合考虑。

课后兴趣阅读：美国和日本的物流发展历程

一、美国物流管理的发展历史

美国物流管理发展历史可以分为四个阶段：

（一）物流观念的启蒙与产生阶段（1901—1949 年）

物流观念在理论上最初产生于1901 年，约翰·F. 格鲁威尔（John F. Crowell）在美国政府报告《农产品流通产业委员会报告》中第一次论述了对农产品流通产生影响的各种因素和费用。

1916 年阿什·萧（Arch Shaw）在《经营问题的对策》一书中，初次论述了物流在流通战略中的作用。同年，L. D. H. 威尔德（Weld）指出市场营销能产生三种效用，即所有权效用、空间效用和时间效用，与此同时，他还提出了流通渠道的概念，应该说这是早期对物流活动较全面的一种认识。

将物流活动真正上升到理论高度加以研究和分析的当数著名营销专家弗莱德·E. 克拉克（Fred E. Clark），他于 1929 年在所著的《市场营销的原则》一书中，将市场营销定义为商品所有权转移所发生的各种活动以及包含物流在内的各种活动，从而将物流纳入到了市场经营行为的研究范畴之中。

1927 年拉尔夫·布索迪（Ralph Borsodi）在《流通时代》一书中，初次用 Logistics 来称呼物流，为物流的概念化奠定了基础。总的来看，这一时期对物流的认识特点表现为，尽管物流已经开始得到人们的普遍重视，但是在地位上，物流仍然被作为流通的附属机能看待，也就是说，物流是流通机能的一部分，例如，克拉克将流通机能划分为“交换机能”“物流机能”和“辅助机能”三部分。

从实践发展的角度看，1941 年到 1945 年第二次世界大战期间，美国军事兵站后勤活动的开展为人们对综合物流的认识和发展提供了重要的实证依据，而且也推动了第二次世界大战后对物流活动的研究以及实业界对物流活动的重视。这表现在 1945 年，美国正式形成了一个戴尔塔 & 阿尔法输送组织，这是一个对输送管理知识教育给予奖励，并为进一步推广而在全美范围内结成的团体组织。此后，1946 年在美国正式成立了全美输送物流协会（AST&L），该组织的主要职能是对专业输送者进行考试，并发予证书，从而将物流活动的培训纳入到正规化的轨道。

（二）物流理论体系的形成与实践推广阶段（1950—1978 年）

1954 年，在美国波士顿工商会议所召开的第 26 次波士顿流通会议上，鲍尔·D. 康柏斯发表了题为“市场营销的另一半”演讲，他指出无论是学术界还是实业界都应该重视认识、研究市场营销中的物流，真正从战略的高度来管理、发展物流，应该讲，这是物流管理发展的一个里程碑。

1956年，霍华德·T. 莱维斯（Howard T. Lewis）、吉姆斯·W. 克里顿（James W. Culliton）和杰克·D. 斯蒂勒（Jack D. Steele）三人撰写了《物流中航空货运的作用》一书，在书中他们指出航空货运尽管运费比较高，但是由于它能直接向顾客进行商品配送，因而节约了货物的在库维持费和仓库管理费，因此，应当从物流费用总体上来评价运输手段的优缺点。霍华德等学者的研究第一次在物流管理中导入了整体成本的分析概念，深化了物流活动分析的内容。

1961年爱德华·W. 斯马凯伊（Edward W. Smykay）、罗纳德·J. 鲍尔素克斯（Ronald J. Bowersox）和弗兰克·H. 莫斯曼（Frank H. Mossman）撰写了《物流管理》一书，这是世界上第一本介绍物流管理的教科书，在该书中他们详细论述了物流系统以及整体成本的概念，为物流管理成为一门学科奠定了基础。20世纪60年代初期，密歇根州立大学以及俄亥俄州立大学分别在大学部和研究生院开设了物流课程，成为世界上最早把物流管理教育纳入到大学学科体系中的学校。

1962年美国著名管理学家彼德·德鲁克在《财富》杂志发表了题为“经济的黑暗大陆”一文，强调应当高度重视流通以及流通过程中的物流管理，从而对实业界和理论界又产生了一次重大的推动作用。

在这一背景下，1963年成立了美国物流管理协会，该协会将各方面的物流专家集中起来，提供教育、培训活动，这一组织成为世界第一个物流专业人员组织。

此后，1969年罗纳德·J. 鲍尔素克斯在《市场营销杂志》上刊登了“物流的发展——现状与可能”一文，对综合物流概念的过去、现状以及未来发展作出了全面分析。

1976年，道格拉斯·M. 兰伯特（Douglas M. Lambert）对在库评价的会计方法进行了卓有成效的研究，并撰写了“在库会计方法论的开发：在库维持费用研究”一文，指出在整个物流活动所发生的费用中，在库费用是最大的一个部分。道格拉斯对费用测定的研究，对物流管理学的发展作出了重大贡献。

总之，从20世纪50年代到70年代末，很多有关物流的论文、著作、杂志开始大量涌现，有关物流管理研讨的会议也开始频繁召开，这些都推动了物流管理学的形成以及物流管理实践的广泛推广。

（三）物流理论的成熟与物流管理现代化阶段（1978—1985年）

1977—1978年《航空规制缓和法》的制定拉开了规制缓和的序幕，加速了航空产业的竞争，从而对货主和运输业产生了巨大影响。紧接着1980年通过了汽车运输法案和铁路法案，根据这两项法案，运输公司可以灵活决定运费和服务。到1984年随着海运法案的通过，运输市场已全面实现了自由化。随着运输业者、运输工具选择自由度的增加，一方面接受服务的水准得到提高，物流的效率性得以实现；另一方面可以从发货地到目的地之间自由选择、组合交通工具，实现联合运输。

在物流管理理论上，这一时期随着MRP、MRPII、MRPIII、DRP、DRPII、看板制以及JIT等先进管理方法的开发和在物流管理中的运用，使人们逐渐认识到需要从流通生产的全过程来把握物流管理，而计算机等现代科技的发展，为物流全面管理提供了物质基础和手段。

1984年哥拉罕姆·西尔曼（Graham Soharmann）在《哈佛商业评论》上发表了题为“物流再认识”一文，指出现代物流对市场营销、生产和财务活动具有重大影响，因此，物流应该在战略意义上得到企业高层管理人员的充分重视。

最具有历史意义的是1985年美国物流管理协会正式将名称从National Council of Physical Distribution Management改为National Council of Logistics Management，从而标志现代物流观念的确立，以及对物流战略管理的统一化。

（四）物流理论、实践的纵深化发展阶段（1985年至今）

20世纪80年代中期以后，在理论上，人们越来越清楚地认识到物流与经营、生产紧密相连，它已成为支撑企业竞争力的三大支柱之一。

1985年，威廉姆·哈里斯（Harris William D.）和斯托克·R. 吉姆斯（James R. Stock）在密歇根州立大学发表了题目为“市场营销与物流的再结合——历史与未来的展望”的演讲，他们指出从历史上看，物流近代化的标志之一是商物的分离，但是随着1965年以西蒙（Simon Leonard S.）为代表的顾客服务研究的兴起，在近20年的顾客服务研究中，人们逐渐从理论和实证上认识到现代物流活动对于创造需求具有相当大的作用，因此，在这一认识条件下，如果再像原来那样在制定营销组合特别是产品、价格、促销等战略过程中，仍然将物流排除在外，显然不适应时代的发展。因此，非常有必要强调营销与物流的再结合。这一理论对现代物流的本质给予了高度总结，也推动了物流顾客服务战略以及供应链管理战略的研究。

从物流实践来看，20世纪80年代后期电子计算机技术和物流软件的发展日益加快，进而更加推动了现代物流实践的发展，这其中的代表是EDI的运用与专家系统的利用。EDI是计算机之间不需要任何书面信息媒介或人力的介入，是一种构造化、标准化的信息传递方法。这种信息传递不仅提高了传递效率和信息的正确性，而且带来了交易方式的变革，为物流纵深化发展带来了契机。此外，专家系统的推广也为物流管理提高了整体效果，现代物流为了保障效率和效果，一方面通过POS系统、条码、EDI等收集、传递信息；另一方面利用专家系统使物流战略决策实现最优化，从而共同实现商品附加价值。美国近几十年来物流活动的发展我们将在后面作详细介绍。

还值得特别提出的是，作为物流的一项重要内容和推动运输物流发展的政府政策，最近，美国运输部长罗德纳·斯拉特（Rodney Slater）提出了“美国运输部1997—2002财政年度战略规划”成为美国物流现代化发展的指南之一。他在提出此规划时指出，这个规划反映了美国政府长期持有的主张，即运输不再只是水泥、沥青和钢铁。最大的挑战是建立一个以国际为所及范围、以多种运输方式的联合运输为形式、以智能为特性，并将自然包含在内的运输系统。规划全文约二十万字，由十四个部分组成。可以说，从整体上讲，这个规划是美国物流管理发展的又一个里程碑。

二、日本物流管理的发展历史

日本物流业的发展历程大致经历了四个阶段。

（一）物流概念的导入和形成期（1956—1964年）

自1956年日本流通技术考察团考察美国开始引入物流观念后，1958年6月又组织了流通技术国内考察团对日本国内的物流状况进行了调查，这大大推动了日本物流的研究。

从1961年到1963年前半年，日本将物流活动和管理称为PD，即Physical Distribution的缩写形式。到1963年后半年，“物的流通”一词开始登场，日通综合研究所1964年6月期《输送展望》杂志中刊登了日通综合研究所所长金谷璋的“物的流通的新动向”演讲稿，正式运用“物的流通”概念来取代原来直接从英语中引用过来的PD。

此外，1964年2月发行的《日本的输送革新》（上下两卷）一书中，也开始大量使用“物的流通”或“物理的流通”等词汇。

特别值得指出的是，1964年7月19日的《日本经济新闻》中，发表了池田内阁时期“中期5年经济计划”流通领域计划委员会委员平原直的讲话，他在会见记者时指出“较之PD的称法，更应该叫做物的流通”，并进一步提出“通产省为了降低产业全体的成本，将要推动除生产、流通的费用外第三种成本的削减，即搬运、保管、包装等PD（Physical Distribution，物的流通）方面的成本……产业构造审议会流通部中将要设立物的流通委员会……”应该说，这对推动日本物流的近代化打下了基础。到1965年“物流”一词已正式为理论和实践界全面接受。

还值得指出的是，在物流概念引入日本的过程中，物流已被认为是一种综合行为，即“各种活动的综合体”。因此，“物的流通”一词包含了“运输、配送”、“装卸”、“保管”、“在库管理”、“包装”、“流通加工”和“信息传递”等各种活动。

（二）物流现代化时期（1965—1973年）

这是日本大量物流设施建设、构筑的时代，同时也是日本经济高度成长、大量生产、大量销售的时代。

1965年1月在日本政府《中期5年经济计划》中，强调要实现物流的近代化，日本政府开始在全国范围内开展高速道路网、港湾设施、流通聚集地等各种基础建设。

与此同时，各厂商也开始高度重视物流，并积极投资物流体系的建设。各企业都建立了相应的专业部门，积极推进物流基础建设，这种基础建设的目的在于构筑与大量生产、销售相适应的物流设施。所以可以说这一时期日本厂商的共同战略是增大物流量、扩大物流处理能力。

另外，开始广泛推广货台、铲车等机械化装卸设备，导入自动仓库，灵活运用货台和集装箱，开展单位货物装卸系统，等等。同时，物流中心、中央物流中心等各种物流管理系统也不断增加。除此之外，这个时期的日本也在积极推行物流联网系统，开发VSP、配车系统等物流软件。

这一时期是日本物流建设的大发展时期。这一阶段的发展直到1973年第一次石油危机爆发才告一段落。

（三）物流合理化时期（1974—1983年）

第一次石油危机后，日本迎来了减量经营的时代，经营成本的降低成为经营战略的重要课题，从而要求物流能有所作为，所以说，这一时期是物流合理化的时代。

首先这一阶段担当物流合理化作用的物流专业部门开始登上了企业管理的舞台，从而真正从系统整体的观点来开展降低物流成本运动。此外，这一时期物流子公司也开始兴起。"物流利润源学说"揭示了现代物流的本质，使物流能在战略和管理上统筹企业生产、经营的全过程，并推动物流现代化发展。

在实践上，这一时期对应于理论发展，开始大范围地设立合理化工程小组，实行物流活动中的质量管理。具体讲，当时物流合理化的主要对策包括：缩短物流路径、扩大工厂直送、减少输送次数、提高车辆装载效率、实施计划输送、导入共同配送、改变运输手段、选择最佳运输方式、减少在店的据点、彻底实行在库管理；维持正常在库；提高保管效率；包装简单、朴素化；尽量做到包装材料的低价格；包装作业的机械化；集装箱、货台的导入与扩大；省力化机器的灵活运用等。

物流联网也在蓬勃发展，其宗旨在于推进订货、发货等业务的迅速化，以及削减物流人员、降低劳动力成本，特别是以大型量贩店为中心的网上订、发货系统的导入在这一时期最为活跃，这是物流合理化在技术上的反应。

在物流管理政策上，1977 年日本运输省流通对策部公布了"物流成本算定统一基准"。这一政策对于推进企业物流管理有着深远的影响。从事物流成本控制的研究，各个企业都制定了自己独特的成本控制体系。

这一时期还值得一提的是专业物流部门或物流子公司设立的兴盛。

（四）物流纵深发展时期（1985 年至今）

20 世纪 80 年代以后，日本的生产经营发生了重大的变革，消费需求差异化的发展，尤其是 20 世纪 90 年代日本泡沫经济的崩溃，使以前那种大量生产、大量销售的生产经营体系出现了问题，生产的多品种化和少量化成为新时期的生产经营主流，这使得市场的不透明度增加，在库排除的观念越来越强，其结果整个流通体系的物流管理发生了变化，即从集货物流向多频度、少量化、进货短的时间化发展。

在销售竞争不断加剧的状况中，物流服务作为竞争的重要手段在日本得到了高度重视，这表现在 20 世纪 80 年代后期日本积极倡导高附加价值物流、Just-In-Time 物流等方面。但是，随着物流服务竞争多样化，物流成本的高昂成为这一时期的特征，在日本又把这一时期称为"物流不景气"时代的说法，即由于经营战略的要求，使物流成本上升，出现赤字。因此，如何克服物流成本上升、提高物流效率是 20 世纪 90 年代日本物流面临的一个最大问题。

平成 9 年（1997 年）4 月 4 日，日本政府制定了一个具有重要影响力的《综合物流施策大纲》，该大纲是根据平成 8 年（1996 年）12 月 17 日日本政府决定的《经济构造的变革和创造规划》中有关"物流改革在经济构造中是最为重要的课题之一，到平成 13 年（2004 年）为止既要达到物流成本的效率化，又要实现不亚于国际水准的物流服务，为此各相关机关要联合起来共同推进物流政策和措施的制定"这一指示而制定的。这个大纲是日本物流现代化、纵深化发展的指针，对于日本物流管理的发展具有历史意义。这个大纲的主体框架是：

1. 基本目标

大纲中提出了到2001年物流发展的三项基本目标，即第一，亚太地区便利性且充满魅力的物流服务；第二，实现对产业竞争不构成阻碍的物流成本；第三，减轻环境负荷。为实现上述目标，大纲中还制定了实施措施的3项原则，包括通过相互合作来制定综合措施；为确保适应消费者需求的有效运输体系，以及创造良好的交通环境、道路、航空、铁路等交通机构合作共同制定综合交通措施；通过竞争促进物流市场活性化。

2. 横向措施

横向措施包括三大部分，第一部分是社会资本配置，即在所规定的物流整体上集中使用资本，此外，加强相关部门的合作，这些物流整体有：①与利用者需求相对应的多样化的选择方法（社会资本的相互合作）；②物流瓶颈的消除；③国际港湾、机场的建设，例如高规格干线道路、地域高规格道路、通往港湾机场的道路建设，主要干线铁路运输力的增强，中枢、中心国际港湾的设置，大都市圈物流中心、空港建设。第二部分是规制缓和，即在法规、政策上推动物流效率化，例如需求供给调整计划的废止；安全规制的制定（国际调和、推动技术水准提高的政策）。第三部分是物流系统的高度化，这其中一是信息化，如无纸贸易、一站服务、EDI的发展；二是标准化，如集装箱的标准化，等等；三是其他措施，如技术开发、商业惯例的改进等。

3. 不同领域的措施

这一节也分为三部分，第一部分是都市内物流，即缓和交通阻塞、提高汽车装载效率、提高物流服务质量、减轻环境负荷，在发展方向上主要是建立道路交通的通畅机制（物流共同配送、交通需求管理）以及货车的自营转换（提高装载率）。第二部分是地域间物流，通过多种方式完善陆海空运输的竞争条件，实现复合联合运输以及减轻环境负荷，在措施上主要是促进内航海运和铁路货运；道路、大范围物流中心的建设；货车规制缓和等。第三部分是国际物流，即为了对应日本市场商品输入增加的状况，缩减国际物流的时间和成本，纠正内外价格差，改善产业地域竞争力。主要措施是国际中枢、中心港湾据点的整顿、设立；进出口手续、港湾手续的信息化等。

4. 构筑各机构合作的政策推进体制

该部分的目的在于推进各政府机关、地方公共团体、物流业者和货主联合采取物流现代化措施，加强地方与中央的合作。在措施上包括在中央强化与地方合作的体制；在地方强化与中央合作的体制、每年对所实施的举措效果和问题进行彻底调查。

从上面介绍的日本《综合物流施策大纲》中可以看出，今后日本物流进一步发展、强化的方向是：①信息化的推进；②物流技术的开发；③物流人才的培育；④新物流服务的开展；⑤国际化的对应；⑥包装机械化、在库管理数码化的推进；⑦整体系统化的加强；⑧社会资本的充实；⑨规格化、标准化的推进；⑩共同化、协作化的推进。

复习思考题

1. 试述现代物流的概念与性质。
2. 物流的效用和功能包括哪些?
3. 试述物流管理的概念及其基本内容。
4. 试述企业物流的概念及其类型。
5. 企业物流的经营模式包括哪些?
6. 试述企业物流的经济影响。

第二章　企业物流战略与规划

物流被视为“成本中心”、“利润中心”和“服务中心”，更被看做企业长期发展的“战略中心”之一，战略性的物流管理已经逐步走上了众多企业的高层管理工作日程。可以说，物流管理是现代企业战略管理的重要组成部分，关系到企业的生存和发展，而并非简单的操作性或常规性的活动。企业物流战略是经营战略的重要组成部分，和生产战略、营销战略、研究与开发战略等共同服务于企业的长期发展。

第一节　企业战略概述

一、企业战略的概念

“战略”一词由来已久，其最早来源于军事方面，指对战争全局的筹划与指挥。在现代，“战略”一词被引申至政治和经济领域，其含义演变为泛指统领性的、全局性的、左右胜败的谋略、方案和对策。战略的概念被引入到企业管理中后，被理解成为指导企业根据经营环境和自身实力确定经营目标、分配关键资源、组织各类活动的方针、政策和方法。

目前，美国管理学家明茨伯格对战略的分析被广泛接受。根据他的分析，可以从五个角度来理解企业战略的概念。

（一）战略是一种计划

把战略作为计划看待，是因为它是一种有意识的、有预计的行动安排，是强调战略为实现特定目标而进行的有意识的活动。有预见性和有意识性是战略的基本特征。正如彼德·德鲁克所言，“战略是一种统一的、一体化的计划，用来实现企业的基本目标”。作为一种计划，战略将企业的主要目标、政策和活动按照一定顺序结合成一个紧密的整体。

（二）战略是一种模式

战略的模式概念强调了战略的行为方面。正如钱德勒在其著作《战略与结构》中指出的，战略是企业为了实现战略目标进行竞争而进行的重要决策、采取的途径和行动以及为实现目标对企业主要资源进行分配的一种模式。它反映了企业长期行为的连贯性，由企业长期行为模式所导向，并强化了企业的行为模式。特别是企业在面对突发的、非常规的事件时的反应行为。

（三）战略是一种定位

明茨伯格指出，企业的战略包括很多方面，但最重要的是应该确定该企业在所处环境中应处于一个什么样的位置，从而可以使其他活动在正确的定位下进行。因此，战略就是决定企业在环境中的位置，即企业资源应集中在特定的产品市场位置。根据这一理解，首先，战略要确定企业应该进入的经营业务领域；其次，战略需要确定在选定的业务领域内进行运行的方式；最后，通过战略的实施，使组织能处于恰当的位置，保证自身的生存和发展。

(四) 战略是一种观念

战略的观念概念是强调企业高层管理者，特别是决策层的整体个性对企业组织特性的影响，进而对企业文化、企业社会形象以及企业发展远景的影响。战略是一种观念，首先，它存在于决策者的意识中，是决策者的思维活动的体现；其次，战略的观念可以被组织的成员所共享，构成组织文化的一部分，由此而指导组织成员的意识和行为。企业的有效运行，在很大程度上取决于战略观念的共享程度以及共同的战略观念转化为共同行动的程度。

(五) 战略是一种计谋

战略的计谋概念直接针对于与竞争对手之间的竞争关系，其目的是通过各种手段取得竞争优势。此时，战略作为一种手段而存在，它强调的不是竞争行为本身，而是要阻止竞争对手取得竞争优势，特别是其正在准备中的、有可能对本企业造成重大打击的战略性行动。其更注重战略的动态性，即随着战略的实施过程的发展和竞争关系的变化，战略也需要进行必要的修正。

二、企业战略的层次

(一) 公司层战略

公司层战略又称总体战略，是企业决策层为企业确定的长期目标和发展方向。公司层战略的主要任务是确定企业的业务组合，即决定企业活动所涉及的业务范围种类，合理安排各类业务活动在企业业务总量中的比重和作用、各类业务之间的相互关系以及这些业务在战略期内的发展方向。公司层战略框架包括总战略框架和公司业务组合矩阵。

1. 公司总体战略框架

(1) 稳定性战略。稳定性战略（Stability Strategy）特征是很少发生重大的变化，这种战略包括持续地向同类型的顾客提供同样的产品和服务，维持市场份额，并保持组织一贯的投资报酬率记录。判定一个组织是否在实行稳定性战略不是件容易的事。

(2) 增长战略。增长战略（Growth Strategy）这个术语意味着提高组织经营的层次，这包括一些通行的衡量标准，如更高的销售额、更多的雇员和更大的市场份额。增长可以通过直接扩张、合并同类企业或多元化经营的方式实现。如沃尔玛公司和麦当劳公司是以直接扩张的方式追求增长，当然另外也有些公司采用合并的方式追求增长。

(3) 收缩战略。收缩战略（Retrenchment Strategy）是指减小经营规模或是多元化经营的范围。现在有些企业实行收缩战略，其中包括一些美国著名的大公司——通用动力公司、美孚石油公司（Mobil Oil）、伊斯特曼柯达公司、大通曼哈顿银行以及联合碳化公司（Union Carbide）等。

(4) 组合战略。组合战略(Combination Strategy)是同时实行两种或多种前面提到的战略。例如，公司的某种事业可能实行增长战略而另一种事业可能实行收缩战略。1992年春季，通用汽车公司迅速扩展它的电子数据系统分公司，而大幅度削减它的美国国内汽车制造业务。

2. 公司业务组合矩阵

制定公司层战略最流行的方法之一是公司业务组合矩阵。该方法是由波士顿咨询集团于20世纪70年代初期开发的。这种方法将组织的每一个战略事业单位(SBUs)标在一种二维的矩阵上，从而显示出哪个SBUs提供高额的潜在收益以及哪个SBUs是组织资源的漏斗。

BCG矩阵如图2-1所示，其中横轴代表相对市场占有率，通常用本企业某项业务的相对市场份额来表示，该项业务的相对市场份额=本企业该项业务市场份额÷最大竞争者该项业务的市场份额；纵轴表示预计的市场增长。说得更明确一些，高市场份额意味着该项业务是所在行业的领导者；高市场增长定义为销售额至少达到10%的年增长率(扣除通货膨胀因素)。BCG矩阵区分出4种业务组合。

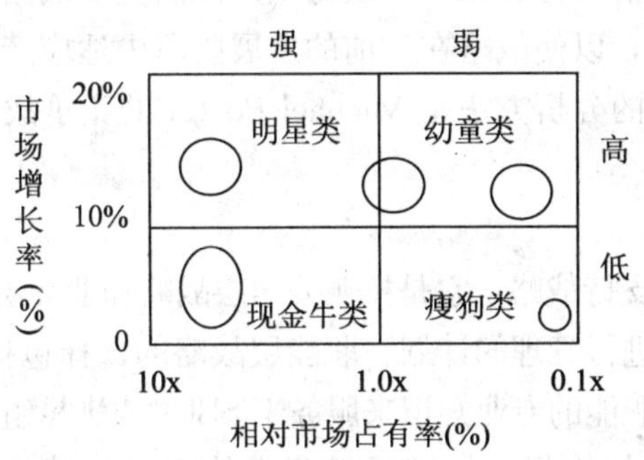

图2-1 波士顿矩阵

(1) 幼童(问题产品)亦称为野猫或问号，属于高度成长、低占有率的产品。管理当局应该仔细考虑，是否要花费更多的资金来提高市场占有率，以开创更美好的明天，或是缩小经营规模，甚至完全退出市场。

(2) 明星(明星产品)，这是属于高度成长、高占有率的产品。由于成长快速，通常厂商不但不能从中获取大量的现金，反而还需要投入资金，以扩大市场，强化推广，使自己在未来获取更多、更长远的利益。

(3) 现金牛(现金牛产品)，这是属于低度成长、高占有率的产品。由于竞争已经趋于稳定，因此，它可以产生大量的现金，以供厂商开发新产品，并培养逐渐升成的明日之星，可说是厂商的"金库"。

(4) 瘦狗(瘦狗产品)被称为现金陷阱，这里属于低度成长、低占有率的产品，它或许还能自给自足，甚或对利润仍有贡献，但行销人员必须认清真相，不要因为感情因素而将资金继续浪费在没有明天的产品上，除非产品本身仍有可为，否则，壮士断腕才是上策。

研究表明，牺牲短期利润以获取市场份额的组织，将产生最高的长期利润。因此，管理当局应当从现金牛身上挤出尽可能多的“奶”来，把现金牛业务的新投资限制在最必要的水平上，而利用现金牛产生的大量现金投资于明星业务，对明星业务的大量投资将获得高额红利。

（二）业务层战略

业务层战略又称竞争战略，即由各业务管理部门（有时也称战略业务单元）根据公司层战略决定的业务组合和各业务的地位和发展方向，确定本业务的具体竞争方式和资源使用的重点。业务层战略主要解答的问题是：“我们怎么才能在特定的商业领域中竞争?”

各个运作单位或规划中心，将完全可区分的一套产品和服务组合在一起，销售给不变的一批客户，这些客户面对的又是一批明确的竞争对手。

总体上，业务层战略考虑的是：

（1）协调和合并单位战略，使它们与企业层战略协调一致；

（2）开发有特色的竞争能力和每个单位的竞争优势；

（3）确定产品市场的恰当位置，并开发每项产品的竞争战略；

（4）监督产品和市场，以使战略在当前的发展阶段中适应产品市场的需要。

两个属于业务层战略的分析方法是 Michael Porter 的竞争战略五要素分析法以及 Miles 和 Snow 的适应性战略等。

（三）职能层战略

职能层战略又称职能支持战略，它是按照公司层战略和业务层战略对职能活动发展方向进行的策划和对职能活动进行管理的计划。职能层战略的选择包括回答这样的战略性问题：我们怎样才能最佳地利用职能的专业知识来服务于 SBUs 或满足组织机构的业务需要?

职能层战略涉及战略的构想，与继续经营中的主要领域或业务活动有关，如财务、研发、市场营销、采购、生产/制造、人力资源和物流/分销。

职能层战略是从公司层和业务层战略中衍生出来的，并同它们一致。职能层战略首先要考虑如下内容：

（1）确保各职能部门的专业人士的技能和能力能有效地发挥作用；

（2）职能的/运作的范围之内，如采购和市场营销等，整合各项业务活动；

（3）提供信息和专业知识，使它们能够在制定公司层和业务层战略中得到应用。

三、企业战略管理的过程

（一）战略分析

战略分析过程主要是对企业的战略环境进行分析、评价，并预测这些环境未来发展的趋势，以及这些趋势可能对企业造成的影响及影响方向。企业的战略环境可分为企业外部环境分析和企业内部环境或条件两部分。

企业外部环境一般包括下列因素或力量：即政府—法律因素、经济因素、技术因素、社会因素以及企业所处行业中的竞争状况。对其分析的主要目的是为了适时地寻找和发现有利于企业发展的机会，以及对企业来说所存在的威胁，以便在制定和选择战略中能够利用外部条件所提供的机会而避开对企业的威胁因素。

企业的内部环境即是企业本身所具备的条件，也就是企业所具备的素质，它包括生产经营活动的各个方面，如生产、技术、市场营销、财务、研究与开发、员工情况、管理能力等。对其分析的目的是为了发现企业所具备的优势或弱点，以便在制定和实施战略时能扬长避短、发挥优势，有效地利用企业自身的各种资源。

(二) 战略选择

战略选择过程实质是战略决策过程，即对战略进行探索、制定以及选择。特别对于一个涉及多行业的企业，其战略选择应当解决两个基本的战略问题：一是企业的经营范围或战略经营领域，即规定企业从事生产经营活动的行业，明确企业的性质和所从事的事业，确定企业以什么样的产品或服务来满足哪一类顾客的需求；二是该企业在某一特定经营领域的竞争优势，即要确定企业提供的产品或服务，要在什么基础上取得超过竞争对手的优势。

(三) 战略实施和控制

企业的战略方案确定后，必须通过具体化的实际行动，才能实现战略及战略目标。一般来说可在三个方面来推进一个战略的实施：

(1) 制定职能策略，如生产策略、研究与开发策略、市场营销策略、财务策略等。在这些职能策略中要能够体现出策略推出步骤、采取的措施、项目以及大体的时间安排等。

(2) 对企业的组织机构进行构建，以使构造出的机构能够适应所采取的战略，为战略实施提供一个有利的环境。

(3) 要使领导者的素质及能力与所执行的战略相匹配，即挑选合适的企业高层管理者来贯彻既定的战略方案。

第二节 企业物流战略

一、企业物流战略目标的确定

战略目标是对企业战略经营活动预期取得的主要成果的期望值，是企业经营战略的核心。战略目标的设定，同时也是企业宗旨的展开和具体化，是企业宗旨中确认的企业经营目的、社会使命的进一步阐明和界定，也是企业在既定的战略经营领域展开战略经营活动所要达到水平的具体规定。

企业物流战略应属于企业整体战略的一部分，物流战略的目标应服从物流企业整体的战略目标。一般而言，企业物流战略目标分为以下几个方面：

(1) 市场方面的目标：表明本公司希望达到的市场占有率或在竞争中达到的地位；

(2) 技术改进和发展方面的目标：对改进和发展新产品，提供新型服务内容的认知及措施；

(3) 提高生产力方面的目标：有效地衡量原材料的利用，最大限度地提高产品的数量和质量；

(4) 物资和金融资源方面的目标：获得物资和金融资源的渠道及其有效的利用；

(5) 利润方面的目标：用一个或几个经济目标表明希望达到的利润率；

(6) 人力资源方面的目标：人力资源的获得、培训和发展，管理人员的培养及其个人才能的发挥；

(7) 职工积极性发挥方面的目标：通过报酬等措施对职工进行激励。

各企业可以根据本企业的实际情况确定本企业的企业物流战略目标。

二、制定企业物流战略的原则

(一) 专业化和突出核心专长

现代战略理论的前沿资源基础理论认为，企业的竞争优势主要来源于企业内部优质的、特异的资源。而我国企业则总是喜欢把企业的优势来源定位于如劳动力成本、获得资金的难易程度以及与政府的关系等外部因素上。企业应抛弃这种观念，认真分析自身的优势（Strength）和劣势（Weakness），结合外部环境的机会（Opportunity）和威胁（Threat），找到本公司与众不同的资源（这可能形成企业将来的核心竞争力）。企业物流本身涉及多个环节，其中要运用多项技术，企业应放弃大而全的思想，可以将其中若干环节外包，集中精力做关键环节，培育企业的核心竞争力。

(二) 服从企业总体发展战略原则

企业物流战略属于企业总体战略下的分战略——职能战略，企业物流战略的存在是为了实现企业总体发展目标，即企业物流战略是为企业总体战略服务的，因此，其发展应该紧紧围绕企业总体战略。

(三) 总成本节约原则

企业物流战略是一个多环节战略，物流系统本身的范畴和物流系统设计的核心都是关于效益背反的分析，由此引出总成本的概念。成本背反就是指各种物流活动的成本变化模式常常表现出相互冲突的特征，即其中某个环节的成本最优，可能导致其他环节的成本上升，甚至超过该环节的成本节约。对此解决办法是，平衡各项活动以使其达到整体最优。

(四) 差别化的分拨战略原则

不对所有产品提供同样水平的客户服务，是物流规划的一条基本原则。对于各种产品不同的客户服务要求、不同的产品特征、不同的销售水平，应采取不同战略。如按照销量分为高、中、低三组，并分别确定不同的库存水平。区分那些经仓库运送的产品和从工厂、供应商或其他货源直接运到客户手中的产品，根据运输费率的结构，按运量批量进行服务分类，订购大量产品的客户可以直接供货，其他的则由仓库供货；对于那些由仓库供货的产品，按存储地点进行进一步分组，销售快的产品放在位于物流渠道最前沿的基层仓库中，销量中等的产品存放在数量较少的地区性仓库中，销量慢的产品则放在工厂等中心存储点等，从而使每个存储点都包含不同的产品组合。

三、企业典型物流战略

企业物流战略是指企业为实现战略目标，就物流发展目标以及达成目标的途径与手段而制订的长远性、全局性的规划与谋略。从总体上看，企业物流的革新与发展都是紧紧围绕产、销、物紧密结合而开展的，有代表性的物流战略主要有以下几个：

(一) 即时物流战略

自20世纪80年代中期以后，企业的经营管理逐步向柔性化、精细化方向发展，与之相适应的即时制管理（Just-In-Time）得到了广泛的重视和运用。即时制管理的基本思想是“在必要的时间、对必要的产品从事必要量的生产或经营”，因而可以最大限度地避免生产、经营过程中产生浪费和降低造成成本上升的库存，即实现所谓的零库存。即时制管理是即时生产、即时物流的整合体。即时化的物流战略又表现为以下两个方面：

1. 即时采购

即时采购是一种先进的采购模式或商品调达模式，其基本思想是在恰当的时间、恰当的地点，以恰当的数量、恰当的质量从上游厂商向企业提供恰当的产品。即时采购是从平准化生产发展而来的，是为了消除库存和不必要的浪费而进行持续性改进的结果。平准化生产是为了及时应对市场变化而组织的一种以小批量、多品种为生产特点的敏捷作业管理体制。平准化生产的一个关键环节就是物料或上端产品的采购必须实现即时化，即采购部门根据生产经营的情况形成订单时，供应商立刻着手准备作业，同时，在详细采购计划编制的过程中，生产部门开始调整生产线，做到敏捷生产，在订单交给供应商的时候，上游厂商以最短的时间将最优的产品交付给用户。所以，即时采购是整个即时制生产管理体系中的重要一环。

要做到即时采购，首先要正确确立与上游供应商的关系。在传统的采购活动中，企业与供应商只是一种简单的买卖关系，所以，供应商的数量也较多。而在即时采购条件下，由于要求供应商的经营行为能充分满足下游企业的平准化生产，做到同步生产，即时供应。为此，只有建立稳固的长期交易关系，才能保证质量上的一致性，同时还要强化、指导对供应商作业系统的管理，才能逐步降低采购成本。因此，在即时采购条件下，企业须与少数供应商结成固定关系，甚至是单源供应。但是，在实际运作中，为了防止因为单源供应而产生竞争力弱化，或因意外原因产生生产停滞，一般都是采用数个供应商作为采购源，以加强供应商之间的竞争能力的不断提高。

除了通过供应商的选择来实现即时采购外，还要考虑如何对供应商实行有效的评价。在即时采购中，企业对供应商绩效的监控通常是通过供应商行为能力的划分来实施的，而这种能力主要包括供应商的合约履行能力、工程设计能力（即及时按照企业的设计图纸灵活组织作业生产的能力）、价值工程能力（即在企业设计的基础上改善设计、降低成本的能力）和部件设计的创发能力等。以上几种能力是企业决定供应商地位的参考基础。

2. 即时销售

即时销售在生产企业与零售企业表现出不同的发展趋势。对于生产企业而言，推行即时销售主要措施是实行厂商物流中心的集约化，即将原来分散在各分公司或中小型物流中心的库存集中到大型物流中心，通过数字化备货等现代技术实现进货、保管、在库管理、发货管理等物流活动的效率化、省力化和智能化，原来的中小批发商或销售部以转为厂商销售公司的形式专职从事销售促进、零售支持或订货等商流业务，从而提高销售对市场的反应能力以及对生产的促进作用。

（二）协同或一体化物流战略

协同化物流是打破单个企业的绩效界限，通过相互协调和统一，创造出最适宜的物流运行结构。随着消费者消费个性化、多样化的发展，客观上要求企业在商品生产、经营和配送上必须充分对应消费者不断变化的趋势，这无疑大大推动了多品种、少批量、多频度的配送，而且这种趋势会越来越强烈。为解决上述问题，作为企业物流战略发展的新方向，旨在弥合流通渠道中企业间对立或企业规模与实需对应矛盾的协同化或一体化物流应运而生。

目前协同化的物流战略主要有三种形式。

1. 横向协同物流战略

所谓横向物流协同是指同产业或不同产业的企业之间就物流管理达成协调、统一运营的机制或同一产业内不同的企业之间为了有效地开展物流服务，降低多样化和及时配送产生的高额物流成本，而相互之间形成的一种通过物流中心的集中处理实现低成本物流的系统。从实践上来看，它往往有两种形式，一是在承认并保留各企业原有的配送中心的前提下，实行商品的集中配送和处理；二是各企业放弃自建配送中心，通过共同配送中心的建立，来实现物流管理的效率性和集中化。但同产业协同物流很难得到广泛的支持，最主要原因是相同类型企业多为竞争对手，而此战略下，各企业经营的情况以及商品流转的信息等易为竞争者所获得，即所谓的“企业机密的泄露”，从而不利于企业经营战略的施展。

不同产业之间的协调物流是将不同产业企业生产经营的商品集中起来，通过物流或配送中心达成企业间物流管理的协调与规模效益性。一般来讲，不同产业横向协同物流处理的商品范围比较广，而且从企业内部管理的角度看，更容易被接受，不同产业企业间的协同物流，由于相互之间分属于不同的产业，不存在直接的竞争替代性，因而既能保证物流集中处理的规模经济性，又能有效地维护各企业的利益以及经营战略的有效实施。正因为如此，如今国际上不同产业间的协同物流相对发展较快。

2. 纵向协同物流战略

纵向协同物流战略是流通渠道不同阶段企业相互协调，形成合作性、共同化的物流管理系统。纵向协同作业所追求的目标不仅是物流活动的效率性（即通过集中作业实现物流费用的递减），而且还包括物流活动的效果性（即商品能迅速、有效地从上游企业向下游企业转移，提高商品物流服务水准）。

纵向协同物流的形式主要有批发商与生产商之间的物流协作和零售商和批发商之间的物流协作等形式。批发与厂商间的物流协作有两种形式：一是在厂商力量较强的产业，为了强化批发物流机能或实现批发中心的效率化，厂商自身代行批发功能，或利用自己的信息网络，对批发企业多频度、小单位配送服务给予支援；二是在厂商以中小企业为主、批发商力量较强的产业，由批发商集中处理多个生产商的物流活动。零售与批发的协作则表现为：一是大型零售业建立自己的物流中心，批发商经销的商品都必须经由该中心，再向零售企业的各店铺进行配送；二是对于大型以外的中型零售企业来讲，它们不是自己建立物流中心，而是由批发商建立某零售商专用型的物流中心，并借此代行零售物流。这种方法对于中型零售企业来讲，既可以有效利用批发商所持有的物流 Know-How，又能享受省略本企业物流中心集配商品环节所带来的利益。

3. 通过第三方物流实现协同化

第三方物流是通过协调企业之间的物流运输和提供物流服务，把企业的物流业务外包给专门的物流管理部门来承担。它提供了一种集成物流作业模式，使供应链的小批量库存补给变得更经济，而且还能创造出比供方和需方采用自我物流服务系统运作更快捷、更安全，更高服务水准，且成本相当或更低廉的物流服务。从第三方物流协作的对象看，它既可以依托下游的零售商业企业，成为众多零售店铺的配送、加工中心，也可以依托上游的生产企业，成为生产企业，特别是中小型生产企业的物流代理。目前第三方物流无论在国际还是在我国国内都有着广阔的市场。

(三) 高度化物流战略

1. 全球化物流战略

当今，企业经营规模不断扩大，国际化经营不断延伸，出现了一大批立足于全球生产、全球经营和全球销售的大型全球型企业。这些企业的出现不仅使世界上都在经营、消费相同品牌的产品，而且产品的核心部件和主体部分也趋向于标准化。在这种状况下，全球型企业要想取得竞争优势，获取超额利润，就必须在全球范围内配置利用资源，通过采购、生产、营销等方面的全球化实现资源的最佳利用，发挥最大的规模效益。

从当今全球化物流的实践看，出现了三种形式的发展趋势：第一，作为全球化的生产企业，在世界范围内寻找原材料、零部件来源，并选择一个适应全球分销的物流中心以及关键供应物资的集散仓库，在获得原材料以及分配新产品时使用当地现有的物流网络，并推广其先进的物流技术与方法。第二，生产企业与专业第三方物流企业的同步全球化，即随着生产企业全球化的进程，将以前所形成的完善的第三方物流网络也带入到全球市场。例如，日资背景的伊藤洋华堂在打入中国市场后，其在日本的物流配送伙伴伊藤忠株式会社也跟随而至，并承担了其配送活动。第三，国际运输企业之间的结盟，为了充分应对全球化的经营，国际运输企业之间开始形成了一种覆盖多种航线，相互之间以资源、经营的互补为纽带，面向长远利益的战略联盟，这不仅使全球物流更能便捷地进行，而且使全球范围内的物流设施得到了极大的利用，有效地降低了运输成本。

2. 互联网物流战略

现代信息技术的发展，特别是互联网迅速向市场渗透，正在促使企业的商务方式发生改变。由于互联网具有公开标准、使用方便、相当低的成本和标准图形用户界面等特点，使得利用互联网的物流管理具有成本低、实时动态性和顾客推动的特征。互联网物流战略表现在：一方面通过互联网这种现代信息工具，进行网上采购和配销，简化了传统物流烦琐的环节和手续，使企业对消费者需要的把握更加准确和全面，从而推动产品生产的计划安排和最终实现基于顾客订货的生产方式，以便减少流通渠道各个环节的库存，避免出现产品过时或无效的现象；另一方面企业利用互联网可以大幅度降低交流沟通成本和顾客支持成本，增强进一步开发现有市场的新销售渠道的能力。

3. 绿色物流战略

从经济可持续发展的角度看，伴随着大量生产、大量消费而产生的大量废弃物对经济社会产生了严重的消极影响，这不仅因为废弃物处理困难，而且还表现在容易引发社会资源的枯竭和自然环境的恶化。所以，如何保证经济的可持续发展是所有企业在经营管理中必须考虑的重大问题，对于企业物流管理而言也是如此。具体来讲，要实现上述目标，从物流管理的角度看，不仅要在系统设计或物流网络的组织上充分考虑企业的经济利益（即实现最低的配送成本）和经营战略的需要，同时也要考虑商品消费后的循环物流，这包括及时、便捷地将废弃物从消费地转移到处理中心，以及在产品从供应商转移到最终消费者的过程中减少容易产生垃圾的商品的出现。除此之外，还应当考虑如何使企业现有的物流系统减少对环境所产生的负面影响（如拥挤的车辆、污染物排放等）。显然，要解决上述问题，需要企业在物流安排上有一个完善、全面的规划，诸如配送计划、物流标准化、运输方式等，特别是在制定物流管理体系时，企业不能仅仅考虑自身的物流效率，还必须与其他企业协同起来，从综合管理的角度，集中合理地管理调达、生产和配送活动。

第三节　企业物流服务战略

物流战略规划是物流企业长期效益的系统性计划方法。这一定义强调的是未来效益，而实际工作中了解到的物流领域内的各项活动，极大地影响着企业的成本和利益。因此物流战略计划是企业成本控制和利润最优化的重要目标，是协调和促进企业从产品生产或服务到最终消费的所有活动方式。企业物流战略的实施包括需求预测、分析面临的形势和战略选择三个方面。

一、企业物流服务战略思想

哈佛商学院终身教授迈克尔·波特在他的名著《竞争战略》一书中归纳出三种基本的企业竞争战略类型：成本领先战略、标新立异战略和集中战略。“三种竞争战略”理论对物流企业同样具有现实的指导意义。

成本领先战略的基本定位应当是向客户提供标准化的物流服务。包括物流服务品种的相对稳定性、物流服务水平的客户认同度、服务程序的简洁规范等。

标新立异战略（或称为差异化战略）选择了创新服务作为企业的发展动力，它的基本定位应当是不同的客户实行差异化服务，包括服务品种的不断创新、服务手段和服务水平的不断创新以及为满足客户的特殊需求向客户提供量身定制的物流服务。

集中战略的基本定位应当是为特定的客户提供特定的物流服务或为特定的货种提供特殊的物流服务。

相对而言，在物流服务领域以上三种竞争战略中，实施差异化服务战略的难度比较大。虽然这类服务对成本的敏感性比较小，因而利润率比较高，但是对物流企业的研发能力、经营理念的开放性以及组织结构的弹性和企业的资本实力都有很高的要求。

二、企业物流服务战略分析

企业物流服务战略分析的目的是通过物流企业所处的宏观环境与微观环境、企业自身与竞争者的分析，找出自身的优势与劣势、环境的机会与威胁，为制定物流系统的宗旨和目标，选择和实施适当的战略行为提供依据。

（一）宏观环境分析

企业的宏观外部环境间接的或潜在的对企业发生作用和影响。这些因素主要有政治因素、法律因素、经济因素、技术因素及人文因素等。

（1）政治因素，主要包括：①政治是否安定；②政策是否稳定；③对外关系等。

（2）法律因素，主要包括：①土地取得的限制；②经营项目的限制；③土地分区使用的限制；④设立物流服务中心或仓库申请的限制；⑤相关税法的规定；⑥安全法规与标准；⑦国际物流相关法律法规等。

（3）经济因素，主要包括：①宏观经济状况；②经济及产业政策；③国际经济状况；④产业竞争状况等。

（4）技术因素，主要包括：①物流技术能力；②咨询管理技术能力；③通信技术能力等。

（5）人文因素，主要包括：①人口特征；②文化环境；③价值观念；④消费习惯等。

（二）产业环境分析

产业环境分析也称产业竞争力分析，主要是分析本行业中的企业竞争格局以及本行业和其他行业的关系。根据迈克尔·波特教授的观点，行业竞争存在着五种基本的竞争力量，这五种力量的状况及综合强度，决定着行业的竞争激烈程度，从而决定着行业中获利的最终潜力，如图 2－2 所示。

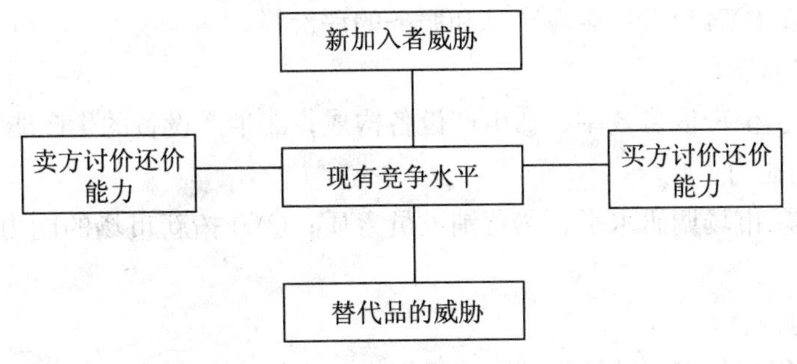

图 2－2 波特的五种竞争力模型

1. 现行竞争者之间的竞争程度

主要衡量指标包括：①竞争者的长远目标；②竞争者的现行战略；③竞争者的能力等。

2. 潜在的竞争者

主要衡量指标包括：①潜在竞争者的数量；②潜在竞争者的能力等。

3. 替代产品的威胁

主要衡量指标包括：①替代产品的价格；②替代产品的质量；③替代产品的个性化功能等。

4. 买方的讨价还价能力

主要衡量指标包括：①购买商要求的价格；②购买商的购买数量等。

5. 卖方的讨价还价能力

主要衡量指标包括：①供应商的价格；②供应商的服务质量；③供应商的合作伙伴等。

（三）企业内部环境分析

企业内部环境是指企业能够加以控制的内部因素，对内部环境进行分析的目的在于掌握企业目前的状况，明确企业具有的优势和劣势，以便有效利用资源，制定能够发挥企业优势的物流战略，实现确定的战略目标。内部环境分析是物流运作的基础，是制定物流服务战略的出发点和依据。

一般说来，企业内部环境分析包括以下几方面：

1. 管理状况

主要包括：①管理制度；②管理组织架构；③管理人员构成等。

2. 财务状况

主要包括：①财务管理制度；②财务优势和劣势；③财务指标变化趋势；④利润结构；⑤财务运行状况；⑥成本控制状况；⑦筹资方式；⑧筹资能力等。

3. 产品线及竞争地位

主要包括：①本企业服务的优势与劣势；②本企业的市场占有率；③本企业产品与服务的稳定程度；④客户对本企业产品和服务的评价等。

4. 生产设备状况

主要包括：①生产设备效率；②生产设备构成；③生产设备的生产能力等。

5. 市场营销能力

主要包括：①市场调研水平；②营销人员素质；③开拓新市场的能力；④定价策略；⑤促销策略等。

6. 组织结构

主要包括：①现行组织结构类型；②组织中的主权关系；③组织运转状况等。

（四）内外部环境的综合分析

企业战略是一个使企业外部环境、内部条件和战略目标动态相适应的过程，它要求企业的战略规划活动必须结合外部环境与内部条件的变化趋势及其相互影响综合进行。

物流企业进行内外部环境综合分析的最简便方法是 SWOT 分析法。

SWOT 分析法是一种对企业外部环境中存在的机会、威胁和企业内部条件的优势、劣势进行综合分析，据此对备选的战略方案作出系统的评价，最终选择出最佳的竞争战略的方法。SWOT 中的 S 是指企业内部的优势（Strengths）；W 是指企业内部的劣势（Weaknesses）；O 是指企业外部环境中的机会（Opportunities）；T 是指企业外部环境的威胁（Threats）。

企业内部的优势和劣势是相对于竞争对手而言的，一般表现在企业的资金、技术设备、职工素质、产品、市场成就、管理技能等方面。判断企业内部的优势和劣势一般有两项标准：一是单项的优势和劣势。例如企业资金雄厚，则在资金上占优势；市场占有率低，则在市场上占劣势。二是综合的优势和劣势。为了评估企业的综合优势和劣势，应选定一些重要因素，加以评价打分，然后根据其重要程度按加权确定。

企业外部的机会是指环境中对企业有利的因素，如政府支持、有吸引力的市场其进入障碍正在降低、市场需求增长势头强劲等。企业外部的威胁是指环境中对企业不利的因素，如新竞争对手的出现、市场增长率缓慢、购买者和供应者讨价还价能力增强、不利的人口特征的变动等。这是影响企业当前竞争地位或影响企业未来竞争地位的主要障碍。

物流企业在对其内外部环境进行综合分析的基础上可以初步确定其战略方向，并以此作为战略选择的依据。

三、企业物流服务战略选择

（一）确立物流服务战略宗旨和目标

企业在设计物流服务战略目标时应当注意以下几方面：①突出关键性、全局性问题；②既有可行性，又有先进性；③目标必须定量化，具体是衡量性，以便检查和评价；④目标组合中的各分目标之间、战略目标和战术目标之间以及战略经营单位和职能部门之间的目标应相互协调、相互支持，形成系统；⑤目标必须相对稳定，如果经营环境变化必须调整战略目标，则所有经营单位及职能部门的分目标也要及时作出相应调整。

（二）选择物流服务战略

一般而言，企业可供选择的物流服务战略主要分为以下几种：

1. 成本最低战略

成本最低战略是追求物流系统的固定成本与可变成本最低的战略。实施成本最低战略必须将目标确定为满足较为集中的客户需求，向客户集中的地区提供快速服务，通过储运资源和库存政策的合理搭配使物流成本达到最小化。一般来说，物流系统的基本服务能力受到系统仓库的数目、工作周期、运营速度或协调性、安全库存政策等诸多因素的影响，为满足客户的基本需求，要按照有效库存和系统目标对物流系统进行整合，以求在成本最低的条件下达到最佳的服务水平。

2. 服务最优战略

服务最优战略是物流系统的有效性和运输绩效最高，服务水平最佳的战略。实施服务最优战略必须充分利用服务设施，认真规划线路布局，尽量缩短运输的时间，为客户提供最优的服务。当然提供最优服务的同时也必须能够得到与之相适应的收益，否则，这种战略就得不偿失。同时，什么是最优的服务对不同的客户来说也是不同的，这就要求企业必须认真分析客户的需求，针对客户的不同需求实行个别化的优质服务，从而构筑起企业的差别竞争优势。

3. 利润最高战略

利润最高战略是物流系统的利润达到最大化的战略。这种战略是大多数物流系统希望通过战略规划达到的最终目标。实施利润最高战略需要对每一种物流设施所带来的利润进行认真的分析，构建起能够以最低成本得到最高利润的物流系统。

4. 竞争力最强战略

竞争力最强战略是力争达到整体的竞争力最强，寻求最大的竞争优势的战略。这种优势可以采用针对性的服务改进和合理的市场定位两种方法来获得。

要使竞争力增强，必须保证员工能为给企业带来利润的客户提供最好的服务，如果发现有重要的客户没有接受到卓越的服务，就必须改进服务水平或增加服务能力来适应这些客户。另一种获得竞争优势的方法是确立更加合理的市场定位，在物流服务能力上进行重要投资去占领本地市场，提供个性化的服务。

5. 资产占用最少战略

资产占用最少战略是整个物流系统占用的资产达到最少的战略。这种战略的好处是降低物流系统的风险，增加总体的灵活性，更有利于企业集中优质资产开展主业经营。

四、企业物流服务战略的实施与控制

（一）企业物流服务战略实施的一般原则

1. 物流战略协同原则

系统使命、战略目标、战略优势、战略类型的设计与选择要形成战略协同效应。

2. 系统优化原则

从物流系统及经济圈发展需要寻求资源优化配置，并以此作为战略规划与评价的基本准则。

3. 寻求优势原则

即寻求、创立、维持和发展相对的、有差别的竞争优势。

4. 区域平衡原则

物流链管理的要素资源要在区域范围内尽可能寻求平衡。

5. 有限合理原则

战略没有最优只有较优，只要符合系统宗旨和目标，环境没有质的变化，原则上就可以组织实施，在实施过程中再进行调整和完善。

6. 阶段发展原则

物流战略的规划与实施要针对具体情况分阶段进行。

最后，实施物流服务战略的经营与管理，应将这六项原则当做一个完整体系来执行。

（二）企业物流服务战略的实施

企业物流战略的实施回答战略如何实施的具体问题。根据所考虑时间长短不同可以分成三个层面：战略层面、策略层面和执行层面。战略计划层面考虑长期的计划制订，时间在3年以上；策略计划层面考虑1年内的实施计划；执行计划层面是考虑短期的行动，经常需要作出每天甚至每小时的决策。

不同层面的计划需要处理不同的数据和信息。如物流战略层面中的实施决策包括选址、运输、订货流程、客户服务、仓库、采购；战略层面包含设施数目、地点及规模、运输方式、设计订单流程系统、设计客户服务水平、布局和地点选择、政策制定；物流策略层面包含库存分布决策、季节性服务、客户的优惠待遇、季节性的空间变换、合同管理和供应商选择；执行层面包括路线及路线上产品的分配、数量及时间安排、执行订单流程、订单履行、订单送出。

物流服务战略的实施主要包括四个方面的问题：顾客服务水平、物流设施分布、库存和运输，因此设计物流服务战略时应该时刻记住这四个方面是个不可分割的整体。

（1）物流系统的顾客服务水平是较其他因素更要引起高度关注的方面。若将物流服务水平定在较低的水平，企业则可使用较便宜的运输方式和在较少的地方设置库存；若较高的服务水平，则要求运输和库存都要有足够的保障。要设计合适的客户服务水平，应当权衡付出与回报的比值。

（2）库存战略指的是货物的库存采取何种管理方式。其中，是将总的存货分配到指定的分销地点还是通过持续供货的方法管理库存是两种不同的存货方式。采取的库存战略管理方式决定了物流设施的分布决策。

（3）运输所涉及的问题包括运输的战略、运输方式的选择、运输路线、运输批量和日程安排，这些决策受物流设施分布的影响，同时在作物流分布决策时也应考虑到运输的问题，库存水平的大小也与运输批量有关。

（4）物流设施分布包括产品从工厂、分销商或配送中心到客户整个商品供应的活动和相应的费用。存货和分销地点的地理分布构成了物流系统的骨架，选择何种分布方式直接影响到物流的费用。于是，物流设施分布要解决的问题就是找到费用最小或获利最大的商品分销方式。

顾客服务水平、物流设施分布、库存与运输之所以是物流服务战略的主要方面是因为它们直接影响到企业的利润率、现金流和投资回报率；由于战略计划的各个方面是相互影响的，所以在作决策时应充分考虑整体的利益，充分考虑涉及顾客服务水平方面的影响因素。

（三）企业物流服务战略实施的控制

进行物流管理需要制定和实施物流战略，但仅仅如此并不能保证预定目标的实现，随着时间的推移和物流环境的动态变化，不确定性可能导致实际绩效偏离计划绩效。为使绩效与期望目标一致，有必要从管理的另一个基本功能来考虑问题，即物流服务战略的控制——使计划的执行情况与期望目标相一致或使它们保持一致的过程。控制过程就是将实际履行的情况与计划实施情况相比较的过程。

在物流系统中，管理者根据客户服务和成本对计划中的物流活动（运输、存储、库存、物料搬运和订单处理）进行控制。

1. 输入信息、流程和输出信息

战略实施控制系统的核心就是需要控制的过程。这一流程可能是其一单项活动，如进行订单、补足库存，也可能包括物流部门涉及的所有活动。输入信息以计划的方式流入流程，而计划也指明了流程设计的方法。根据控制系统的目标不同，设计的内容可能是应当采取何种运输方式、保持多少安全库存量、如何设计订单处理系统，或是包括所有这些内容。

2. 标准

战略实施控制过程需要有一个参照标准，以便比较物流活动的执行情况。管理者、顾问或计算机都为实施绩效符合该标准付出了劳动。一般而言，参照标准可以是成本预算、客户服务目标水平或对利润的贡献等。

除了公司计划和公司政策中所设定的标准外，许多企业还向外部标准看齐。客户对于质量的高度忽视导致了众多企业将标准定得很高，以便参与各种奖项的角逐。对物流管理者来说，质量可能意味着按时履行订单、很少发生短货或按时交付产品。物流企业都在尽力达到认证标准，客户也希望他们的供应商是获得认证的企业，因为这将保证客户得到的产品或服务与他们的期望一致。所以，对于产品或服务的提供者来说，这些质量奖或国际认证系列可能就是物流管理的目标。

3. 监控

监控是战略实施控制系统的神经中枢。监控包括收取有关执行情况的信息，参与目标进行对比，并负责启动修正措施。监控者得到的信息基本上采取定期报告和审计的形式，通常是有关库存状况、资源利用情况、管理成本及客户服务水平等方面的报告。

物流系统中的监控者主要包括管理者、监察顾问或信息编辑员等。监控者解读报告，并将实施绩效与目标进行比较。监控者还必须判断实施结果是否失控，并采取适当的步骤使实施结果与目标相符。修正措施的精确程度取决于失控的程度，以及管理者希望修正措施持续的时间。如果实际执行情况与预期的“偏差”在可接受的范围内，有可能不进行修正；相反，如果偏差超出可接受的范围，管理者将启动及时、可行的临时操作方案来减少偏差，或者他会通过战略性规划来改变物流系统设计。

第四节 企业物流标准化战略

一、标准化和标准化战略

（一）标准的含义

根据商务版的《现代汉语词典》（第 5 版）的解释，标准有两层含义：一是指衡量事物的准则；二是指本身合于准则，可供同类事物比较核对的事物。

根据国家标准（GB/T 39351—83）的定义，“标准是对重复性事物和概念所做的统一规定，它以科学、技术和实践经验的综合为基础，经过有关方面协商一致，由主管机构批准，以特定的形式发布，作为共同遵守的准则和依据”。

国际标准定义：国际标准化组织（ISO）的标准化原理委员会（STACO）一直致力于标准化概念的研究，先后以“指南”的形式给“标准”的定义作出统一规定：标准是由一个公认的机构制定和批准的文件。它对活动或活动的结果规定了规则、导则或特殊值，供共同和反复使用，以实现在预定领域内最佳秩序的效果。

（二）标准化的含义

标准化是指对产品、工作、工程或服务等普遍的活动规定统一的标准，并且对这个标准进行贯彻实施的整个过程。

推行标准化的目的是为了公众的利益，由有关各方面共同进行的、有计划地使物质的和非物质的对象统一化，它不仅能对推进经济界、科技界及管理部门的合理化过程提供质量保证，而且有助于人和物的安全以及生活各领域中的质量改善，它不得不给个别人带来特殊的经济利益。

（三）标准化战略及其意义

标准化战略是指将标准化工作同企业的发展战略相结合，在生产和经营过程中有计划地实施标准化工作的战略计划。企业实施标准化战略的重要意义在于：

1. 标准化有利于打造企业品牌，提升企业社会声誉

当今社会、企业之间产品的竞争，已经不再是价格的竞争，而是品牌的竞争，而品牌则是通过企业产品质量、售后服务等来体现的。企业采用标准化能够促进企业品牌形象的建立，提高企业的社会声誉。比如，企业采用 ISO 产品质量认证体系，说明企业在产品质量方面已经达到的一定的水平。对于一些专业性很强的产品，消费者或用户在这方面的知识短缺，他们选择产品，很大程度上依靠其他消费者或用户的推荐、该企业通过的认证，以及采用标准化的多少。

2. 标准化有利于降低企业成本，建立产品技术平台

采用标准化，可以提高企业产品之间的兼容性，减少由于企业产品之间标准不一致，带来的巨大社会浪费。另外，企业通过标准化可以避免对某一个供货商的依赖，因为其他供货商依据公开的标准可以补充市场，于是企业的供货渠道不断增加。供应商数量的增加，加大了供货商之间的竞争，从而促使产品质量不断提高，价格也会不断降低。因此标准化可以降低企业的成本。而建立产品技术平台首先必须实现产品的标准化、系列化、模块化和信息化（以下简称四化）。四化的实质是标准化，标准化既是四化的最终目标，又是实现四化的基础和根本。

3. 标准化有利于企业之间战略同盟的形成

标准化形成了一个统一的产品和技术规则体系。在这种情况下，使得企业之间的合作，以及战略同盟的形成更加容易。标准化层面的合作对于企业很重要，因为通过协作效应，成本降低的潜力及成功的可能性都会提高。通过战略同盟的建立，可以为企业带来风险共担、技术共享、规模经济以及固定成本分摊的作用。

4. 标准化可以打破技术贸易壁垒，有利于出口

近年来，各国为了保护本国市场，在原来的关税壁垒被打破后，纷纷将安全、卫生、环保等特殊要求制定为本国标准，使外来产品难以适应，这称之为“绿色技术壁垒”。因此，从某种意义上说，当代国际贸易竞争已演变为标准的竞争。国际标准已成为商品（或产品）进入国际市场的通行证。标准成为在区域经济内针对其他标准作为一种非关税贸易壁垒的武器。如果企业在全球市场上通过ISO或ICE标准，在欧洲市场上通过相应的EN标准，可以很好地打破发达国家设置的技术壁垒。

二、企业物流标准化及其主要内容

（一）企业物流标准化的含义

企业物流标准化是指以物流系统为对象，围绕运输、储存、装卸、包装以及物流信息处理等物流活动制定、发布和实施有关技术和工作方面的标准，并按照技术标准和工作标准的配合性要求，统一整个物流系统标准的过程。

（二）企业物流标准化的作用

企业物流标准化，即通过对物流设施、设备、器具、作业方法等制定统一的标准，并且按照统一的标准组织物流活动，使各种物流要素能够有效配合。物流标准化对于提高物流作业效率，加快商品流通速度，保证物流质量，减少物流环节，提高物流管理效率，降低物流成本具有巨大促进作用，同时也有利于推动物流技术的发展。具体而言：

1. 企业物流标准化的实施可以降低物流成本

通过物流标准化，可以实现物流各个环节的有机结合，减少中间环节，减少无效劳动，提高设备、设施及其器具的使用效率，从而达到降低物流成本、提高经济效益的目的。

2. 企业物流标准化可以提升企业物流管理的科学性

物流标准化为物流管理的规范化提供了基础，使得物流管理目标更加明确，有利于提高物流管理的效率，实现整个物流大系统的高度协调统一。

3. 企业实施物流标准化是保证物流各环节衔接的一致性、加快流通速度的重要手段

通过制定和执行物流相关标准，不仅可以保证物流活动各个环节的技术衔接和协调，规范服务质量，加快流通速度，而且可以合理地利用物流资源，提高资源利用效率。

4. 企业实施物流标准化有利于提高技术水平，推动物流技术的发展

标准化有利于在运输工具、装卸、包装等方面采用国际标准，为开展国际交流与合作，便于同国外物流设施、设备、器具的相互配合创造条件。

5. 企业的物流标准化方便了企业同外界系统的连接

物流活动中使用的设施和设备需要机械制造企业提供，货源来自生产企业和流通企业，也就是说，物流活动不仅是物流系统本身的问题，还涉及产品的生产、流通以及物流设施和设备的生产制造系统。实施标准化，可以促进这些系统的有效衔接。

（三）企业物流标准化战略的主要内容

1. 物流信息的标准化

现代物流只有通过信息技术和网络平台才能将制造商、供应商、用户以及户主连接

起来，实现对物流各环节的适时跟踪、有效控制和全程管理，达到资源共享。物流信息标准体系的建立可以充分共享物流信息，提高物流运作效率。物流信息标准分为基础标准和应用标准两部分。

物流信息基础标准主要是物流实体的编码（即标识代码）技术标准以及这些标准数据库结构标准，主要是对物流对象编码，并且按物流过程的要求，转化成条码，这是物流大系统能够实现衔接、配和的最基本的标准，也是采用信息技术对物流进行管理、组织和控制的技术标准。在这个标准之上，才可能实现电子信息传递、远程数据交换、统计、核算等物流活动，已达到使物流信息传输的通畅、及时和准确。基础标准主要包括商品编码技术标准、托盘编码技术标准、贸易单元标识代码及其数据库结构标准、物流单元标识代码及其数据库结构标准、物流节点标识代码及其数据库结构标准、集装箱编码技术及其数据库结构标准。

物流信息应用标准主要指自动识别与分拣跟踪技术标准和电子交换技术标准。其中条码技术和射频识别技术是目前物流自动识别的主要技术。条码技术标准包括码制标准和条码标识标准。射频技术标准规范包括物流射频标签技术规范、物流射频识别读写器应用规范和射频识别过程通信规范等。电子数据交换标准主要包括电子数据交换语法标准和电子数据交换报文标准，电子数据交换报文标准是在电子数据交换语法的基础上开发的应用标准。ISO 9725 规定了电子数据交换语法制定和报文设计导则，国际物品编码协会在上述标准的基础上开发了流通领域电子数据交换规范。

2. 物流基础模数尺寸标准

物流模数（Logistics Modulus）是指物流设施与设备的尺寸基准。目前 ISO 中央秘书处及欧洲各国基本认定 600mm×400mm 为基础模数尺寸。物流模数尺寸可以看成是物流系统中适于机械作业的最小单元。物流输送设备的输送空间尺寸以及成组化器具的载货面积应该是物流模数尺寸的倍数系列，仓库中的货架、装卸设备的操作部件的尺寸也应该与物流模数尺寸相配合。在基础模数尺寸确定之后，各个具体的尺寸标准，都要以基础模数尺寸为依据，选取其整数倍数为规定的尺寸标准。物流基础模数尺寸的确定不但要考虑国内物流系统，而且要考虑到与国际物流系统的衔接，具有一定难度和复杂性。目前，几个基础模数尺寸如下：

（1）物流基础模数尺寸：600mm×400mm；

（2）物流模数尺寸（集装基础模数尺寸）：1200mm×1000mm 为主，也允许 1200mm×800mm 及 1100mm×1100mm。

3. 物流建筑基础模数尺寸标准化

主要是物流系统中各种建筑物所使用的基础模数，它是以物流基础模数尺寸为依据确定的，也可选择共同的模数尺寸。该尺寸是设计建筑物长、宽、高尺寸，门窗尺寸，建筑物柱间距、跨度及进深等尺寸的依据。物流企业在建筑仓库等设施时，应根据物流建筑基础模数尺寸进行修建。

4. 集装模数尺寸的标准化

集装模数尺寸是在物流基础模数尺寸基础上，推导出的各种集装设备的基础尺寸，以此尺寸作为设计集装设备三维尺寸的依据。目前 ISO 中央秘书处及欧洲各国认定 1200mm×1000mm 的矩，是最小的集装尺寸。在物流系统中，由于集装是起贯穿作用的，集装尺寸必须与各环节物流设施、设备、机具相配合，因此，整个物流系统设计时往往以集装尺寸为核心，然后，在满足其他要求前提下决定各设计尺寸。因此，集装模数尺寸影响和决定着与其有关各环节标准化。

5. 物流术语的标准化

为了使大系统有效配合和统一，尤其在建立系统的情报信息网络之后，要求信息传递异常准确，这首先便要求专用语言及所代表的含义实现标准化，如果同一个指令，不同环节有不同的理解，这不仅会造成工作的混乱，而且容易出现大的损失。物流术语标准包括物流用语的统一化及定义的统一解释，还包括专业名词的统一编码。我国目前使用的是 2007 年 5 月开始实施的中华人民共和国国家标准《物流术语》。

6. 物流单据、票证的标准化

物流单据、票证的标准化，可以实现快速和准确的信息录入和采集，将管理工作规范化和标准化，也是应用计算机和通信网络进行数据交换和传递的基础标准。它可以使物流核算、统计规范化，是建立物流系统情报网、对物流系统进行统一管理的重要前提条件，也是对物流系统进行宏观控制与微观监测的必备前提。

7. 标志、图示和识别标准化

物流中的物品、工具、机具都是在不断地跨区域、跨企业运动中，因此，识别和区分便十分重要，对于流动中的物流对象，需要有易于识别的又易于区分的标识，还需要可以用复杂的条码来代替用肉眼识别的标识来实现自动识别。

三、目前世界各国实施物流标准化战略的特点

（一）各国的标准化战略都面向国际竞争

经济全球化的加速使得标准的重要性更加突出，国际标准已经成为国际市场的准入证，各经济大国和经济体纷纷致力于将本国本地区标准升级为国际标准，至少使其与国际标准接轨，并不约而同地将这一战略放在标准化战略的重要位置：加拿大在 1998 年提出的国家标准化战略八要素中的第一要素就是参与国际标准的制定，并尽可能使本国标准上升为国际标准或直接采用国际标准；欧盟提出加强与国际标准化组织合作的战略，并且欧盟的标准化组织（欧洲电工标准化委员会、欧洲标准化委员会）和国际标准化组织及国际电工委员会通过签署双边协议已经开展了多方深入的合作，加强了欧洲标准化机构在国际标准化组织的影响；英国在标准化关键领域中提出对标准化进行最优利用，作为通向国际化的大门，以获得更为开放的市场、减少贸易壁垒、发挥英国的贸易优势、进行技术转让以及达到国际发展目标，并且制定了一系列的战略指导方针。据统计，德国（DIN）在 ISO 中的贡献率为 19%，英国（BSI）为 17%，美国（ANSI）为 15%，法国（AFNOR）为 12%。这些数据充分说明了发达国家对国际标准的重视程度以及从这一侧面反映出标准国际化背后所蕴藏的无限商机。

（二）标准化工作都在统一规划下开展

统一规划指的是使本国本地区在标准化工作的战略、原则、重点领域等方面达成统一，使标准形成体系，充分体现本国利益，并且提高标准制定、实施、修订的效率，避免重复造成的不必要损失。标准的重复制定和审查使得原本以统一和高效为目标的标准化工作适得其反，因此各国对于标准化都有统一的战略规划，规定标准化工作的目标、原则、程序、关键领域、组织机构等重要问题，这大大提高了标准化工作的效率和质量，使得标准切实地转化为效益。

（三）寻找关键领域作为标准化工作的切入点

随着经济的不断发展，标准化深入到人们生活的各个领域中，各国纷纷从国际竞争的战略需求以及本国国情出发，选择关键领域开展标准化的研究工作。这些关键领域不仅关注国家在国际贸易中的利益，也包含与公民的切身利益相关的社会热点问题。例如，加拿大在国家标准化战略中列出的关键领域是：①对加拿大公众至关重要的健康、安全和环境领域及其他社会热点问题；②能使加拿大受益的贸易部门；③标准的协调，尤其是与北美的协调。上述领域突出了国家标准化工作的重点，使标准化资源得以合理地分配和高效地利用。

（四）多方参与标准制定

标准的制定涉及多方的利益，牵涉方方面面的关系协调，因此作为标准的制定机构必须与各个相关的利益方进行有效地沟通并充分考虑各方意见，以保障所制定标准的通用性和高水准。在国外，标准化工作通常由市场机制进行运作和调节，政府部门很少干预具体的标准制定工作，而这些工作主要由企业或行业协会等社会团体承担。国家鼓励公众及社会团体积极参与标准的制定，这使得标准的实际可操作性大大提高，而国家通过立法等手段保障本国标准的利益。英国在国家标准化战略框架（NSSF）中明确划分了政府、国家标准机构（NSB）及企业在标准化工作中所承担的任务，并且提出将标准化内容纳入教育体系进行普及的战略。

（五）以推动创新和取得效益为目标

标准是对技术和管理创新的一种提升，通过市场运作得以在一定范围内普遍、高效地被使用，并且最终转化为经济效益，因此国外的标准制定有很强的针对性，对于企业而言其意义常常是战略性的，甚至有些关键标准被国家用于对外贸易壁垒的设立。欧盟在标准化战略中提出要通过欧洲标准推动技术创新，并通过标准化推动 IT 业的发展。欧盟委员会认为，欧洲标准可以推动技术创新，为了实现标准效益的最大化，加强研发和标准化之间的联系是非常必要的。

第五节 企业物流系统规划

近期随着全球化、电子商务和供应链一体化管理的不断发展及其引发的激烈市场竞争，许多中国企业开始了电子商务领域的运营实践。而物流信息化经营方式是适合中国国情的一种有效运营模式。在该模式中，物流系统规划是非常重要的环节。

一、企业物流系统规划的动因及层次

（一）企业物流系统规划的动因分析

企业物流系统规划的驱动因素可由下述四方面，即需求、客户服务、产品特征、物流成本构成。同时这四个因素又受到企业的战略发展目标的约束影响。

1. 需求

需求的水平和需求的地理分布极大地影响着物流系统的结构。通常，企业在国内某一个区域的销售会比其他区域增长或下降得更快，虽然从整个系统的总需求水平来看，可能只要在当前设施的基础上进行扩建或者压缩即可，然而，需求模式的巨大变化可能要求在需求增长较快的地区建造新的仓库或者工厂，而在市场增长缓慢或者萎缩的地区，则可能要关闭设施。

2. 客户服务

客户服务的内容很广，包括库存可得率、送货速度、订单履行的速度和准确性。随着客户服务水平的提高，与这些因素相关的成本会以更快的速度增长，特别是分拨成本受客户服务水平的影响很大。由于竞争压力、政策的修改或主观确定的服务目标已不同于制定物流战略最初所依据的目标等原因，物流服务水平发生了变化，这时企业通常要重新制定物流战略。

3. 产品特征

物流成本受某些产品特点的影响很大，比如产品的重量、规格、价值和风险。在物流渠道中，类似产品特征可以因包装设计或产品储运过程中的完工状态而发生改变。例如，将货物拆散运输可以极大地影响产品的重量、体积比和与之相关的运输和仓储费用。由于变化产品特征可以极大地影响物流组合中的某一项成本，而对其他的成本影响很小，所以可以形成物流系统内部的成本平衡点。因此，当产品特征发生大的变化时，重新规划物流系统可能是有益的。

4. 物流成本

企业实物供给、实物分拨过程中产生的成本往往决定着物流系统重新规划的频率。如果其他因素都相同，那么生产高价值产品的企业（如机床或者计算机）由于物流成本只占总成本的很小比重，企业很可能并不关心物流战略是否优化。然而，对于物流成本很高的企业，物流战略将是其关注的重点。由于物流成本很高，即使多次重构物流系统也能带来少许的改进，也会引起物流成本的大幅度下降。企业在发展信息化的物流规划系统时，必然会引起上述某一个或者几个方面发生变化，只是由于企业的不同以及受到信息化这一发展战略目标的约束影响，不同的企业会有不同的变化形式和表现形态，这时就应该考虑进行合理的适合本企业发展方向的物流系统规划。

（二）企业物流系统规划的层次分析

企业的物流系统规划是一个复杂的同时也是动态的系统工程。从系统工程的角度而言，企业的物流系统规划可以构建为物流规划、业务流程重组管理、绩效评价三个方面。从时间的角度而言，企业的物流系统规划可以构建为前期、后期两个时期。前期包括物流战略、战术、运作规划及业务流程重组管理；后期包括物流绩效评价，后期可以为前期规划做信息反馈，并帮助进行下一次的物流系统规划，从而使规划成为一个动态的、不断改善的封闭系统。

一般而言，物流规划涉及三个层次：战略层次、战术层次、运作层次。各规划层次除时间长短依次递减之外，各自的视角也是不同的。就信息化的物流企业而言，其规划层次构建如表 2-1 所示。在下述的几个环节中，选址、运输、仓储、采购、客户服务目标是规划要解决的主要问题。

表 2-1　　企业物流系统规划的层次构建

决策层次 / 决策类型	战略层次	战术层次	运作层次
选址	设施的数量、规模和位置	库存定位	线路选择、发货和派车
运输	选择运输方式	服务内容	确定补货
订单处理	选择和设计订单录入系统	确定处理客户订单的顺序	发出订单
客户服务	设定标准		
仓储	制定采购政策	存储空间选择	订单履行
采购		洽谈合同、选择供应商	发出订单

二、企业物流系统规划的战略实现

物流系统规划是个庞大的系统工程，除本身构建复杂以外，其支撑数据也非常繁多，同时规划的最优化也是很难求解的。

（一）构建总体框架

构建物流系统规划体系重点在于体现规划前期阶段的一体化和企业各组成系统及其与外界系统的物流功能一体化。物流系统规划的总体框架结构如图 2-3 所示。由图 2-3 可以看出，战术层规划模型可以从公司战略层规划模型推出，即根据模型和规划决策者（如物流经理等）确定的最优或偏好设置，将企业的物流企业战略目标（如运输方式等）固定下来。战略层规划与战术层规划一个重要的不同是战术层模型应该是多期的，并且是随时修改的，以应付依赖季节等时间的因素。需求预测和订单管理系统与订单管理系统的联系最为紧密。因为战术层规划是一个对未来的需求作出反应的规划，而未来的需求是不可知的，因此需要对其作出相应的预测。最后，规划是为决策者服务的，通过规划可以为领导者提供客观的合理的决策支持，同时在决策者的主观参与下，规划最终结果将转化为物流决策，从而为以后的实践作出指导。

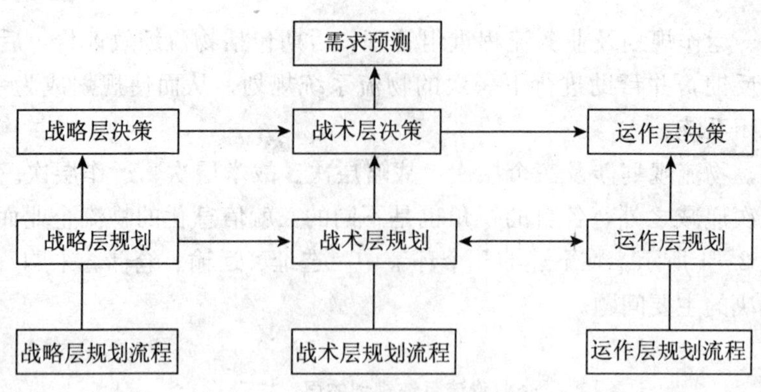

图 2-3 物流系统规划总体框架

（二）战略层规划流程设计

在物流规划系统中，战略层和运行层流程处在上层建筑当中，对规划系统具有指导性的意义。战术层处在执行方面，按照战略层的思想进行相关活动如图 2-4 所示。

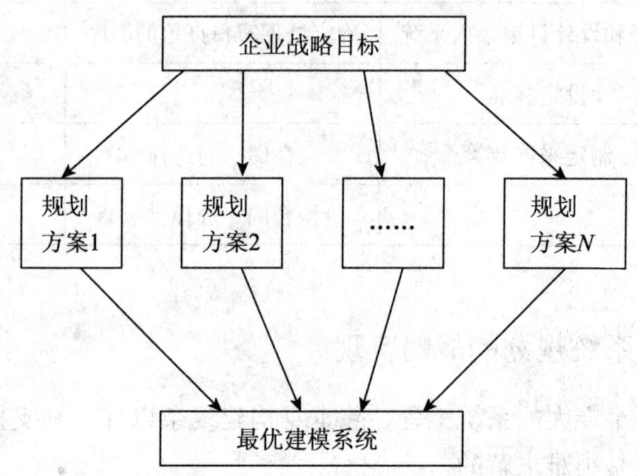

图 2-4 战略层规划流程设计

（三）战术层规划流程设计

企业的业务流程重组管理在战术层规划时就应该引入，业务流程重组管理与最优化建模系统之间有着非常紧密的联系。在初次战术层规划时，最优化建模系统得出来的最优化方案指导业务流程重组方案设计的进行；在以后的战术层规划中，历史上经过业务流程重组管理后的历史数据可以进入与企业相连的数据库，从而为下次规划决策提供必要的历史数据。如图 2-5 所示。

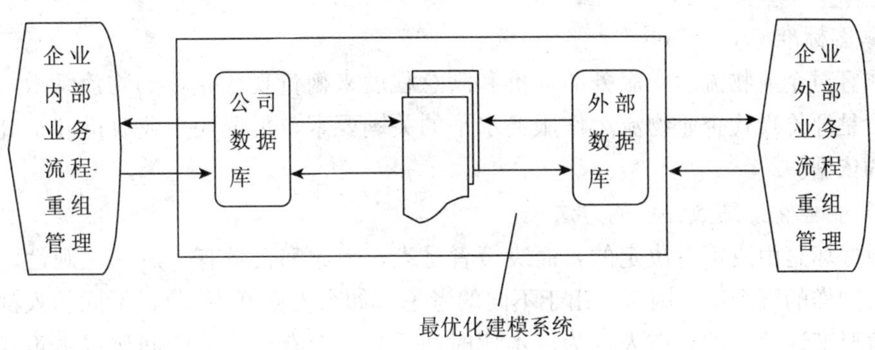

图 2-5 战术层规划流程

此外，物流系统信息化规划对企业而言是一种新兴的电子商务模式，在当前处于供应链一体化的大背景下，构造特定类型的物流系统规划时还应充分考虑企业内外部的供应链的一体化管理，既要强调企业的客户和供应商维护的外部数据管理系统和企业运营数据的重要性，又应充分应用电子商务的数据优势，摒弃传统物流规划只考虑内部因素的模式，为企业更好地管理物流规划系统作出很好的方向指导。

三、企业物流系统规划的绩效评价

（一）企业物流绩效评价的内涵

现代企业物流绩效评价是指现代企业依据顾客的物流需求，在组织物流运作过程中的劳动消耗和劳动占用与所创造的物流价值的对比关系，或者是物流运作过程中现代企业投入的物流资源与创造的物流价值的对比。物流规划方案的实施绩效到底如何，应该由一定的绩效评价指标并通过合理的评价方法由相关人员（如专家、各部门经理、技术人员等）进行评价。从而对今后的物流系统规划提出反馈信息，以完成系统规划的动态封闭循环。

（二）物流绩效评价的标准

一般而言，企业物流绩效有如下评价标准：

1. 计划标准

计划标准是评价物流绩效的基本标准。以计划标准为尺度，可以将物流绩效实际达到的水平同计划指标进行对比。反映了物流绩效计划的完成情况，并在一定的程度上表明了现代企业的经营管理水平。

2. 历史标准

以历史标准为尺度，可以将物流绩效指标实际达到的水平同历史同期水平或历史最好水平进行对比，观察这种指标是否达到了最佳状态。这种纵向的对比，能够反映出物流绩效指标的发展动态及其方向，为进一步提升物流绩效提供决策依据。

3. 行业标准

用国际或国家同行业达到的先进水平作为评价物流绩效的尺度。这种横向的对比，便于观察和表明企业自身所处的位置，也便于发现差距。

4. 顾客标准

用顾客对企业物流运作服务的评价和满意程度来衡量现代企业的物流绩效。顾客的满意程度是评价现代企业物流运作服务水平的关键要素，是现代企业改进和提高物流服务水平的依据。

（三）企业物流绩效评价的方法

绩效好坏是由决策者决定的，而决策者是人，因此都会带有一定的主观性。原因在于就算有同样的五个变量因素，出于不同的考虑（如个人偏好不同），不同的人都会得出不同的重要度评价，例如有人认为成本比时间重要，而有人认为时间比成本重要。而且好坏的程度有时是定性模糊的，如好、不好、较好等。因此可以引入模糊综合评价法来对物流管理绩效进行简单评价。模糊综合评价的主要步骤包括：①建立评价指标集。②确定各个评价指标的权重。③确定评语等级集。④建立模糊关系矩阵。⑤分别对各指标进行评价，得出评价等级的隶属度。评价者对每个评价指标均给出一个等级，计算出各等级的频率，即评价对象在每个评价指标上各等级的隶属度。⑥运用模糊综合评价数学模型，进行计算，得出综合评价。

1. 企业战略包括哪些层次?
2. 企业战略管理包括哪些环节?
3. 制定企业物流战略的原则包括哪些?
4. 具有代表性的物流战略有哪些?
5. 企业物流标准化战略的主要内容是什么?
6. 世界各国实施物流标准化战略的特点是什么?

第三章 企业供应链管理

现代商业环境给企业带来了巨大的压力，不仅仅是销售产品，还要为客户和消费者提供满意的服务，从而提高客户的满意度，让其产生幸福感。科特勒表示："顾客就是上帝，没有他们，企业就不能生存。一切计划都必须围绕挽留顾客、满足顾客进行。"要在国内和国际市场上赢得客户，必然要求企业能快速、敏捷、灵活和协作地响应客户的需求。面对多变的供应链环境，构建高效的供应链成为现代企业的发展趋势。

第一节 供应链概述

一、供应链的基本概念

供应链（Supply Chain）是指产品生产和流通过程中所涉及的原材料供应商、生产商、分销商、零售商以及最终消费者等成员通过与上游、下游成员的连接（Linkage）组成的网络结构。也即是由物料获取、物料加工并将成品送到用户手中这一过程所涉及的企业和企业部门组成的一个网络。它是一个范围更广的企业结构模式，包含了所有加盟的节点企业，从原材料的供应开始，经过链中不同企业的制造加工、组装、分销等过程直到最终用户。

中华人民共和国国家标准《物流术语》（GB/T 18354—2006）中对供应链的定义为：供应链，即在生产及流通过程中，涉及将产品或服务提供给最终用户所形成的网链结构。

供应链概念源于20世纪五六十年代的价值链，它是企业价值链的上游部分，涉及采购与供应管理，强调企业与供应商之间的关系。20世纪80年代以后供应链概念有了较大的发展，它涵盖企业的整个价值创造活动，横跨企业之间的整个价值链过程。在有效供应链中更加凸现供应链中核心企业的主导作用，使得供应链上企业之间合作更加紧密，原材料采购、生产、分销等环节资源得到优化配置。

图3-1就是一个一般供应链的结构。

图3-1形象地表示了产品生产到消费的全过程。按照供应链的定义，这个过程是一个非常复杂的网链模式，覆盖了从原材料供应商、零部件供应商、产品制造商、分销商、零售商直至最终用户的整个过程。

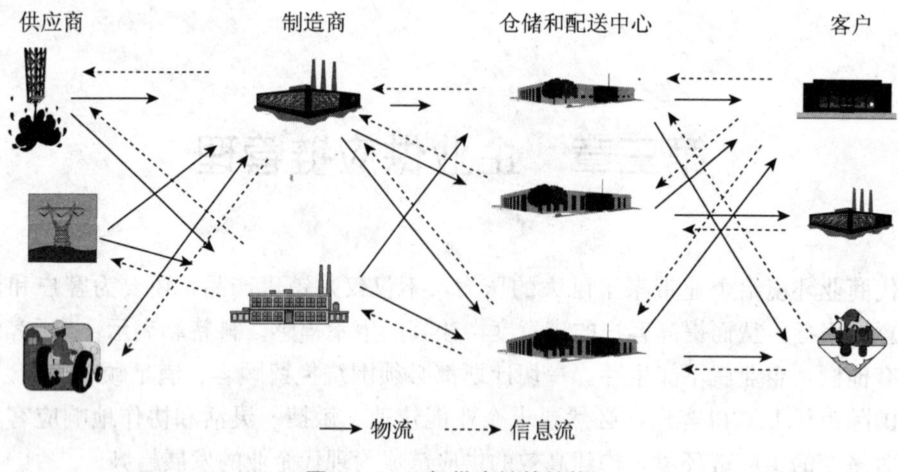

图 3-1　一般供应链的结构

二、供应链的结构模型

(一) 供应链的结构要素

对于一个基本的供应链来说，构成供应链的结构要素主要包括：

(1) 供应商。供应商即指给生产厂家提供原材料或零部件的企业。

(2) 厂家。厂家即产品制造企业，它是产品生产的最重要环节，负责产品生产、开发和售后服务等。

(3) 分销企业。分销企业为实现将产品送到经营地理范围内每一角落而设立的产品流通代理企业。

(4) 零售企业。零售企业即将产品销售给消费者或最终客户的企业。

(5) 物流企业。物流企业即上述企业之外专门提供物流服务的企业，其中批发、零售、物流业也可以统称为流通业。

(二) 供应链系统结构模型

根据供应链的实际运行情况，在一个供应链系统中，有一个企业处于核心地位。该企业起着对供应链上的信息流、资金流和物流的调度和协调中心的作用。从这个角度出发，供应链系统的结构可以具体地表示为如图 3-2 所示的图形。

从图 3-2 中可以看出，供应链由所有加盟的节点企业组成，其中有一个核心企业(可以是制造型企业如汽车制造商，也可以是零售型企业如美国的沃尔玛)，其他节点企业在核心企业需求信息的驱动下，通过供应链的职能分工与合作（生产、分销和零售等），以资金流、物流或/和服务流为媒介实现整个供应链的不断增值。

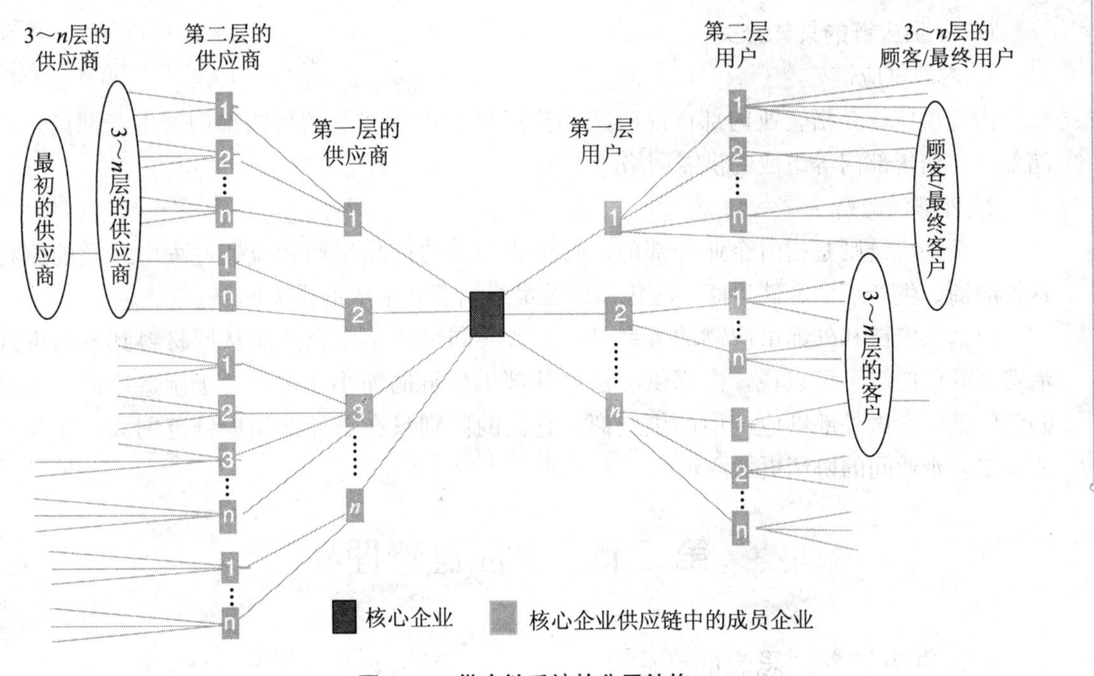

图 3-2 供应链系统的分层结构

三、供应链的特征及分类

(一) 供应链的基本特征

供应链是一个复杂的网络，由围绕核心企业的供应商、供应商的供应商及用户、用户的用户共同组成。链条中的每个企业都是一个节点，而这些节点之间构成的是需求与供应的关系。供应链的特征主要有以下几方面：

1. 复杂性

因为供应链网络是由具有不同目标的成员构成。这意味着为某个特定企业寻找最佳的供应链战略会面临着巨大的挑战，要取得供应链的整体最佳效果会遇到来自链条中不同成员的多方面阻碍。

2. 动态性

供应链是一个动态系统，随时间而变化。事实上，不仅消费者需求和供应商能力随时间而变化，而且供应链成员之间的关系也会随时间而演变。

3. 市场性

供应链的形式、存在、重构，都是基于一定的市场需求而发生，并且在供应链的运作过程中，用户的需求拉动是供应链中信息流、产品流（或服务流）、资金流运作的驱动源。

4. 交叉性

一个企业既可以是一条供应链的成员，同时也可以是多条供应链的成员，由此供应链形成交叉结构，增加了协调管理的难度。

（二）供应链的具体分类

1. 内部供应链

内部供应链是指企业内部产品生产和流通过程中所涉及的采购部门、生产部门、仓储部门、销售部门等组成的供需网络。

2. 外部供应链

外部供应链则是指由企业外部的，与企业相关的产品生产和流通过程中涉及的原材料供应商、生产厂商、储运商、零售商以及最终消费者组成的供需网络。

内部供应链和外部供应链的关系是：二者共同组成了企业产品从原材料到成品再到消费者的供应链。可以说，内部供应链是外部供应链的缩小化。如对于制造厂商，其采购部门就可看做外部供应链中的供应商。它们的区别只在于外部供应链范围大，涉及企业众多，企业间的协调更加困难。

第二节　供应链管理

一、供应链管理思想的产生

随着科学技术的进步和生产力的发展，顾客（Customer）消费水平不断提高，个性化、差异性日益明显。从整体上看，企业的学习能力日益增强，使得产品的实质性差别趋于减少，产品之间的竞争（Competition）日益加剧；技术的进步，尤其是新技术、新材料的推广和使用，以计算机（Computer）、互联网为代表的信息技术的崛起，使得传统产业进入一个新的大浪淘沙时期；由于政治、经济发展不平衡，产业结构处于调整转型时期，政治、经济、社会环境正在发生的快速变化（Change），使得整个市场需求的不确定性大大增加。“4C”是用户需求多样性与市场变化不确定性的根源，同时也是促进企业不断提高自身竞争能力的外在压力。企业面对一个变化迅速且无法预测的买方市场，为了提高竞争力，采取了许多先进的制造技术和管理方法。

20 世纪 60 年代以前，通常是通过确定经济生产批量、安全库存、订货点，来保证生产的稳定性，但由于没有充分注意独立需求和非独立需求的差别，采用这些方法并未取得期望的成果。20 世纪 60 年代中期，出现了物料需求计划（Material Requirements Planning，MRP），较好地解决了相关需求管理问题。此后，人们就一直探求更好的制造组织和管理模式，出现了诸如制造资源计划（Manufacturing Resources Planning，MRPII）、准时生产制（Just-In-Time，JIT）及精细生产等新的生产方式。这些新的生产方式对提高企业整体效益和在市场上的竞争能力确实作出了不可低估的贡献。然而，自进入 20 世纪 90 年代以来，消费者的需求特征发生了前所未有的变化，整个世界的经济活动也出现了以前未曾有过的全球经济一体化特征，这些变化对企业参与竞争的能力提出了更高的要求，原有的管理思想已不能完全满足新的竞争形势。以 MRPII 和 JIT 为例，这两种生产方式都是只考虑企业内部资源的利用问题，一切优化工作均着眼于本企业资源的最优应用。这种指导思想在进入 21 世纪的市场环境中显得有些不适应。因为在当时的市场环境里，在很多时候，要求能够快速响应用户需求，而要达到这一目的，仅靠一个企业所拥有的资源是不够的；而在另外的一些时候，则更强调产品的低成本，这也不是一个企业能够办得到的事情。

传统上，企业出于管理和控制上的便利性与成本考虑，对为其提供原材料、半成品或零部件的其他企业一直采取投资自建、投资控股或兼并的“纵向一体化”（Vertical Integration）管理模式，即核心企业与其关联企业是一种所有权关系。例如，美国福特汽车公司拥有一个牧羊场，出产的羊毛用于生产本公司的汽车坐垫；美国某报业大王拥有一片森林，专为生产新闻用纸提供木材。脱胎于计划经济体制下的中国企业更是如此，“大而全”、“小而全”的思维方式至今仍在各级企业领导者头脑中占据重要位置，许多制造业企业拥有从毛坯铸造、零件加工、装配、包装、运输、销售等一整套设备、设施、人员及组织机构。

推行“纵向一体化”的目的，是为加强核心企业对原材料供应、产品制造、分销和销售全过程的控制，加强产品链全过程的协调能力，使企业能降低生产协调成本、在市场竞争中掌握主动，从而达到减少接口环节成本、增加各个业务活动阶段的利润的目的。在市场环境相对稳定的条件下，即技术进步比较缓慢、企业可以用适当的技术投入保持企业技术在相应领域的优势，而且市场需求的变化速度较为缓慢时，采用“纵向一体化”战略是有效的，企业可以以较低的成本达到满足客户需求的目的。但是，在技术迅速发展、市场竞争日益激烈、顾客需求不断变化的今天，“纵向一体化”战略已逐渐显示出其难以进行低成本运作或无法快速敏捷地响应市场需求的薄弱之处。

显然，采用“纵向一体化”战略的企业要想对其他关联企业拥有管理权，将不得不把宝贵的精力、时间和资源花在辅助性职能部门的管理工作上，而无暇增强关键性业务的管理工作。实际上，每项业务活动都想自己干，势必在每一个业务领域同相关领域的其他企业进行竞争，由于技术进步迅速，反而易使企业在采用新技术上难以跟进，并因此而陷入困境。进一步地，如果整个行业不景气，采取“纵向一体化”战略的企业不仅在最终用户市场遭受损失，而且在各个纵向发展的市场上也会遭受损失，因为最终用户市场不景气，必然连带着纵向市场的萎缩。因此，“纵向一体化”战略已难以在当今市场竞争条件下获得所期望的利润。

在这种情况下，企业自然地将需求延伸到企业以外的其他地方，借助其他企业的资源达到快速响应市场需求或低成本，就成为企业的一个具有竞争力的选择，于是出现了“横向一体化”（Horizontal Integration）的思维方式。

全球制造链及由此产生的供应链管理是“横向一体化”管理思想的一个典型代表。企业认识到，任何一个企业都不可能在所有业务上成为世界上最杰出的企业，只有做好核心业务并选择合格的、具有市场竞争力的供应商才能使自己的产品立足市场。因此，国际上许多优秀企业摒弃了过去那种从设计、制造直到销售都自己负责的经营模式，转而在全球范围内与供应商和销售商建立合作伙伴关系，与他们结成战略联盟、利益共同体。例如，美国福特汽车公司在推出新车 Festiva 时，就是采取新车在美国设计，在日本的马自达生产发动机，由韩国的制造厂生产其他零件和装配，最后再运往美国和世界市场上销售。制造商这样做的目的显然是追求低成本、高质量，最终目的是提高自己的竞争能力。Festiva 从设计、制造、运输、销售，采用的就是“横向一体化”的全球制造战略。整个汽车的生产过程，从设计、制造直到销售，都是由核心企业在全球范围内选择合适的关联企业，形成了一个企业群体。在体制上，这个群体组成了一个利益共同体；在运行形式上构成了一条基于一定最终产品的产品链，并在此基础上形成了从供应商、制造商、分销商到最终用户的物流和信息流网络。由于这一庞大网络上的相邻节点（企业）都是一种供应与需求的关系，因此称之为供应链。为了使处于供应链上的企业都能受益，并且要使每个企业在以细分市场的最终用户为目标的市场上有比竞争对手更强的竞争实力，就必须加强对供应链的构成及运作研究，由此形成了供应链管理（Supply Chain Management，SCM）这一新的经营与运作模式。供应链管理强调核心企业与具有市场竞争力的关联企业建立战略合作关系，委托这些企业完成一部分业务，自己则集中精力和各种资源，通过改善生产运作，做好本企业能创造特殊价值、比竞争对手更擅长的关键性业务。这样不仅大大地提高本企业的竞争能力，而且使供应链上的其他企业都能受益。图 3-3 以计算机工业从“纵向一体化”转变为“横向一体化”为例说明这种变化趋势。

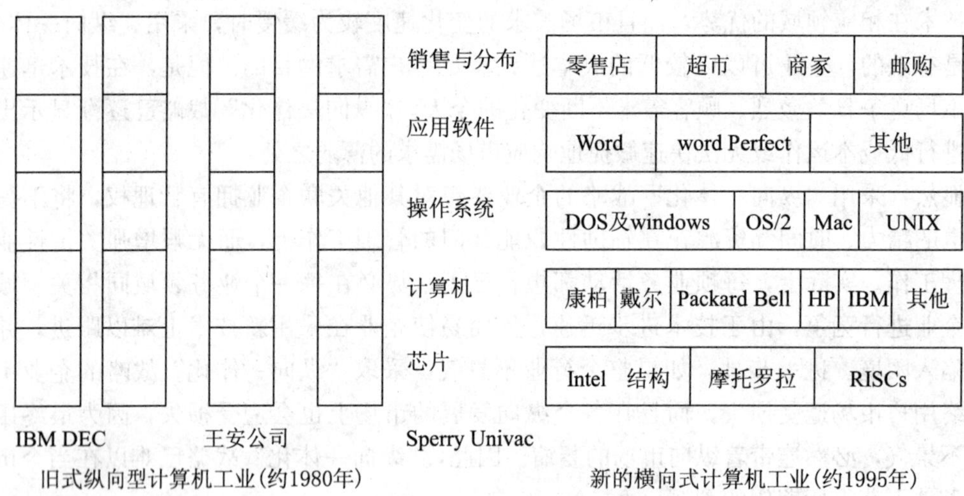

图 3-3 计算机工业的转型（并非按比例展示）

供应链管理提出的时间虽不长，但它已引起人们的广泛关注。特别是国际上一些著名企业如惠普公司、IBM 公司、戴尔计算机公司等在供应链实践中取得的成就，更使人坚信供应链是进入 21 世纪后企业适应全球竞争的一个有效途径，因而吸引了许多学者和企业界人士对供应链管理进行研究和实践。20 世纪 80 年代中期以后，工业发达国家中有近 80%的企业放弃了“纵向一体化”模式，取而代之转向了全球制造和全球供应链管理这一新的经营模式。近年来，供应链管理的实践已扩展到了关联企业的长期合作关系，超越了供应链出现初期的那种主要以短期的、基于某些业务活动的经济关系，使供应链从一种作业性的管理工具上升为管理性的方法体系、战略性的思想体系。

二、供应链管理的界定

供应链管理（Supply Chain Management，SCM），是一个自20世纪80年代起开始广泛使用的术语。它最早开始于咨询业，后来人们对其投入了极大的关注。但对于供应链管理的定义，不同的学者有许多不同的表述。

美国供应链专家罗伯特（B. H. Robert）认为，供应链包括了产品从原材料阶段（开采阶段）一直到最终用户手中这一过程中，与产品的流动和转化，以及伴随的信息流动有关的所有活动。伊文斯（P. Evens）认为："供应链管理就是通过前馈的信息和反馈的物料流及信息流，将供应商、制造商、分销商、零售商直到最终用户联结成一个整体的模式。" Chase（1998）认为："供应链管理是应用系统的方法来管理从原材料供应商通过工厂和仓库直到最终顾客的整个信息流和服务流的过程。"

国内学者普遍将供应链管理定义为：是指在满足一定的客户服务水平的条件下，为了使整个供应链系统成本达到最小而把供应商、制造商、仓库、配送中心和渠道商等有效地组织在一起来进行的产品制造、转运、分销及销售的管理方法。

中华人民共和国国家标准《物流术语》（GB/T 18354—2006）中对供应链管理的定义是："指利用计算机网络技术全面规划供应链中的商流、物流、信息流和资金流等，并进行计划、组织、协调与控制。"

综上所述，供应链管理是指运用集成的管理思想和方法，以实现供应链整体效率为目标，在整个供应链系统，包括了产品从原材料阶段一直到最终交付用户这一过程中，对与产品相关的物流、信息流、资金流、价值流及业务流进行计划、协调、组织、执行和控制等的管理活动。

三、供应链管理的本质特征

尽管有关供应链管理的各种定义不尽相同，表述也不尽一致，但供应链管理的本质含义及特征则可以从以下几个方面加以理解：

（一）供应链管理是一种基于流程的集成化管理模式

传统的管理以职能部门为基础，往往由于职能矛盾、利益目标冲突、信息分散等原因，各职能部门无法完全发挥其潜在效能，因而很难实现整体目标最优。供应链管理则是以流程为基础，物流、信息流、价值流、资金流、工作流贯穿于供应链的全过程。通过业务流程重组，消除各职能部门以及供应链成员企业的自我保护主义，实现供应链组织的集成与优化；通过核心企业管理思想在整个供应链上的扩散和移植，实现管理思想的集成；通过准时生产制（JIT）管理、企业资源计划（ERP）、物流资源计划（LRP）、快速反应（QR）、有效客户反应（ECR）、全面质量管理（TOM）等管理技术方法的综合运用，实现供应链管理方法的集成；通过现代信息技术手段Internet/Intranet的运用，实现信息共享和供应链管理手段的集成；通过资源整体优化配置，有效运用价值链激励机制，寻求非增值活动及相应结构的最小化，实现供应链管理效益的优化与集成。

因此说供应链管理是一种运作管理，它能够使企业的活动范围从最佳的物流活动扩展到所有的企业职能。所有这些职能都以最佳的方式紧密地结合在一起，成为一个整体。

（二）供应链管理是全过程的战略管理

从供应链的结构上看，供应链是由供应商、制造商、分销商、零售商和客户组成的网络结构，链中各环节不是彼此分割的，而是环环相扣的一个有机整体。因此，从总体上考虑，如果只依赖于部分环节的信息，则由于信息的局限或失真，就可能导致决策失误、计划失控、管理失效。进一步讲，由于供应链上供应、制造、分销等职能目标之间的冲突是经济生活中不争的事实，这样，只有最高管理层才能充分认识到供应链管理的重要性与整体性；只有运用战略管理思想才能有效实现供应链的管理目标。

从实际应用分析，供应链管理是以一个共同目标，即实现供应链整体效率为核心的组织管理。最初，供应链管理被认为是一种关于加快物品和信息在供应通道中流动的运作管理活动。这种活动可以优化业务环节，并能使其和供应链中伙伴的活动保持同步，以在整个供应链中降低成本，提高生产率。然而，这仅是供应链管理概念所涵盖的一部分，供应链管理还应加入至关重要的战略方面的内容。供应链管理包含加快发货速度、降低成本的方面，也包含利用新的管理方法和信息技术的力量，以便在针对市场具体需求的产品和服务方面实现重大突破。尽管供应链管理的运作方面能为企业提供生存能力及市场竞争能力，然而，供应链管理的战略作用能使供应链中的合作伙伴达成共识，构筑和发展互利的供应链联盟，管理复杂的客户和供应商之间的关系，从而在市场中处于领导地位，并开拓业务，探索新的机遇。

（三）供应链管理提出了全新的库存观

传统的库存思想认为，库存是保护和维系生产与销售的必要措施，因而企业与其上下游企业之间在不同的市场环境下只是实现了库存的转移，整个社会库存总量并未减少。供应链新的库存管理观改变了过去库存管理只是“保护和维系”（使生产、流通、销售免受供需双方的影响）的管理方法，供应链的形成使链上各个成员间建立了战略合作伙伴关系，通过实施快速反应致力于总体库存的大幅度降低，缩短从供应商到消费者的通道长度，把过去视供应者为竞争对手变为合作伙伴，从而促使企业能更快捷、经济的反应市场需求，大幅降低总体库存水平，进而增强企业的成本优势。

（四）供应链管理以最终客户为中心

不管供应链的链节企业有多少类型，也无论供应链是长还是短，供应链都是由客户需求驱动的；也正是最终客户创造的需求，才使得供应链得以存在。而且，只有客户取得成功，供应链才能延续与发展。因此，供应链管理必须以最终客户为中心，将客户服务（Customer Service）、客户满意（Customer Satisfaction）和客户成功（Customer Success）这“3CS”作为管理的出发点，并贯穿供应链管理的全过程；将改善客户服务质量、实现客户满意、促进客户成功作为创造竞争优势的根本手段。

供应链管理的本质目标就是将合适的产品或服务（Right Product or Service），按照合适的状态与包装（Right Condition and Packaging），以合适的数量（Right Quantity）和合适的成本费用（Right Cost），在合适的时间（Right Time）送到合适客户（Right Customer）的合适地方（Right Place），即“7R”，并使总成本为最小。

四、企业供应链管理的目标

主导企业实施供应链管理的目标是建立一个高效率、高效益的扩展企业并为最终用户创造价值。通过贸易伙伴间的密切合作，以最小的总成本和费用提供最大的价值和最好的服务。

(一) 把握真实需求

在瞬息万变的动态市场中，需求不仅包括一般性产品和服务，还包括个性化产品和特殊服务需求。在供应链多层次需求信息反馈中存在着的“牛鞭效应”，往往导致需求信息失真。尽快准确把握真实的需求与准确的需求量，使企业的供应活动建立在真实可靠的市场需求基础之上的供应链管理，可以减少生产过剩、库存积压等情况的发生，提高运输、包装、订单处理等活动的效率。

(二) 组织快速供应

要使供应链主导企业比竞争对手更快捷、更准确、更经济地将货物供应给客户，就需要借助计算机、移动通信、动态跟踪等技术，避免供应链任何环节上低效运作、无效停滞现象，从而加快企业物流运作效率，能够最大限度地提高服务质量和用户满意度。

(三) 进行整体优化

传统供应链存在很多缺陷，如库存过大、生产盲目、渠道复杂等。同时由于不同组织间相互独立，常导致相互冲突的组织目标。因此必须站在全局供应链管理的高度，从企业整体的角度出发，对产品发展方向和获利性、业务流程和组织机构，企业内外部各种资源利用、生产及流通计划与交货期、销售、服务及仓库布局等各方面进行全方位优化。

(四) 实施集成管理

在仓库、作业点布局，取送货、装卸现场管理时，如果没有供应链一体化的集成化管理，供应链上的每个企业就会只管理它自己的库存，并以这种方式来防备由于链中其他组织的独立行动而给本企业带来的不确定性。例如，一个零售商会需要安全库存来防止分销商货物脱销情况的出现，而分销商也会需要安全库存以防止生产商出现供货不足的情况。由于供应链的各个界面中都存在不确定因素，而且没有相互间的沟通与合作，所以就出现重复库存。而在供应链的集成化管理中，链中的全部库存管理可通过供应链所有成员间信息沟通、责任分配和相互合作来协调，这样就可以减少链上每个成员的不确定性，减少每个成员的安全库存量。较少的库存又会带来减少资金占用量、削减库存管理费用的结果，从而降低成本。通过对供应链上每个成员信息处理行为和产品处理行为的检查，可以鉴别出整条链上的冗余行为和非增值行为，从而提高整个供应链的效率和竞争力。

第三节　供应链管理的基本原理

一、资源横向集成原理

资源横向集成原理揭示的是新经济形势下的一种新思维。该原理认为：在经济全球化迅速发展的今天，企业仅靠原有的管理模式和自己有限的资源，已经不能满足快速变化的市场对企业所提出的要求。企业必须放弃传统的基于纵向思维的管理模式，朝着新型的基于横向思维的管理模式转变。企业必须横向集成外部相关企业的资源，形成"强强联合、优势互补"的战略联盟，结成利益共同体去参与市场竞争，以实现提高服务质量的同时降低成本、快速响应顾客需求的同时给予顾客更多选择的目的。

不同的思维方式对应着不同的管理模式以及企业发展战略。纵向思维对应的是"纵向一体化"的管理模式，企业的发展战略是纵向扩展；横向思维对应的是"横向一体化"的管理模式，企业的发展战略是横向联盟。该原理强调的是优势资源的横向集成，即供应链各节点企业均以其能够产生竞争优势的资源来参与供应链的资源集成，在供应链中以其优势业务的完成来参与供应链的整体运作。该原理是供应链系统管理最基本的原理之一，表明了人们在思维方式上所发生的重大转变。

二、系统原理

系统原理认为，供应链是一个系统，是由相互作用、相互依赖的若干组成部分结合而成的具有特定功能的有机整体。供应链是围绕核心企业，通过对信息流、物流、资金流的控制，把供应商、制造商、分销商、零售商直到最终用户连成一个整体的功能网链结构模式。

供应链的系统特征：第一，体现在其整体功能上，这一整体功能是组成供应链的任一成员企业都不具有的特定功能，是供应链合作伙伴间的功能集成，而不是简单叠加。供应链系统的整体功能集中表现在供应链的综合竞争能力上，这种综合竞争能力是任何一个单独的供应链成员企业都不具有的。第二，体现在供应链系统的目的性上。供应链系统有着明确的目的，这就是在复杂多变的竞争环境下，以最低的成本、最快的速度、最好的质量为用户提供最满意的产品和服务，通过不断提高用户的满意度来赢得市场。这一目的也是供应链各成员企业的共同目的。第三，体现在供应链合作伙伴间的密切关系上，这种关系是基于共同利益的合作伙伴关系，供应链系统目的的实现，受益的不只是一家企业，而是一个企业群体。因此，各成员企业均具有局部利益服从整体利益的系统观念。第四，体现在供应链系统的环境适应性上。在经济全球化迅速发展的今天，企业面对的是一个迅速变化的买方市场，要求企业能对不断变化的市场作出快速反应，不断地开发出符合用户需求的、定制的"个体化产品"去占领市场以赢得竞争。新型供应链（有别于传统的局部供应链）以及供应链管理就是为了适应这一新的竞争环境而产生的。第五，体现在供应链系统的层次性上，供应链各成员企业分别都是一个系统，同时也是供应链系统的组成部分；供应链是一个系统，同时也是它所从属的更大系统的组成部分。从系统层次性的角度来理解，相对于传统的基于单个企业的管理模式而言，供应链管理是一种针对更大系统（企业群）的管理模式。

三、多赢互惠原理

多赢互惠原理认为，供应链是相关企业为了适应新的竞争环境而组成的一个利益共同体，其密切合作是建立在共同利益的基础之上，供应链各成员企业之间是通过一种协商机制，来谋求一种多赢互惠的目标。供应链管理改变了企业的竞争方式，将企业之间的竞争转变为供应链之间的竞争，强调核心企业通过与供应链中的上下游企业之间建立战略伙伴关系，以强强联合的方式，使每个企业都发挥各自的优势，在价值增值链上达到多赢互惠的效果。

供应链管理在许多方面都体现了多赢互惠的思想。例如，供应链中的“需求放大效应”使得上游企业所获得的需求信息与实际消费市场中的顾客需求信息存在很大的偏差，上游企业不得不维持比下游企业更高的库存水平。需求放大效应是需求信息扭曲的结果，供应链企业之间的高库存现象会给供应链的系统运作带来许多问题，不符合供应链系统整体最优的原则。为了解决这一问题，近年来在国外出现了一种新的供应链库存管理方法——供应商管理库存（VMI），这种库存管理策略打破了传统的各自为政的库存管理模式，体现了供应链的集成化管理思想，其结果是降低了供应链整体的库存成本，提高了供应链的整体效益，实现了供应链合作企业间的多赢互惠。再如，在供应链相邻节点企业之间，传统的供需关系是以价格驱动的竞争关系，而在供应链管理环境下，则是一种合作性的双赢关系。

四、合作共享原理

合作共享原理具有两层含义，一是合作；二是共享。合作原理认为：由于任何企业所拥有的资源都是有限的，它不可能在所有的业务领域都获得竞争优势，因而企业要想在竞争中获胜，就必须将有限的资源集中在核心业务上。与此同时，企业必须与全球范围内的在某一方面具有竞争优势的相关企业建立紧密的战略合作关系，将本企业中的非核心业务交由合作企业来完成，充分发挥各自独特的竞争优势，从而提高供应链系统整体的竞争能力。共享原理认为：实施供应链合作关系意味着管理思想与方法的共享、资源的共享、市场机会的共享、信息的共享、先进技术的共享以及风险的共担。

信息共享是实现供应链管理的基础，准确可靠的信息可以帮助企业作出正确的决策。供应链的协调运行建立在各个节点企业高质量的信息传递与共享的基础之上，信息技术的应用有效地推动了供应链管理的发展，它可以节省时间和提高企业信息交换的准确性，减少了在复杂、重复工作中的人为错误，因而减少了由于失误而导致的时间浪费和经济损失，提高了供应链管理的运行效率。

五、需求驱动原理

需求驱动原理认为：供应链的形成、存在、重构，都是基于一定的市场需求而发生，并且在供应链的运作过程中，用户的需求是供应链中信息流、产品/服务流、资金流运作的驱动源。在供应链管理模式下，供应链的运作是以订单驱动方式进行的，商品采购订单是在用户需求订单的驱动下产生的，然后商品采购订单驱动产品制造订单，产品制造订单又驱动原材料（零部件）采购订单，原材料（零部件）采购订单再驱动供应商。这种逐级驱动的订单驱动模式，使供应链系统得以准时响应用户的需求，从而降低了库存成本，提高了物流的速度和库存周转率。

基于需求驱动原理的供应链运作模式是一种逆向拉动式运作模式，与传统的推动式运作模式有着本质的区别。推动式运作模式以制造商为中心，驱动力来源于制造商；而拉动式运作模式是以用户为中心，驱动力来源于最终用户。两种不同的运作模式分别适用于不同的市场环境，有着不同的运作效果。不同的运作模式反映了不同的经营理念，由推动式运作模式向拉动式运作模式的转变，反映的是企业所处环境的巨变和管理者思想认识上的重大转变，反映的是经营理念从"以生产为中心"向"以顾客为中心"的转变。

六、快速响应原理

快速响应原理认为：在全球经济一体化的大背景下，随着市场竞争的不断加剧，经济活动的节奏也越来越快，用户在时间方面的要求也越来越高。用户不但要求企业要按时交货，而且要求的交货期越来越短。因此，企业必须能对不断变化的市场作出快速反应，必须要有很强的产品开发能力和快速组织产品生产的能力，源源不断地开发出满足用户多样化需求的、定制的"个性化产品"去占领市场，以赢得竞争。

在当前的市场环境里，一切都要求能够快速响应用户需求，而要达到这一目的，仅靠一个企业的努力是不够的。供应链具有灵活快速响应市场的能力，通过各节点企业业务流程的快速组合，加快了对用户需求变化的反应速度。供应链管理强调准时，即准时采购、准时生产、准时配送，强调供应商的选择应少而精，强调信息技术应用等，这均体现了快速响应用户需求的思想。

七、同步运作原理

同步运作原理认为：供应链是由不同企业组成的功能网络，其成员企业之间的合作关系存在着多种类型，供应链系统运行业绩的好坏取决于供应链合作伙伴关系是否和谐，只有和谐的关系才能发挥最佳的效能。供应链管理的关键就在于供应链上各节点企业之间的联合与合作以及相互之间在各方面良好的协调。

供应链的同步化运作，要求供应链各成员企业之间通过同步化的生产计划来解决生产的同步化问题，只有供应链各成员企业之间以及企业内部各部门之间保持步调一致时，供应链的同步化运作才能实现。供应链形成的准时生产系统，要求上游企业准时为下游企业提供必需的原材料（零部件），如果供应链中任何一个企业不能准时交货，都会导致供应链系统的不稳定或者运作的中断，导致供应链系统对用户的响应能力下降，因此保持供应链各成员企业之间生产节奏的一致性是非常重要的。

八、动态重构原理

动态重构原理认为：供应链是动态的、可重构的。供应链是在一定的时期内、针对某一市场机会、为了适应某一市场需求而形成的，具有一定的生命周期。当市场环境和用户需求发生较大的变化时，围绕着核心企业的供应链必须能够快速响应，能够进行动态快速重构。

市场机遇、合作伙伴选择、核心资源集成、业务流程重组以及敏捷性等是供应链动态重构的主要因素。从发展趋势来看，组建基于供应链的虚拟企业将是供应链动态快速重构的核心内容。

第四节　企业供应链管理的内容及运作模式

一、企业供应链管理的基本内容

企业的供应链管理主要涉及五个基本领域：供应（Sourcing/Supply）、计划（Plan）、物流（Logistics）、需求（Demand）、回流（Return）。由图 3－4 可见，供应链管理是以同步化、集成化生产计划为指导，以各种技术为支持，尤其以 Internet/Intranet 为依托，围绕供应、生产作业、物流（主要指制造过程）等，满足用户需求来实现的。供应链管理主要包括计划、合作和控制从供应商到用户的物料（零部件和成品等）和信息。供应链管理的目标在于提高用户服务水平和降低总的交易成本，并且寻求两个目标之间的平衡（这两个目标往往有冲突）。

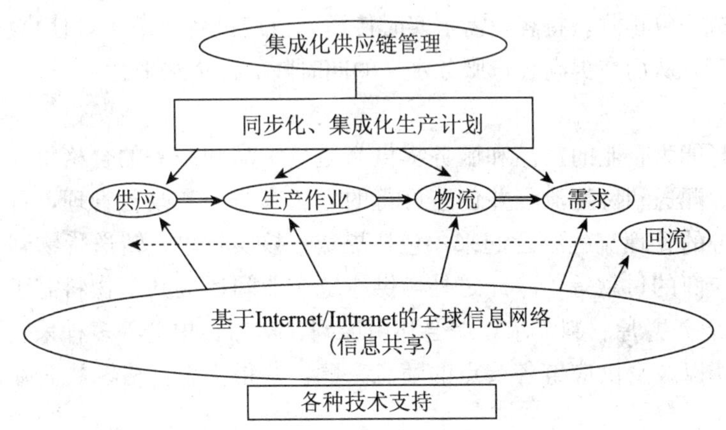

图 3－4　供应链管理涉及的主要领域

以这五个基本领域为基础，我们可以将供应链管理细分为基本职能领域和辅助职能领域。基本职能领域主要包括产品工程、产品技术保证、采购、生产控制、库存控制、仓储管理、分销管理等。而辅助职能领域主要包括客户服务、制造、设计工程、会计核算、人力资源、市场营销等。

供应链管理是一种集成的管理思想和方法，它执行供应链中从供应商到最终用户的物流的计划和控制等职能。因此企业供应链管理的基本内容应涵盖供应、计划、物流、需求、回流这五个基本领域，具体包含如下几方面的典型活动内容：

（一）对市场状况的认识

尽管在供应链管理条件下，企业提高了对市场的反应速度，提高了对市场的把握程度，但订货提前期的存在，仍然可能使企业对市场信号反应迟缓，因此企业必须深入了解市场变化的原因，并分析其发展趋势。为了使供应链各环节的生产节奏一致、产品能顺利通过各生产环节，相关企业必须就市场状况达成共同认识。

（二）产品设计与研发

为能够允许客户定制产品，供应链企业在设计合作伙伴、供应商、内部和外部工厂之间应在一定程度上共享产品数据和工艺信息，协调设计方案和进度。在这一环境中，有两类重要的产品数据，即标准化产品数据模型（如 STEP 标准）和简明的产品描述（如成组技术 GT 编码）。其中，标准化产品数据模型允许企业之间表达和相互交换有关产品的所有数据；而简明的产品描述，则允许企业有效地检索和调用相似的设计图纸和工艺规程。工艺信息除了将产品中的制造信息映射为加工方法外，还要描述合作工厂中相关设备的加工能力。

由于技术进步及产品竞争的需要，产品也需改良，进行进一步研发。由于产品研发后果往往至少涉及三个方面（零部件生产厂、总装厂、销售商），各环节厂商必须就产品研发达成一致，如必要性、责任划分、风险承担和利益分配等。

（三）市场需求和产品供应

供应链企业间应共享库存水平和生产能力、地理分布、运输能力数据，对顾客需求和供应能力达成一致预测。将客户需求实时传递到供应链各个节点，使供应商能够及时、主动地补充库存，从而在提高客户服务水平的同时降低存货水平。

（四）采购

企业要选择能为企业的产品和服务提供高质量货品和服务的合格供应商，和供应商建立一套定价、配送和付款流程并创造可行的方法来监控和改善管理，且要把供应商提供的货品和服务的管理流程结合起来，包括提货、核实货单、转送货物到企业的制造部门并批准对供应商的付款等。除此之外，供应链企业间还应共享物料需求信息、各种标书/询价单格式，汇总原材料需求，综合利用谈判、招标、拍卖等多种采购方式，集中采购后内部结算，以减少供应链各节点的随意采购，获得优惠价格，从而降低整个供应链的采购成本。

（五）生产计划

计划是企业供应链管理的策略性部分，企业需要有一个策略来管理所有的资源，以满足客户对企业产品的需求。供应链企业间应能建立一系列的策略和方法来监控供应链，使其能够有效、低成本地为顾客递送高质量和高价值的产品或服务。

特别是供应链企业间应共享库存水平和生产能力数据，对生产计划优化策略达成共识，对供应链内各个关键节点的生产进度统筹安排，以保证按时交货给零售商。

（六）分销

供应链企业间应共享各个分销点的地理分布、商品需求数量和价格信息、可供商品的数量和地理分布情况、各个分销点间调运商品的各种候选运输方式的时间和成本等数据，将商品及时合理地分配到各个分销渠道。

（七）运输与储存

供应链企业间应共享库存水平、地理分布和运输能力数据，通过与第三方物流或系统内部储运部门配合，协调供应链中原材料和商品的挑选、打包和运输工作，确定将产品运送到客户的最佳路线和运输工具、承运人，跟踪运输执行情况，并允许客户联机查询商品运输状况。

（八）退货及异常事件处理

供应链企业间应对异常事件的处理策略达成一致，对一些可能性相对较大的异常情况定义默认的处理策略、归责原则，实时监督供应链运行实际情况与协同计划是否一致，当发现异常事件时，在采取默认处理策略的同时，将这个信息发送到特定的几个节点或者广播到供应链的所有节点，以便采取进一步的应对措施。

退货是供应链中典型的问题处理部分。供应链企业间应建立一个网络，来接收客户退回的次品和多余产品，并在客户应用产品出问题时提供支持。

（九）供应链内部的交易中心

管理供应链内部的交易中心与公开的电子集市（E-market）相比，在采用的技术手段和基础结构上都是一致的，关键的不同在于供应链内部的交易中心是某个供应链私有的，它由价值链中的某个主导、核心企业所拥有、运营和管理，它限制交易中心的会员必须是供应链组成成员，从而保证价值链内部共享数据的安全可靠性。企业内部雇员、客户、供应商、分销商通过统一的信息门户入口来访问供应链内部的交易中心，基于各自的角色看到不同的内容。供应链内部的交易中心为供应链内部的企业提供了安全可靠的社区环境，使他们能够基于共同的计划来协调执行好后勤工作。

（十）供应链整体绩效评价

提供一组评价供应链运行绩效的指标，例如订单完成周期、平均存贷水平、设备能力利用率、投资收益率等，利用 BI（Business Intelligence）技术，这些数据可以方便地得到。企业可以据此衡量自身和合作伙伴存在的不足，明确供应链进一步优化的方向。

由此可见，供应链管理关心的并不仅仅是物料实体在供应链中的流动，除了企业内部与企业之间的运输问题和实物分销以外，供应链管理还包括以下主要内容：①战略性供应商和用户合作伙伴关系管理；②供应链产品需求预测和计划；③供应链的设计（全球节点企业、资源、设备等的评价、选择和定位）；④企业内部与企业之间物料供应与需求管理；⑤基于供应链管理的产品设计与制造管理、生产集成化计划、跟踪和控制；⑥基于供应链的用户服务和物流（运输、库存、包装等）管理；⑦企业间资金流管理

(汇率、成本等问题)；⑧基于 Internet/Intranet 的供应链交互信息管理等。

供应链管理注重总的物流成本（从原材料到最终产成品的费用）与用户服务水平之间的关系，为此要把供应链各项职能活动有机地结合在一起，从而最大限度地发挥出供应链整体的力量，达到供应链企业群体获益的目的。

二、企业供应链管理的典型运作模式

(一) 基于应用范围扩展的三种供应链运作模式

供应链管理从企业管理的角度来看，最初起源于企业资源规划（ERP），是基于企业内部范围的管理，随着市场竞争的加剧，供应链管理也由企业内部向外扩展，其管理的基本模式也发生变化。从应用范围来看，供应链管理有三种基本应用模式，一是企业内部供应链；二是产业供应链或动态联盟供应链；三是全球网络供应链。

1. 企业内部供应链

企业内部供应链管理是将企业内部经营所有的业务单元如订单、采购、库存、计划、生产、质量、运输市场、销售、服务等以及相应的财务活动、人事管理均纳入一条供应链内进行统筹管理。企业重视的是物流和企业内部资源的有效管理，即更快更好地生产出产品并将其推向市场，这种管理模式与当时的企业外部环境相适应，这种管理也叫"推动式"供应链管理，管理的出发点是从原材料推到产成品、市场，一直推至客户端。

随着企业外部市场竞争的加剧，企业为了生存与发展，必须将生产出的产品转化成利润，为了赢得市场，争取客户，企业管理重心改变为以客户及客户满意度为中心的管理，供应链管理模式由"推动式"转变为以客户需求为原动力的"拉动式"管理。这种供应链管理特点是将企业各个业务环节的信息化孤岛联系起来，使得各种业务和信息能够实现集成和共享。

2. 产业供应链或动态联盟供应链

在全球经济一体化要求下，任何一个企业都难以在所有业务上成为最杰出者，这就需要联合行业中其他上下游企业，建立一条经济利益链，充分利用一切可利用的资源，形成业务关系紧密的行业供应链，实现优势互补，共同增强市场竞争实力，来适应社会化大生产的竞争环境。为达到上述要求，企业内部供应链管理延伸和发展必须面向全行业的产业链管理，管理的资源从企业内部扩展到了外部。这样可以实现：第一，在整个行业中构建关系紧密的供应链，使多个企业能在一个整体的供应链管理下实现协作经营和协调运作，企业的分散计划纳入整个供应链的计划中，实现资源和信息共享，从而大大增强了该供应链在大市场环境中的整体优势；第二，可实现以最小的个别成本和转换成本来获得成本优势。因为在供应链统一的计划下，上下游企业可最大限度地减少库存；第三，通过加快供应链上的物流速度，减少了各企业的资金占用，使所有上游企业的产品能够准确、及时地到达下游企业。这样还可及时地获得最终消费市场的需求信息使整个供应链能紧跟市场的变化。所以说在 21 世纪，市场竞争将会演变成为这种供应链之间的竞争。

动态联盟供应链体现在：在市场中把供应、加工/组装、制造与流通各环节之间建立一个与业务相关的动态企业联盟（或虚拟公司），这种形式涉及多个企业相互联合，通过信息技术把这些企业连成一个网络，以更有效地向市场提供商品和服务来完成单个企业不能承担的市场功能。这不仅使每一个企业保持了自己的个体优势，也扩大了其资源利用的范围，使每个企业可以享用联盟中的其他资源，以此种形式完成向市场提供商品或服务等任务。例如，在市场经济发达国家，以一个配送中心为核心，上与原材料供应、生产加工领域相连，下与批发商、零售商、连锁超市相接，把这些环节均纳入自己的供应链来进行管理，起到一个承上启下的作用来实现最有效地规划和调用整体资源。通过建立一个动态企业联盟，以此实现其业务跨行业、跨地区甚至是跨国的经营，对大市场的需求作出快速的响应。这一过程可使得供应链上的产品实现及时生产、及时交付、及时配送、及时交到最终消费者手中，快速实现资本循环和价值链增值。

3. 全球网络供应链

Internet、交互式 Web 应用以及电子商务的出现，对以往的供应链管理模式提出了新的挑战。具体表现在以下几个方面：一是，改变了商业运作模式，传统意义上的经销商将消失，其功能将被全球网络电子商务所取代；二是，改变现有供应链的结构，将传统多层的供应链转变为基于 Internet 的开放式的全球网络供应链。

全球网络供应链上的企业有如下特点：①它们都是构成网络供应链的一个元素，具有两重身份，既是客户又同时是供应商；②必须在提高客户服务水平的同时努力降低运营成本；③必须在提高市场反应速度的同时给客户以更多的选择；④Internet 和电子商务将使供应商与客户的关系发生重大的改变，他们的关系将不再仅仅局限于产品的销售，更看重以服务的方式满足客户的需求，而且这一满意的服务方式是一种长期的有偿服务，而不是产品时代的一次或多次性的购买。所以，企业要想在市场竞争上有立足之地，就必须更加细致、深入地了解每一个客户的特殊要求，这样才能巩固其与客户的关系，实现自己的利益要求。

在全球网络供应链中，企业的形态和边界将产生根本性改变，这将极大地改变供应商与客户的关系。供应链的协同运作将取代传统的电子订单，供应商与客户间信息的沟通与协调将是一种交互式、透明的协同工作，将为新兴行业的出现提供条件，如供应链运作的代理服务商将替代传统的经销商；专门从事信息检索服务的服务机构等。当然还会有更多的商业机会等待人们去发现。全球网络供应链将影响并改变所有企业的经营思想和运作方式。

（二）基于物流特征的四种供应链物流运作模式

基于供应链企业间的物流运作特征，企业的供应链运作模式可以划分为四种模式，每一种模式都有各自特征，体现出不同的竞争优势。

1. 批量物流

批量物流是基于客户预测驱动的供应链物流模式，因此其采取的是批量采购，最大能力的大规模生产，实行库存销售。这种模式在投资成本和批量成本上具有相当大的优势。但是由于大规模生产，这种模式会造成在规定的时间内提前完成任务，因此造成过剩成本处于较高的水平。对需求预测的不准会导致渠道中产生过多的库存积压，也会产生较高的过剩成本，所以这种模式的过剩成本很高。在反应能力方面，由于采取了最大能力的批量生产，对最终消费者的需求变化的反应能力非常弱，因为最大能力的批量生产很难调整生产的品种数和品种量；而采取存货销售，最终消费者总能即刻获得购买的产品，这对最终消费者的市场供货反应能力非常强。所以批量物流的需求变化反应能力弱，市场供货反应能力强，过剩成本高，投资成本和批量成本都低。

2. 戴尔式物流

戴尔式物流是基于最终消费者订单驱动的供应链物流模式，是通过生产而不是库存来满足消费者的需求，所以戴尔式物流能够及时准确的反应消费者的需求变化，但是戴尔的客户必须等待1～2个星期才能得到订购的产品，所以市场供货反应能力非常弱。在物流成本方面，戴尔式物流通过生产消费者订购的产品，使戴尔消灭了积压库存，降低了过剩成本；而戴尔采用了大规模生产方式，这又会造成较高的过剩成本。戴尔式物流模式决定客户的订单规模小，订单数量大，这要求戴尔有非常强大的客户订单信息处理能力，因此信息设备的投资成本大。戴尔式物流采取的是大规模定制，生产批量大；而另一方面其客户规模小，客户量大，为了能够缩短产品交货时间，戴尔采用了包裹式运输，这导致配送批量成本较高，所以戴尔式物流的批量成本居于一个适中的水平。因此，戴尔式物流的需求变化反应能力强，市场供货反应能力弱，投资成本高，批量成本适中。

3. 海尔式物流

海尔式物流的实质是把客户的预测前移到渠道顾客，根据渠道顾客的订单驱动企业的运作，所以海尔的产品应该能够满足渠道顾客的需求变化，但是不能随最终消费者的需求变化而变化。由于渠道顾客对最终消费者的预测比海尔自己对需求的预测更为准确，所以海尔物流对最终消费者的需求反应比批量物流要强，但是比戴尔式物流要弱得多。海尔式物流是由渠道顾客的订单驱动的，所以渠道顾客都保有海尔产品的库存，这使得对顾客的及时供货反应保持在较高的水平。因为是渠道顾客订单驱动的，海尔式物流在流动批量上虽然没有批量物流那么大，但是渠道顾客的订单规模比最终消费者的订单要大得多，所以在批量成本上居于两者之间。由于采用了批量生产，海尔式物流还是会产生一定的过剩成本，然而其产出的产品都是渠道顾客订购的，所以会降低一部分过剩成本。因为是来自渠道顾客的订单，采用批量生产，因此生产设备投资成本较低，在对顾客的订单处理能力方面虽然要比批量物流高，但比戴尔式物流却要低，所以海尔式物流的投资成本处于中间水平。因此海尔式物流对市场需求变化反应能力比较差，市场供货反应能力强，投资成本和批量成本居中。

4. 丰田式物流

丰田式物流也是由渠道顾客订单驱动的供应链物流模式。但由于丰田的生产计划来自渠道顾客最近一个星期的订单，这为丰田式物流对市场需求变化作出及时的反应提供了有效的条件，而且丰田采取了均衡式生产，看板式管理方式，能够及时对市场的需求变化作出反应，调整生产计划，这为丰田式物流方式创造了很强的需求变化反应能力。而另外一点，丰田的渠道顾客总是能够维持一定量的丰田产品的库存，虽然在量上比不上批量物流和海尔式物流模式，但其快速的供应链物流反应，能够保证对最终消费者的及时供应。丰田式物流通过渠道顾客订单驱动，采取均衡式生产方式，使两类过剩成本都降到了最低。但是为了实现这种模式，在生产过程中，无法充分利用生产能力，而追求准时化生产，使物流都在小批量的状态下运行，批量成本非常高。为了实现生产的柔性，及时掌握市场需求动态，提高对市场需求的反应能力，生产和信息设备的投资成本也相当的高。所以，丰田式物流的需求反应能力强，市场供货能力强，过剩成本低，投资成本和批量成本高。

通过对以上四类生产企业供应链物流模式的分析可以看出，不同的生产企业供应链模式具有不同的竞争优势特征。而每一种模式的成功，都是跟企业和产品的特征相匹配的，以充分发挥其优势特征，避免其劣势特征。不同的供应链模式应该匹配于不同的企业和产品特征。

批量物流应该发挥其批量成本和投资成本低、供货反应能力强的优势，避免需求变化反应能力弱、过剩成本高的劣势。所以批量物流对于市场需求波动小、预测正确度高、市场需求量大、顾客希望能够即刻获得的产品比较合适。生产企业为了提高预测的准确性，可以同零售商合作，从零售商那里获得最终消费者的需求信息，而不是以直接渠道客户的需求信息作为预测的依据。

戴尔式物流应该发挥其需求变化反应能力强的优势，避免市场供货反应能力弱的劣势。所以戴尔式物流对于市场的需求波动比较大，顾客购买频率低，并且顾客愿意延迟获得的产品比较适合。戴尔式物流需要企业能够对众多零散的最终顾客的购买信息进行及时准确处理的信息系统，所以对企业的信息系统要求很高。

海尔式物流应该发挥供货反应能力强的优势，并且依托渠道顾客的订单来实现成本优势。所以海尔式物流对于需求量大、顾客希望能够即刻获得的产品比较适合。海尔式物流模式的匹配范围比较广，如果生产企业能够跟渠道顾客进行合作，就能够使供应链模式运作达到有效。

丰田式物流应该发挥需求变化反应能力、供货反应能力强及过剩成本低的优势。所以丰田式物流对于需求波动大、顾客希望能够即刻获得的产品比较适合。这种模式适合于短渠道分销，特别是采用一级渠道分销的产品。丰田式物流对企业的运作系统和管理能力提出很高的要求。

第五节 企业的供应链设计策略

一般认为，并不存在最好的供应链模式，而只存在最适合的模式。在进行供应链设计时，最需要考虑的是产品的需求差别。由于产品的市场需求存在较大的差别，供应链管理关注的重点会产生很大的差别。

一般地，根据市场需求性质，产品可以大致分为两大类。即实用性产品和时尚性产品。实用性产品主要用于满足人们的基本需求，而人们的基本需求通常比较稳定，因而这些产品的市场需求规律性较强，一般比较稳定。但它们通常处于过度供应状态，产品之间的实质性差别小，利润率比较低，对价格非常敏感，生命周期长。对于这类产品，市场竞争的重心通常在于价格，因而在供应链管理中，应着重于降低产品成本；时尚性产品主要用于满足人们的个性化、享受型需求。这些需求个性化特色非常明显，而且随着时间的变化而迅速变化。相应产品的生命周期也比较短。但这些产品通常有较高的利润率，缺货损失很大。对于这类产品，市场竞争的重心通常在于快速反应能力。因而在供应链管理中，应着重于提高供应链的快速反应能力。企业为了应对其他企业的市场侵蚀，必须具有持续的创新能力。

一、产品的需求特征分析

不同的产品类型对设计供应链有不同的要求，高边际利润、不稳定需求的创新型产品（Innovative Products，又称为时尚性产品）的供应链设计就不同于低边际利润、有稳定需求的功能型产品（Functional Products，又称为实用性产品）。两种不同类型产品的需求特征比较如表 3-1 所示。

表 3-1　两种不同类型产品的需求特征比较

需求特征	功能型/实用性产品	创新型/时尚性产品
产品寿命周期	超过两年	1～3 年
边际贡献	5%～20%	20%～60%
产品多样性	低（每一目录 10～20 个）	高（每一目录上千个）
预测的平均边际错误率	10%	40%～100%
平均缺货率	1%～2%	10%～40%
季末降价率	0%	10%～25%
按订单生产的提前期	6 个月～1 年	1 天～2 周

由上表 3-1 中可以看出，功能型产品一般用于满足用户的基本需求，变化很少，具有稳定的、可预测的需求和较长的寿命周期，但它们的边际利润较低；为了避免低边际利润，许多企业在式样或技术上创新以寻求消费者的购买，从而获得高的边际利润，这种创新型产品的需求一般不可预测，寿命周期也较短。正因为这两种产品需求特征的不同，才需要有不同类型的供应链去满足不同的管理需要。

显然，在确定供应链管理重心时，首先应确定产品的需求性质，并使它们相匹配。通常地，产品的需求性质比较容易确定，但有时也可能出现难以确定的情形。如汽车，汽车应该是实用性产品还是时尚性产品？如果购买者仅仅将汽车作为一个代步工具，则它是一个实用性产品；如果购买者将汽车认为是一个显示个性的工具，则它是一个时尚性产品。事实上，有时对于企业的一个产品，不同的客户可能会有不同的认识，但对于企业而言，则对产品必须有一个符合实际需求的认识，否则，当产品定义与需求性质出现不匹配时，企业将付出很重代价。对于一个企业定义为时尚性而市场需求性质为实用性的产品，企业将花费大量成本在增加产品的款式上，而市场对这类产品的低价格追求将使这类产品失去市场竞争力。对于一个企业定义为实用性而市场需求性质为时尚性的产品，企业产品将因为款式太少而缺乏市场份额。

区分产品需求性质的关键一般可以认为是利润率。一个产品的利润率较高时，就有可能组织快速的供应链以满足市场需求，尽管要用较高的费用维持这一系统的正常运作；否则，就应该把产品定义为实用性的。

二、供应链类型分析

根据供应链的功能模式（物理功能和市场中介功能）可以把供应链划分为两种：效率型供应链（Efficient Supply Chain）和响应型供应链（Responsive Supply Chain）。

效率型供应链主要体现供应链的物理功能，即以最低的成本将原材料转化成零部件、半成品、产品，以及在供应链中的运输等；响应型供应链主要体现供应链的市场中介功能，即把产品分配到满足用户需求的市场，对未预知的需求作出快速反应等。两种类型的供应链的比较如表 3－2 所示。

表 3－2　　响应型供应链与效率型供应链的比较

	响应型供应链	效率型供应链
基本目标	尽可能快的对不可预测的需求作出反应，使缺货、降价、库存最小化	以最低的成本供应可预测的需求
制造的核心	配置多余的缓冲库存	保持高的平均利用率
库存策略	部署好零部件和成品的缓冲库存	产生高收入而使整个链的库存最小化
提前期	大量投资以缩短提前期	尽可能短的提前期（在不增加成本的前提下）
供应商的标准	以速度、柔性、质量为核心	以成本和质量为核心
产品设计策略	用模块化设计以尽可能延迟产品差别	绩效最大化而成本最小化

三、供应链设计的匹配策略

根据以上产品需求特征及供应链类型的研究，可以导出两种不同的供应链设计策略，如图 3－5 所示。对于以功能型产品为基础的供应链，应该设计为效率型供应链，企业在运作过程中应选择效率型作业运作策略，追求低成本。对于以创新型产品为基础的供应链，应该设计为响应型供应链，企业在运作过程中应该更多的考虑响应型作业运作策略，追求对客户需求的快速响应。不同的供应链设计战略应该与不同的产品特征保持匹配。

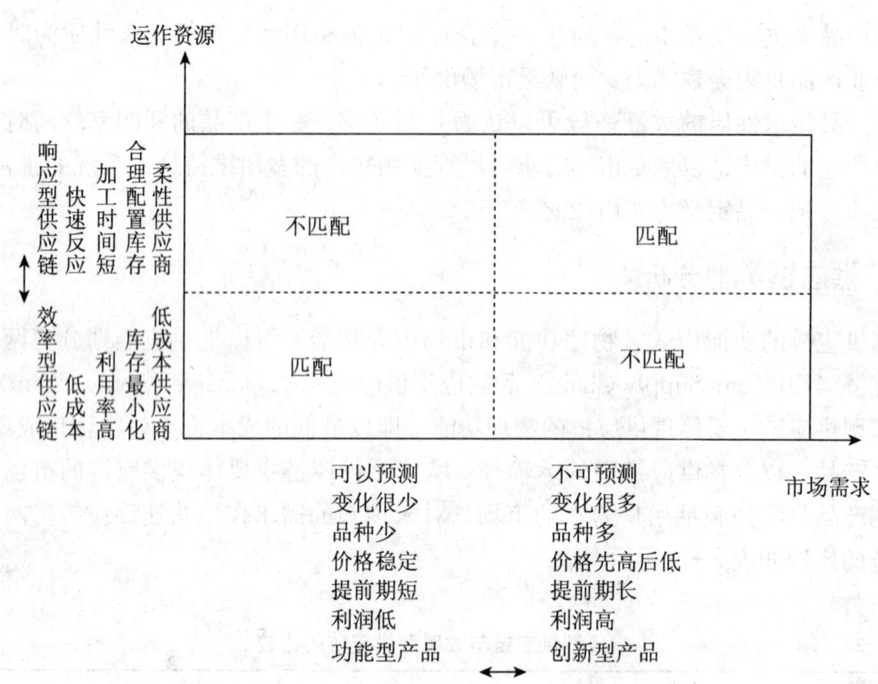

图 3-5　产品与供应链设计的匹配战略

在图 3-5 中，还有两个象限属于不匹配区域，在此基础上可以构建一个更加完整的供应链设计战略，如图 3-6 所示。

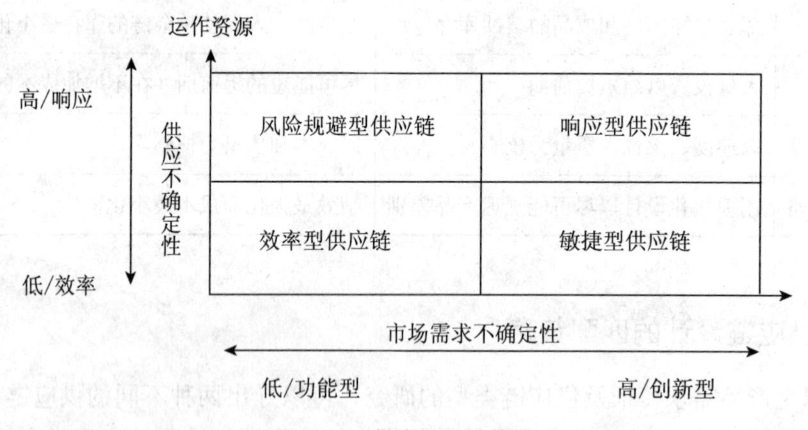

图 3-6　供应链设计战略

从上图 3-6 中可以确定四种不同的供应链设计战略。

1. 响应型供应链

匹配的是创新型产品和供应不确定性高的环境，战略目标是快速、柔性的满足顾客快速变化的、个性化的产品需求。

2. 效率型供应链

匹配的是功能型产品和供应不确定性低的环境，战略目标是低成本、高效率。效率型供应链强调在供应链中消减不增值的活动、实现规模效益、采用优化技术实现生产和分销中的资源优化配置，供应链范围内准确、高效和低成本的信息交流也是必需的。

3. 风险规避型供应链

匹配的是功能型产品和供应不确定性高的环境，战略目标是通过资源的共享，使得供应中断的风险可以在供应链节点企业之间分担，以尽可能的降低每个企业受到的风险。

4. 敏捷型供应链

匹配的是创新型产品和供应不确定性低的环境，战略目标是快速、柔性的满足顾客的产品需求，而供应链中断带来的风险可以通过库存和其他资源的共享得到控制，它是效率型供应链和风险规避型供应链的综合。

四、供应链管理措施

（一）创新型/时尚性产品的供应链管理措施

时尚性产品的供应链管理重心在于快速反应。在运作管理过程中，应设法提高供应链的反应速度，同时采取有效措施强化对不确定性的管理。具体措施包括：

1. 找出影响反应速度的关键环节，并有针对性地进行改善

时尚性产品通常款式很多，不同环节对于款式增多的贡献是不同的。如果某一环节的供货期较长，就应该减少该环节的种类，并根据经验数据在接收订单前就进行生产；如果某一环节的供货期较短，就可以增加该环节的种类，并仅在接收订单后才生产。这样，系统就能够以较少的库存、较小的风险实现快速反应。

2. 使系统具有超强的生产能力储备

在寻找供应商时，可以选择具有超强的生产能力储备的企业。比如，某一供应商有5条生产某部件的生产线，通常情况下，本产品仅涉及该供应商的一条生产线。可以与该企业约定，市场需求发生突然增长时，该企业可以在获得适当优惠的条件下调整其生产能力的配置以满足突然增长的需求。

3. 尽量延迟装配环节在系统中的位置

装配环节在系统中的位置越是靠后就越能根据市场需求进行快速调整，从而实现快速反应。

4. 采取适当措施减少、避免、防范市场需求的不确定性

努力挖掘新的生产指导信息，提高供应链的灵活性。如根据若干独立的预测部门的预测数据组织某些产品一定规模的生产。在离需求实现或者可以被准确预测的更短的一段时间内生产，进行适量储存。

（二）功能型/实用性产品的供应链管理措施

实用性产品的供应链管理重心在于低成本。供应链管理的中心工作是如何使产品的总成本最低。在运作管理过程中，应设法提高供应链的运作效率以实现低成本。具体措施包括：

（1）进行生产资源规划，增强生产的计划性。对于计划性较强的生产，一般可以运用较好的采购管理，减少临时性需求带来的较高成本，从而达到减少供应成本的目的。

（2）实行批量生产，降低生产成本。批量生产是减少生产成本的常用而有效的措施，对于需求稳定的产品，通常可以采用这一措施。

（3）努力向JIT生产运作接近，减少库存。库存会占用大量流动资金，减缓企业流动资金流转速度，减少企业赢利能力，因此为了降低成本，应努力减少库存。

（4）尽量采用运价较低的运输方式、采用有较大价格折扣的运输批量。运输占据物流成本的相当大一部分，通过降低运费，可以大大增强企业赢利能力。

（5）在各环节都以高效率为主要导向，减少各环节的作业费用。较高的劳动生产率可以降低支出，高效率是减少作业费用的有效途径。

（6）使重要供求信息通畅地流转于供应渠道内，增加信息透明度。供求信息透明，能使生产、营销企业更好的根据当前供求状况调整运作或策略，从而减少无效工作。

（7）在较大范围内实现成本透明。透明的成本将有助于企业间在接口环节的合理分工，从而降低总费用。完全的成本透明几乎是不可能的。因为，尽管在供应链管理条件下，供应链利润会有所增大，但如何分配这增大的利润仍会使供应链上的企业处于一种竞争的状态。

第六节　企业供应链管理的实施方法

近年来，供应链管理发展迅猛，各种各样的供应链管理方法层出不穷，其中主要的有快速反应、有效消费者回应系统、企业资源计划系统和商品品类管理等。虽然由于行业的不同，各种供应链管理方法的侧重点不同，但它们的实施目标都是相同的，即减少供应链的不确定性和风险，从而积极地影响库存水平、生产周期、生产过程，并最终影响对顾客的服务水平。

一、基于快速反应（QR）的供应链管理

（一）快速反应出现的背景

从20世纪70年代后期开始，美国纺织服装的进口急剧增加，到80年代初期，进口商品大约占到纺织服装行业总销售量的40%。针对这种情况，美国纺织服装企业一方面要求政府和国会采取措施阻止纺织品的大量进口；另一方面进行设备投资来提高企业的生产率，但是，即使是这样，价廉进口纺织品的市场占有率仍在不断上升，而本地生产的纺织品市场占有率却在连续下降。为此，一些主要的经销商成立了“用国货为荣委员会”（Crafted with Pride in USA Council），一方面通过媒体宣传国产纺织品的优点，采取共同的销售促进活动；另一方面委托流通咨询公司Kurt Salmon Associates从事提高竞争力的调查，Kurt Salmon Associates在经过了大量充分的调查后指出，虽然纺织品产业供应链各环节的企业都十分注重提高各自的经营效率，但是整个供应链全体的效率却并不高。为此，Kurt Salmon Associates公司建议零售业者和纺织服装生产厂家合作，共享信

息资源，建立一个快速反应（Quick Response，QR）系统来实现销售额增长、投资回报率和顾客服务的最大化以及库存量、商品缺货、商品风险和减价（Markdown）最小化的目标。

（二）快速反应（QR）的含义

快速反应是指在供应链中，为了实现共同的目标，零售商和制造商建立战略伙伴关系，利用 EDI 等信息技术，进行销售时点的信息交换以及订货补充等其他经营信息的交换，用多频度、小批量配送方式连续补充商品，以缩短交货周期，减少库存，提高客户服务水平和企业竞争力的供应链管理方法。QR 最早由连锁零售商沃尔玛、凯马特等为主力开始推动，并逐步推广到纺织服装行业。

中华人民共和国国家标准《物流术语》（GB/T 18354—2006）中对此也进行了定义，快速反应（Quick Response，QR）是指供应链成员企业之间建立战略合作伙伴关系，利用电子数据交换（EDI）等信息技术进行信息交换与信息共享，用高频率、小批量配送方式补货，以实现缩短交货周期，减少库存，提高顾客服务水平和企业竞争力为目的一种供应链管理策略。

（三）Wal-Mart 公司的 QR 实践

1985 年以后，QR 概念开始在纺织服装等行业广泛地普及应用。下面以美国零售业的著名企业沃尔玛（Wal-Mart）公司与服装制造业 Seminole Manufacturing Co.，以及面料生产企业 Milliken 公司合作建立 QR 系统为例，说明 QR 的发展过程。

1. QR 的初期阶段

Wal-Mart 公司 1983 年开始采用 POS 系统，1985 年开始建立 EDI 系统。1986 年与 Seminole公司和 Milliken 公司在服装商品方面开展合作，开始建立垂直型的快速反应（QR）系统。当时合作的领域是订货业务和付款通知业务。通过电子数据交换系统发出订货明细清单和管理付款通知，来提高订货速度和准确性，以及节约相关事务的作业成本。

2. QR 的发展阶段

为了促进行业内电子化商务的发展，Wal-Mart 与行业内的其他商家一起成立 VICSC（Voluntary unter-Industry Communications Standards Committee）来协商确定行业统一的 EDI 标准并确定了商品识别标准。Wal-Mart 公司基于行业统一标准设计出 POS 数据的输送格式，通过 EDI 系统向供应方传送 POS 数据，供应方基于 Wal-Mart 传送来的 POS 信息，可及时了解 Wal-Mart 的商品销售状况，把握商品的需求动向，并及时调整生产计划和材料采购计划。

供应方利用 EDI 系统在发货之前向 Wal-Mart 传送预发货清单（Advanced Shipping Notice，ASN）。这样，Wal-Mart 事前可以做好进货准备工作，同时可以省去货物数据的输入作业，使商品检验作业效率化。Wal-Mart 在接收货物时，用扫描读取机器读取包装箱上的物流条码 SCM（Shipping Carton Marking），把扫描读取机器读取的信息与预先储存在计算机内的进货清单 ASN 进行核对，判断到货与发货是否一致，从而简化了检货流程。在此基础上，利用电子支付系统 EFT 向供应方支付货款。同时只要把 ASN 数据和 POS 数据比较，就能迅速知道商品库存的信息。这样做的结果使 Wal-Mart 不仅节约了大量事务性企业成本，而且还能够压缩库存，提高商品周转率。在此阶段，Wal-Mart 公司开始把 QR 的应用范围扩大到其他商品和供应商。

3. QR 的成熟阶段

Wal-Mart 把零售店商品的进货和库存管理的职能转移给供应方（生产厂家），由生产厂家对 Wal-Mart 的流通库进行管理与控制。即采用供应商管理库存（Vendor-Managed Inventories，VMI），Wal-Mart 让供应商与之共同管理营运 Wal-Mart 的流通中心。在流通中心保管的商品所有权属于供应商，供应商对 POS 信息和 ASN 信息进行分析，把握商品的销售和 Wal-Mart 的库存动向，在此基础上，决定在什么时间，把什么类型的商品，以什么方式向什么店铺发货。发货的信息预先以 ASN 形式传递给 Wal-Mart，以多频度小数量进行连续库存补充，即采用连续库存补充计划（Continuous Replenishment Program，CRP），由于采用 VMI 和 CRP，供应商不仅能减少企业的库存，还能减少 Wal-Mart 的库存，实现整个供应链的库存最小化。另外，对 Wal-Mart 来说，省去了商品进货业务，节约了成本，同时集中精力于销售活动。并且，事先知道供应商的商品促销计划和商品生产计划，能够以较低的价格进货。这些为 Wal-Mart 进行价格竞争提供了条件。

从 Wal-Mart 的实践来看，QR 是一个零售商和生产厂家建立（战略）伙伴关系，利用 EDI 等信息技术，进行销售时点的信息交换以及订货补充等其他经营信息的交换，用多频度、小数量配送方式连续补充商品，以实现缩短交纳周期、减少库存、提高顾客服务水平和企业竞争力为目的供应链管理。美国学者 Jamie Bolton 认为 QR 是及时方式（JIT）在零售行业的一种应用。

二、基于有效顾客反应（ECR）的供应链管理

（一）ECR 的产生背景

20 世纪六七十年代，美国日杂百货业的竞争主要是在制造商之间展开。竞争的重点是品牌、商品、经销渠道和大量的广告和促销，在零售商和制造商的交易关系中制造商处于主导地位。20 世纪 80 年代末 90 年代初，竞争格局发生了变化，在零售商和制造商的交易关系中，零售商开始逐渐占据主导地位，竞争的重心开始转向流通中心、自有品牌（PB）、供应链效率和 POS 系统。同时在供应链内部、零售商和制造商之间为了获取供应链主控权，同时为零售商自有品牌（PB）和制造商品牌（MB）占据零售店铺货架空间的份额展开着激烈的竞争，这种竞争导致供应链的各个环节间的成本不断转移，供应链整体的成本不断上升，而且很容易牺牲力量较弱一方的利益。

在这期间新的零售业态，如仓储商店、折扣店大量涌现，这使得零售商能以相当低的价格销售商品，从而使日杂百货业的竞争更趋激烈。在这种状况下，许多传统超市业者开始寻找对应这种竞争方式的新管理模式与方法。而在这一期间由于日杂百货商品的技术含量不高，大量无实质性差别的新商品被投放市场，使生产厂家之间的竞争趋同化。生产厂家为了获得销售渠道，通常采用直接或间接的降价方式作为向零售商促销的主要手段，这种方式往往会大量牺牲厂家自身的利益。但这时如果生产商能与供应链中的零售商结成更为紧密的战略联盟，将不仅有利于零售业的发展，同时也符合生产厂家自身的利益。

另外，从消费者的角度来看，企业过度竞争的结果往往是使消费者的需求被忽视。通常消费者需要的是商品的高质量、新鲜感、优质服务以及在合理价格基础上的多种选择。然而，许多企业往往不是通过努力提高商品质量、提供更好的服务和在合理价格基础上的多种选择来满足消费者，而是通过大量的诱导型广告和广泛的低品位促销活动来吸引消费者转换品牌，同时通过提供大量非实质性变化的商品供消费者选择。这样，消费者得到的往往是高价、不满意的商品。针对这种状况，客观上要求企业从消费者的需求出发，提供能满足消费者需求的商品和服务。

在上述背景下，美国食品市场营销协会（Food Marketing Institute，FMI）联合包括COCA-COLA、P&G、Safeway Store 等六家企业与流通咨询公司 Kurt Salmon Associates 一起组成研究小组，对食品业的供应链进行调查、总结、分析，于 1993 年 1 月提出了改进该行业供应链管理的详细报告。在该报告中系统地提出有效消费者反应（ECR）的概念体系。经过美国食品市场营销协会的大力宣传，ECR 概念被零售商和制造商所接纳并被广泛地应用于实践。

（二）ECR 的含义及特征

1. ECR 的概念

ECR（Efficient Customer Response）是一个制造商、批发商和零售商等供应链成员各方相互协调和合作，以更好、更快的服务和更低的成本满足消费者需要为目的的供应链管理系统。

中华人民共和国国家标准《物流术语》（GB/T 18354—2006）中对此进行的定义是，有效客户反应（Efficient Customer Response，ECR）是指以满足顾客要求和最大限度降低物流过程费用为原则，能及时作出准确反应，使提供的物品供应或服务流程最佳化的一种供应链管理战略。

ECR 的优势在于供应链各方为了提高消费者满意度这个共同的目标进行合作，分享信息和诀窍，ECR 是一种把以前是处于分离状态的供应链联系在一起来满足消费者需要的工具。ECR 概念的提出者认为 ECR 活动是一个过程，这个过程主要由贯穿供应链各方的四个核心过程组成，如图 3－7 所示。

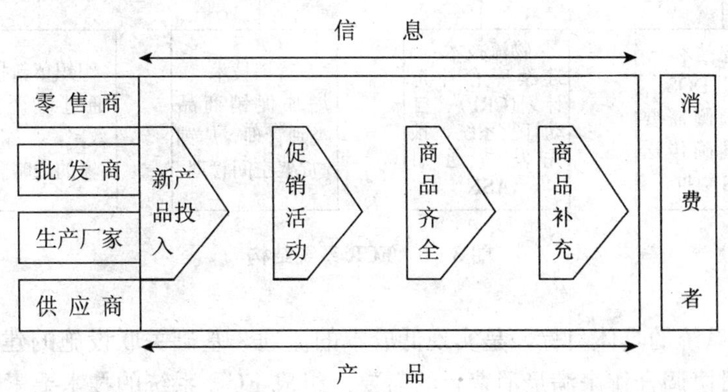

图 3－7 ECR 和供应链过程

2. ECR 的特征

ECR 的特征主要表现在以下三个方面：

（1）管理意识的创新。传统产销双方的交易关系是一种此消彼长的对立型关系。即交易各方以对自己有利的买卖条件进行交易。简单地说，是一种赢一输关系（Win－lose）关系。ECR 要求产销双方的交易关系是一种合作伙伴关系。即交易各方通过相互协调合作，实现以低的成本向消费者提供更高价值服务的目标，在此基础上追求双方的利益，简单地说，是一种双赢型（Win－win）关系。

（2）供应链整体协调。传统流通活动缺乏效率的主要原因在于厂家、批发商和零售商之间存在企业间联系的低效率和企业内采购、生产、销售和物流等部门或职能之间存在部门间联系的低效率。传统的组织是以部门或职能为中心进行经营活动，以各个部门或职能的效益最大化为目标。这样虽然能够提高各个部门或职能的效率，但容易引起部门或职能间的摩擦。同样，传统的业务流程中各个企业以各自的效益最大化为目标，这样虽然能够提高各个企业的经营效率，但容易引起企业间的利益摩擦。ECR 要求各部门、各职能以及各企业之间的隔阂，进行跨部门、跨职能、跨企业的管理和协调，使商品流和信息流在企业内和供应链内顺畅的流动。

（3）涉及范围广。既然 ECR 要求对供应链整体进行管理和协调，ECR 所涉及的范围必然包括零售业、批发业和制造业等相关的多行业。为了最大限度的发挥 ECR 所具有的优势，必须对关联的行业进行分析研究，对组成供应链的各类企业进行管理与协调。

（三）ECR 系统的构建

ECR 概念是流通管理思想的革新，ECR 作为一个供应链管理系统需要把市场营销、物流管理、信息技术和组织革新技术有机结合起来作为一个整体使用，以实现 ECR 的目标。ECR 系统的结构如图 3－8 所示。

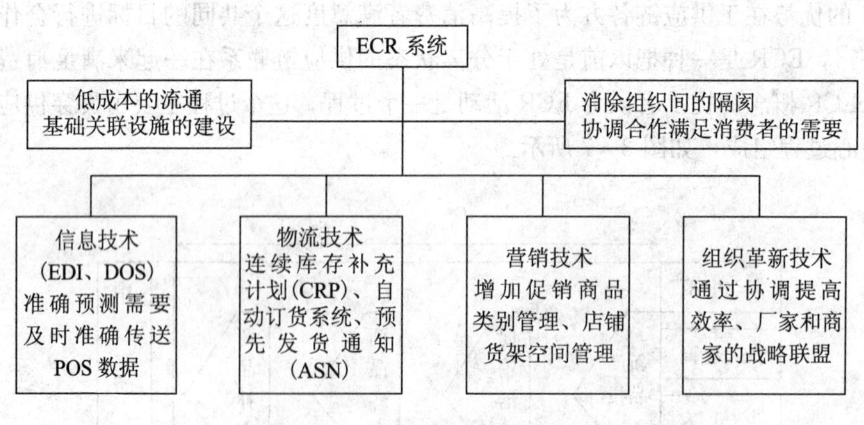

图 3－8　ECR 系统结构

构筑 ECR 系统的具体目标，是实现低成本的流通，基础关联设施的建设、清除组织间的隔阂，通过协调合作来满足消费者的需要。组成 ECR 系统的技术要素主要有信息技术、物流技术、营销技术和组织革新技术，下面对这些要素进行详细说明。

1. 营销技术

在 ECR 系统中采用的营销技术主要是商品类别管理（Category Management）和店铺货架空间管理（Space Management）。

商品类别管理是以商品类别为管理单位，寻求整个商品类别全体收益最大化。具体来说，企业对经营的所有商品类别进行分类，确定评价每一个类别商品的功能、作用、收益性、成长性等指标，在此基础上，结合考虑各类商品的库存水平等因素制订商品品种计划，对整个商品类别进行管理，以便在提高消费者服务水平的同时增加企业的销售额和收益水平。

店铺空间管理是对店铺的空间安排、各类商品的展示比例、商品在货架上的布置等进行最优化管理。在 ECR 系统中，店铺空间管理与商品类别管理同时进行、相互作用。

2. 物流技术

ECR 系统要求及时配送（JIT）和顺畅流动配送（Flow-through Distribution）。实现这一要求的方法有连续库存补充计划、计算机辅助订货系统（Computer Assisted Ordering，CAO）、预先发货通知、供应商管理库存、交叉配送（Cross-Docking）、店铺直送（DSD）等。

（1）连续库存补充计划。利用及时准确的 POS 数据确定销售出去的商品数量，根据零售商或批发商的库存信息和预先规定的库存补充程序确定发货补充数量和发送时间。以小批量、多频度方式进行连续配送，补充零售店铺的库存，提高库存周转率，缩短交货周期和时间。

（2）计算机辅助订货系统。是基于库存和需要信息，利用计算机进行订货的系统。

（3）预发货通知。是生产厂家或批发商在发货时利用电子通信网络提前向零售商传送货物的明细清单，它可以使零售商事前做好进货准备工作、同时可以省去货物数据的输入作业，使商品检验作业高效率。

（4）供应商管理库存（VMI）。生产厂家基于零售商的销售、库存等信息，判断零售商的库存是否需要补充。如果需要补充的话，自动地向本企业的物流中心发出发货指令，补充零售商的库存，VMI 方法包括了 POS、CAO、ASN 和 CRP 等技术。在采用 VMI 的情况下，虽然零售商的商品库存决策主导权由作为供应商的生产厂家把握，但是，在店铺的空间安排、商品货架布置等店铺空间管理决策方面仍然由零售商主导。

（5）交叉配送。也称为越库作业，是在零售商的流通中心把来自各个供应商的货物按店铺迅速进行分别装车，向各个店铺发货。在交叉配送的情况下，流通中心仅是一个具有分挂装运功能的通过型中心，有利于交货周期的缩短、减少，提高库存周转率，从而节约成本。

（6）店铺直送（Direct Store Delivery，DSD）。是指商品不经过流通配送中心，直接由生产厂家运送到店铺的运送方式。采用店铺直送方式可以保持商品的新鲜度，减少商品运输破损，缩短交货周期、时间。

3. 信息技术

ECR 系统应用的主要信息技术有电子数据交换（Electronic Data Interchange，EDI）

和销售时点信息系统（Point of Sale，POS）。

ECR系统的一个重要信息技术是EDI，信息技术最大的作用之一是实现事物作业的无纸化或电子化。利用EDI在供应链企业之间传送交换订货发货清单、价格变化信息、付款通知单等文书单据。

例如，厂家在发货的同时预先把产品清单发给零售商，这样零售商在商品到货时，用扫描仪自动读取商品包装上的物流条码获得进货的实际数据，并自动地与预先到达的商品清单进行比较。因此，使用EDI可以提高事务作业效率；另外，利用EDI在供应链企业间传送交换销售时点数据、库存信息、新产品开发信息和市场预测信息等直接与经营有关的信息。例如，生产厂家可利用销售时点信息把握消费者的动向，安排好生产计划；零售商可利用新产品开发信息预先做好销售计划。因此，使用EDI可以提高整个企业，乃至整个供应链的效率。在美国食品行业，根据商品通用码UCC（Uniform Code Council）确定了食品行业的EDI标准DEX（Direct Exchange）和NEX（Network Exchange）。

ECR系统的另一个重要信息技术是POS。对零售商来说，通过对在店铺收银台自动读取POS数据进行整理分析，可以掌握消费者的购买动向，找出畅销商品和滞销商品，做好商品分类管理，还可以利用POS数据做好库存管理、订货管理等工作。对生产厂家来说，利用及时准确的POS数据，可以把握消费者需求，制订生产计划，开发新产品，还可以把POS数据和EOS数据结合起来分析把握零售商的库存水平，进行生产厂家管理库存（VMI）的库存管理。

现在，许多零售企业把POS数据和顾客卡（Customer Card）、点数卡等结合起来使用。通过顾客卡，可以知道某一个顾客每次在什么时间购买了什么商品、金额多少，到目前为止总共购买了哪些商品、总金额是多少。这样可以分析顾客的购买行为，发现顾客不同层次的需要，做好商品促销等方面的工作。

4. 组织革新技术

应用ECR系统不仅需要组成供应链的每一个成员紧密协调和合作，还需要每一企业内部各个部门间紧密协调与合作，因此成功地应用ECR需要对企业的组织体系进行革新。

首先，在企业内部的组织革新方向，需要把按采购、生产、物流、销售等机能划分的组织形式改变为以商品流程为基本的职能横断的组织形式。具体讲，就是把企业经营的所有商品按类别划分，对应于每一个商品类别设立一个管理团队（Team），以这些管理团队为核心构成新的组织形式。在这种组织形式中，给每一个商品类别管理团队设定经营目标（如顾客满意度、收益水平、成长率等），同时在采购、品种选择、库存补充、价格设定、促销等方面赋予相应的权限。每个管理团队由一个负总责的商品类别管理人（Category Manager）和6～7个负责各个职能领域的成员组成。由于商品类别管理团队规模小，内部容易交流，各职能间易于协调。

其次，在组成供应链的企业间需要建立双赢的合作伙伴关系。具体讲，厂家和零售商都需要在各自企业内部建立以商品类别为管理单位的组织。这样双方相同商品类别的管理团队就可以聚集在一起，讨论从材料采购、生产计划到销售状况、消费者动向的有关该商品类别的全盘管理问题，另外需要在企业间进行信息交换和信息分享。当然，这种合作伙伴关系的建立有赖于企业最高决策层的支持。

三、其他供应链管理方法

（一）准时制生产（JIT）和全面质量控制（TQC）

JIT（Just-In-Time）即准时制生产，又称及时制。它的目标之一是减少甚至消除从原材料的投入到产成品的产出全过程中的存货，建立起平滑而更有效的生产流程。JIT 已在日本、美国等发达国家得到了广泛应用，被视为那些具有世界领先地位的企业成功之关键。在实施 JIT 过程中采用的方法主要是拉动作业，只有下道工序有需求时才开始按需求量生产，不考虑安全库存，采购也是小批量的。TQC 和 JIT 在管理思想上是紧密关联的，JIT 实施的前提就是同时要推行 TQC。TQC 把下道工序视为上道工序的客户，客户满意才是真正的质量标准。这样就把产品的质量与市场关联了起来，变事后验收为事前、事中控制。

（二）精益生产（Lean Production，LP）和敏捷制造（Agile Manufaction，AM）

精益生产是日本丰田汽车公司 JIT（准时制生产）的延续，它是以产、供、销三方紧密协作的一种相对固定的关系为实施背景的，是供应链上最基本、最简单的设置。敏捷制造是企业为了更有效、合理地利用外部资源，根据市场需求个性化的发展趋势，把供应及协作组织看成是虚拟企业的一部分而形成的一次性或短期的供应链关系。在 AM 里通常还用到并行工程的思想，以便加快新产品的上市。

（三）企业资源计划（ERP）

ERP 是由 MRP II（制造资源计划）发展而来的。ERP 是一种基于企业内部供应链的管理思想，它把企业的业务流程看做一个紧密连接的供应链，并将企业划分成几个相互协同作业的支持子系统，如财务、市场营销、生产制造等，可对企业内部供应链上的所有环节如订单、采购、库存、生产制造、质量控制、运输、分销和人力资源等进行有效的管理。

本章案例：雅芳的供应链改造之路

雅芳作为颇受女性信赖的国际化妆品品牌，始创于 1886 年美国纽约，已经拥有 117 年的历史。这个畅销全球的国际化妆品品牌赢得了无数女性的青睐，在全美最大的 500 家企业当中，雅芳因其“一切为了女性”的鲜明企业宗旨更加独具魅力。1990 年，雅芳进入中国，成立了雅芳中国有限公司。当时，凭着独特的营销模式和经营理念，在中国各城市建立了 75 个销售分公司，并聘用了近两万名雅芳销售小姐进行门到门的直销服务。但这种直销模式在 1998 年我国政府大力打击“非法传销”的背景下终止了。雅芳不得不寻找一条适合中国国情的本土化销售道路。“品牌的竞争，很大程度上已经是销售渠道的竞争！”雅芳中国区顾客服务部高级总监张恒法如此看待销售渠道的作用，他亲身参与并策划了雅芳的渠道变革之路。

首先是雅芳的供应链流程由“工厂仓库—各分公司仓库—雅芳小姐”变成“工厂仓库——各分公司仓库——经销商自提”，即雅芳通过长途陆运或空运的方式，将货物从广州运到全国75个分公司的仓库，然后由经销商到所属区域的各个分公司提取货物，同时以在商业街开设专卖店、在百货商场和超市建立销售专柜这些方式在中国迅速铺设销售网络。到2000年，雅芳在中国已经有了5000多家专卖店，1600多个专柜及多个零售网点。新的供应链模式下，雅芳在国内销售了近1000余种产品，2001年的销售收入达8亿元人民币，然而这种销售模式的弊端也逐渐显现出来。

随着雅芳在中国经营规模的扩大，各地仓库的库存成本也随之增加。经雅芳调查，仓库分散以及信息不畅通使货物库存的周转天数越积越多，库存额居高不下。此外，分散在各地75个大大小小的仓库，使得雅芳不得不投入大量的人力成本从事仓储、出纳、打单等营运作业。显然，这种以“分公司仓库”为中心的物流模式消耗大、速度慢、管理难，越来越不能跟上销售的步伐；另外，物流不畅直接导致经销商的满意度发生偏移，因为这给他们造成了很大困难并且浪费了销售时间，而经销商的满意度发生偏移也直接影响到雅芳对顾客服务品质的承诺。有数据表明，从1999年到2001年，雅芳经销商的流失率一度高达20%。

2000年年底，雅芳决定通过重新整合物流来提高竞争力。结合公司的实际情况，经过将近一年的摸索、研究，名为“直达配送”的物流解决方案诞生了，这是一套基于因特网的经销商管理系统（简称DRM系统），并集信息流、资金流、物流于一体。

雅芳的DRM系统，实现企业组织与庞大业务体系的在线管理。通过DRM系统，经销商可以在因特网上查询产品信息，了解最新的市场促销活动。此外，借助DRM中的支付功能，经销商可以在网上订购产品，并通过银行的网上支付业务实行网上结算。同时，雅芳取消了原来在各分公司设立的75个大大小小的仓库，在北京、上海、广州、重庆、沈阳、郑州、西安、武汉这八个城市设立八个区域服务中心，每个区域服务中心覆盖相邻省市的产品配送。雅芳生产线上的货物直接从广州运输并存放到八个区域服务中心，各地经销商通过DRM系统直接向雅芳总部订购货物，然后由总部将这些订货信息传到区域服务中心，各中心根据经销商所定货物，进行包装、分拣、验货，然后，由第三方物流公司在规定的时间内送到经销商手中。这种门对门的送货服务在48小时内的到达率已接近87%。在资金流环节，通过与银行网点的自动链接，雅芳供应链能有效利用网上银行服务实现电子付款，资金可即时到账，大大精简了资金运作的流程。此刻，雅芳的供应链体系转变为“工厂生产——区域服务中心——送达经销商”模式。

雅芳供应链变革中第三方物流起到了很大的作用。雅芳把企业物流剥离出来交给第三方物流企业去做，通过供应链的整合实现规模效益。因国内目前物流基础还不健全，雅芳公司根据实际情况，让全国的八个区域服务中心对物流提供商进行独立招标。对第三方物流企业的筛选，雅芳着重看重“稳妥、经验”及物流企业对物流的理解是否与己一致。因为要“直达配送”，所以第三方物流企业应提供“门到门”的配送服务。目前为雅芳的“直达配送”项目提供物流服务的第三方物流企业有四家：中国邮政物流、大通国际运输有限公司、共速达和心盟物流运输。

直达配送项目执行后，取得了显著的效果。据分析，实行直达配送后，第一，经销商由于不需自行提货，存货又减少，经营成本也显著降低，经销商的流失率降到了10%，而且这种流失更多的是受房屋租期等非经销商因素的影响，“直达配送”使雅芳经销商轻松方便了许多，并有效提升了经销商的忠诚度和雅芳品牌的美誉度。第二，雅芳降低了租金和人员成本。以前每个分公司需要几百平方米的仓库，现在实现了零库存。以前75个分公司共有600个员工负责收费、仓库、管理、打单等营运工作，现在分公司只专注于市场开发和销售业务，营运工作由八个区域服务中心负责，员工数量锐减至192个人，节省了大量人力成本。第三，由于改变了专卖店店主上门提货、长途车取货等配送方式，比起过去，现在的供货周期明显缩短，专卖店对市场的快速反应、持续补货的能力也有所加强，产品的销售速度加快了。短短一年间，雅芳的产品销售量平均提高了45%，北京地区高达70%。第四，雅芳的库存管理也取得了显著的效益。产品的仓储和调拨从75个分公司集中到八个区域服务中心，在订单满足率有效提升的同时，库存水平持续下降。

供应链的改造，使雅芳的营运成本在2002年从占收入的8%降低到了6%，业绩增长了30%，这也意味着供应链的改造为雅芳提供了“第二个利润来源”。

1. 供应链的概念及其结构要素是什么？
2. 什么是供应链管理，其本质特征包括哪些？
3. 供应链管理的基本原理有哪些？
4. 企业供应链管理的内容及其典型活动。
5. 企业供应链管理的典型运作模式。
6. 基于快速反应（QR）的供应链管理的含义及内容。

第四章　企业物流组织

一个好的组织机构本身并不创造好的业绩，就好比一部完善的宪法并不能保证产生伟大的总统、严谨的法律或者是一个道德的社会。但无论个别的管理者多么优秀，没有好的组织结构也不可能创造出好的业绩。因此，改善组织结构通常能提高绩效。

——彼得·F. 德鲁克

第一节　企业物流的组织

管理组织机构是促进计划产生、实施、评估的机构，是用来分配企业人力资源，以实现企业经营目标的正式或非正式的体制。组织机构可以表现为职能部门之间的正式关系图，也可以是未以任何正式的方法表达出来，但企业内部员工都心知肚明的一系列无形关系，或是上述二者的结合。无论采用何种形式，如何建立最理想的人事关系恐怕是企业最艰巨的任务。

企业物流组织是由进行日常物流业务的现场（工厂、分公司、营业所、物流中心等现场部门）和作为职能部门的总公司的物流组织（如物流部、物流管理部、物流系统部等）组成。企业物流组织是执行物流管理职能的物流组织结构，而组织结构是描述组织的基本框架体系，一个组织通过对自身任务、职权进行分解、组合形成一定的结构体系。依据组织结构设计理论，组织结构设计过程就是一个组织化过程。组织化的目的是协调组织内部各种不同的活动，使组织运作效率达到整体最优。因此以系统化形式存在的、具有独立法人地位的企业物流组织只有不断适应市场环境的变化，才能得以生存和发展。

一、建立企业物流组织的必要性

对于任何一个企业而言，组织化的目的是协调企业内部各种不同的活动，使企业各种经营活动达到整体最优。所有的企业都有一定的物流活动，物流管理对于企业的重要性也可能各不相同，但是无论什么企业，一个有效的物流组织都是十分必要的。

（一）协调分工

传统企业都采用传统的组织形式，即围绕财务、运作和营销这三个基本部门来组织企业的活动，如图 4－1 所示。

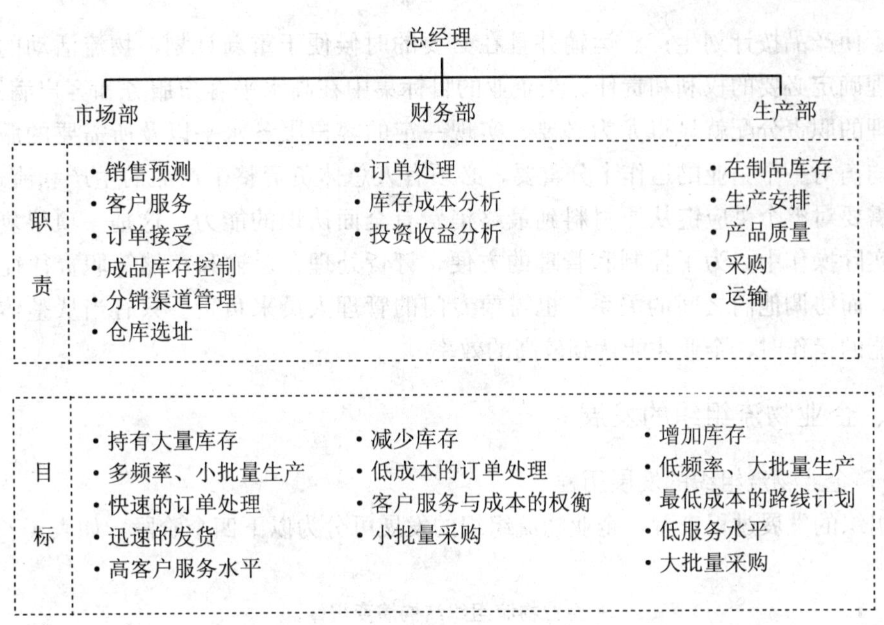

图4-1 典型职能部门企业物流活动组织形式

从物流的角度来看，由于这三个职能部门的基本目标与物流不同，这种组织形式会导致物流活动的不连续，即运输可能由运作部门负责，库存由三个部门分管，而订单处理则由营销部门或财务部门负责。但是营销部门的首要职责是使利润最大化；运作部门的职责是使单位成本最小化；而财务部门的职责是利用最少的资金，获得最多的投资回报。而这些驱动目标相互矛盾，以至于数年前某高级管理人员曾经明智地评论道：如果允许自由经营，销售人员和销售经理可能向客户凭空承诺提供从工厂或分拨中心开始的配送服务；另外，只要有可能，生产经理就会要求将很长一段时间的订单累积起来，降低生产启动成本，以便有更多的时间来计划原材料的经济采购量。

这些目标的冲突会导致物流运作系统无法达到最优，甚至会影响到整个企业的运作效率。例如，市场营销部门会希望迅速送货以支持销售，而生产部门如果负责运输，则会希望送货成本最小。如果不采取措施来协调各部门运作，就不能实现物流成本—服务的最佳均衡。因此，设置某个机构来协调不同物流活动的决策是很有必要的。

（二）明确管理权责的需要

在传统企业中，物流管理的一些重要环节，如运输和库存管理是作为主要职能部门如市场部、生产部和财务部下面的分部门来单独运作的。这意味着物流活动的各管理人员分别负责部门活动，如运输经理负责运输方式选择、承运人选择及协商价格等，而不负责库存活动。在直线组织中，这些经理的上司通常是负责某一地区的经理。与之相类似，库存管理通常是作为工厂层次的运营管理的一部分或作为一个销售区域内市场管理的一部分来独立进行的，因此，库存要么是用来提高制造的效率，要么是用来支持客户的。在这种安排下，各种物流活动分别作为成本中心进行管理，主要的目的就是控制支出，很难从系统的角度进行整体优化和成功地进行智能间的权衡。

为了使产品按计划生产、运输并且在必要的时候便于重新计划，物流活动的组织就应该合理确定必要的权利和责任。当企业的目标集中在高水平客户服务和客户满意度时，物流管理的职责分配就显得尤为必要。实现一定的客户服务水平以及所需要的服务成本之间的均衡对一个企业的运作十分重要，必须有人总体负责整个产品的生产和流通过程。管理者需要对整个供应链从原材料到最终消费有全面认识的能力，这是一项很复杂的任务。在实际操作中，为了控制和管理的方便，订货处理、运输和存储等职责往往都有专人负责，而协调他们之间的关系，也需要专门的管理人员来负责。只有当从整体上平衡这些职能的运作时，企业才能达到较高的效率。

二、企业物流组织的发展

(一) 企业物流组织的发展历程

从组织的发展过程来看，企业物流组织的发展可分为以下四个阶段，如表 4－1 所示：

表 4－1　　企业物流组织结构演变规律

时期	物流组织结构	物流发展	企业管理技术	信息技术
20 世纪 50 年代以前	职能分离阶段	物流观念萌芽	小规模、强调责任和分工的管理	独立大型主机
20 世纪 50 年代至 80 年代	职能聚合阶段	物流管理战略化	大规模、垂直一体化、强调命令和控制的管理	集中微型机
20 世纪 80 年代至今	过程整合阶段	物流管理过程化	小规模、分解、强调过程效率和核心竞争的管理	局域网/广域网 (Intranet/Internet)
现在及未来	供应链管理阶段	供应链管理	全球化、系统一体化、强调协同和战略的管理	局域网/广域网 (Intranet/Internet)

1. 职能结构分离阶段

这是在所谓运输时代的 20 世纪 50 年代以前，物流观念还处于萌芽阶段。当时，物流作为制造部门或销售部门下属部门中的一项业务来对待，物流职能通常被视为是促进性或支持性的工作，当然也就没有专门的物流管理部门。这说明在企业经营中还没有树立起物流意识。运输、保管、包装等物流的各项职能分散在各个业务部门，属于一种分散型的组织。管理的特征是以实现企业的生产经营为中心的，以促进销售为主要着眼点。

企业的各种物流活动分散在其他主要职能之中，物流的职能仅局限于便利和支持工作方面，是生产经营的一种后处理活动，自身没有主体性。当时，物流活动所用的工具十分简单，缺乏必要的技术支持体系，不可能进行大规模的流量转移，因此，物流的组织责任遍布整个企业的各部门。这种部门分割的现象意味着企业缺乏物流意识，物流活动没有实现专门化。各经营部门都有实际的物流人员，但他们同时兼顾其他生产经营业务，物流业务水平较差。另外，由于没有明确规定谁对物流负责，也没有专门的组织统一指挥物流业务流程的各个环节，工作缺乏跨职能的协调，从而导致重复和浪费，信息常常被扭曲或延迟，权力界限和责任常常模糊不清。这种极度分离的物流组织形式的效率是低下的，因而，企业将运输活动与库存、订单处理过程协调起来进行管理，同时将采购、内向运输和物料管理归到一个机构名下以便统一管理。

2. 职能聚合阶段

20 世纪 50 年代，社会开始盛行垂直一体化、命令和控制的企业管理模式。随着对物流管理重要性认识的提高，企业开始设置专门承担物流管理的部门，如物流科。虽然物流科从属于制造或销售部门，但毕竟在物流管理组织的发展史上是一个巨大进步，属于一种专门从事物流管理的组织。从这时候开始，物流活动的系统化提到管理的高度，在过去那种以实现企业的生产经营为中心的管理中导入了物流成本管理的思考方式。

物流职能分离的种种弊端逐渐显现，企业开始通过物流重组对总成本进行控制，把具有物流职能的机构整合为单独的管理组织。微型计算机的出现为物流职能整合的实现提供了强大的信息支持。职能整合的动机是基于人们日益强化的信念——将所有物流职能聚合成一个单独的组织，可提高整个系统的绩效。即将传统的由财务部门和营销部门负责的物流工作跟制造的物流工作整合在一起，并成立专门的物流部门对其进行管理，此时物流部门和财务、营销等其他部门在组织结构中的地位相当。这种组织结构寻求将实际中所能操作的尽可能多的物流计划和运作职能归在一个权力和责任下运作，目的是对企业所有的材料和成品运输及存储进行战略管理，使企业获得最大的利益。这样安排物流组织结构有以下好处：第一，将物流定位在一个更高更可见的组织层次上，增加了其战略影响力和沟通协调能力；第二，物流部门下面又有各分部门的职能划分，既保证了整个部门的命令和指挥的统一性，又保证了各分部门的权力和责任的明确性；第三，由于物流活动可以在整合的基础上进行计划和协调，因此可以开发地区之间的协同运作。

3. 过程整合阶段

到了 20 世纪 80 年代中期，物流职能受到进一步重视，甚至被许多企业提到了战略的高度，认为它是企业的“第三利润源”。物流活动进入全面一体化阶段，即一体化物流组织。其内涵既包括实物供应，又包括实物分拨。企业开始设置独立的物流部，统筹企业的物流活动。物流部作为从制造部门和销售部门中独立出来的管理部门，与生产部和销售部并列，成为独立性的管理组织。越是大型企业，物流部门的独立性越强。物流管理组织的变迁，表明企业对于物流管理的不断强化。

大型企业开始将实际可操作的物流计划和运作职能归类于一个权力和责任下，试图在一个高层经理的领导下对所有原料和制成品的运输和储存进行战略管理，以使其对企业产生最大的利益。本阶段的重大发展，归功于计算机 IT 系统的兴起，物流信息系统的快速发展，促进了物流一体化组织的形成。

4. 供应链管理阶段

人们将现在所处的第四阶段称之为供应链管理（Supply Chain Management）阶段，此时的物流组织不仅包括第三阶段中物流活动的全面一体化，还包括生产过程中的物流活动。即处于第四阶段的企业认为物流包括发生在原材料采购、生产过程以及到达最终用户手中这一过程中的所有活动。供应链管理能够通过分享信息和共同计划使整体物流效率得到提高；能够使渠道安排从一个松散联结者的独立企业的整体，变为一种致力于提高效率和增加竞争力的合作力量。在本质上，它是从每一个独立参与者进行存货控制，变为一种渠道整合和管理。供应链管理还能增加渠道的竞争力，合作行为将减少风险，提高整个物流过程的效率，排除浪费和重复努力。在传统的渠道中，配置的大量存货构成了极大的风险，分享信息和共同计划可以排除或减少与存货投机的风险。供应链管理的重要性在于未来企业的竞争将是供应链与供应链之间的竞争。

（二）物流组织在企业中地位的提升

随着对物流职能重要性认识的提高，企业经营者开始重视物流管理组织在企业经营管理中的作用。物流部门地位的提高，表现为企业赋予物流经理与生产和销售部门经理同等的地位；由于物流经理地位的提高，使其作用得到充分发挥。

一般认为，企业物流经理地位的提高有如下理由：首先，物流经理所履行任务的本质体现在顾客服务方面，具有把销售部门和生产部门衔接起来的纽带功能。在发挥“纽带”作用时，具有与制造部门和销售部门同等的地位和条件是极其重要的；其次，物流部门作为成本中心和利润中心，需要与其他部门具有相同的地位；再次，物流部门对于制造部门来说发挥着使生产活动平稳化的作用，对于销售部门来说发挥着满足顾客需求的作用，对两个部门的利益都会产生很大影响。如果物流归属于其中的某一个部门，就会疏远另一个部门，在物流合理化方面就会产生偏见，因而影响到物流基本作用的发挥；最后，物流发展的初期阶段，物流合理化的努力主要局限在物流部门内部，从而影响到企业整体物流的效益。物流经理通过与生产部门和销售部门共同参与经营决策，站在企业整体的角度提出物流合理化建议，有利于物流与生产和销售活动的一体化。

基于上述原因提高物流经理在企业组织中的地位成为企业发展的必然。

第二节　企业物流组织的基本类型

物流部门要有明确的经营目标和任务，物流目标和任务经分解形成各种子目标和子任务，这些子目标和子任务分别由相应的子部门负责履行和实现。物流部门内部子部门的设立方式、子部门与物流总部、子部门之间的权责关系构成了物流组织结构。

由于受环境背景、行业特征、信息化水平、企业规模等各种因素的影响，企业物流组织结构形式多样，不尽一致，实际物流活动的规模和水平也相差很大。按物流管理组织所处的领域划分，可分为生产领域的物流管理组织和流通领域的物流管理组织。按物流管理组织在物流管理中的任务划分，可分为物流管理的决策组织、物流管理执行组织和物流现场作业组织。按物流组织的管理系统划分，可分为国家物流管理机构、地区物流管理机构和企业物流管理机构。按物流管理组织在企业中的地位划分，可分为非专业性的物流管理组织、直线型物流管理组织、直线—职能型物流管理组织、事业部型物流管理组织、超事业部型物流管理组织、物流子公司、专业物流公司等组织类型。

一、典型的物流组织结构

（一）顾问式

顾问式结构是一种过渡型、物流整体功能最弱的物流组织结构。在顾问式结构下，物流部门在企业中只是作为一种顾问的角色，它只是负责整体物流的规划、分析、协调和物流工程，并形成对决策的建议，对各部门的物流活动起指导作用，但物流活动的具体运作管理仍由各自所属的原部门负责，物流部门无权管理。顾问式组织结构如图 4－2 所示。

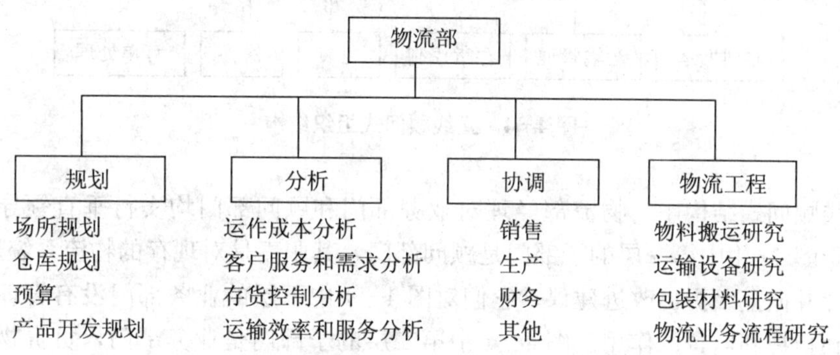

图 4－2　顾问式组织结构

顾问式结构带来的问题是：物流部门对具体的物流活动没有管理权和指挥权，物流活动仍分散在各个部门，所以仍会出现物流效率低下、资源浪费以及职权不明等弊病。

（二）直线式

直线式结构是指物流部门对所有物流活动具有管理权和指挥权的物流组织结构，是一种较为简单的组织结构形式。直线式结构如图 4－3 所示。

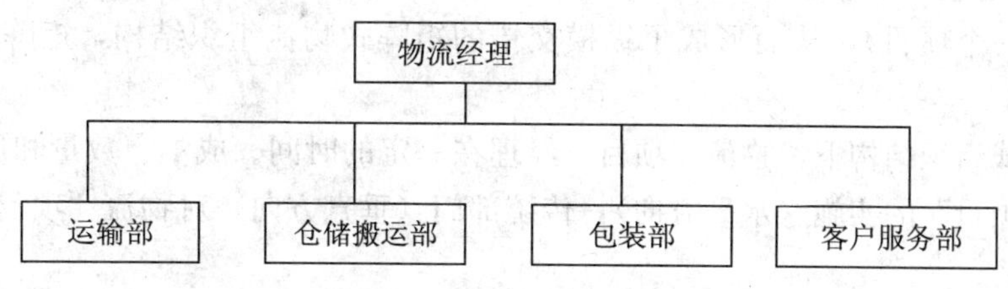

图 4－3　直线式组织结构

在直线式物流组织结构下，物流总经理一方面管理下属各部门日常业务的运作，另一方面又兼顾物流系统的分析、设计和规划，这对物流经理的业务水平提出了较高的要求。直线式物流组织结构的优点是：物流经理全权负责所有的物流活动，互相牵制、互相推诿的现象不再出现，物流活动效率较高、职责明晰。缺点是物流总经理的决策风险较大。

（三）直线顾问式

单纯的直线式或顾问式物流组织结构都存在一定的缺陷，逻辑上的解决办法是将这两种组织结构形式合二为一，变成直线顾问式的物流组织结构。直线顾问式结构如图 4-4所示。

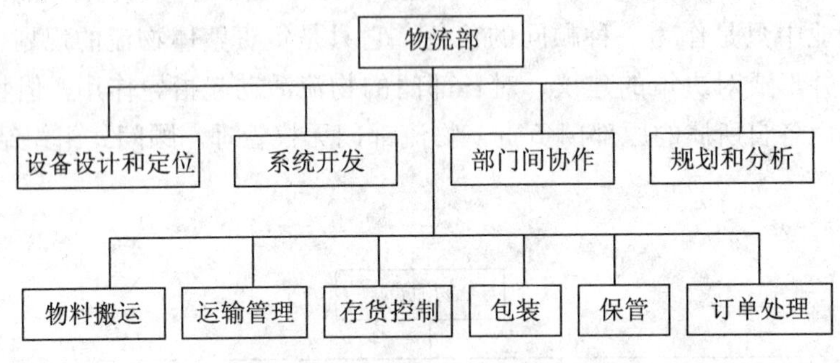

图 4-4　直线顾问式组织结构

在直线顾问式结构中，物流部经理对业务部门和顾问部门均实行垂直领导，具有指挥权。处于图 4-4 中第一层的子部门是顾问部门，其职责是对现存的物流系统进行分析、规划和设计并向上级提出改进建议，它们对图 4-4 中下层的业务部门没有管理权和指挥权，只起到指挥和监督的作用。图 4-4 中第二层的子部门是业务部门，负责物流业务的日常运作并受物流总部的领导。

这种组织结构方式消除了物流在企业中的从属地位，恢复了物流部门功能上的独立性。当然，这并不意味着物流部可以与企业其他部门隔绝而独立运作。物流部门中诸如规划、协调等顾问性功能仍有必要与其他部门紧密配合，才能使企业作为一个整体存在，而非仅仅是执行企业的物流功能而已。

（四）矩阵式

矩阵式物流组织结构大体内容是：履行物流业务所需的各种物流活动仍由原部门（垂直方向）管理，但水平方向上又加入类似项目管理的部门，负责管理一个完整的物流业务（作为一个项目），从而形成了纵横交错的矩阵式物流组织结构，矩阵式结构如图 4-5所示。

在矩阵式组织结构下，物流“项目”经理在一定的时间、成本、数量和质量约束下，负责整个“项目”的实施（水平方向），传统部门（垂直方向）对物流“项目”起着支持的作用。

矩阵式物流组织结构具有以下优点：①物流部门作为一个责任中心，允许其基于目标进行管理，可以提高物流运作效率；②这种形式比较灵活，适合于任何企业的各种需求；③它可以允许物流经理对物流进行一体化的规划和设计，提高物流的整合效应。矩阵式组织结构的缺点是：由于采取双轨制管理，职权关系受“纵横”两个方向上的控制，可能会导致某些冲突和不协调。

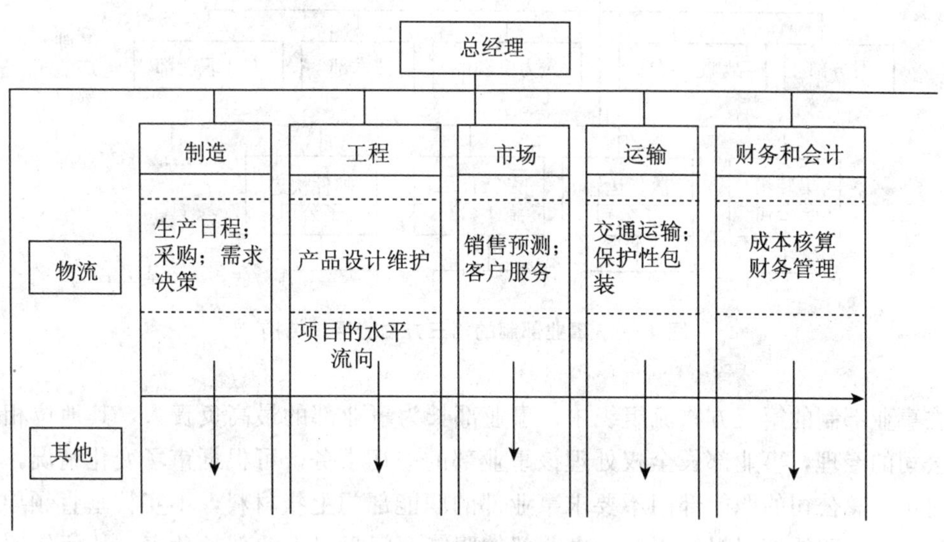

图 4-5　矩阵式组织结构

二、第三方物流组织结构

第三方物流是资本密集型和技术密集型兼顾的企业，一般规模较大、资金雄厚，并且有着良好的物流服务信誉。它的宗旨是利用自身专业、高效的物流信息平台和先进的物流设备，为客户提供各种个性化的物流服务。多样化的客户需求是第三方物流所面对的一个特殊的市场环境；另外，随着第三方物流业务的发展和延伸，物流作业跨越的区间越来越大，营业范围涉及国内配送、国际物流服务、多式联运和邮件快递等。跨区域作业使得信息技术和物流技术在第三方物流中扮演着越来越重要的角色。为保持竞争力，第三方物流需要不断提高自身的物流技术水平，开发建设物流管理信息系统，应用 EDI、GPS、RF、EOS、Internet、Barcode 等技术，对货物进行动态跟踪和信息自动处理。

资本的合理利用、不断发展的技术和动态变化的外部客户需求对第三方物流内部的组织管理提出较高的要求。上述的物流组织机构很难适应第三方物流资本、技术、客户等动态需求的变化，而采取事业部的组织结构能较好地对第三方物流进行有效的管理和运作。

所谓事业部，是按产品或服务类别划分成多个类似分公司的事业部单位，实行独立核算。事业部实际上是一种分权式的管理制度，即分权核算盈亏、分级管理。第三方物流的事业部相当于多个物流子公司，负责不同类型的物流业务。其组织结构如图 4-6 所示。

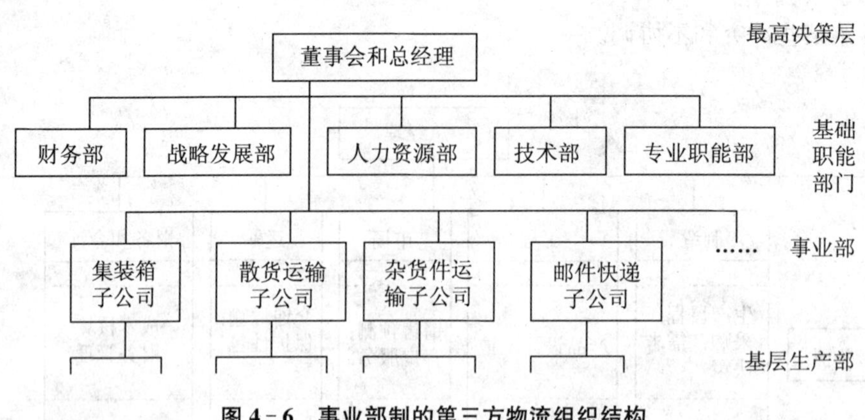

图 4－6　事业部制的第三方物流组织结构

在事业部制的第三方物流组织中，事业部长为事业部的最高负责人，其地位相当于独立公司的经理，事业部长全权处理该事业部的一切事务，可根据市场变化情况，自主采取对策；总公司的职能部门不要求事业部的职能部门上报材料，不实行垂直领导，而是为事业部的职能部门提供服务。事业部的职能部门只对事业部长负责，从而保证了事业部长的决策能得以切实履行。各事业部严格采取独立核算制，绝不用赢利的事业部去弥补亏损的事业部。各事业部必须靠自身的力量实现利润增长。各事业部之间的关系是市场竞争的关系，通常按市场竞争的原则建立合同关系。

事业部制是一种集权—分权—集权的管理方式，分权主要体现在各事业部拥有计划制订、自主决策和指挥领导的权力，集权表现为总公司对各事业部在资金管理、利润管理和营运监督方面实现集权式管理。

1. 资金管理

由总公司向事业部提供“内部资金”，作为事业部的总资本。这个内部资金的额度根据一定的标准计算。总公司对内部资金的限度控制极严，尽可能压低标准，且内部资金不是无偿提供，总公司收取利息，不管赢利与否，各事业部都必须支付“资本利息”。

2. 利润管理

总公司每隔一定时间向事业部公布总方针，给事业部下达赢利率指标。各事业部按照这一赢利率，制订事业部的计划，获总公司承认后，即需对此负全责。事业部的计划一经批准，总公司可随时监督事业部的账务、财务状况等。

3. 营运监督

总公司通常采用一种称作“经理职员”的制度，该制度通常从财务管理方面入手，对各事业部起到营运监督的作用。所谓“经理职员”，其地位相当于准经理，他们不同于一般的员工，而是专门担当会计财务管理工作，总公司派遣经理职员到各事业部，协助事业部长的工作，并向总公司送交结算及资金状况等报告。他们可以拒绝事业部长提出的违反总公司对部门经理权限规定的要求。

事业部组织机构的优势在于：第一，各事业部按物流服务类别划分，有利于充分发挥第三方物流的专业优势，提高物流服务的质量；第二，各事业部采取独立核算制，使得各部门的经营情况一目了然，便于互相比较、互相促进；第三，各事业部由于权力下放，分工明确，因而形成一种责任经营制，有利于锻炼和培养出精通物流经营管理的人员，有利于发挥个人当然才能和创造性。而事业部组织机构的不足则主要表现为：存在诸如管理费用高和综合能力差等问题，容易产生本位主义和分散倾向。

第三节 企业物流组织设计

物流组织结构的设计与单纯确定诸如承担运输和保管之类的物流业务系统部门有着明显的差别，它应是从企业物流全面合理化的要求上进行，从物流效率的角度来考虑生产、营销活动，从而建立一个有效的供应商工厂、分公司、分销商之间的运输、库存配置等工作的体制。

一、企业物流组织结构设置的依据

什么因素导致不同行业、不同企业在物流组织结构方面的差别呢？由于企业物流管理配置和控制着完成物流使命所必需的资源，物流管理活动发生在跨越多个时区的广阔地区，并且包括了许多厂商功能，因而物流组织要受到若干重要因素的影响，如企业战略、物流环境、物流规模和物流技术的发展等。企业管理者必须明了这些因素与不同组织结构之间的关系，从而合理地设计物流组织结构。

（一）物流的战略体系

不是每个企业都会把物流当做战略决策中的重中之重，物流组织设计是服从企业整体战略需要而进行的。在现代企业中，物流战略对物流组织的影响包含以下几个层次：

1. 全局性战略

物流管理的最终目标是把企业的产品和服务以最快的方式、最低的成本交付给用户，因此，用户服务应该成为物流管理的最终目标，即全局性的战略目标。要实现用户服务的战略目标，就需要企业建立基于平均响应时间、订货满足率、平均缺货时间、供应率等服务评价指标的、符合企业自身实际情况的物流组织管理体系。

2. 结构性战略

这是物流管理战略的第二层次，包括渠道设计和网络分析。通过优化渠道，提高物流系统的敏捷性和响应性，能大大降低物流成本；而通过库存状况分析、用户服务的调查分析、运输方式和交货状况的分析以及物流信息及信息系统的传递状况分析等不断减少物流环节，能消除不增加价值的活动，提高物流系统的效率。结构性战略直接对物流组织设计提出了实实在在的要求。

3. 功能性战略

这是物流具体业务战略，包括运输工具的使用与调度、采购供应与库存控制的方法与策略、仓库作业管理等功能确定，它是物流业务部门设计的基础和依据。

4. 基础性战略

包括组织系统管理、信息系统管理、政策与策略和基础设施管理等，它为物流系统的运行提供基础性的保障。要健全物流系统的组织管理结构和人员配备，就要重视对企业有关人员的培训，提高他们的业务素质。例如，采购与销售部门是企业的两个对外业务协调部门，他们工作的好坏直接关系到企业与合作伙伴的关系和企业的形象，因此必须加强对这两个部门的领导和组织工作。

（二）物流规模大小

物流的规模对物流组织结构的影响是不言而喻的，对于一个生产活动比较简单的企业来说，对企业的物流活动就会存在经营量小、费用少，不影响企业经营，不是制约经营活动的因素的认识。因此，对物流的管理最多只是针对个别的、单项活动的改善，不需要复杂的组织结构、严密的规章制度和分权决策。而随着企业的不断发展，企业的销售扩大，产品流通渠道、销售方法趋于多样化，产量不断增加，所需原材料、零部件的供应范围扩散，商品配送日益分流，导致库存、运输、装卸作业等的复杂化与物流流量的膨胀，如果没有一个良好的组织结构来组织这些物流活动，企业的生产经营活动肯定会是失败的。物流规模对组织结构的影响具体体现在以下三方面：

1. 组织结构的复杂性或差异性

物流规模越大，参与物流活动过程的人员数量越多，各成员在受教育程度、专业方向和技能以及个人价值观、发展目标上存在差异，这种差异必然导致或影响组织内物流专业化与部门机构的设置以及它们之间的协调。同时，物流活动的空间分布差异性十分明显，一般地，规模越大，空间分布越广，组织中横向和纵向的沟通与协调就越困难，因而导致组织结构更为复杂。

2. 组织结构的规范性

一个规范程度高的企业，其指导和限制各类人员活动的方针政策、规章制度、工作程序、工作过程的标准化程度就高，对每一项工作程序都有严格而详细的说明。实行标准化的好处是可以减少许多不确定因素，提高组织的效益。就物流活动而言，随着物流经营量的扩大，为适应迅速、高效处理大量物流的要求，管理者或者采取加强直接控制的方法，即增加管理人员和减少管理幅度，但这样会导致管理成本的增加，或者采用正规化的、规范性的方法，用严密的规章制度来规范有关人员的行为，提高组织结构规范化程度。

3. 组织结构的管理方式

物流规模的大小，对企业物流部门是采取集权式管理还是分权式管理有着直接的影响。一般说来，规模小，集权管理较为妥当；规模大，分权管理能使物流活动更为合理化。

（三）物流的技术环境

企业物流组织面临两大技术环境，其一是物流技术，其二是生产组织技术。企业物流过程是一个包括生产资料供应到产品或服务参与社会循环的范围非常广泛的大系统，而物流技术是与实现这个物流活动的全过程紧密相关的、必需的技术工具、设施与手段。它既包括在物品流动过程中，物品处于移动、停顿（或存储）等状态下所需要的材料、机具及各项设施等“硬技术”，也包括为实现物流活动所需要进行的管理、计划与组织等“软技术”。随着科学技术的进步，物品流动过程的硬、软技术也在不断地提高，一方面，技术的改进与创新是物流量剧增的客观要求；另一方面，技术的发展又是组织结构变迁和管理模式变化的主导因素之一。而企业的生产组织技术是企业面对日益竞争的、消费需求个性化的时代如何更合理有效地利用资源，适应竞争环境变化的技术措施。从成组技术（GT）、柔性制造系统（FMC）、减少零件变化（VRP）到计算机集成制造系统（CIM），从基于虚拟企业或动态联盟为基础的敏捷制造模式（AM）到供应链（Supply Chain Management，SCM）管理，生产组织技术的发展无不对企业的内外部物流活动提出了更高的要求。物流的组织更加精细、协调更为密切、控制更为严密，企业物流组织结构形式相应地也要随之改造或重构。

二、企业物流组织结构设计方法

随着物流的作用及企业对其重视程度的提高，企业物流发展中组织结构的完善与对各种变化的适应能力已显得日益重要。对一个企业来说，究竟如何设计好既能符合企业现实的具体情况又具有良好的可调性与可变革能力的物流组织结构，需要全面综合地考虑问题，有许多工作要做。物流组织结构设计的主要内容和方法包括：物流组织职能分析、职权设计以及结构设计的其他因素分析等。

（一）物流组织职能的分析与整理

企业物流活动的分散性是其他各类活动所难以比拟的。物流组织无论如何进行一体化工作，企图用一个简单的部门承担其全部的管理和运作职能是不切实际的。因此，组织设计的第一要求就是对物流职能进行分析整理，以便为物流组织的层次、部门、职权设计和岗位的分工协作提供客观依据。

组织职能分析的主要作用，一是将企业物流战略转化为具体的物流业务管理，从而在战略与组织结构之间建立一种联系，只有做到把企业物流的总体目标部署和规划分解并赋予其具体的物流职能，企业才会真正清楚应该建立何种组织结构去执行这些职能；二是物流部门的设置以职能分析为基础，物流部门应做些什么，物流业务活动与管理活动的职责归属是否清楚、分配是否合理、如何评价，这些问题都需要进行详细的职能分析。否则，即使建立了各种名称的物流部门，也可能流于形式而无实际的职能效力。对物流组织职能进行分析整理，一般来说需做以下几个方面的工作：

1. 列出组织职能清单

具体来说，就是先将企业中的全部物流作业归并为由若干不同的管理岗位承担的工作项目，再将若干工作项目归并为若干基本职能。企业物流组织职能一般有八项，它们是：采购、运输、生产进度日程安排、库存控制、仓储、配送、订单处理以及顾客服务。对这些职能的组织安排既与组织战略相关，也受企业规模大小的影响。每个企业可以从企业实际出发，对这些基本职能进行必要的调整和修改，明确究竟需要建立和健全哪些基本职能。

2. 关键职能的确立

企业各项基本职能虽然都是实现企业目标所不可缺少的，但由于重要性不同，区分为关键职能和非关键职能。职能分析就是要在各项基本职能中找出关键职能，以便确定企业物流的中心任务，避免平均使用力量，或者互相争当主角，造成摩擦与内耗。每个企业都需要考虑两个基本问题：企业的经营宗旨是什么？对体现这一宗旨具有重要价值的物流活动是哪些？

3. 职能分解

职能分解是将已确定的基本职能和关键职能逐步分解、细化为独立的、可操作的具体业务活动。企业中的各项物流职能，如顾客服务、采购、库存、运输等都包括许多具体的工作内容，需要许多人员以至几个部门来共同承担。通过职能分解，列出各项基本职能的具体业务工作内容，既可以作为分派工作、指定专人或某个部门负责执行的依据，又能够为部门的划分和组合、协调方式的选择、岗位职责的制定提供前提条件。

4. 落实各种职能的职责

尽管在开列职能清单的过程当中对各种职能的具体职责会有一个大致的考虑，但是，作为规范的职能设计，还必须在最后进一步对不同职能的应负职责作出详细规定，进行全面落实，以便指导组织结构设计中的其他操作（如部门设计、职权设计等）。

（二）职权设计

企业组织的职权有多种类型。决策权、指挥权、监督权和咨询权在企业物流活动的配置中应保持责权一致。同时特别值得注意的是，作为企业物流的综合管理部门的物流部到底应摆在什么位置，分配什么职权。实践中有的企业把物流部门放在咨询部门的地位上来推行企业的合理化，具体的物流决策、指挥权却是由生产、销售部门执行。这种情况常常引起物流咨询部门的软弱无力，从而使物流合理化难以推进。有的企业得出为了推进物流合理化，物流部门掌握整个物流业务系统是绝对条件的结论。他们认为，企业首脑和生产、销售部门对物流部门的理解和协作，虽然是物流工作不可缺少的，但协作部门即使承认物流的重要，却并不见得付诸行动，只是抽象肯定、具体否定。在这种情况下，如果想要认真地搞好物流，由专职物流部抓住下面的物流业务系统这一点很重要。

企业里不只是一个部门对物流责任和权限进行体系化的组织，其中，物流部门显然应是这个组织的中坚，对分散的物流业务系统拥有指挥、命令权。也就是说，物流部门设定的管理标准和制订的计划等要一直渗透到物流业务系统的末端，使它能够切实达到控制作用。

物流决策的影响面的大小决定着决策权的配置，涉及多项工作乃至整个企业管理。有些决策的影响面较小，例如，只影响一个或少数几个职能；有的影响面则很大，涉及多项工作乃至整个企业管理。根据决策影响面的大小来配置决策活动与决策权的原则是：决策的影响面越小，越属于较低层次的决策；反之，就应该由较高的层次来承担。这样做的目的，是保证决策者全面考虑所有受其影响的各种职能的要求，避免只从自身工作出发，片面追求局部工作最优化，结果有损于其他管理工作，降低企业整体效益。

例如，如果允许采购人员拥有充分的权力大量购进廉价原材料，单从物资供应角度看，这可以节省许多费用支出。但从全局看，大量资金将被占用在物资储备上，而价格低廉的好处有相当部分要被支付的利息和其他库存保管费用所抵消；产品销售一旦遇到困难，还可能发生资金周转不灵的危险。也就是说，物资储备以多少为宜这项决策，需要在廉价原料、资金成本和资金周转之间进行平衡才能作出。因此，为了防止物资采购局部优化有损于企业整体效益，物资储备定额的决定权就应该由能够通盘考虑销售、生产、财务、采购等有关职能的、高于采购部门的层次去行使。当新的物资储备定额确定下来之后，日常采购的决策便完全是采购人员的任务了，上级不应干预。

（三）组织结构设计的其他考虑因素

企业组织结构设计存在多种影响因素，哪一种组织结构使企业物流合理化和更为有效率？我们需要从管理控制的条件出发作出合适的选择。对物流的有效组织和管理，要求组织结构设计必须考虑以下三个主要因素：

1. 集权与分权

集权式结构的一个最大优点是组织所作决策往往是权衡各种利弊和互为消长的因素而作出的最优决策，并且可以保证这些决策能切实得到执行。当企业生产的产品品种较少、市场需求稳定的情况下，物流作业部门所处的外部环境变化较少，碰到的各种紧急情况也不多，物流活动较简单，物流作业较为规范，物流作业部门无须自主决策权，也就没有分权的必要。所以宜采用集权式的物流组织结构。

当企业规模较大、产品品种较多、产品特性差异明显时，由于不确定因素增大，物流作业部门一直处于不断变化的外部环境之中，可能还会碰到各种紧急场面。在这种情况下，适当地授予底层物流业务部门以一定范围内的自主权和决策权，调动它们的积极性和主观能动性就显得十分必要。因此，宜采用分权式的组织结构形式，但分权式的结构也有一定的缺点：一是物流业务部门基层人员素质必须高，须具备一定的决策能力，要符合这种条件，企业可能需要对其进行培训，需要一笔培训费用支出；二是由于权力下放，各部门人员作决策的时候，如不具备系统的观点，而只求局部效益的最优，则往往会违背物流作为一个系统须达到整体最优的初衷，结果反而导致了物流整体效益的下降。

企业采用集权式或分权式的物流组织结构形式，需要企业高层管理人士综合考虑企业内部的人员状况、物流技术水平、产品特性、产品品种差异、产品的市场环境、客户服务目标水平等内外部因素，并进行仔细深入的调查和分析，再综合分权式组织结构与集权式组织结构各自的优缺点，方可得出结论。

2. 纵向协调与横向协调

物流业务是一个整体性的业务，物流业务的目标和任务经分解落实到各个岗位，形成目标明确、职权清晰的各种不同的物流活动。一般说来，物流业务规模越大，专业化要求越高、分工越细，物流活动也就越多，从而越有必要加强物流活动之间的协调。纵向协调是通过上下级之间的有效沟通，本着权责对等和系统最优的原则，实现有效协作。横向协调是在明确各岗位的职责，在规范物流活动流程的基础上，再通过某种横向沟通的渠道，实现横向协作，一般是设立全局性或项目性的管理机构，如全面质量管理机构、全面计划管理机构或是矩阵式的物流组织结构等。企业可视其物流活动的繁简和物流活动间依赖关系的强弱，决定应采取强化纵向协调的物流组织结构还是强化横向协调的物流组织结构。一般说来，物流活动简单、依赖关系较弱的企业宜采用强化纵向协调的物流组织结构；反之，则采用强化横向协调的物流组织结构。

3. 管理幅度

物流组织结构每个节点上的管理者直接有效管理其下属的人数在客观上是有限度的。企业在一定的物流组织结构下，安排具体人员时，应结合本企业物流活动的特点、物流人员的素质和物流信息化的水平，决定每个管理职位上的管理幅度。企业物流信息化程度越高，管理幅度越大；反之，管理幅度越小。

第四节　企业物流组织的管理

设计物流组织首先要有系统观念。根据系统理论原理可知，物流系统基本组织要素至少应包括：人员、职位、职责、关系和信息。物流管理组织的系统观念，就是要立足于物流任务的整体，综合考虑各要素、各部门的关系。围绕共同的目的建立组织机构，对组织机构中的全体成员指定职位、明确职责、交流信息，并协调其工作，达到物流管理组织的合理化，使该组织在实现既定目标中获得最大效率。具体来说，建立健全物流管理组织还必须遵循以下基本原则：

一、集权与分权相协调的原则

集权是指组织结构层次中决策权所处的位置。如果决策权集中于高层管理者，高层管理者拥有绝对的指挥权，可以责成下层管理人员执行决策，这便是一种高度集权的组织结构形式。如果企业决策权下放到最底层，使最底层管理人员在一定的范围内可以自行决策，这便是一种高度分权的组织结构形式。集权和分权组织结构有各自适用的条件。

（一）集权组织结构适用的条件

集权式组织结构的一个最大优点是：集权式组织结构所作决策往往是权衡各种利弊和互为消长的因素而作出的最优决策，采用集权式组织结构可以保证这些决策能切实得到执行，而且不出现互相牵制和目标冲突的现象，从而使组织业务作为一个整体得以管理和运作，使业务效益达到最优。所以，在生产的产品较少、市场需求稳定的企业中适宜采用集权式的物流组织结构。因为在产品较少、市场需求稳定的情况下，物流作业部门所处的外部环境变化较小，遇到的各种突变事件也不多，物流活动较简单、物流作业较规范，物流作业部门无须自主决策权，也就没有分权的必要。

（二）分权组织结构适用的条件

当企业规模较大、产品品种较多、产品差异明显时，宜采用分权式组织结构。理由如下：由于产品特性不同而且销量又大，这些产品面对的市场环境、竞争对手、消费者状况存在一定的差异，从而不确定性因素较大，物流部门一直处于不断变化的环境中可能还会遇到各种突发场面。此时，如采用简单的集权式组织结构，面对变幻莫测的市场，往往会缺乏一定的灵活性、反应能力较差、应对措施滞后，结果是使组织的实际功能受限，无法实现最初设立的组织目标。所以在这种情况下，宜采用分权式组织结构，适当地授予低层物流业务部门以一定范围内的自主权和决策权，调动他们的积极性和主观能动性，使他们可以针对这些紧急状况和变化的外部环境采取有效应对措施，主动予以回应，从而不断调整自身以适应外部环境的变化。

从集权和分权的角度，对上述四种典型物流组织结构进行分类，按物流部门对物流活动的决策权、指挥权的强弱以及两种权力的合二为一程度等三种分类标准，大致可得出以下结论，如表 4-2 所示。

表 4-2　　四种典型物流组织结构的集权程度

	顾问式	直线式	直线顾问式	矩阵式
决策权	强	弱	强	强
指挥权	无	强	强	弱
决策权与指挥权是否合一	否	是	否	是
结论	高度集权	高度集权	集权	分权

企业采用集权式还是分权式的物流组织结构形式，需要企业高层管理者综合考虑企业内部的人员状况、物流技术水平、产品特性、产品品种差异、产品的市场环境、客户服务水平目标等内外因素，并作仔细深入的调查分析，再综合分权式组织结构与集权式组织结构各自的优缺点，方可得出结论。

一般认为对于小型、单（少）品种的企业，宜采用集权式物流组织，而对于多品种、大销量、外部市场环境变化迅速的大型厂商宜采用分权式的物流组织。

具体采用顾问式、直线式、直线顾问式还是矩阵式物流组织结构，还要从多个不同角度考察。不能仅局限在这四种典型的物流组织中作选择，企业也可结合自身特点，在这四种物流组织结构形式上作适当调整，形成适合自身特点的企业物流组织结构。

二、有效性原则

有效性原则是物流组织管理的基本原则，是衡量组织结构是否合理的基础。有效性原则要求物流组织管理必须是有效率的。这里的效率，包括管理效率、工作效率和信息传递效率。物流组织管理的效率表现为组织内部各部门均有明确的职责范围，节约人力、节约时间，有利于发挥管理人员和业务人员的积极性，使物流企业能以最少的费用支出，实现组织目标，使每个物流从业人员都能在实现目标过程中作出贡献。

物流组织管理的成效最终表现在实现物流目标的总体成果上，所以，有效性原则要贯穿在物流管理的动态过程中。在物流组织的运行中，组织机构要反映物流管理的目标和规划，要能适应企业内外部环境的变化，并随之选择最有利的策略，保证目标实现。物流组织的结构形式、机构的设置及其改变，都要以是否有利于推进物流合理化这一目标为衡量标准。

三、统一指挥的原则

统一指挥的原则是建立物流管理指挥系统的原则。其实质在于建立物流管理的合理纵向分工，设计合理的垂直机构。

物流管理机构是企业及社会的物流管理部门，是负有不同范围的物流合理化使命的部门。为了使物流部门内部协调一致，更好地完成物流管理任务，必须遵循统一指挥的原则，实现“一体化”、责任和权限的体系化，使物流管理组织成为有指挥命令权的组织。

在统一指挥原则下，一般形成三级物流管理层次，即最高决策层、执行监督层和物流作业层。高层领导的任务是根据企业或社会经济的总体发展决策，制订长期物流规划，决定物流组织机构的设置及变更，进行财务监督，决定物流管理人员的调配等；中层领导的任务是组织和保证实现最高决策的目标，包括订制各项业务计划、预测物流量、分析设计和改善物流体系、检查服务水平、编制物流预算草案、分析物流费用、实施管理等；基层领导的主要任务是合理组织物流作业，对物流作业者进行管理，协调人的矛盾和业务联系的矛盾等。

物流管理组织层次的合理划分，是形成强有力的物流管理指挥体系的前提，而物流管理指挥体系的建立对于实现物流管理组织化、改变人们轻视物流的传统观念具有重要意义。

四、合理管理幅度原则

管理幅度是指一名管理者能够直接而有效地管理其下属的可能人数及业务范围，它表现为管理组织的水平状态和组织体系内部各层次的横向分工。管理幅度和管理层次密切相关，管理幅度大就可以减少管理层次；反之，则要增加管理层次。

管理幅度的合理性是一个十分复杂的问题，因为管理幅度大小涉及许多因素，例如管理者及下属人员素质、管理活动的复杂程度、管理机构各部门在空间上的分散程度等。管理幅度过大，会造成管理者顾此失彼，同时因为管理层次少而事无巨细；反之，必然会增加管理层次，造成机构繁杂，增加管理上人力、财力支出，并会导致部门之间的沟通及协调复杂化。因此，合理管理幅度原则一方面要求适当划分物流管理层次，精简机构；另一方面要求适当确定每一层次管理者的管辖范围，保证管理的直接有效性。

五、职责与职权对等原则

无论是管理的纵向环节还是横向环节，都必须贯彻职责与职权对等原则。职责即职位的责任。职位是组织机构中的位置，是组织体纵向分工和横向分工的结合点。职位的工作责任是职务。在组织内职责是单位之间的连接环，而把组织机构的职责连接起来，就是组织的责任体系。如果一个组织没有明确的职责，这个组织就不牢固。

职权是指在一定的职位上，在职务范围内为完成其责任所应具有的权力。职责与职权是相对应的。高层领导担负决策责任，就必须有较大的物流决策权；中层管理者承担执行任务的监督责任，就要有执行和监督的权力。职责与职权的相适应叫权限，即权力限定在责任范围内，权力的授予要受职务和职责的限制。不能有职无权，无职也不能授权，这两种情况都不利于调动积极性，反而会影响工作责任心，降低工作效率。要贯彻权责对等原则，就应在分配任务时，授予相应的职权，以便有效率、有效益的实现目标。

第五节 企业物流组织和管理创新

物流组织要解决的一个主要问题就是安排企业里负责物流活动的人员，以鼓励他们更好地相互协调、相互合作。而这些组织活动要通过推动在物流系统规划和运作过程中频繁出现的成本平衡来提高货物和服务的供应、分拨效率。

企业物流组织创新的途径主要是业务流程再造。业务流程再造是一个非常重要的组织学概念。采纳流程观念的组织发现在业务处理的过程中，有许多步骤与所需要的输出根本无关。取消这些不必要的步骤可以大大节约成本，同时还能为顾客提供更快的服务，这样做无疑很好，但必须打破职能部门的界限。传统组织结构建立在职能和等级的基础上，虽然这种模式在过去曾很好地服务于企业，但已不适应现代竞争的环境。业务流程再造对许多传统的组织结构原则提出了挑战，促使企业重新设计流程，以便在绩效上取得迅速的提高。

一、企业物流组织结构的重组

业务流程再造区别于传统职能分工的地方，就是不仅要求在企业物流组织结构中减少甚至消除那些降低工作效率、不产生附加值的中间环节，以使一个经营流程整体化、一体化，更要求以经营流程为企业物流组织的核心，彻底改造企业物流组织结构模式。

基于业务流程再造的物流企业组织结构包括：流程组织的整合作用；物流业务主管的统领作用；相应职能部门的激励作用；人力资源部门的控制作用；信息技术的支持作用。

对组织设置改革创新应主要遵循组织机构的设置与作业流程相结合和与信息技术相结合的两个原则。

由于物流作业包括运输、装卸搬运、库存与补充、包装、流通加工、配送、信息处理等，单纯以一个客户为中心的作业流程设计并不复杂，而对多家用户的物流作业流程设计和改造，就是一个比较复杂的问题，因此，作业流程将改变原有企业组织机构中的许多理念，影响企业的物流部门设置和职能的划分。

又由于信息技术革命给物流系统带来了很大变化，一方面通过信息技术的运用，可以实现物流的效率化、最优化；另一方面随着电子商务的发展，增加了物流业务的新需求。电子商务的实施，将影响或改变企业物流组织机构及其物流业务部门的地位和权力，因此，物流组织机构的设置必须考虑与实施信息技术或电子商务结合起来。

用好企业物流部门中人员的关键在于对其的了解。新的组织机构需要的角色可能会与现在的员工所承担的角色完全不同。因此，关键问题就是人才的选聘及调动他们的积极性。对全体员工或部分员工进行培训，使其掌握所需的新技能和行为方式。

评估新流程设计对技术的要求是极为重要的，对组织现有的技术结构必须进行深入的考查，包括通信网络、计算机技术、设备与机器等，以便确定它们支持新流程设计的能力。而对构建流程要求、充分考查组织的人力资源与技术要素之后，就可以设计新的组织形式了。

至于管理层次、规章制度、组织角色和责任等都可能需要调整，对新方案必须取得一致意见，从而使得新的流程设计能够实施。对于指导和培训员工，作为新的组织形式的一部分，角色的确切定义必须明确。对员工应该进行执行这些工作职权的指导和培训。新工作职权，同时也要强调执行绩效提高的工作职权。

与人员基础结构一样，新流程对技术的要求也必须在这一阶段给予考虑，特别是在所要求的技术同现有技术的差别较大的情况下。要努力克服传统体制带来的一系列问题，建立以计算机信息系统为架构的新的技术平台，并从企业整体角度而不是正在改造的单个物流业务流程的角度来考虑技术的需求。

二、企业物流组织创新的对策

由于我国现代物流发展起步较晚，在企业组织创新中物流组织创新相对落后，多数企业仍然采取直线职能制甚至分散式的物流组织结构，保持着计划经济体制下的物流管理方式，物流成本高、反应灵敏度差、物流效益低下，严重削弱了企业市场竞争能力，物流组织创新势在必行。针对我国企业现状提出以下几点建议：

（一）树立现代物流和组织创新的理念

从实物分配（PD）、后勤保障（Logistics）到强调客户服务和供应链一体化，物流理念不断升华，企业对物流的认识应跟上经济的发展，彻底抛弃物流就是传统的分离的仓储和运输的观念，将物流上升到企业管理的高度；要更新企业组织的观念，从强调正式组织、非正式组织向注重二者的有机结合转变，与现代物流观念融合，树立从物流角度对组织创新的理念。

（二）要与企业制度、技术、管理、市场等的创新相结合

企业制度如企业产权、人事和分配等制度直接影响物流组织的变革，这一方面在大型企业特别是铁路货运、邮政快递等垄断型物流企业中表现更为突出，是物流组织创新的主要制约因素。对于生产企业特别是制造型企业，物流组织创新与企业的生产及管理技术有很大的关系，没有 MIS、MRP、JIT、ERP 等生产、物流、信息技术的应用，企业就很难建立一体化、扁平化、柔性化、网络化的物流组织。对于流通型企业特别是物流企业，其物流组织创新必须紧紧围绕着市场和客户，不可能脱离企业服务、营销方式等方面的变化与创新。

（三）不能简单地模仿或照搬

由于物流工作地理位置上分散的性质，以及通常跨越一个行业运作的事实，可以说更是没有彻底的对或错的物流组织结构，物流组织创新因时、因地、因企业而异，类同的组织结构，在不同企业中的运行效率可能相差很大，企业在借鉴先进的物流组织模式时，要考虑适用性。

（四）正确处理好创新与稳定发展的关系

企业依据自身情况和所处的外部环境，物流组织的创新可以是增量式的较小变化，也可以是组织结构的彻底变革。物流活动的跨度大，组织的变更往往涉及采购、生产、销售等众多环节，波及企业的内外，必须充分考虑创新的条件和对企业正常生产经营活动的影响，渐进式和彻底式的创新各有利弊，关键要看创新的成本大小。

（五）重视物流组织创新的科学论证与系统设计

企业在进行物流组织创新时，要善于利用企业“外部人”的作用，聘请经济、管理、物流等有关专家调查研究和论证设计是必要的，如海尔的组织创新专门聘请了国外 SAP 公司著名专家。

应正确认识分工、职权、统一指挥、管理跨度、部门化等经典组织设计原则的优点和局限性，对贯穿整个生产经营过程甚至跨地区、跨企业的物流活动，其组织设计更多的要强调以人为本和以物流过程为中心的思想，注重实物流和信息流的融合，并按照分析组织存在问题、设计物流及信息流流程、进行组织结构设计、试运转、反馈、改进等一定的程序进行。

（六）加快物流管理体制改革

企业物流组织的创新不仅受企业规模、企业生命周期、人员素质等内部因素的影响，还受着物流产业特征、竞争状况、环境变动性等外部因素的影响，比如只有当企业物流的外部平台建设（政策平台、信息平台和技术设施平台等）以及物流企业的发展具有一定水平，形成社会化物流体系，企业采取物流外包和物流联盟组织形式才更加有效。在我国，由于物流管理条块分割、部门分散，导致物流产业发展的缓慢，要改变这种面貌，只有从体制上进行改革，建立综合物流管理体系，才能为企业物流组织创新提供良好的外部环境。

三、企业物流组织管理创新

现代社会的一个趋势是走向综合化。分工虽然使效率空前提高，但分工过细也使协调空前复杂。因此，当前管理领域正经历着一场世界范围内对传统层级式管理的根本变革，这种变革在组织管理上表现为流程型组织、网络型组织、虚拟型组织、学习型组织和面向供应链的组织等新型组织形式的发展，其对物流管理的影响已日益凸显。

（一）流程型物流组织

在传统的以职能为核心的企业组织里，一个业务流程是被分割成独立的任务，按照工序分配不同的部门完成。在这样的组织中，流程是隐含的，没有人专职对具体的流程负责，流程成为片段式的任务流，任务和任务间的脱节和冲突司空见惯。在以流程为中心的企业里，企业的基本组成单位是不同的流程，不存在刚性的部门，每个流程都由专门的流程主持人负责控制，由各类专业人员组成的团队负责实施，流程成为一种可以真实地观察、控制和调整的过程。

流程型物流组织模式围绕着企业关键业务流程来组织员工、进行指标评估和系统评价，将属于同一企业流程内的物流工作合并为一个整体，使流程内的步骤按自然的顺序进行，工作连续而间断。比如，一个物流组织围绕关键的客户服务、物料供应、分销物流和物流成本控制四个关键流程来整合企业物流管理，在首席物流执行官下设立副总，分别负责管理客户反应（客户服务和订单处理业务）、供应管理（库存周转、订单满足和采购业务）、分销（运输和仓储）、物流计划及最优化工作。一般来说，流程型物流组织的创建可以从以下几个方面进行：

1. 设置流程经理

所谓流程经理就是管理一个完整物流流程的最高负责人。对流程经理而言，不仅要起激励、协调的作用，而且应有实际的工作安排、人员调动、奖惩的权力。这是有别于矩阵式组织结构中的项目经理的地方。项目经理的组织方式虽然也是基于流程管理、由各个部门的人组成一个完整的流程，但他们只是这个项目的召集人，或者是一个协调者，没有实权，难以保证这个流程不受本位主义的干扰。

2. 新型职能部门的存在

虽说在同一流程中，不同领域的人相互沟通与了解能创造出新的机会，可同一领域的人之间的交流也很重要。而新型职能部门正好为同一职能、不同流程的人员提供了交流的机会。当然，在新的组织结构中，职能部门的重要性已退位于流程之后，不再占有主导地位，它更多地转变为激励、协调和培训等。

3. 注重人力资源的开发

基于流程的企业组织结构中，在信息技术的支持下，执行人员被授予更多的决策权，并且使多个工作汇总为一个，以提高效率。这对于人员的素质要求更高。因而人力资源的开发和应用更显得重要。

这种以流程为基础的物流组织结构，强调把物流活动作为增值链来管理，强调物流作为一个综合系统，强调物流效率，而且，物流组织是以“流”来定位，更容易实施所需要的物流重组。

（二）虚拟型物流组织

虚拟组织指两个以上的独立的实体，为迅速向市场提供产品和服务，在一定时间内结成的动态联盟。它不具有法人资格，也没有固定的组织层次和内部命令系统，而是一种开放的组织结构，因此可以在拥有充分信息的条件下，从众多的组织中通过竞争招标或自由选择等方式精选出合作伙伴，迅速形成各专业领域中的独特优势，实现对外部资源的整合利用，从而以强大的结构成本优势和机动性完成单个企业难以承担的市场功能。

虚拟型物流组织的形成是由于信息技术的发展，企业内和企业间的通信十分便利，传统上在企业内部执行的物流活动更容易外包，因此，物流的一体化发展和物流活动的完成不再需要将功能归组或集合进一个正式的组织单位，那些需要运输、仓储、库存以及其他物流服务的企业只需要对自身的物流需求进行恰当的定位，然后利用电子、网络，把物流工作交给精选的合作伙伴和专业公司来完成。企业物流组织管理可以只集中于工作流而不是结构，在没有命令和控制的组织结构的情况下，反而能更好地抓住整合物流的利益。物流功能不需要组织下达一个特定的命令，也不需要控制结构来有效地协调任务的完成，其中的关键在于电子网络能提高物流活动的协调性和灵活性，从而比形式上的组织结构更便于协调物流活动。虚拟型组织的主要特征有：

1. 具有较大的适应性，在内部组织结构、规章制度等方面具有灵捷性

虚拟组织是一个以机会为基础的各种核心能力的统一体，这些核心能力分散在许多实际组织中，它被用来使各种类型的组织部分或全部结合起来以抓住机会。当机会消失后，虚拟组织就解散。

2. 虚拟组织共享各成员的核心能力

虚拟组织是通过整合各成员的资源、技术、市场机会而形成的。它的价值就在于能够整合各成员的核心能力和资源，从而缩短物流、降低费用和风险、提高服务能力。对于顾客而言，整合的特征是无形的、无边界的。

3. 虚拟组织中的成员必须以相互信任的方式行动

合作是虚拟组织存在的基础。但由于虚拟组织突破了以内部组织制度为基础的传统的管理方法，各成员又保持着自己原有的风格，势必在成员的协调合作中出现问题。但各个成员为了获取一个共同的市场机会结合在一起，他们在合作中必须彼此信任，当信任成为分享成功的必要条件时，就会在各成员中形成一种强烈的依赖关系。有些企业通过拥有突出的能力处于虚拟组织的中心，并对其他成员产生有力的影响，使虚拟组织的协调变得相对容易。

（三）学习型物流组织

当前，管理领域正经历着一场世界范围内从传统的层次式管理转为全员参与管理的根本变革，这种变革在组织形式上表现为网络型组织、虚拟公司和水平型组织的创建。

管理方式之所以会转变是由于两个原因。第一，全球化竞争愈加激烈，组织结构必须更快地适应现状，应能处理更多的事务；第二，组织技术的变革。传统组织是基于管理大机器生产技术，需要的是稳定、有效地利用可见性资源。而今，信息和网络技术广泛应用于生产和管理，使人们从繁重的体力劳动中解放出来，可以专门重视创造性的脑力劳动，这意味着新的组织必须处理大量的创意和信息，而且需要员工成为这些概念型任务方面的专家。员工也不再以效率为目标，而是在基于知识的组织内部能持续地学习，并能解决属于其活动领域内的问题，学习型组织正是重新思考当前环境下组织的一种新途径。

在学习型组织中，组织内的每个员工都有责任鉴别和解决问题，使组织能持续不断地改进和增强能力。学习型组织的目标是注重问题的解决，从而区别于以效率为目标的传统型组织。在学习型组织中，成员需对所解决的问题进行鉴别，能理解客户的需求，并通常以组建团队的方式，联合各个领域的专家，形成自助式、智能型的团队，以迎合客户的需求。组织通过定义新的需求并加以解决来为绩效增值，这更多需要的是创意和信息，而非可见性的物品。这里需要澄清的一点是：学习型组织中的学习不是指学习一些现成的、例行化的知识，如会计准则和市场准则等，而是指增强型组织和组织中的每个人处理问题的能力，这种问题往往是未曾接触过的问题。

在学习型组织中，组织机构不再是以往的直线式或矩阵式，而是趋向于一种扁平化的网络组织机构，人员之间信息和命令的传达也不再是层层下达，而是通过网络变得非

常直接，权力也更有可能分解，甚至形成员工共同决策的新的决策方式。

传统型物流组织结构，事实上是基于工业大生产的思维逻辑设计的。传统型物流组织结构向学习型组织的跨越，需要克服旧有的惯性思维，树立知识经济时代的思维方式（如尊重和重视普通员工的创造力，重视团队协作、自我组织等新思维方式）。在新的思维方式下，管理人员与员工不再是对立，而是和谐统一，这需要思想和观念的重大转变，这种转变往往非常耗时。

学习型组织的条件非常苛刻，组织内部必须全面实现信息化管理，组织内部人员素质必须较高，并能有独特的组织文化，要有英明的处于核心层的领导，并能有紧急决策的能力。

（四）面向供应链的物流组织

20 世纪 90 年代以后，物流管理的重点由商品存运管理转到了物流的战略管理方面。企业超越了现有的组织机构界限，将供货商（提供产品或运输服务等）和用户纳税人管理范围，作为物流管理的一项中心内容，利用自身条件建立并发展与供货商和用户的合作关系，形成一种联合力量，以赢得竞争优势。这要求企业物流人员从仅面向公司内部发展为面向企业同供货商以及用户的业务关系上。

供应链管理是在制造全球化出现之后，在企业经营集团化和国际化的形势下提出的，它是物流的延伸。从系统的观点出发，物流管理是指通过对从市场到企业的生产作业直到供应商的整个过程中物资流与资金流、信息流的协调管理来满足顾客的需要。供应链包含于一体化物流，又超越了物流本身，它向着物流、商流、信息流和媒介流的方向同时发展，形成了一套相对独立的体系。可见，要获得这种企业内外的广泛合作，需要一种与传统组织观念大不一样的定位。传统的或狭义的物流管理主要涉及实物资源在组织内部最优化的流动，而从供应链管理的角度来看，只有组织内部的合作是不够的。

供应链管理涉及与供应链相连的所有相关企业、部门、人员，即从核心企业中上游供应商直到供应链下游各级分销商、零售商、最终用户的整个过程。传统的供应关系只是制造商与上游供应商或制造商和下游分销商的关系，这只是供应链的一小段。另外，供应链管理是一种纵横一体化的集成化管理模式，强调核心企业与相关企业的协作关系。它通过信息共享、技术扩散（交流与合作）、资源优化配置和有效的价值链激励机制等方法体现经营一体化。其中，以价值链的优化为核心。价值链活动可分为两大类，即基本活动（内部物流、生产作业、外部物流、经销与服务）和辅助活动（基础设施、人力资源管理、技术开发与采购）。辅助活动的功能是把贯穿于企业内部的各种基本活动结合起来。竞争优势来源于企业以价值链来组织进行这些分离的活动。要赢得竞争优势，企业必须通过进行比竞争对手更有效的活动或用创造更大的买方价值的独特方式进行活动，来为顾客创造价值。有关供应链物流管理的详细内容在本书第三章已做详尽论述，这里不再展开。

本章案例：海尔全球行：业务流程再造，惊险的一跳

国际化不仅是市场的国际化，管理也必须国际化。位于中国青岛的海尔总部就像全球海尔的心脏，在国际化的进程中，它时刻与外界保持同样的脉搏，随时在调整自己。

海尔作为一个在160多个国家建立了营销网点的大公司，怎样避免臃肿和迟钝？2001年，海尔对自身进行了一场“革命”：把原来的组织结构由过去的直线职能式的金字塔结构改革为扁平化的组织结构，将职能变为流程，形成以订单信息流为中心，带动物流和资金流的运行，实施业务流程再造。

一、革仓库的命，让物流成为“第三利润源泉”

齐思佳夫妇精心布置了自己的房间，在添加冰箱时，他们突发其想，把冰箱的表面想象成了蓝天白云的景象。抱着试试看的想法，他们点击了海尔的网上订购单。他们想可能要等待很长时间，没想到10多天后，海尔公司就给齐思佳打电话，说冰箱已经做好了，要给他送货。齐思佳十分惊讶：“怎么这么快?!”

这10多天，对海尔是一场考验。过去海尔根本生产不出这种个性化的冰箱。但物流变革，使它有了可能。在海尔搭建的网络化的平台上，齐思佳的订单被海尔的各个部门同时看到，最重要的是全球的供货商第一时间洞察到了海尔的需求。日本一家供货商主动承担了钢板前期设计的任务，在短短几天时间里，这种特殊的钢板就空运到了青岛本部，成本仅仅增加了一百块钱。

张瑞敏在很多场合举过这样的例子：用户要一个三角形的冰箱，海尔也能生产出来。快速地满足全球用户个性化的需求，正是物流带来的强大动力。海尔国际物流中心在2001年3月正式启动，这个高22米的立体仓库相当于40多个同样大小的普通仓库，采用世界上最先进的激光导引技术开发的激光导引无人运输车系统、巷道堆垛机、机器人、穿梭车等，全部实现现代物流的自动化和智能化，使得按订单采购来的原料在4个小时里即可送达生产线。一杯静止的水变成一条流动的河。张瑞敏将这比喻成“卖海鲜”，卖的东西必须是活蹦乱跳的，要是搁一宿，肯定是不值钱了。

新成立的物流本部部长梁海山说：对物流的整合，犹如在高速公路上实现从慢车到快车惊险的一跳。从前的海尔，每个分厂，都有独立的采购权，那时的供货商达到了2336家，供货速度不能保障，质量参差不齐，最后经过筛选和优化，精简到了900家。

断了1000多家供货商的财路，这种大手术对于一个30岁的年轻人来说，是承担着巨大风险的。梁海山眼睛盯着全球的供货商，就是要做到从货比三家到万里挑一的转变。海尔的采购周期从10天压到了3天，同时国际供货商的比例达到了67.5%，比整合前上升了20%，其中的世界500强企业占到了44家，如GE、埃莫生、巴斯夫，等等。

在网上招标中，价格低并不是最重要的，海尔提出分供方要参与产品的前期设计。目前可以参与前期开发的供货商比例已高达32.5%，韩国LG公司与海尔合作已经达10年的历史，面对越来越挑剔的海尔，他们丝毫不敢掉以轻心。的确，海尔的供应链随时都会优胜劣汰，每一家供货商每走一步，都要小心翼翼。

建立一套目前国内自动化程度最高的物流系统，海尔只用了不到两年的时间。谈到海尔的物流建设，海尔集团总裁杨绵绵女士说，最关键的是不能要仓库。现在，我们全是根据订单来采购原材料，根据订单来生产产品，把仓库改造成一个立体配送中心，所有的东西在配送中心停留的时间只有3～7天。物流成了海尔的“第三利润源泉”。

二、创造性破坏，把组织机构的金字塔“压扁”

曾经有人说过，创新有两个层次，一种是从无到有，一种是有创造性的破坏。相比较而言，创造性的破坏更加有难度，尤其是一些已经取得成功的管理理念和制度要打破重来，更需要勇气和智慧。我国的一些企业产品和资本都很有竞争力，却缺乏适应全球市场竞争的现代企业制度，正是这个差距拉低了我国企业国际竞争力的分值。海尔在走出去的同时，对内部的管理和结构进行全新的调整和改造，来适应国际化的需要。

采访时，在冰箱二厂的办公室里，没有见到李清君厂长。这里的人说，冰箱二厂开始实施了流程再造，厂长的办公地点搬到了生产现场。在车间里，没有人再叫李清君为“厂长”，而是叫“李经理”。李清君说，这种转变主要体现在组织结构上。

冰箱二厂原来一共有6级管理程序，厂长下面还有生产厂长、生产调度、车间主任、大组长和工人；现在程序减为2个，经理直接对着操作工。原来的23个管理人员减成了9个。结构一下子扁平化了。

李清君从1997年开始在二厂当厂长，中间也有过几起几落。每一次变化都像是从0开始。这一次实施扁平化的结构，开始时他感到过失落、心里没底。“一开始说心里话是挺忙的，比以前责任要大了，因为我原来从厂长到工人有6级管理人员，出了问题我可以把责任推给他们。原来一个问题层层上报，到我这里可能就变味了，走样了。”

过去海尔是一种金字塔式的组织结构，员工应对的是层层的上级。现在改造成了一种扁平化的组织结构。原来再造前的订单流程是：供货公司把订单先传到集团的市场部，经过事业部、企划处，到生产分厂，分厂做一个计划，再发到车间。现在没有了这些中转站，工人和市场需求的距离一下子被拉近了，每个部门每个员工直接对市场负责。今年2月7日，一位法国经销商订购3000台节能冰箱，当天，冰箱二厂就在计算机ERP窗口上得到了订货信息，并立即安排了生产。可在流程再造之前，这几个小时的过程需要十几天。

张瑞敏认为，原来没有流程再造的时候，就好比是到医院去看病，你到这个窗口划价，那个窗口交钱，再到另一个窗口拿药。对于窗口里头的人，非常简单，只划价或只拿药，但对于拿药这个人，就非常复杂，一个窗口一个窗口走。但是现在改了，窗口里的人既要给他划价，又要给他算钱，又要给他拿药，那么你的素质就要很高。但对于拿药的人来说，省事了，速度快了。

三、扁平化的管理，也是欧美许多企业所采取的做法

20世纪90年代，越来越多的公司走出国界，在逐渐一体化的全球市场上竞争。原有的企业经营模式，已不能适应市场的快速变化，“企业的流程再造”应运而生。它是指以工作流程为中心，重新设计企业的经营、管理及运作方式。

美国GE公司曾对组织结构进行过大刀阔斧的改造，原首席执行官韦尔奇去一家制造

厂考察时发现，仅为监督锅炉操作就被分出了4个管理层，韦尔奇把它比喻成穿了太多的毛衣。毛衣就像组织结构的层次，它们都是隔离层，当你外出并且穿了4件毛衣的时候，就很难感到外面的天气有多冷了。流程再造后，GE公司的组织结构就像一个车轮，轮轴是韦尔奇和3名副总裁组成的总裁室，轮辐是GE的13个主要事业部，这种结构最大的优点就是简洁，更适应快速变化的市场。

谈到组织结构的创新对于海尔的国际化的意义时，张瑞敏说：组织结构的创新最终的目的是把企业组织内部每一个员工的积极性调动起来，或者说给他创造一个创新的空间，这个组织结构的改变不是为了改变而改变，而是为了以最快的速度适应市场的要求。在如今的市场竞争当中速度是第一位的。所以所有的组织结构的改变都是为了这两个字。

海尔刚提出国际化时，口号是“海尔的国际化”，现在的口号则是“国际化的海尔”。这个词顺序的变化意味着什么呢？张瑞敏说，海尔的国际化就意味着海尔的各项工作和各项标准，包括质量标准、财务标准都要达到国际要求、国际标准。这不是我的目的，我的目的是形成国际化的海尔，也就是本土化的海尔，要融入到当地市场当中去，我们叫做三位一体，就是在当地设计、当地生产、当地销售，最终目标是使海尔成为一个真正的世界品牌，不管走到全世界任何地方，大家都知道海尔是一个非常好的我喜欢的名牌。

案例分析与思考

1. 海尔原来采取的是什么样的物流组织结构形式？
2. 海尔是如何进行组织结构变革的？
3. 结合案例谈谈自己对企业物流组织结构变革的认识。

复习思考题

1. 企业物流组织的构成是什么？
2. 企业物流组织存在有何必要性？
3. 企业物流组织的发展经过了哪几个阶段？
4. 企业物流组织有哪几种典型的类型？
5. 企业物流组织结构设计的原则有哪些？
6. 现代企业中，物流战略对物流组织的影响包含哪几个层次？
7. 物流规模对组织结构的影响具体体现在哪几个方面？
8. 建立健全物流管理组织必须遵循什么基本原则？
9. 加强企业物流组织的创新应从哪几个方面着手？

第五章　企业采购与供应物流管理

供应物流（Supply Logistics）是指包括原材料等一切生产物资的采购、进货运输、仓储、库存管理、用料管理和供应管理，也称为原材料采购物流。它是生产物流系统中相对独立性较强的子系统，并且和生产系统、财务系统等生产企业各部门以及企业外部的资源市场、运输部门有密切的联系。供应物流是企业为保证生产节奏，不断组织原材料、零部件、燃料、辅助材料供应的物流活动，这种活动对企业生产的正常、高效率进行发挥着保障作用。企业供应物流不仅要实现保证供应的目标，而且要在低成本、少消耗、高可靠性的限制条件下来组织供应物流活动，因此难度很大。

第一节　企业采购管理

一、企业采购的含义

企业采购，一般是指采购人员或者采购单位基于企业生产经营的各种目的和要求购买商品或劳务的一种行为。如果从狭义和广义的角度来理解采购，狭义的企业采购是指企业根据需求提出采购计划、审核计划，选好供应商，经过商务谈判确定价格、交货及相关条件，最终签订合同并按要求收货付款的过程。这是最普通的购买方式。广义的企业采购是指除了以购买方式占有物品外，还可以通过租赁、借贷和交换等方式取得使用权，达到满足需要的目的。

企业采购是现今市场经济下一种最主要最主流的采购。企业是大批量商品生产的主体，为了实现大批量产品的生产，也就需要大批量生产资料的采购。企业的生产，是以采购作为前提条件的，没有采购，企业就无法大规模生产。随着社会经济的发展，特别是基于成本控制和质量控制的要求，企业采购对采购的数量、采购市场范围和采购活动要求日渐严格。因此，不仅需要对企业的需求品种、需求量、需求规律进行深入的研究，要对国内国外众多的供应厂商进行分析研究，还要对采购过程各个环节进行深入研究和科学操作，才能完成好采购任务，保证企业生产所需的各种物资的适时适量供应。

二、企业采购的方式

处于不同行业的企业对于采购有不同的理解，一般而言，企业采购主要是根据企业的生产方式的特点而定。企业的生产方式按其特点可以分为以下几种方式：

（一）按库存量生产

按库存量生产一般是生产标准化的产品，通常采取标准化流水作业，产品按照一定的库存计划生产完后存放在仓库中，可以满足顾客随时交货的要求。专业化和规模化是该生产方式的特点。因此，原材料具有成批采购、标准化程度高的特点，采购功能比较简单。采购工作的重点是比较各供应商提供的价格、质量和交货方式以及时间等。这种方式对于企业采购人员的商务谈判能力要求较高，而技术能力要求相对不高。

（二）按订单生产

按订单生产指的是企业根据客户订单的需求量和交货期来进行生产安排，其宗旨在于降低库存，甚至不作任何库存存放，有订单才安排生产，无订单则调整生产。厂家根据客户的订单将原材料或零部件、半成品立即进行加工、组装、包装。企业生产组织要求灵活迅速，生产设备要求按机群或工艺布局安排。针对原材料、零部件等不同的物料采取不同的采购和供应商管理方式，采购要求比较高。

（三）按订单设计生产

企业本身没有该产品，其首先接到订单，然后根据客户的订单要求对产品进行设计、制造。这种操作比较适合单件、小批量或工程项目。企业一般是接到订单以后再去采购原材料。因此，对企业采购人员的技术要求比较高。

此外，其他行业，如贸易类企业、高新技术企业等的采购也都有各自不同的特点。贸易类企业的采购一般不是作为最终用户来进行，而是以中间商的身份来采购。采购的目的是为了赚取差价，所以贸易类企业的采购非常注重供应商的选择，通过比较各家的价格、质量之后最终选择一家。贸易类企业对采购员的要求很高，最重要的是要有较强的谈判能力。高新技术企业一般以无形的技术采购较多，如新技术或专利等，其要求采购人员具有非常高的技术素质，同时，也要对其市场价值有准确的了解。

不同生产环境对应的企业不同采购方式如表5-1所示。

表5-1　企业不同生产环境对应的不同采购方式表

生产环境	按库存生产	按订单生产	按订单设计生产
生产方式	流水线生产	机群式或按工艺特点生产	现场生产
生产特点	产品导向	工艺导向	设计导向
产品要求	数量大，标准化程度高	品种多，质量好	小批量，满足设计要求
采购方式	成批标准化采购	分类采购不同的	技术性采购

三、企业采购的基本流程

（一）确定购货订单说明书

在采购流程的初始阶段，需要确定采购需求，公司也面临着“制造或者购买”的选择问题。必须决定哪些产品或活动将由公司自己制造或者执行，哪些产品或活动将被对外转包。随后要讨论的就只是外包的问题，这个过程从草拟所要购买的项目说明书开始，而这些说明书可能在细节上有所不同。

功能规格说明，即产品必须满足用户需求的功能。使用功能规格说明的优点很明显：①潜在的供应商被给予了提供其专长的最佳机会；②新技术及购买者所不熟悉的技术会被使用；③它创建了一个标准，所有的概念都将以它为对照进行评价；④有详尽的技术规范——这指的是产品的技术性能和特征，也包括由供应商完成的活动。

技术规范则通常被详细地绘制在技术图纸上和用来监控供应商活动的行动计划中。功能规格说明和技术规范都是一个更加广泛的概念——购货订单说明书的一部分。

购货订单说明书（通常是一系列文件）通常包括下列内容：

(1) 质量标准，描述产品如何交付（是否有质量证书）和产品要满足什么技术规范和标准；

(2) 物流标准，说明所需要的数量和要求的交货时间；

(3) 维修要求，描述产品如何由供应商进行维修和服务（和将来是否需要供应备件）；

(4) 法律和环境要求，决定了产品和生产流程两方面都必须服从健康、安全和环境法规；

(5) 目标预算，说明了在何等的财务限制内，可能发现的由未来的供应商提出的解决方案。

在建筑工程和民用项目的采购中，购货订单说明书通常以工作范围的形式记录下来。用户或预算持有人对指定购货订单需求负责，而购买者的任务则是确保说明书能够制定客观、不偏向任何供应商的条款。一些制造业公司规定了这种被称为结束程序的责任。在说明书发给供应商之前，它必须得到关于购买产品和（或）向（潜在的）供应商购买的正式许可。这一程序的目的在于防止在采购流程的执行阶段中产生误解。通过这种方法，被称为解决问题变更的开支就被削减了。经验表明这种准备会使得项目的总工期大大缩短。

在项目进行过程中发生的技术改变的处理必须与改变订单程序一致。购买者的工作在于确保供应商的工作是按照发给他的最新规范进行的。最理想的是供应商确定每一个经核准的改变，最好是以书面形式，充分的结构管理可以防止许多问题的发生。

(二) 选择供应商

企业供应商的选择通常包括以下几个步骤：

1. 决定对外转包的方法

选择供应商首先要解决的问题就是在总包和分包之间做出选择。在总包的情况下，完成整个任务（经常包括设计工作）的责任被交给了供应商。在分包中，任务被分成了几个部分，分别包给不同的供应商，协调由委托人负责。分包通常能够节约开支，但是它也有很多重要的缺点。分包的主要问题在于委托人必须对于独立的合同之间的相互协调有相当的把握。整个项目活动中的连续性的全部责任在于委托人，如果委托人出现失误，期望中的成本优势将不会实现，并会导致可观的额外支出。

在这个阶段所要作的第二个决定就是在固定价格、一次付款或者补偿成本之间做出选择。在按照以固定价格为基础的合同执行工作时，委托人要求供应商以固定的价格执行所要求的活动，要求工作必须在预定时间内完成。由于价格是固定的，尽可能高效地完成工作就成了供应商所关心的问题。固定的价格成了在协定条款内尽快完成工作或交付货物的诱因。

在外包中，还经常用到单位价格合同，其规定了标准化工作和常规工作的单位活动的价格。单位价格合同用于标准化的但是难以用数量和时间来衡量的工作。

所选择的合同方法在很大程度上决定了购买过程的其余步骤将如何演化。因此这些决策必须由使用者和预算持有者共同制定。然而，购买者提出的其认为可行并且概括了考虑事项的各种合同方法也可能影响决策。

2. 供应商资格的初步认定和确定投标人名单

选择一个供应商是采购流程和其前期活动中最重要的步骤之一。以购货订单说明书为基础，总结要提出报价单的供应商所要满足的资格预审要求。将那些显示可能会从事这项工作的供应商列入初始竞标者名单（竞标者大名单）。接下来，通知这些供应商提供有关其资格的证明和信息。在这个阶段，对供应商进行调查或审核以得到关于其能力的准确了解是必要的。大公司通常使用“被认可的卖主名单”来为竞标者大名单选择供应商。其通常的做法是确认三到五个预期的供应商，并向其询价。这些供应商构成了最后的竞标者候选名单。如果由于环境变化需要对投标单进行修正，则所有参与竞争的供应商都应该得到机会对这一修正作出反应。

3. 为报价申请和收到的标书的分析作准备

收到报价单后，采购部门会进行初步的技术和商业评估，在此期间所有的相关方面都会被注意到。技术、物流、质量、财务和法律等各方面都会被加以衡量。评级方案会被按照不同的复杂程度使用以促进供应商投标的评价过程。这些方案会在有关的使用者和购买者之间共同使用。通常，这个步骤会以一份供应商选择建议书为结果，它包括：①选择某一供应商的决定；②优先的评级方案；③优先被考虑的报价单。下一个步骤就是对决定的供应商和购件进行风险分析。在这个步骤中，将对与选择特定供应商有关的潜在风险进行研究。

4. 选择供应商

最后一步是选择一个供应商并与他就产品的交付进行谈判。没有被选中的供应商则会被通知并说明他们的标书被拒绝的原因。

(三) 制订购货合同

选定供应商之后就要制订一份合同。对于不同的产业，合同可能涉及特定的附加条款和条件。购货协议的技术内容取决于所要购买的产品或项目。特定的商业和法律条款、条件依据每份合同的变化而不同，而差异是由采购政策、公司文化、市场情况、产品特征等引起的，这限制了标准购货合同的使用。以下几个方面在制订购货合同时比较重要：

1. 交货价格和条件

通常购买者会坚持固定的价格，这是通过竞标或谈判达成的，它是委托人和供应商都可以接受的。从成本控制或预算管理的远景来看，选择固定价格是毫无疑问的。

2. 付款条件

购买了资本货物或设施后，通常的做法是依照条件付款。如果使用这种付款方式，就必须考虑付款条件对最终价格的影响。同时也要注意促销与尚未交付的货物相关的通货风险。通常可取的付款方法以供应商的履约情况（履约保证书）为基础。例如，当工作完成25%时付总款的30%。最后5%或10%的款项在客户完全肯定设备确实已经正常运转或购买的是服务的情况下，供应商的工作满足了用户的要求时才支付预付款，最好能够以银行担保抵补，这能够让供应商允诺履行他的职责。这样的银行担保完全能够抵补预付的金额并且在银行担保相关部分的供货期限内也是有效的。如果合适，控股公司的公司担保（通常不那么昂贵）也可满足要求。其后，还要注意制定有关所有权转让协定。

3. 罚款条款和保证条件

依照一些大型公司的一般购买条件，供应商必须保证交付的货物：①质量优良，完全与约定的要求、规范、条件、图纸、样品一致，并且完全适用于预期用途；②货物必须是全新并且无缺陷的，这些货物的制造必须使用质量优良并且适当的新原料和一流的技术和专业人员；③满足供应商所在国的法律和政府法规，并且产品或产品的使用不包含任何对人员、财产和环境的健康或安全的危险。

4. 其他协议

在许多公司中上面所提到的问题会记录在一般购货条件中。其他会在这些规定中提出的对象包括：①保险和安全规则；②权利和义务的转移；③向第三方转包；④交货条件等。

（四）订购和发出订单

在合同的条款和条件达成一致并记录在案后，订单就可以发出了。有时，合同实际上就是购货订单。在其他时候，例如，在常规采购时，购买方会就滚动式合同进行谈判，包括较长时间内需要的材料（一年或更长时间）。接下来，购货订单按照这个合同发出。在这种情形中，订约和订购是独立的行动。

购货订单通常是从购货申请单或领料单开始（电子的）。对于生产和库存物品，这种申请单是由物资需求计划系统通过比较一定时期内生产所需要的原料数量和有效（输送）库存量得出的。当库存量低于可接受的最低水平时，MRP系统通过详细的原料或购货申请单向采购部门发出信号。许多先进的（综合的）物资计划软件包能够用电子的方法将这些需要转换为购货订单。

在向供应商订货时，明确发给供应商的信息和指令是十分重要的。通常，购货订单会包括下列要素：订单编号、产品的简要说明、单价、需求数量、期望的交货时间或日期、交货地址和发票地址。所有这些数据都需要在由供应商发出、用做简化电子匹配的交货单据和发票中反映出来。

第二节　准时采购方式与供应物流

一、准时采购模式

(一) 准时采购模式概述

所谓准时采购，是指企业采购部门把合适数量、合适质量的物品，在合适的时间供应到合适的地点。准时采购模式建立在供需双方互利合作的战略伙伴关系的基础上，当需求方对原材料或半成品的需求产生时，有能力适时地从供应商处得到质量可靠的所需物料。

准时采购方式的理论来源是生产领域的准时生产思想，准时生产的基本思想是只在需要的时候，按需要的量生产所需的产品，是在多品种、小批量混合生产条件下高质量、低消耗的生产方式，其核心是追求无库存的生产系统或使库存最小化。准时化采购和准时化生产一样，它不但能够最好地满足用户需要，而且可以极大地消除库存、最大限度地消除浪费，从而达到降低企业的采购成本和经营成本，提高企业的竞争力的目的。其中，准时采购模式对于降低原材料和外购件的采购价格、大幅度减少原材料和外购件的库存、提高生产率等方面作用尤为明显。例如，生产复印机的美国施乐（Xerox）公司通过实施JIT采购，使该公司采购物资的价格下降了40%～50%，库存降低了40%，劳动生产率提高了2%。

(二) 准时采购模式的基本原理

准时化采购是一种直接面向需求的采购模式，它的采购送货是直接送到需求点上。同时还要做到以下几个方面：

(1) 用户需要什么，就送什么，品种规格符合客户需要；

(2) 用户需要什么质量，就送什么质量，品种质量符合客户需要，拒绝次品和废品；

(3) 用户需要多少就送多少，不少送，也不多送；

(4) 用户什么时候需要，就什么时候送货，不晚送，也不早送，非常准时；

(5) 用户在什么地点需要，就送到什么地点。

准时采购的运作过程是：制造部门提出制造需求，采购部门接到需求后，以采购订单的方式将需求传递给供应商，供应商以此为依据进行备货发货。同时，制造部门将制造过程中影响采购的各项信息实时反馈给采购部门，采购部门据此对采购订单进行修正调整，同时将最新需求信息反馈给供应商，供应商据此进行备货交货。

根据这样的操作模式，供应商必须实时响应制造过程中的不同需求，这也意味着供应商可能一天一次、一天两次，甚至几个小时一次提供采购物品。这一模式与传统采购在制造之前把采购产品大批量送到的方法形成了鲜明的对比。

(三) 准时采购战略的特点

1. 供应商数量减少

在传统采购模式中，企业一般采取多头采购，因此，供应商的数目相对较多。准时采购模式中的供应商数量较少，甚至采取单一供应商。这种变化一方面可以使供应商获得长期订货和内部规模经济效益，从而降低产品的价格；另一方面有利于供应商与采购商之间建立长期稳定的战略合作关系，保证产品质量的可靠稳定。

2. 对供应商评价内容增加

在传统采购模式中，供应商是通过价格竞争确定的，供需双方的关系主要体现为买卖关系，双方的合作仅仅是基于一种短期合作。但在准时采购模式中，供需双方往往会形成长期战略合作关系，因而对供应商的选择非常慎重，需要对供应商进行综合评价。在选择供应商时，价格不再是主要的因素，质量成为最重要的标准，这里的质量不仅包括产品质量，还包括工作质量、交货质量、技术质量等多个方面的内容。

3. 小批量采购

小批量采购是准时采购的一个基本特征。由于生产过程中企业有时对原材料和外购件的需求是不确定的，为保证生产的顺利进行，需要进行一定的原料储备，因而不可避免地会造成一定的资源闲置。而准时采购又旨在消除原材料和外购件的库存，为了保证准时供应所需的原材料和外购件，采购必然小批量。当然，小批量采购会增加运输次数和成本，这可以通过混合运输、代理运输、第三方物流等方式，或尽量使供应商在地理位置上比较接近等加以解决。

4. 有效的信息交流

只有供需双方进行可靠而迅速的双向信息交流，才能保证所需的原材料和外购件的准时供应，同时充分的信息交流可以增强供应商的应变能力。所以，实施准时采购就要求上下游厂商之间进行有效的信息交流。信息交流的内容包括生产作业计划、产品设计、工程数据、质量、成本、交货期等。现代信息技术的发展，如EDI、电子商务等，为有效的信息交换提供了强有力的支持。

5. 交货具有准时性

准时采购的一个重要特点是要求交货准时，这是实施准时生产的前提条件。准时交货能力取决于供应商的生产与运输条件。作为供应商来说，要做到交货准时，首先应当不断改进生产条件，提高生产的可靠性和稳定性，减少延迟交货或误点现象，为此，供应商同样应当采用准时生产模式，提高生产过程的准时性；其次应当改进运输系统，因为运输问题决定了交货准时的可能性。特别是全球的供应链系统，运输路线长，而且可能要先后经过不同的运输工具，需要中转运输，等等，因此要通过有效的运输计划与管理，使运输过程准确无误。

6. 可以从根源上保证产品质量

实施准时采购以后，企业的原材料和外购件的库存很少甚至为零，因此，为了保障企业生产经营的顺利进行，采购物资的质量必须从根源上予以保证。也就是说，购买的原材料和外购件的质量保证，应由供应商负责，而非下游厂商的采购部门。准时采购就是把质量责任返回到供应商，从而在根源上保证产品质量。为此，供应商应当参加制造商的产品设计过程，制造商也应帮助供应商来提高技术水平和管理水平。

二、供应物流

（一）供应物流的概念

供应物流，也称原材料采购物流，是指包括原材料等一切生产物资的采购、进货运输、仓储、库存管理、用料管理和供应管理。供应物流是企业为保证生产节奏，不断组织原材料、零部件、燃料、辅助材料供应的物流活动，这种活动对企业生产的正常、高效率进行发挥着保障作用。供应物流是生产物流系统中相对独立性较强的子系统，并且和生产系统、财务系统等生产企业各部门以及企业外部的资源市场、运输部门有密切的联系。企业供应物流不仅要实现保证供应的目标，而且要在低成本、少消耗、高可靠性的限制条件下来组织供应物流活动。

供应物流管理是企业生产经营管理的重要内容，主要从计划、采购、仓储、发放、合同管理等方面探讨如何加强供应物流管理，为企业生产提供有力保障。加强供应物流管理，合理地组织采购、存储、使用物资，对于促进企业生产发展、降低原料成本、加强资金周转、提升企业赢利能力等方面都具有十分重要的意义。在企业物流管理中，供应物流通畅，周转快、消费低、费用省才能取得较好的经济效益。企业在供应物流领域的竞争关键在于：如何降低这一物流过程的成本，同时有一个使用户（在企业中是下一道工序或下一个生产部门）满意的服务水平，这可以说是企业物流的最大难点。

（二）供应物流系统的组成

1. 采购环节

采购工作是供应物流与社会物流的衔接点，是依据生产企业生产—供应—采购计划来进行原材料外购的作业层，负责市场资源、供货厂家、市场变化等信息的采集和反馈。

2. 生产资料供应环节

供应工作是供应物流与生产物流的衔接点，是依据供应计划—消耗定额进行生产资料供给的作业层，负责原材料消耗的控制。

3. 仓储、库存管理

仓储管理工作是供应物流的转换点，负责生产资料的接货和发货，以及物料保管工作。库存管理工作是供应物流的重要部分，依据企业生产计划制订供应和采购计划，并负责制定库存控制策略及计划的执行与反馈修改。

4. 装卸、搬运环节

装卸、搬运工作是原材料接货、发货、堆码时进行的操作。虽然装卸、搬运是随着运输和保管而产生的作业，但却是衔接供应物流中其他活动的重要组成部分。

（三）供应物流的组织方式

企业的供应物流有三种组织方式：第一种是委托社会销售企业代理供应物流方式；第二种是委托第三方物流企业代理供应物流方式；第三种是企业自供物流方式。这三种方式都有低层次的、高层次的不同管理模式，其中供应链方式、零库存供应方式、准时供应方式、虚拟仓库供应方式都值得我们关注。

1. 委托社会销售企业代理供应物流方式

企业作为用户，在买方市场条件下，利用买方的主导权力，向销售方提出对本企业进行供应服务的要求，作为向销售方面进行采购订货的前提条件。实际上，销售方在实现了自己生产的和经营的产品销售的同时，也实现了对用户的供应服务，以此占领市场。这种供应服务是销售方企业发展的一个战略手段。

这种方式的主要优点，是企业可以充分利用市场经济造就的买方市场优势，对销售方即物流的执行方进行选择和提出要求，有利于实现企业理想的供应物流设计。这种方式存在的主要问题，是销售方的物流水平可能有所欠缺，因为销售方毕竟不是专业的物流企业，有时候很难满足企业供应物流高水平化、现代化的要求。

2. 委托第三方物流企业代理供应物流方式

第二种方式是在企业完成了采购程序之后，由销售方和本企业之外的第三方去从事物流活动。当然，这第三方从事的物流活动，应当是专业性的，而且有非常好的服务水平。这个第三方所从事的供应物流，主要向买方提供了服务，同时也向销售方提供服务，在客观上协助销售方扩大了市场。

由第三方去从事企业供应物流的最大好处是，能够承接这一项业务的物流企业，必定是专业物流企业，有高水平、低成本、高服务从事专业物流的条件、组织和传统。不同的专业物流公司，瞄准的物流对象不同，有自己特有的形成核心竞争能力的机器装备、设施和人才，这就使企业有广泛选择的余地，进行供应物流的优化。

在网络经济时代，很多企业要构筑广域的或者全球的供应链，这就要求物流企业有更强的能力和更高的水平，这是一般生产企业不可能做到的，从这个意义来讲，必须要依靠从事物流的第三方来做这一项工作。

3. 企业自供物流方式

第三种是由企业自己组织所采购物品的供应物流活动。这在卖方市场的市场环境状况下，是经常采用的供应物流方式。

企业在组织供应某些种类物品方面，可能有一些如设备、装备、设施和人才方面的优势，这样，由本企业组织自己的供应物流也未尝不可，在新经济时代这种方式也不能完全否定，关键还在于技术经济效果的综合评价。

第三节　全球采购战略

一、全球采购战略的含义及背景

（一）全球采购的含义

全球采购是指企业充分利用全球资源，从世界任何可以提供资源的地点寻求制造产品的资源。它包含两个层面的意思：一是在全球范围内组织货源，它往往指在公司进行制造的所在国之外进行购买；二是战略性采购，是指对世界范围内的业务单位的采购需求进行协调和整合。这里面涉及两个结合：采购的国际化和对所有采购资源的策略定位。

(二) 全球采购兴起的原因

在经济全球化的背景中，跨国公司进行全球采购的直接动力主要是为了适应环境的变化和提升企业的竞争力。具体而言全球采购兴起的原因在于：

1. 宏观经济环境发生变化

第二次世界大战后，随着经济全球化的发展以及交通、通信技术的发展，企业的业务环境发生了显著变化，主要表现为：国际竞争加剧；降低成本的压力加大；对制造灵活性的需要；质量标准越来越严格；产品开发周期变短；技术更新加速。

2. 与企业生产有关的业务环境因素

与企业生产有关的业务环境因素主要有：国内无法供货，如该国政府限制生产的产品；国内满足需求的能力不充足；国外资源的竞争力，如较低的价格、完善的交货服务、更好的质量由于政策原因或出于收支平衡的考虑而来自政府的压力，需要进行互惠或反向贸易；对世界技术的了解和采纳；为了能够渗透到成长的市场中去。

以上两个方面的因素构成了企业特别是跨国企业大规模开展全球采购的主要动力。

二、全球采购的特点及要素

(一) 全球采购的特点

全球采购由于其跨国性和战略性决定了其不同于一般国内采购的一些特点。

1. 受国际贸易政策影响大

全球采购的最终目的是将货物在不同的国家间进行转移，它是一种国际贸易形式。当今社会国际贸易的壁垒不断降低，但却依然存在。不同的国家之间，往往以对等的形式给予对方相应的优惠待遇或限制措施，因此不同国家之间的国际贸易政策影响着全球采购的发展。

2. 供应商选择的周期长

全球采购由于采供双方距离相隔较远，不同国家可能存在时差和语言障碍，交流变得困难，并且不同国家的人可能存在不同的生活习惯、工作习惯，理解和接受需要时间，而且不同国家的生产力水平不同，发达国家向欠发达国家购买，需要一个谨慎的考查和审核的过程，甚至还需要必要的培训。种种因素决定了跨国购买需要有一个较长的发展供应商的周期。

3. 供应商管理较为困难

由于距离远、工作时间有差异，以及语言障碍的原因，供需双方适时的交流十分困难，让供应商了解采购需求较为困难，让供应商在质量、交货期方面不断改进也存在困难。

4. 交易方式较为复杂

由于在不同的国家之间进行交易，交易的双方都会比较谨慎，双方会选择一些有利于自己的交易方式，比如，买方往往希望收到货物并且验收合格后付款，而卖方却希望收到货款后发货。另外，由于每个国家使用自己的货币，每个国家有自己不同的汇率机制，买卖双方都想选择有利于自己的货币进行交易。

5. 物料计划和物流管理较为困难

由于运输周期较长，运输环节较多，使得物料流动的不确定性加大，物料计划人员很难保证准确的到货日期，从而很难确定准确的订货时间和订货数量。

(二) 企业全球采购所应关注的要素

一般企业在进行全球采购时应着力关注其供应商以下几方面要素：

1. 质量

这里的质量主要指产品质量，即产品满足要求的程度，这里的要求主要指国家的有关法规、质量标准以及合同规定的对产品适用、安全和其他特性的要求。产品的质量主要包括：舒适性、可信性、经济性、美观性和安全性等。

2. 交货能力

供应商交货的能力是指供应商在按与客户协定的交货周期内，将质量合格的货物按约定的数量、约定的包装方式交付到指定地点、指定工装器具上的能力。它通常以准时交货率、交货不合格率、制造周期、制造柔性等指标来评定。准时交货率是指供应商在某一周期内在约定的交货期内准时交货的次数与交货总次数的比例。

供应商的交货能力直接影响企业的生产成本，企业兑现对其自己客户的交货能力承诺。因为企业一般计划性很强，如果供应商无法保证交货，将会打破正常的工作流程，势必将造成人力成本的上升、工作效率的下降和厂房设备能力的浪费，制约企业业务量的增加。

3. 成本因素

在现代的经济环境下，成本的概念不仅包括生产成本，还包括公司的运营成本、公司的固定资产使用所转嫁的成本、因成品质量问题带来的损失、公司因安全问题带来的损失等。

4. 供应商的公司稳定性

作为企业的合作伙伴，供应商的公司稳定性会影响企业的运行。供应商的稳定性也是双方建立长期合作伙伴关系的基础。对于供应商的公司稳定性主要考查以下几个方面：财务的稳定性；公司的使命、愿景、价值导向；企业战略；企业的市场地位；企业的组织结构。

5. 产品开发和技术支持能力

供应商如果具有强大的产品开发能力，往往能够给企业提供详细的图纸和技术规范，能够对企业的生产提供指导，对企业产品的质量改进可以提供一定技术支持。这对于提升企业的竞争力有极大的帮助作用。

三、企业全球采购的一般过程

(一) 市场调研活动

在进行全球采购前，装配型跨国公司的市场调研人员或由其委托的专业市场调研公司将对采购的目标国家的政治、经济、文化、技术等方面进行全面的调查和研究，以确定在该国家采购是否可行。调查将评估该国的政治稳定性、经济发展的量限、技术发展的程度、人员和劳动力的素质、资源供应情况、整体物价水平和稳定性、语言的沟通水平、运输的便捷程度。很多装配型跨国公司将从其在调研国家设立的子公司的运营情况来判断在该国采购的可能性和利益。

（二）成立采购组织

全球采购所带来的利益越来越显著，使得装配型跨国公司越来越重视全球采购活动，很多公司成立了由高层主管负责的采购组织，来协调整个集团在各个国家和地区的子公司的采购活动，一般称之为采购委员会，委员会的成员可能会包括各个子公司的采购负责人。采购委员会下设专门负责日常采购活动的高级官员，视公司规模的大小，这个高级官员可能管理负责统计整个公司采购内容的人员，协调物流活动的人员和负责在目标采购国家进行采购活动的机构。由于每个子公司存在各自的利益，集中全球采购较为困难，高层主管的参与有利于统一思想，消除分歧。

（三）确立采购需求

采购需求可能由一些需要寻找替代货源的子公司自行提出，也可能由全球采购委员会根据全球范围内某种物料的使用情况的统计分析认为有必要而提出。在当今全球采购活动中，量的优势是装配型跨国公司能够获取比一般公司更大价格优惠和服务质量的保障，所以在各个子公司普遍使用的物料很容易成为采购需求。在确定需要采购何种物料的时候，同时会对所需采购的物料的成本和质量等方面提出要求。

（四）进行供应商的开发和审核

采购需求一旦确立，派出的采购小组便进行工作，采购小组将进行供应商搜寻和调查。调查一般会关注供应商的质量和技术水平、公司财务稳定性、社会责任、公司管理体系和理念、价格水平、交货能力和服务质量等方面。在认定被审核的公司达到成为装配型跨国公司供应商的条件后，采购小组会和供应商着手进行样品试制和有关长期供货的商务谈判。

（五）样品批准程序

在确立最理想的意向性供应商后，采购小组会和供应商讨论样品试制的事宜，样品试制过程包括工装、模具的投入和所有权归属。样品技术细节的讨论过程可能需要装配型跨国公司相关工程师的参与。根据样品制造的计划和样品批准的详细程序，一般会将样品提交需求的子公司的相关部门进行检验和试验，也可能由装配型跨国公司的中央实验部门进行检验。

（六）小批量供货和物流方式确立

在递交的一定数量的样品审核合格后，需求单位会给供应商下小批量的订单，并在小批量订单执行的过程中检验与供应商之间的物料订货方式和物流方式。由于装配型跨国公司具有较好的物料计划和订货系统，它会要求供应商能够与之接口。由于运输的过程较长和环节多，双方会商量如何选择第三方物流，如何处理发货、收货、报关、付汇等事宜。

（七）长期供货和供应商维护

在小批量供货合格、物流通畅的情况下，装配型跨国公司将和供货商确立长期合作的关系，定期向供应商提供其有关准时交货率、质量合格率等绩效报告，要求供应商在质量、供货等方面进行改进，并帮助供应商降低库存和成本。供应商的维护可以由采购的子公司直接维护，也可以由采购小组进行维护。在这个阶段供货双方形成一种合作伙伴关系，共同为提高供应链的整体效率努力。

本章案例：沃尔玛：供应链遥控供应商

沃尔玛给人们留下印象最深刻的，是它的一整套先进、高效的物流和供应链管理系统。沃尔玛从一家普通零售企业发展成为今天连锁店遍布全球的成功模式，也引发了经济学者和企业界的极大关注，并谓之为“沃尔玛现象”。

通过对沃尔玛的研究可以发现，沃尔玛给人们留下印象最深刻的，是它的一整套先进、高效的物流和供应链管理系统。沃尔玛在全球各地的配送中心、连锁店、仓储库房和货物运输车辆，以及合作伙伴（如供应商等），都被这一系统集中、有效地管理和优化，形成了一个灵活、高效的产品生产、配送和销售网络。

随着供应链变得日益重要，尽管沃尔玛的经验有其特殊性，比如，它是一家连锁商业零售企业，生产部门本来就不是它的强项，但是，透过表面的现象可以发现，沃尔玛的成功与其说是优秀的商业模式或者先进信息技术的应用，不如说是沃尔玛对自身的“商业零售企业”身份的超越。

这种超越来自两个方面：首先，沃尔玛不仅仅是一家等待上游厂商供货、组织配送的纯粹的商业企业，而且也直接参与到上游厂商的生产计划中去，与上游厂商共同商讨和制订产品计划、供货周期，甚至帮助上游厂商进行新产品研发和质量控制方面的工作。这就意味着沃尔玛总是能够最早得到市场上最希望看到的商品，当别的零售商正在等待供货商的产品目录或者商谈合同时，沃尔玛的货架上已经开始热销这款产品了。其次，是沃尔玛高水准的客户服务，沃尔玛能够做到及时地将消费者的意见反馈给厂商，并帮助厂商对产品进行改进和完善。过去，商业零售企业只是作为中间人，将商品从生产厂商传递到消费者手里，反过来再将消费者的意见通过电话或书面形式反馈到厂商那里。看起来沃尔玛并没有独到之处，但是结果却差异很大。原因在于，沃尔玛能够参与到上游厂商的生产计划和控制中去，因此能够将消费者的意见迅速反映到生产中，而不是简单地充当二传手或者电话话筒。

有经济学者指出，沃尔玛的思路并不复杂，但多数商业企业更多的是“充当厂商和消费者的桥梁”，缺乏参与和控制生产的能力。也就是说，沃尔玛的模式已经跨越了企业内部管理（ERP）和与外界“沟通”的范畴，而是形成了以自身为链主，链接生产厂商与顾客的全球供应链。而这一供应链正是通过先进的信息技术来保障的，这就是它的一整套先进的供应链管理（SCM）系统。离开了统一、集中、实时监控的供应链管理系统，沃尔玛的直接“控制生产”和高水准的“客户服务”将无从谈起。供应链外包好处多不仅仅是商业企业，已经有越来越多的其他行业的企业正在从供应链管理中收获巨大的效益，例如DELL、可口可乐、海尔等。通过IT技术构建起的基于Internet的供应链管理系统，企业正在突破 ERP 仅仅管理企业内部的局限性，形成以自己为主、以供应商为后盾的生产采购一条龙，共同为消费者提供更优良的产品和服务。

目前我国企业在构建自己的供应链时遇到一些问题，一方面，我国已经有不少企业正在加紧信息化建设，其中有部分企业也在实施和应用供应链管理系统，但收效却很难与沃尔玛相比。原因在于某些供应链管理软件更多的是由 IT 技术人员和程序员来开发，而代表了世界先进水平的管理思想和理念却很难模仿。因此，笔者建议我国企业尽可能地采用世界先进的供应链管理软件，在管理思想和信息化技术方面，我们应该承认与世界先进水平的差距。另一方面，我国企业在构建全国范围内的供应链管理系统时，可能会遇到经验、人员、资金上的困难，更多的情况是面临着国内企业整体信息化程度不高的问题。一个比较理想的解决办法是：采用外包的供应链管理平台服务，即企业主要关注自身的业务发展，而将自己不擅长的 IT 专业技术、管理软件、服务器网络、维护升级等工作交给专业化的“平台”服务供应商去做。目前，这样的供应链管理“平台”服务供应商已经悄然在我国出现。前不久，国内第一家供应链管理平台服务供应商——上海国通企业管理有限公司正在准备推出这样一款名为“齐赢先锋”的产品，并且已经得到了国内多家大型企业的高度评价和合作意向。

据了解，一些企业在最初组建自己的供应链管理系统时，就面临着供应商信息化程度参差不齐、难以纳入统一的管理体系的困难。采用基于 SAP 等国际先进技术和管理思想的国通“齐赢先锋”供应链管理平台，企业除了投入少、无须购置管理软件和硬件设备以外，更是一步跨入了世界先进的供应链管理的技术平台，取得了与世界跨国企业集团的对话资格。同时，企业和它们的所有供应商都能够更好地使用到同样的公共平台服务，对供应商的培训和技术支持等专业服务都完全交由专业化的“第三方”去做，又为企业节省了大量的人力和物力，可谓一举多得。在“沃尔玛现象”所引发的全球供应链管理系统建设潮流中，为我国企业提供从国外先进的管理软件到巨型服务器集群的“平台”式服务的出现，也使我们再一次感受到，我国正在迎来一个供应链管理的盛餐时代。

复习思考题

1. 企业采购的内涵和方式是什么？
2. 企业采购的流程都包括哪些环节？
3. 准时采购的概念和特点是什么？
4. 供应物流的概念及供应系统的构成包括哪些？
5. 供应物流的组织方式包括哪些？
6. 全球采购兴起的特点是什么？
7. 全球采购应注意哪些因素？
8. 企业全球采购的一般过程是什么？

第六章 企业生产物流管理

企业生产物流是企业物流的关键环节，认识并研究生产物流管理的基本原理，将有利于优化企业物流，有利于提高企业竞争力。从物流的角度看，企业的生产过程实际上是物料输入—转化—输出的物料流程系统。因此，企业生产类型有差异，其物流就表现出不同的特征。本章主要论述企业的生产物流及不同生产类型的物流特征、不同生产模式下的生产物流管理。

第一节 企业生产物流概述

一、生产物流的概念

生产物流（Production Logistics）是指生产过程中，原材料、在制品、半成品、产成品等，按照工艺过程在企业内部的实体流动。这种物流活动是与整个生产工艺过程伴生的，实际上已经构成了生产工艺过程的一部分，因此，也有人将生产物流定义为在生产工艺中的物流活动。

如果对生产过程物品进行分类，生产物流还可以进行细分。如可以分成尚未进入生产过程中的生产准备物流（如原材料、燃料、协作配套件以合理的规模、方式、时间等进入厂区合理的位置），与生产过程相伴随的生产伴随物流（由原材料开始加工至工厂成品形成之前的生产过程），随着工厂生产过程结束、工厂产品的最后形成及其后物品流动而形成的生产结束物流（工厂产品由合适的途径、规模、时间到达合适的地点，为进入社会流通作好准备）。

生产物流活动存在于生产企业。就独立企业而言，生产物流存在于厂区（生产区域）内部，就大型企业（企业集团）而言，生产物流不仅包括单独企业厂区内部，通常也存在于企业集团内部之间，在一定程度上具有社会物流的特征。一般地，生产企业也就是工业企业（含加工企业）生产物流，也叫工业企业物流或工厂物流。工业企业范围很广，它包括冶金、矿山、石油、化工、机械、电子、电力、林业、建材、轻纺、食品等工业部门。

对于生产物流的深入理解还可从以下几个层面来剖析：

（一）从生产工艺角度分析

“工艺是龙头，物流是支柱”，所以生产物流是指企业在生产工艺中的物流活动（即物料不断地离开上一工序、进入下一工序，不断发生搬上搬下、向前运动、暂时停滞等活动）。这种物流活动是与整个生产工艺过程伴生的，实际上已构成了生产工艺过程的一部分。其过程大体为：原材料、燃料和外构件等物料从企业仓库或企业的“门口”开始，进入到生产线的开始端，再进一步随生产加工过程并借助一定的运输装置，一个一个环节地“流”，在“流”的过程中，本身被加工，同时产生一些废料余料，直到生产加工终结，再“流”至成品仓库。

(二) 从物流的范围分析

企业生产系统中物流的边界起于原材料、外构件的投入，止于成品仓库。它贯穿生产全过程，横跨整个企业（车间、工段），其流经的范围是全厂性的、全过程的。物料投入生产后即形成物流，并随着时间进程不断改变自己的实物形态（如加工、装配、储存、搬运和等待等状态）和场所位置（各车间、工段、工作地和仓库等）。

(三) 从物流属性分析

企业生产物流是指生产所需物料在空间和时间上的运动过程，是生产系统的动态表现。换言之，物料（原材料、辅助材料、零配件、在制品和成品等）经历生产系统各个生产阶段或工序的全部运动过程就是生产物流。

综上所述，企业生产物流是指伴随企业内部生产过程的物流活动。即按照工厂布局、产品生产过程和工艺流程的要求，实现原材料、配件和半成品等物料在工厂内部供应库与车间、车间与车间、工序与工序、车间与成品库之间流转的物流活动。

二、生产物流的过程

企业生产过程的物流大体为：原料、零部件、燃料等辅助材料从企业仓库或企业的入口开始，直接或经过一些简单处理后（如拣选、暂时存放）进入到生产流程的开始端(生产准备物流)。此后，随生产工艺过程一个个环节的顺序流动，产生装卸、搬运、暂时存放等物流活动。在此过程中，物品本身被加工，同时产生一些废料、余料，直到生产加工终结，在这过程中产生生产伴随物流。最后产品由合适的搬运（运输）工具、途径、规模、时间到达合适的地点，进入产成品仓库，此时产生的是生产结束物流。至此，完成了企业生产物流的全部过程。

三、生产物流的基本特征

企业的生产过程实质上是每一个生产加工过程“串”起来时出现的物流活动，因此，一个合理的生产物流过程应该具有以下基本特征，才能保证生产过程始终处于最佳状态。

(1) 伴生性：生产物流是伴随着生产过程的进行而展开的。生产过程离不开生产物流，生产物流也离不开生产过程。生产物流与生产过程是相伴相随的。

(2) 辅助性：生产物流对企业的生产经营具有重要作用，但总的说来，生产物流是生产过程的辅助环节，其重要性一般而言不能与生产过程相提并论。

(3) 顺序性：生产物流严格按照生产过程的顺序进行，任何一个环节都不能跨越，任意两个环节都不能任意调换顺序。

(4) 平行性：在企业的日常运作中，各生产环节在生产过程中都持续进行，为了保证生产过程能平行进行，连接各生产过程生产物流必须平行进行。

(5) 比例协调性：各生产环节对物流的需求并不相同，某些环节可能要求小量而频繁的供应，而某些环节可能要求大量而不频繁地供应。应根据实际情况的需要，协调物流器具、物流能力在各环节间的分配。

(6) 系统性：由于生产物流各环节、各部分之间具有高度的相互关联，其中任意环节、部分（生产伴随物流）的失误或差错都将对生产过程产生不利影响。

(7) 制约性：由于当今企业的生产基本上都是专业化生产，在企业产品依赖于多个外协件生产厂家的供给时，其中任一生产厂家的供货迟滞都将使工厂的生产难以持续稳定地进行，对于需要大量外协件配套的、产品比较复杂的工厂，其产品的正常生产受到生产准备物流较大程度的制约。这也是生产企业要有库存的重要原因之一。

(8) 全面性：生产物流与生产过程的全部环节、各个部分都存在着紧密联系，生产过程必须通过生产物流来联结，生产物流全面贯穿于生产过程之中。

(9) 复杂性（分散性、离散性、集结性）：生产过程的复杂性决定了生产物流的复杂性。一个零件生产车间通常需要供应若干车间对多种零部件的需求，一个装配车间常常需要多个车间的零件、零配件、外协件的配合，而且需要的数量、规格、规模等常常随着时间的不同而有所区别。

四、生产物流的类型

通常情况下，企业生产的产品产量越大，产品的品种数则越少，生产的专业化程度也越高，而物流过程的稳定性和重复性也就越大。所以生产物流类型与决定生产类型的产品产量、品种和专业化程度有着内在的联系。正因如此，可以把划分生产物流的类型与划分生产类型看成是一个问题的两种说法。

(一) 从物料流向的角度分类

根据物料在生产工艺过程中的特点，可以把生产物流划分为：项目、连续和离散三种类型。

(1) 项目型生产物流（固定式生产）——物流凝固。即当生产系统需要的物料进入生产场地后，几乎处于停止的“凝固”状态，或者说在生产过程中物料流动性不强。分两种状态：一种是物料进入生产场地后就被凝固在场地中和生产场地一起形成最终产品，如住宅、厂房、公路、铁路、机场和大坝等；另一种是在物料流入生产场地后，“滞留”时间很长，形成最终产品后再流出，如大型的水电设备、冶金设备、轮船和飞机等。管理的重点是按照项目的生命周期对每阶段所需的物料在质量、费用以及时间进度等方面进行严格的计划和控制。

(2) 连续型生产物流（流程式生产）——物料均匀、连续地进行，不能中断；生产出的产品和使用的设备、工艺流程都是固定且标准化的，工序之间几乎没有在制品储存。管理的重点是保证连续供应物料和确保每一生产环节的正常运行。由于工艺相对稳定，有条件采用自动化装置实现对生产过程的实时监控。

(3) 离散型生产物流（加工装配式生产）——产品是由许多零部件构成，各个零部件的加工过程彼此独立；制成的零部件通过部件装配和总装配最后成为产品，整个产品的生产工艺是离散的，各个生产环节之间要求有一定的在制品储备。管理的重点是在保证及时供料和零件、部件的加工质量基础上，准确控制零部件的生产进度，既要减少在制品积压，又要保证生产的成套性。

（二）从物料流经的区域和功能角度分类

可以把生产过程中的物流细分为两部分：工厂间物流、工序间物流（车间物流）。

1. 工厂间物流

大型企业各专业厂间运输物流或独立工厂与材料、配件供应厂之间的物流。

2. 工序间物流

也称工位间物流、车间物流，指生产过程中车间内部和车间、仓库之间各工序、工位上的物流。其内容包括：接受原材料、零部件后的储存活动；加工过程中间的在制品储存活动；成品出厂前的储存活动；仓库向生产车间运送原材料、零部件的搬运活动；各种物料在车间、工序之间的搬运活动。

据一些机械制造业的典型调查资料，按其工艺过程，零件在机床上全部切削时间只占生产过程全部时间的10%左右，在其余90%左右的时间内，原材料、零部件、半成品或制成品处于等待、装卸、搬运和包装等物流过程，即工序间物流活动时间占去了产品生产过程总时间的约90%。可见，如果从时间上考虑，工序间物流已成为生产物流的代名词。为了尽量压缩工序间物流在生产过程中的时间，从管理的角度考虑，重点是进行合理仓库布局，确定合理的库存量，配置设备与人员，建立搬运作业流程、储存制度和确定适当的搬运路线，正确选定储存、搬运项目的信息收集、汇总、统计和使用方法，以实现“适时、适量、高效、低耗”的生产目标。

第二节　生产物流控制的基本模式

在实际的生产物流系统中，由于受系统内部和外部各种因素的影响，企业生产物流计划与实际之间会产生偏差，为了保证计划的完成，必须对物流活动进行有效控制。因此，物流控制是物流管理的重要内容，也是物流管理的重要职能。

生产物流控制是指在生产作业计划执行过程中，对有关产品或零部件的数量和生产进度进行控制。生产物流控制是物流控制的核心，是实现生产作业计划的保证。

一、生产物流控制的基本原理

在生产物流系统中，物流协调和减少各个环节生产和库存水平的变化是很重要的。在这样的系统中，系统的稳定与所采用的控制原理有关。下面介绍两种典型的控制原理。

（一）物流推进型控制原理

根据最终产品的需求结构，计算出各个生产工序的物料需求量，在考虑了各生产工序的生产提前期之后，向各工序发出物流指令（生产计划指令）。推进型控制的特点是集中控制，每个阶段物流活动都要服从集中控制指令。但各阶段没有考虑影响本阶段的局部库存因素，因此这种控制原理不能使各阶段的库存水平都保持在期望水平上。广泛应用的MRP系统控制实质上就是推进型控制。

（二）物流拉动型控制原理

根据最终产品的需求结构，计算出最后工序的物流需求量；根据最后工序的物流需求量，向前一工序提出物流供应要求。依次类推，各生产工序都接受后工序的物流需求。从指令方式上不难看出：由于各个工序独立发出指令，所以实际上是一种单一阶段的重复。推进型控制的特点是分散控制，每一阶段的物流控制目标都是满足局部需求，通过这种控制方式，使局部生产达到最优要求。但各阶段的物流控制目标难以考虑系统的总体控制目标，因此这种控制原理不能使总费用水平和库存水平保持在期望水平。广泛应用的"看板管理"系统控制实质上就是拉动型控制。

二、生产物流控制的基本类型

（一）以MRP、MRPⅡ和ERP为基础的"推动式"物流管理模式

在生产物流组织控制上，根据ERP/MRPⅡ的运作原理，通过预测计算物料的需求量和各个生产阶段对应的提前期，确定原材料、零部件和产品的投入产出计划，向相关车间或工序以及供应商发出生产和订货指令。各个生产车间或工序以及供应商，按计划安排进行生产，把加工完的零部件送到后续车间和工序，并将实际完成情况反馈到计划部门，通过"送料制"，最终产品逐渐形成。计划信息流同向指导推动物流。

对于"推动式"生产物流系统，进行生产控制就是要保证各个生产环节的物流输入和输出都按计划要求按时完成。但是由于各类因素的干扰，外部需求经常波动，内部运行有时也有异常事件发生，各种提前期的预测也不尽准确，造成"计划变化滞后"的情况，各车间、工序之间的数量和品种都难以衔接，交货期难以如期实现。为了解决这些矛盾，通常采用调整修改计划、设置安全库存、加班加点、加强调度控制力度、增加计算机辅助管理系统等措施。与此对应，要发生相关的库存费用、人工费用、管理费用和投资。尽管这样，还是不能完全挽回由于不确定性因素带来的损失。

（二）以JIT生产为基础的"拉动式"物流管理模式

以JIT生产为基础的"拉动式"物流管理模式，即从最终产品装配出发，由下游工序反过来启动上游的生产和运输。每个车间和工序都是"顾客"，按当时的需要提出需求指令；前序车间和工序成为"供应商"按顾客的需求指令进行生产和供应，没有需求就不进行作业，实行"领料制"需求信息流逆向拉动物流。

JIT"拉动式"物流系统的最大特点是市场供需关系的工序化。它以外部市场独立需求为源点，拉动相关物料需求的生产和供应。生产系统中的上下游、前后工序之间形成供应商—顾客关系，下游和后工序"顾客"需要什么，上游和前工序"供应商"就"准时化"提供什么，物流过程精益化，市场需求导向的理念在拉动式物流中得到充分体现。JIT的最终目标是消灭库存或至少是把库存降到最小值。

JIT的"拉动式"物流管理模式的实施需要一定的企业管理基础，它主要考虑了人的因素，注重员工的多功能和合作。但是，JIT"拉动式"物流系统的成功运行是在与生产相关的物流系统资源都能够提供足够大的物流能力的前提下进行的。在实际生产中各种

资源的能力不可能一开始就是完全相等的，即不可能一开始就实现最大能力的均衡生产。所以，JIT 的顺利实施也就受到了整个生产系统中有效产出最低的环节—瓶颈的限制。

（三）以 TOC 生产为基础的"瓶颈控制"物流管理模式

TOC，即约束理论（Theory Of Constraints）或称瓶颈理论，该理论是以色列物理学家、企业管理顾问戈德拉特博士（Dr. Eliyahu M. Goldratt）在他开创的优化生产技术（Optimized Production Technology，OPT）基础上发展起来的管理哲理，该理论提出了在制造业经营生产活动中定义和消除制约因素的一些规范化方法，以支持连续改进（Continuous Improvement）。同时 TOC 也是对 MRPⅡ和 JIT 在观念和方法上的发展。

TOC 瓶颈理论把企业看做是一个完整的系统，认为任何生产系统都会产生瓶颈因素。正是各种各样的制约因素，限制了企业生产产品的数量和利润的增长。因此，企业在实现其目标的过程中，应逐步识别和消除这些现存或潜伏的瓶颈，使得企业的改进方向和改进政策明确化，从而实现其"有效产出"的目标。

三、不同生产物流控制模式的比较

TOC 与 MRPⅡ、JIT 是在不同时代、不同经济与社会环境下产生的不同的企业管理方式，其内涵的物流活动的原理也不尽相同。这几乎涉及企业经营规划、业务运作、决策模式以及持续改进管理等企业运作管理的方方面面。

（一）计划方式

MRPⅡ采用集中的计划方式，计算机系统首先建立一套规范、准确的零件、产品结构及加工工序等数据系统，并在系统中维护准确的库存、订单等供需数据，MRPⅡ据此按照无限能力计划法，集中展开对各级生产单元及供应单元的生产与供应指令。JIT 采用看板管理方式，按照有限能力计划，逐道工序地传递生产中的取货指令和生产指令，各级生产单元依据所需满足的上级需求组织生产。而 TOC 的计划方式不同，它先安排约束环节上关键件的生产进度计划，以约束环节为基准，把约束环节之前、之间、之后的工序分别按拉动、工艺顺序、推动的方式排定，并进行一定优化，然后再编制非关键的作业计划。

（二）能力平衡方式

MRPⅡ提供能力计划功能。由于 MRPⅡ在展开计划的同时将工作指令落实在具体的生产单元上，因此根据生产单元的初始化能力设置，可以清楚地判断生产能力的实际需求，由计划人员依据经验调整主生产计划，以实现生产能力的相对平衡。而与之相反，JIT 计划展开时基本不对能力的平衡作太多考虑，企业密切协作的方式保持需求的适当稳定并以高效率的生产设备来保证生产线上能力的相对平衡。总体能力的平衡一般作为一个长期的规划问题来处理。TOC 则首先按照能力负荷比把资源分为约束资源和非约束资源，通过改善企业链条上的薄弱环节来消除"约束"，同时注意到"约束"是动态转移的，通过 TOC 管理手段的反复应用以实现企业的持续改进。

（三）库存的控制方式

MRPⅡ中一般设有各级库存，强调对库存管理的明细化、准确化。库存执行的依据是计划与业务系统产生的指令，如加工领料单、销售领料单、采购入库单、加工入库单等。而JIT生产过程中一般不设在制品库存，只有当需求期到达时才供应物料，所以库存基本没有或只有少量。TOC的库存控制是通过合理设置“时间缓冲”和“库存缓冲”来实现的。缓冲器的存在起到了防止随机波动的作用，使约束环节不至于出现等待任务的情况。缓冲器的大小由观察与实验确定，再通过时间进行必要的调整。

（四）质量的管理方式

MRPⅡ将出现的质量问题视为概率性问题，并在最终检验环节加以控制。系统可以设置默认质量控制参数，借助生产中质量信息的反馈，事后帮助分析出现质量问题的原因。在JIT质量控制中，进入下一道工序时要确保上一道送来的零件没有质量问题，一级一级地控制直至最后成品。对于发现的质量问题，一方面立即组织质量小组解决；另一方面可以停止生产，确保不再生产出更多废品。在TOC中，一方面，在约束环节前设置质检，以避免前道工序的破洞对约束环节的影响；另一方面，当“质量管理”因素成为一个无形约束时，通过一系列工具来找到突破点。

（五）物料采购与供应方式

MRPⅡ的采购与供应系统主要根据由计划系统下达的物料需求指令进行采购决策，并负责完成与供应商之间的联系与交易。此类采购与供应部门的工作主要围绕如何保证供应的同时降低费用。JIT则将采购与物料供应视为生产链的延伸部分，即为看板管理向企业外传递需求的部分。在实际生产过程中，由于企业多已建立密切的合作关系，所以供应商一般亦根据提出的需求组织生产，保证生产链的紧密衔接。此种情况，采购供应部门更像协作管理部门。而TOC软件的集体运行和MRPⅡ一样需要大量的数据支持，如产品结构文件、加工工艺文件以及加工时间、调整准备时间、最小批量、最大库存、替代设备等。物料采购提前期不是事先固定，由上述数据共同决定的函数，物料的供应与投放则按照一个详细作业计划来实现，即通过“绳子”来同步。

四、生产物流控制的主要内容

（一）物流进度控制

生产物流进度控制，是对物料从投入到成品入库为止的全过程进行的控制。生产物流进度控制是生产作业控制的关键。它包括物料投入进度控制、物料出产进度控制和工序物料控制等内容。

（二）在制品占用量控制

在制品占用量控制，主要包括：控制车间内各工序之间在制品的流转和跨车间协作工序在制品的流转，加强工序间检验对在制品流转的控制。此外，还可以采用看板管理法控制在制品的占用量。采用“看板方式”生产与一般方式生产的一个显著区别是，它不是采用前道工序向后道工序送货，而是实行后道工序在需要的时候向前道工序领取需要的部件，前道工序只生产被后道工序取走的那部分零部件，严格控制零部件的生产和储备。看板作为取货指令、运输指令、生产指令，用以控制生产和微调计划有着重要的作用。它是随物流运动而发挥作用的。

(三) 偏差的测定与处理

在生产物流计划实施过程中，按照预定时间及顺序检测计划执行的结果，即计划量与实际量的差距，根据发生差距的原因及程度，采用不同的方法进行处理。

完成上述控制内容的系统可以采取不同的结构和形式，但都具有一些共同的要素。这些共同的要素包括以下几个方面：①强制控制和弹性控制的程度。即通过有关期量标准、严密监控等手段所进行的强制或自觉控制；②目标控制和程序控制。即控制系统是核查生产实际结果还是对生产程序、生产方式进行核查；③管理控制和作业控制。管理控制的对象是全局，即为使系统整体达到最佳效益而按照总体计划来调节各个环节、各个部门的生产活动。作业控制的对象是对某项作业进行控制，是局部的，其目的是保证具体任务或目标的实现。有时不同作业控制的具体目标之间可能会出现脱节或矛盾的情况，需要管理控制对此进行协调，以达到整体最优的效果。

五、生产物流控制的基本程序

生产物流控制的程序对不同类型的生产方式来说，基本上是一样的。与控制的内容相适应，生产物流控制程序一般包括以下几个步骤：

(1) 制定期量标准。期量标准要合理与先进，并随着生产条件的变化不断修正。

(2) 制订计划。依据生产计划制订相应的物流计划。

(3) 物流信息的收集、传送、处理。

(4) 短期调整。为了保证生产正常进行，要及时调整偏差，以确保计划的顺利完成。

(5) 长期调整。这是为了保证生产及其有效性的评估。

第三节 物料需求计划 (MRP)

一、物料需求计划的概念及其产生

物料需求计划（Material Requirements Planning ，MRP）是 20 世纪 60 年代发展起来的一种计算物料需求量和需求时间的系统，是对构成产品的各种物料的需求量与需求时间所做的计划，它是企业生产计划管理体系中作业层次的计划。物料需求计划最初只是一种计算物料需求的计算器，是开环的，没有信息反馈，后来发展为闭环物料需求计划。

(一) 订货点法的局限性

早在 20 世纪 40 年代初期，西方经济学家就推出了订货点方法的理论，并将其用于企业的库存计划管理。订货点方法的理论基础比较简单，即库存物料随着时间的推移而使用和消耗，库存数量逐渐减少，当某一时刻的库存可供生产使用消耗的时间等于采购此种物料所需要的时间（提前期）时，就要进行订货以补充库存。决定订货时的数量和时间即订货点。一般情况下，订货点时的库存量都考虑了安全库存量。依据订货点的理论，实际工作中又派生出定量订购和定期订购两种基本方法。

订货点法是基于以下假设：①假定库存项目的需求是常数，即需求是连续的，库存消耗是稳定的；②对多项库存设定一个固定的安全库存，而不考虑需求的变化与库存项目之间的联系；③提前期是常数而不计需求期的变化。

在以上假设条件下，订货点法用于库存管理会出现以下问题：

（1）订货点法面向的是相互独立的需求项目。即认为库存项目是孤立的，每个项目可独立确定需求量和需求期。这对库存中的某些项目是适宜的，如最终项目产品和备件、备品等。然而对生产库存，其库存项目主要是原材料、坯料、零件、组件和部件等。它们的需求量和需求期是相互牵制的。订货点方法认为库存项目全部是独立的，自然会导致库存计划与控制上的不合理。

（2）订货点法的需求量和需求期是通过对库存历史数据资料预测而得到的。这样，只有当这些规律在未来还会重演的情况下，预测才会有意义。然而，实际情况是不可能的，这种使用历史数据的库存管理方法必然会带来较大的误差。

（3）订货点法假定需求是连续的，并按以往的平均消耗率间接地提出需求时间，保证库存在任何时刻都维持在一定水平。一旦库存低于订货点，就立即补充。其订货时间往往较需求时间提前，再加上安全库存，使仓库在实际需求发生以前就有较大的存货。

（4）为装配成产品，要求部件、组件、零件和原材料等各库存项目的数量必须配套。否则，即使每个基础上的供货率准确，并不能保证总供货率是准确的。例如，假定各库存项目的供货率为95%，则10个不同基础上联合供货率只有$0.95 \times 0.95 \cdots = 0.95^{10} \approx 0.6$即60%，可见按订货点法计划与控制库存，想要在总装时不发生短缺，或者不突击加班，那只是碰巧了。

（二）物料需求计划（MRP）的产生

用订货点法来处理相关需求问题，是一种很不合理、很不经济和效率极低的方法。它很容易导致库存量过大、需要的物料未到、不需要的物料先到、各种所需物料不配套等问题。订货点法尽管有上述不足，但直到20世纪60年代中期还一直被广泛使用。直至MRP法的出现，才基本被取代。最早提出解决方案的是美国IBM公司的J. Orlicky博士，他在20世纪60年代设计并组织实施了第一个MRP系统。

物料需求计划系统是专门为装配型产品生产所设计的生产计划与控制系统，它的基本工作原理是满足相关性需求的原理。物料需求计划中的物料指的是构成产品的所有物品，包括部件、零件、外购件、标准件以及制造零件所用的毛坯与材料等。这类物料的需求性质属于相关性需求，其特点是：需要量与需要时间确定而已知；需求成批并分时段，即呈现出离散性；百分之百地保证供应。

由于企业中相关需求物料的种类和数量相当繁多，而且不同的零部件之间还具有多层“母子”关系，因此这种相关需求物料的计划和管理比独立需求要复杂得多。对于相关需求物料来说，就很有必要采用已有的最终产品的生产计划作为主要的信息来源，而不是根据过去的统计平均值来制订生产和库存计划。而MRP（物料需求计划）正是基于这样一种思路的相关需求物料的生产与库存计划。

（三）与物料需求计划相关的概念

在制订物料需求计划中常涉及一些概念，如独立需求与相关需求、产品结构与提前期等。

（1）独立需求：企业外部需求决定库存量和库存项目的称为独立需求，如产品、成品、样品、备品和备件等；

（2）相关需求：由企业内部物料转化各环节之间所发生的需求称为相关需求，如半成品、零部件和原材料等；

（3）产品结构或物料清单（Bill of Materials，BOM），其提供了产品全部构成项目以及这些项目的相互依赖的隶属关系；

（4）提前期：不同类型和类别的库存项目，其提前期的含义是不同的。例如，外购件应定义采购提前期，指物料进货入库日期与订货日期之差。零件制造提前期则是指各工艺阶段比成品出产要提前的时间。MRP 对生产库存的计划与控制就是按各相关需求的提前期进行计算实现的。

因此，MRP 基本理论和方法与传统的订货点法有着明显的不同，它在传统方法的基础上引入了反映产品结构的物料清单（BOM），较好地解决了库存管理与生产控制中的难题，即按时按量得到所需的物料。

（四）物料需求计划的发展

企业物料需求计划技术的发展经历了以下几个发展阶段：

1. MRP 阶段

20 世纪 60 年代初发展起来的 MRP 仅是一种物料需求计算器，它根据对产品的需求、产品结构和物料库存数据来计算各种物料的需求，将产品出产计划变成零部件投入产出计划和外购件、原材料的需求计划，从而解决了生产过程中需要什么、何时需要、需要多少的问题。

2. 闭环 MRP（Closed-loop MRP）阶段

在 20 世纪 60 年代末期推出的闭环 MRP，在原 MRP 的基础上补充了以下功能：

（1）编制能力需求计划；

（2）建立了信息反馈机制，使计划部门能及时从供应商、车间作业现场、库房管理员、计划员那里了解计划的实际执行情况；

（3）计划调整功能。

3. 制造资源计划 MRPⅡ（Manufacturing Resource Planning）阶段

把生产活动与财务活动联系到一起，实现财务信息与物流信息的集成，是从闭环 MRP 向 MRPⅡ迈出的关键一步，而将闭环 MRP 与企业经营计划联系起来则使企业各个部门有了一个统一可靠的计划控制工具。MRPⅡ是企业级的集成系统，它包括整个生产经营活动：销售、生产、生产作业计划与控制、库存、采购供应、财务会计和工程管理等。

4. 企业资源计划 ERP（Enterprise Resource Planning）阶段

进入 20 世纪 90 年代，MRPⅡ得到了蓬勃发展，其应用也从离散型制造业向流程式制造业扩展，不仅应用于汽车、电子等行业，也能用于化工、食品等行业；不仅适用于多品种中小批量生产，而且适用于大量大批生产。不过，MRPⅡ的长处在多品种、中小批量生产的加工装配式企业得到了最有效的发挥。随着信息技术的发展，MRPⅡ系统的功能也在不断地增强、完善与扩大，向企业资源计划（ERP）发展。

二、MRP的基本思想和运算逻辑

（一）MRP的基本思想

1975年美国人约瑟夫·奥里奇编写了有关MRP的权威性专著，他针对订货点法的应用范围，提出了一些对制造业库存管理有重要影响的新观点，他认为：①根据主生产计划（Master Production Schedule，MPS）确定独立需求产品或备件备品的需求数量和日期；②依据物料清单自动推导出构成独立需求物料的所有相关需求物料的需求，即毛需求；③由毛需求以及现有库存量和计划接收量得到每种相关需求的净需求量；④根据每种相关需求物料的各自提前期（采购或制造）推导出每种相关需求物料开始采购或制造的日期。

因此，我们可以将MRP的基本思想概述为：①围绕物料转化组织制造资源，实现按需要准时生产；②MRP处理的是相关需求，它根据产品出产计划倒推出相关物料的需求；③强调以物料为中心组织生产，体现了为顾客服务的宗旨和按需定产的思想。

MRP基本思想的提出解决了物料转化过程中的几个关键问题：何时需要，需要什么，需要多少？它不仅在数量上解决了缺料问题，更关键的是从时间上来解决缺料问题，实现了制造业销售、生产和采购三个核心业务的信息集成与协同运作。因此，MRP一经推出便引起了广泛的关注，并随着计算机技术的发展而不断发展。

（二）MRP的基本逻辑

MRP的基本逻辑就是由产品的交货期展开成零部件的生产进度日程与原材料、外购件的需求数量和需求日期，即将主生产计划转换成物料需求表，并为编制能力需求计划提供信息。其主要功能及运算依据如表6-1所示。

表6-1　MRP的主要功能及运算依据

处理的问题	所需信息
生产什么？生产多少？	切实可行的主生产计划（MPS）
要用到什么？	准确的物料清单（BOM表）
已具备什么？	准确的物料库存数据
还缺什么？何时需要？	MRP的计算结果（生产计划和采购计划）

MRP的基本逻辑，如图6-1所示。

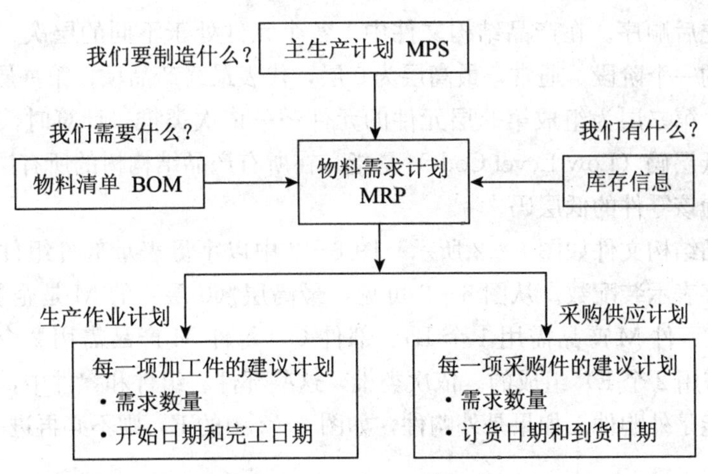

图 6-1 MRP 的基本逻辑

(三) MRP 的主要输入信息

从图 6-1 可以看出，MRP 的主要输入有三个部分：主生产计划（产品出产计划，MPS）、物料清单（产品结构文件，BOM）和库存状态文件。

1. 主生产计划（MPS）

主生产计划（Master Production Schedule，MPS）是 MRP 的主要输入，它是 MRP 运行的驱动源。它是把综合生产计划转化为具体的产品（或独立零件）出产进度计划，它是综合生产计划的具体化与细化。企业主生产作业计划，是根据需求订单、市场预测和生产能力等来确定的，它规定在计划时间内（年、月），每一生产周期（旬、周、日）最终产品的计划生产量。MPS 的计划对象是企业向外界提供的东西，它们具有独立需求的特征，包括：①最终产品项，即一台完整的产品；②独立需求的备品、配件，可以是一个完整的部件，也可以是零件；③MPS 中规定的出产数量一般为净需要量，即需生产的数量。MPS 的计划期通常应不短于最长的产品生产周期，计划期取得长一些，可以提高计划的预见性。

主生产计划要满足两个约束条件：一是要保证生产总量等于综合生产计划确定的生产总量；二是在决定产品批量、生产时间时必须考虑资源的约束。主生产计划是根据实际的需求信息制订出产品的出产进度计划。主生产计划的需求信息来源主要有：

(1) 预测（如对光缆市场短期与长期的预测）；

(2) 客户订货（主要为及时的订单情况）；

(3) 库存（原材料与成品库存）；

(4) 其他需求（如服务备件、厂际需求）。此外，制订一个主生产计划还需要产品提前期、生产能力等数据。

2. 产品结构文件

产品结构文件又称为物料清单文件（Bill of Materials，BOM），它表示了产品的组成及结构信息，不只是所有元件的清单，还反映了产品项目的结构层次以及制成最终产品的各个阶段的先后顺序。在产品结构文件中，各个元件处于不同的层次。每一层次表示制造最终产品的一个阶段。通常，最高层为0层，代表最终产品项；第一层代表组成最终产品项的元件；第二层为组成第一层元件的元件……依次类推。计算时，一般采用低层码原则。所谓低层码（Low Level Code）是指，在所有产品结构树的所有层次中，位置最低的层次码称为该零件的低层码。

典型的产品结构文件如图6－2所示。图6－2中以字母表示部件组件，数字表示零件，括号中数字表示装配数。从图6－2可见，最高层（0层）的M是企业的最终成品，它是由部件B（一件M产品需用1个B）、部件C（每件M产品需用2个C）及部件E（每件M产品需用2个E）组成的。依次类推，这些部件、组件和零件中，有些是工厂生产的，有些可能是外购件。如果是外购件，如图6－2中的E，则不必再进一步分解。

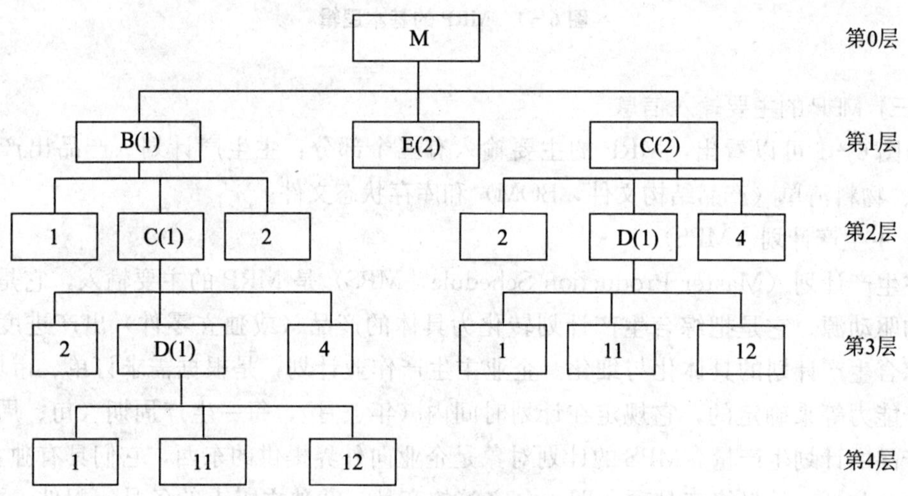

图6－2　产品M的结构

当产品结构信息输入计算机后，计算机根据输入的结构关系自动赋予各部件、零件一个低层代码。低层代码概念的引入，是为了简化MRP的计算。当一个零件或部件出现在多种产品结构的不同层次，或者出现在一个产品结构的不同层次上时，该零（部）件就具有不同的层次码。如图6－2中的部件C既处于1层也处于2层，即部件C的层次代码是1和2。在产品结构展开时，是按层次代码逐级展开，相同零（部）件处于不同层次就会产生重复展开，增加了计算工作量。因此当一个零部件有一个以上层次码时，应以它的最低层代码（其中数字最大者）为其低层代码。图6－2中各零部件低层代码如表6－2所示。一个零件的需求量为其上层（父项）部件对其需求量之和，图6－2按低层代码在作第二层分解时，每件M直接需要2件C；B需要1件C，因此，生产1件成品M共需3件C。部件C的全部需要量可以在第二层展开时一次求出，从而简化了运算过程。

表 6-2　　各零部件低层代码

件　号	低层代码
M	0
B	1
E	1
C	2
D	3
1	4
2	3
4	3
11	4
12	4

3. 库存状态文件

库存状态文件保存了每一种物料的有关数据，MRP 系统关于订什么、订多少、何时发出订货等重要信息，都存储在库存状态文件中。产品结构文件是相对稳定的，而库存状态文件却处于不断变动之中。MRP 每运行一次，它就发生一次大的变化。

MRP 中的库存状态文件的数据主要有两部分：一部分是静态的数据，在运行 MRP 之前就确定的数据，如物料的编号、描述、提前期、安全库存等；另一部分是动态的数据，如总需求量、库存量、净需求量、计划发出（订货）量等。MRP 在运行时，不断变更的是动态数据。下面对库存状态文件中的几个数据进行说明：

（1）总需求量（Gross Requirements）。如果是产品级物料，则总需求由 MPS 决定；如果是零件级物料，则总需求来自于上层物料（父项）的计划发出订货量。

（2）预计到货量（Scheduled Receipts）。该项目有的系统称为在途量，即计划在某一时刻入库但尚在生产或采购中，可以作为 MRP 使用。

（3）现有数（On Hand）。表示上期末结转到本期初可用的库存量。现有数＝上期末现有数＋本期预计到货量－本期总需求量。

（4）净需求量（Net Requirements）。当现有数加上预计到货不能满足需求时就会产生的净需求。净需求＝现有数＋预计到货－总需求。

（5）计划接收订货（Planned Order Receipts）。当净需求为正时，就需要接收一个订货量，以弥补净需求。计划收货量取决于订货批量的考虑，如果采用逐批订货的方式，则计划收货量就是净需求量。

（6）计划发出订货（Planned Order Release）。计划发出订货量与计划接收订货量相等，但是时间上提前一个时间段，即订货提前期。订货日期是计划接收订货日期减去订货提前期。

另外，有的系统设计的库存状态数据可能还包括一些辅助数据项，如订货情况、盘点记录、尚未解决的订货、需求的变化等。

（四）MRP的运算流程与运行方式

1. MRP的运算逻辑

MRP的运算逻辑基本上遵循如下过程：按照产品结构进行分解，确定不同层次物料的总需求量；根据产品最终交货期和生产工艺关系，反推各零部件的投入出产日期；根据库存状态，确定各物料的净需求量；根据订货批量与提前期最终确定订货日期与数量。MRP有两种运行方式，即重新生成与净改变方式。重新生成方式是每隔一定时期，从主生产计划开始，重新计算MRP。这种方式适合于计划比较稳定、需求变化不大的MTS（面向库存生产）。净改变方式是当需求方式变化，只对发生变化的数据进行处理，计算那些受影响的零件的需求变化部分。净改变方式可以随时处理，或者每天结束后进行一次处理。

2. MRP的运行方式

在计算机中MRP的计算，是以矩阵的形式展开，MRP的工作逻辑如图6-3所示。MRP的计算是根据反工艺路线的原理，按照主生产计划规定的产品生产数量及期限要求，利用产品结构、零部件和在制品库存情况，各生产（或订购）的提前期、安全库存等信息，反工艺顺序地推算出各个零部件的出产数量与期限。

3. 物料需求计划的基本计算步骤

一般来说，物料需求计划的制订是遵照先通过主生产计划导出有关物料的需求量与需求时间，然后，再根据物料的提前期确定投产或订货时间的计算思路。其基本计算步骤如下：

（1）计算物料的毛需求量。即根据主生产计划、物料清单得到第一层级物料品目的毛需求量，再通过第一层级物料品目计算出下一层级物料品目的毛需求量，依次一直往下展开计算，直到最低层级原材料毛坯或采购件为止。

（2）净需求量计算。即根据毛需求量、可用库存量、已分配量等计算出每种物料的净需求量。

（3）批量计算。即由相关计划人员对物料生产作出批量策略决定，不管采用何种批量规则或不采用批量规则，净需求量计算后都应该表明有否批量要求。

（4）安全库存量、废品率和损耗率等的计算。即由相关计划人员来规划是否要对每个物料的净需求量作这三项计算。

（5）下达计划订单。即通过以上计算后，根据提前期生成计划订单。物料需求计划所生成的计划订单，要通过能力资源平衡确认后，才能开始正式下达计划订单。

（6）再一次计算。物料需求计划的再次生成大致有两种方式，第一种方式会对库存信息重新计算，同时覆盖原来计算的数据，生成的是全新的物料需求计划；第二种方式则只是在制订、生成物料需求计划的条件发生变化时，才相应地更新物料需求计划有关部分的记录。这两种生成方式都有实际应用的案例，至于选择哪一种要看企业实际的条件和状况。

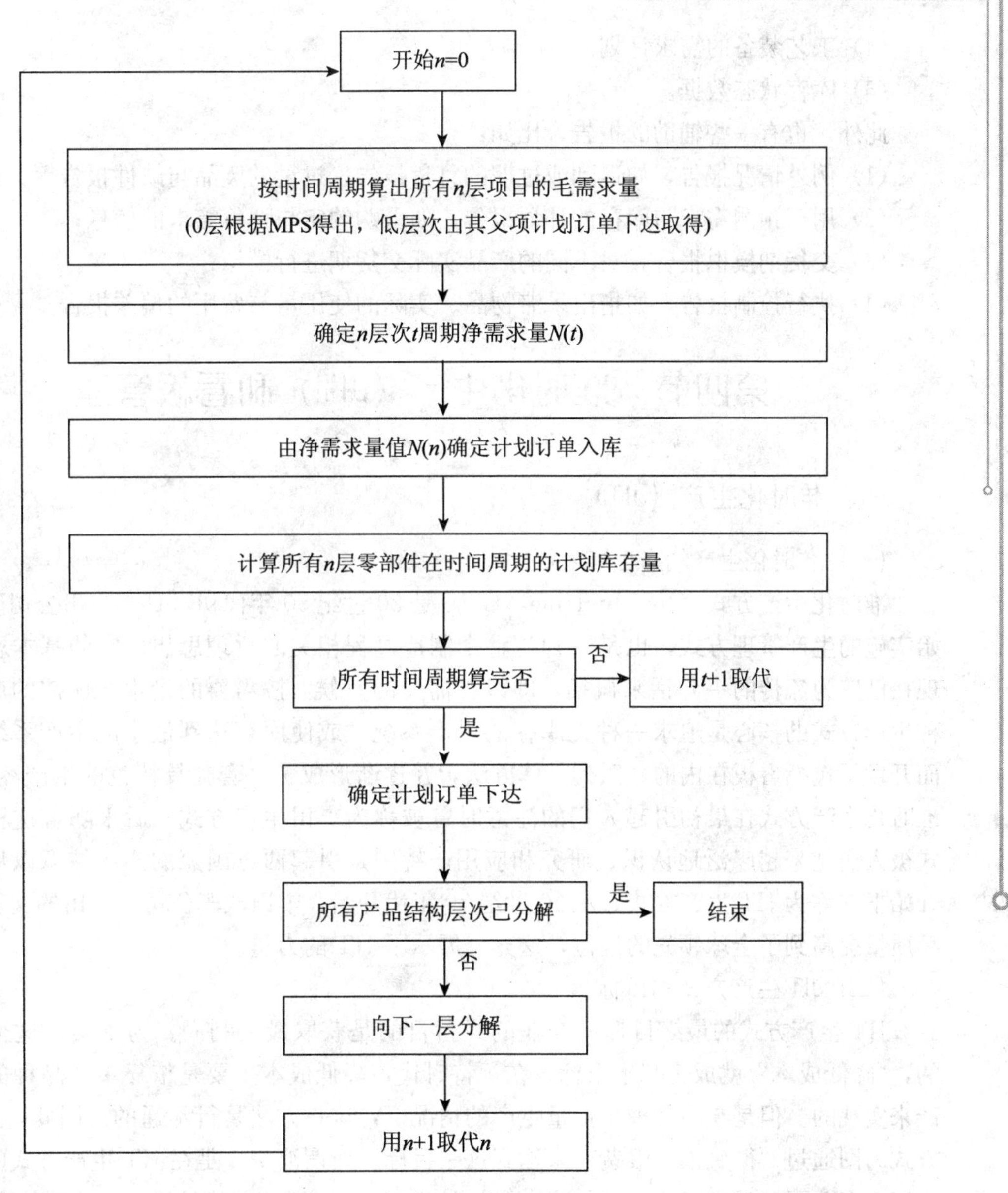

图 6-3　MRP 工作逻辑

（五）MRP 的主要输出

MRP 的输出数据主要是生产与库存控制计划与报告，其内容和形式与企业生产的特点有关，其主要有以下几个方面的内容：

（1）计划发出的订单，主要是零部件的投入出产计划、原材料采购或外协件计划。这两种计划是 MRP 的主要展开数据。

（2）订单执行的注意事项通知。

（3）订单的变动通知。

(4) 工艺装备的需求计划。

(5) 库存状态数据。

此外，也有一些辅助的报告，比如：

(1) 例外情况报告，如迟到或过期的订货报告、过量的废品与缺件报告等；

(2) 用于预测需求与库存的计划报告，如采购约定与评价需求的信息；

(3) 交货期模拟报告，对不同的产品实际交货期进行模拟；

(4) 执行控制报告，如指出呆滞物品、实际的使用量与费用的偏差报告。

第四节　准时化生产（JIT）和看板管理

一、准时化生产（JIT）

（一）准时化生产的产生和发展

准时化生产方式（Just In Time，JIT）是20世纪50年代初，日本丰田公司研究和开始实施的生产管理方式，也是一种与整个制造过程相关的哲理思想。它的基本思想可用现在已广为流传的一句话来概括，即只在需要的时候，按需要的量生产所需的产品。这种生产方式的核心是追求一种无库存的生产系统，或使库存达到最小的生产系统。为此而开发了包括看板在内的一系列具体方法，并逐渐形成了一套独具特色的生产经营体系。准时化生产方式在最初引起人们的注意时曾被称为丰田生产方式，后来随着这种生产方式被人们越来越广泛地认识、研究和应用，特别是引起西方国家的广泛注意以后，人们开始把它称为JIT生产方式。从20世纪70年代开始，丰田汽车公司将丰田的交货期和产品质量提高到了全球领先的地位，这充分展示了JIT的力量。

（二）JIT生产方式的目标

JIT生产方式的最终目标即企业的经营目的是获取最大利润。为了实现这个最终目的，"降低成本"就成为基本目标。在福特时代，降低成本主要是依靠单一品种的规模生产来实现的。但是在多品种小批量生产的情况下，这一方法是行不通的。因此，JIT生产方式力图通过"彻底消除浪费"来达到这一目标。所谓浪费，是在JIT生产方式的起源地丰田汽车公司，被定义为"只使成本增加的生产诸因素"，也就是说，不会带来任何附加价值的诸因素。这其中，最主要的有生产过剩（即库存）所引起的浪费。因此，为了排除这些浪费，就相应地产生了适量生产、弹性配置作业人数以及保证质量这样三个子目标。

（三）JIT生产方式的原则

为了达到降低成本这一基本目标，对应于这一基本目标的三个子目标，JIT生产方式也可以概括为下述三个方面：

1. 适时适量生产

适时适量生产即"Just In Time"，本来所要表达的含义是："在需要的时候，按需要的量生产所需的产品。"当今的时代已经从"只要生产得出来就卖得出去"进入了一个"只能生产能够卖得出去的产品"的时代。对于企业来说，各种产品的产量必须能够灵活地适应市场需求的变化。否则的话，由于生产过剩会引起人员、设备、库存费用等一系列的浪费。而避免这些浪费的方法就是实施适时适量生产，只在市场需要的时候生产市场需要的产品。JIT 的这种思想与历来的有关生产及库存的观念截然不同。

2. 弹性配置作业人数

在劳动费用越来越高的今天，降低劳动费用是降低成本的一个重要方面。达到这一目的的方法是“少人化”。所谓少人化，是指根据生产量的变动，弹性地增减各生产线的作业人数，以及尽量用较少的人力完成较多的生产。这里的关键在于能否将生产量减少了的生产线上的作业人员数量减下来。这种“少人化”技术一反历来的生产系统中的“定员制”，是一种全新的人员配置方法。

实现这种少人化的具体方法是实施独特的设备布置，以便能够将需求减少时各作业点减少的工作集中起来，以整数削减人员。但这从作业人员的角度来看，意味着标准作业时间、作业内容、范围、作业组合以及作业顺序等的一系列变更。因此，为了适应这种变更，作业人员必须是具有多种机能的“多面手”。

3. 雇员保证

通常认为，质量与成本之间是一种负相关关系，即要提高质量，就得花人力、物力来加以保证，从而加大成本。但在 JIT 生产方式中，却一反这一常识，通过将质量管理贯穿于每一工序之中来实现提高质量与降低成本的一致性，具体通过生产组织中的两种机制实现：第一，使设备或生产线能够自动监测不良产品，一旦发现异常或不良产品，可以自动停止的设备运行机制。为此在设备上开发、安装了各种自动停止装置和加工状态监测装置；第二，生产第一线的设备操作人员发现产品和设备的问题时，有权自动停止生产的管理机制。依靠这样的机制，不良产品一出现马上就会被发现，防止了不良产品的重复出现或累计出现，从而避免了由此可能造成的大量浪费。而且，由于一旦发生异常，生产线或设备就立即停止运行，比较容易找到异常的原因，从而能够针对性地采取措施，防止类似异常情况的再发生，杜绝类似不良品的再产生。

（四）实现 JIT 生产的具体方法

为了实现适时适量生产，首先需要致力于生产的同步化。即工序间不设置仓库，前一工序的加工结束后，使其立即转到下一工序去，装配线与机械加工几乎平行进行。在铸造、锻造、冲压等必须成批生产的工序，则通过尽量缩短作业更换时间来尽量缩小生产批量。生产的同步化通过“后工序领取”这样的方法来实现，即“后工序只在需要的时间到前工序领取所需的加工品；前工序中按照被领取的数量和品种进行生产”。这样，制造工序的最后一道即总装配线成为生产的出发点，生产计划只下达给总装配线，以装配为起点，在需要的时候，向前工序领取必要的加工品，而前工序提供该加工品后，为了补充生产被领走的量，必向更前道工序领取物料，这样把各个工序都连接起来，实现同步化生产。这样的同步化生产还需通过采取相应的设备配置方法以及人员配置方法来实现，即不能采取通常的按照车、铣、刨等工艺专业化的组织形式，而按照对象专业化来布置设备。这样也带来人员配置上的不同做法。

生产均衡化是实现适时适量生产的前提条件。所谓生产的均衡化，是指总装配线在向前工序领取零部件时应均衡地使用各种零部件，生产各种产品。为此在制订生产计划时就必须加以考虑，然后将其体现于产品生产顺序计划之中。在制造阶段，均衡化通过专用设备通用化和制定标准作业来实现。所谓专用设备通用化，是指通过在专用设备上增加一些工夹具的方法使之能够加工多种不同的产品。标准作业是指将作业节拍内一个作业人员所应担当的一系列作业内容标准化。

二、看板管理

（一）看板（Kanban）的基本概念

看板方式作为一种进行生产管理的方式，在生产管理史上是非常独特的，看板方式也可以说是JIT生产方式最显著的特点。但决不能把JIT生产方式与看板方式等同起来。JIT生产方式说到底是一种生产管理技术，而看板只不过是一种管理手段。看板只有在工序一体化、生产均衡化、生产同步化的前提下，才有可能运用。如果错误地认为JIT生产方式就是看板方式，不对现有的生产管理方法作任何变动就单纯地引进看板方式的话，是不会起到任何作用的。所以，在引进JIT生产方式以及看板方式时，最重要的是对现存的生产系统进行全面改组。

（二）看板的机能

（1）生产以及运送的工作指令。看板中记载着生产量、时间、方法、顺序以及运送量、运送时间、运送目的地、放置场所、搬运工具等信息，从装配工序逐次向前工序追溯，在装配线将所使用的零部件上所带的看板取下，以此再去前工序领取。“后工序领取”以及“适时适量生产”就是这样通过看板来实现的。

（2）防止过量生产和过量运送。看板必须按照既定的运用规则来使用。其中一条规则是：“没有看板不能生产，也不能运送。”根据这一规则，看板数量减少，则生产量也相应减少。由于看板所表示的只是必要的量，因此通过看板的运用能够做到自动防止过量生产以及适量运送。

（3）进行“目视管理”的工具。看板的另一条运用规则是“看板必须在实物上存放”，“前工序按照看板取下的顺序进行生产”。根据这一规则，作业现场的管理人员对生产的优先顺序能够一目了然，易于管理。并且只要一看看板，就可知道后工序的作业进展情况、库存情况等。

（4）改善的工具。在JIT生产方式中，通过不断减少看板数量来减少在制品的中间储存。在一般情况下，如果在制品库存较高，即使设备出现故障，不良品数目增加也不会影响到后道工序的生产，所以容易把这些问题掩盖起来。而且即使有人员过剩，也不易察觉。根据看板“不能把不良品送往后工序”的运用规则，后工序所需得不到满足，就会造成全线停工，由此可立即使问题暴露，从而必须立即采取改善措施来解决问题。这样通过改善活动不仅使问题得到了解决。也使生产线的“体质”不断增强，带来了生产率的提高。JIT生产方式的目标是要最终实现无储存生产系统，而看板提供了一个朝着这个方向迈进的工具。

（三）看板的种类

实际生产管理中使用的看板形式很多。常见的有塑料夹内装着的卡片或类似的标识牌、运送零件小车、工位器具或存件箱上的标签、指示部件吊运场所的标签、流水生产线上各种颜色的小球或信号灯、电视图像等。

使用最多的看板有两种：传送看板（即拿取看板）和生产看板（订货看板）。它们一般都做成 10cm×20cm 的尺寸，传送看板标明后一道工序向前一道工序拿取工件的种类和数量；而生产看板则标明前一道工序应生产的工件的种类和数量。

（四）看板的使用规则

为使看板系统有效运行，必须严格遵循使用规则，培训全体操作人员理解规则，并设立一定的奖惩制度认真贯彻规则。规则主要内容有以下五点：

(1) 不合格不交后工序。JIT 方式认为制造不合格件是最大浪费，如果不能及时解决不合格件问题，后工序就会停产。不合格件积压在本工序，本工序的问题就很快暴露出来，使管理人员、监督人员不得不共同采取对策，防止再发生类似问题。

(2) 后工序来取件。改变生产“供给后工序”的传统做法，由后工序向前工序取件，不能领取超过看板规定的数量，领取工件时，须将看板系在装工件的容器上。

(3) 只生产后道工序领取的工件数量。超过看板规定的数量不生产，同时完全按看板出现的顺序生产。

(4) 均衡化生产。如果后道工序在领取工件的时间和数量方面没有规律，波动较大，前道工序就须按后道工序最大需求来安排其设备能力和人力，这是很不经济的。因此，看板管理只适用于需求波动较小和重复性生产系统。

(5) 利用减少看板数量来提高管理水平。在生产系统中库存水平由看板数量来决定，因为每一块看板代表着一个标准容器容量的工件，用减少看板数量、减少标准容量的方法，可减低库存水平。

看板的使用方法如图 6－4 所示。

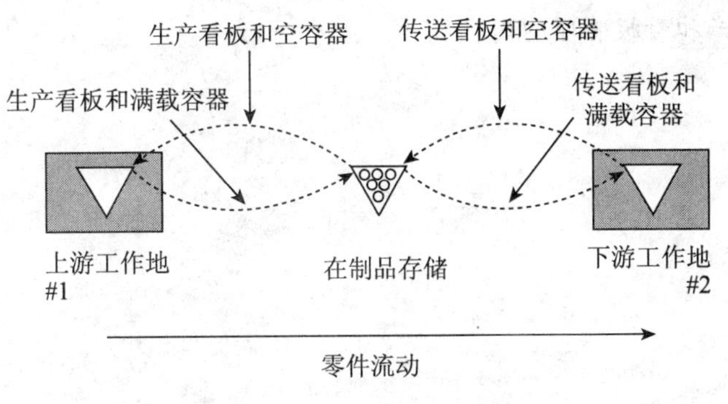

图 6－4　看板的使用方法

三、准时化生产方式（JIT）在我国的应用

长期以来，我国由于传统的计划经济体制和在这种僵化体制下的工业生产方式忽视了效率、效益，致使企业乃至整个国民经济的运行效率和效益低下。而JIT以订单驱动，通过看板，采用拉动方式把供、产、销紧密地衔接起来，使物资储备、成本库存和在制品大为减少，提高了生产效率，这一生产方式在推广应用过程中，经过不断发展完善，为中国工业界所瞩目。

JIT生产管理方式在20世纪70年代末期从日本引入我国，长春第一汽车制造厂最先开始应用看板系统控制生产现场作业。到了1982年，第一汽车制造厂采用看板取货的零件数，已达其生产零件总数的43%。20世纪80年代初，中国企业管理协会组织推广现代管理方法，看板管理被视为现代管理方法之一，在全国范围内宣传推广，并为许多企业采用。上海汽车工业总公司推行以JIT生产方式为主要内容的“危机管理”，桑塔纳轿车生产成本连年下降5%，劳动生产率连年提高5%。中国二汽在变速箱厂推行JIT生产方式1年，产量比原设计能力翻一番，流动资金和生产人员减少50%，劳动生产率提高1倍。一汽变速箱厂推行JIT生产方式，半年中产值增长44.3%，全员劳动生产率增长37%，人均创利增长25.1%。20世纪90年代，在我国的汽车工业、电子工业等实行流水线生产的企业中应用JIT获得了明显效果，取得了丰富的经验，创造了良好的经济效益。

复习思考题

1. 生产物流及其过程。
2. 生产物流控制和基本模式有哪些？
3. 看板管理中看板的使用规则。
4. MRP的基本思想是什么？
5. MRP的输入和输出信息都包括哪些？
6. 准时化生产和看板管理的内容。

第七章　企业仓储管理与库存控制

仓储物流，就是利用自建或租赁的库房或场地，储存、保管、装卸搬运、配送货物。传统的仓储定义是从物资储备的角度给出的。在中华人民共和国国家标准《物流术语》中只有“仓库”和“仓库管理”的概念，没有“仓储”一词。最近，由中国仓储协会组织，王国文、姜超峰、王佐、何明珂等几位专家共同主持编写的全国仓储经理资质认证培训教材，根据发达国家的研究成果与我国现代仓储业发展的趋势，提出了现代仓储的内涵与外延、仓储在供应链中的功能与定位。

第一节　仓储管理概述

一、仓储的概念和作用

（一）仓储的概念

传统意义上的仓储是仓库储存和保管的简称，而储存与保管是两个既有区别又有联系的概念。储存是物品的储备，即库存，是在社会再生产过程中离开直接生产过程或消费过程，处于暂时停滞状态的那一部分物品，具有备用的性质。而保管是储存的继续，是保护物品的价值和使用价值的过程。保管的主要目标在于防止外部环境对储存物品的侵害，保持物品的性能完整无损。因此，只要有物品的储存，就需要对物品进行保管。

当前供应链一体化背景下的仓储，是现代物流系统中的仓储，它表示一项活动或一个过程，在英文中对应的词是“Warehousing”，是以满足供应链上下游的需求为目的，在特定的有形或无形的场所、运用现代技术对物品的进出、库存、分拣、包装、配送及其信息进行有效的计划、执行和控制的物流活动。从这个概念可以看出，仓储有以下五个基本内涵：

（1）仓储首先是一项物流活动，或者说物流活动是仓储的本质属性。仓储不是生产、不是交易，而是为生产与交易服务的物流活动中的一项。这表明仓储只是物流活动之一，物流还有其他活动，仓储应该融于整个物流系统之中，应该与其他物流活动相联系、相配合。这一点与过去的“仓库管理”是有重大区别的。

（2）仓储活动或者说仓储作业的基本职能包括了物品的出入库、在库管理、分拣、包装、配送及其信息处理六个方面，其中，物品的出入库与在库管理可以说是仓储的最基本的活动，也是传统仓储的基本功能，只不过管理手段与管理水平得到了提升。物品的分拣与包装，过去也是有的，只不过现在更普遍、更深入、更精细，甚至已经与物品的出入库及在库管理相结合、共同构成现代仓储的基本功能。之所以将配送作为仓储活动、作为仓储的基本功能之一，是因为配送不是一般意义上的运输，而是仓储的自然延伸，是仓库发展为配送中心的内在要求，如果没有配送，仓储也就仍然是孤立的仓库。至于信息处理，已经是现代经济活动的普遍现象，当然也应是仓储活动的内容之一，离开了信息处理，也就不称其为现代仓储了。

(3) 仓储的目的是为了满足供应链上下游的需求。这与过去仅仅满足“客户”的需求在深度与广度方面都有重大区别。谁委托、谁提出需求，谁就是客户；客户可能是上游的生产者、可能是下游的零售业者，也可能是企业内部，但仓储不能仅仅满足直接“客户”的需求，也应满足“间接”客户即客户的客户需求；仓储应该融入到供应链上下游之中，根据供应链的整体需求确立仓储的角色定位与服务功能。

(4) 仓储的条件是特定的有形或无形的场所与现代技术。说“特定”，是因为各个企业的供应链是特定的，仓储的场所当然也是特定的；有形的场所当然就是指仓库、货场或储罐等。现代经济背景下，仓储也可以在虚拟的空间进行，也需要许多现代技术的支撑，离开了现代仓储设施设备及信息化技术，也就没有现代仓储。

(5) 仓储的方法与水平体现在有效的计划、执行和控制等方面。计划、执行和控制是现代管理的基本内涵，科学、合理、精细的仓储当然离不开有效的计划、执行和控制。

(二) 现代物流中仓储角色的转变

在现代物流业发展进程中，仓储角色的变化，用一句话来概括，就是仓库向配送中心的转化。传统仓库与配送中心的本质区别是：仓库侧重于管理空间，而配送中心更侧重于管理时间（即物品周转速度），所以说，二者的本质区别是配送中心既管理空间又管理时间。这就是为什么美国85%以上的配送中心都提供越库（Cross Docking）服务的原因。如果对配送中心（仓储）进行具体分析，仓储在物流和供应链中的角色可以概括为四个中心：

首先，仓储是物流与供应链中的库存控制中心。库存成本是主要的供应链成本之一。在美国，库存成本约占总物流成本的1/3。因此，管理库存、减少库存、控制库存成本就成为仓储在供应链框架下降低供应链总成本的主要任务。

其次，仓储是物流与供应链中的调度中心。仓储直接与供应链的效率和反应速度相关。人们希望现代仓储处理物品的准确率能达到99%以上，并能够对特殊需求作出快速反应。当日配送已经成为许多仓库所采用的一种业务方式。客户和仓库管理人员不断提高精确度、及时性、灵活性和对客户需求的反应程度等方面的目标。

再次，仓储是物流与供应链中的增值服务中心。现代仓储不仅提供传统的储存服务，还提供与制造业的延迟策略相关的后期组装、包装、打码、贴唛、客户服务等增值服务，提高客户满意度，从而提高供应链上的服务水平。可以说，物流与供应链中的绝大部分增值服务都体现在仓储。

最后，仓储还是现代物流设备与技术的主要应用中心。供应链一体化管理，是通过现代管理技术和科技手段的应用而实现的，这种应用更多地体现在仓储。流程管理、质量管理、逆向物流管理等管理手段提高了仓储效率，促进了供应链上的一体化运作，而软件技术、互联网技术、自动分拣技术、光导分拣、RFID、声控技术等先进的科技手段和设备的应用，则为提高仓储效率提供了实现的条件。

（三）仓储的分类

从不同的角度，储存的形式可以有不同的划分。按储存在社会再生产中的作用主要可以分为生产储备、流通储备和消费储备。

1. 生产储备

生产储备是工矿企业为了保持生产的正常进行而保有的物品。该物品存在于生产领域中，已经脱离了流通领域而还没有投入生产过程。生产储备是工业化时期大生产生产方式的必然要求。由于运输技术、通信技术以及管理水平的限制，为了保证企业生产能顺利进行，企业必须保持一定水平的生产储备。如钢铁生产企业，为了保证生产的顺利进行，必须储备一定数量的矿石原料与燃料。

2. 流通储备

流通储备是社会再生产中，为保证再生产的顺利进行或保证消费得到满足而保持在流通领域中的物品。该物品已经完成了前一阶段的生产过程，进入了流通领域，但还没有进入后一阶段的生产过程，也没有进入消费领域。物品可能处于运输状态或非生产者的仓库中。

3. 消费储备

消费储备是消费者为了保证其需要而保有的物品。该物品存在于最终消费领域中，已经脱离了流通领域但还没有进入消费过程。

此外，按储备物品的所有者进行分类，可以分为国家储备、企业及其他组织的储备和个人储备等。

（四）仓储在物流运作中的功能

从流通的角度看，由于仓储设施一般具有汇（物品从多个地点向这里集结，并在这里保存）、源（物品从这里流向多个地点）的特点，因此仓储主要具有如下功能：

1. 存储

储存子系统最显著的功能表现在有序地储存和保护物品。储存基础设施种类很多，既有长期的、专门的储存仓库（如陈年烈酒），也有通用商品的储存仓库（如一般批发企业的仓库），以及暂时存放商品的仓库（如货运站的仓库）。在最后一种情况下，货物在仓库只停留很短的时间，以便装满整车或货主提货。最常见的是第二种情况，物品在仓库中被堆存起来，以便延期进入需求市场。

2. 加工

一般地，流通加工都是在储存阶段完成。

3. 集中

运输价格折扣对仓储设施有较大影响。如果货物供应来源多，而各自的规模相对较小，那么，建立仓储设施可能是合算的办法。因为可以将零星物品集中成较大批量的运输单位，降低单位运输成本。在这种情况下，储存子系统的作用相当于物流系统中的一个集中型“汇”点。

4. 拆装

利用仓储设施进行拆装与利用仓储设施进行集中运输正好相反。以低价格运输的物品进入仓库后，再根据客户的需求以较小批量送到客户手中。由于货物规格较大，而需求规模较小，储存环节的拆装功能就显得很必要（当数量较多的客户以较小的批量订购某些商品而其总量较大时，拆装可能会是有利的）。在这种情况下，储存子系统的作用相当于物流系统中的一个分散型“源”点。

5. 混合

有的企业会从多个生产商那里采购产品供应多个工厂的生产线，管理人员会发现，建立一个仓库将需要的产品集中在一起，而后进行拆装、混合，可能会带来较好的经济效益。

由于仓储在物流系统具有上述功能，一般来说，在企业运作过程中，可以起到如下作用：①防止脱销，并缩短从接受订单到送达货物的时间，以保证良好的服务能力。②降低物流成本。用适当的时间间隔，补充与需求量相适应的合理的货物量，可以降低物流成本，消除或避免销售波动对生产与运输产生不利的影响。③保证生产计划平稳进行。适当储存生产所需物品，可以消除或避免供应波动的影响。④储备功能。在价格下降时大量储存，减少损失，以应灾害等不时之需。

二、仓储作业和仓储规划

（一）仓储作业的主要内容

1. 仓储保管的基本业务

（1）物资存储。物资的存储有可能是长期的存储，也可能只是短时间的周转存储。进行物资存储既是仓储活动的表征，也是仓储的最基本的任务。

（2）流通调控。流通控制的任务就是对物资是仓储还是流通作出安排，确定储存时机、计划存放时间，当然还包括储存地点的选择。

（3）数量管理。仓储的数量管理包括两个方面：一方面为存货人交付保管的仓储物的数量和提取仓储物的数量必须一致；另一方面为保管人可以按照存货人的要求分批收货和分批出货，对储存的货物进行数量控制，配合物流管理的有效实施，同时向存货人提供存货数量的信息服务，以便客户控制存货。

（4）质量管理。为了保证仓储物的质量不发生变化，保管人需要采取先进的技术、合理的保管措施，妥善和勤勉地保管仓储物。

2. 现代物流环境下仓储保管的新业务

（1）交易中介。仓储经营人利用大量存放在仓库的有形资产，利用与物资使用部门广泛的业务联系，开展现货交易中介具有较为便利的条件，同时也有利于加速仓储物的周转和吸引仓储。

（2）流通加工。加工本是生产的环节，但是随着满足消费多样化、个性化、变化快的产品生产的发展，又为了严格控制物流成本的需要，生产企业将产品的定型、分装、组装、装潢等工序留到最接近销售的仓储环节进行，使得仓储成为流通加工的重要环节。

（3）配送。仓储配送业务的发展，有利于生产企业降低存货，减少固定资金投入，实现准时制生产；商店减少存货，降低流动资金使用量，且能保证销售。

（4）配载。货物在仓库集中集货，按照运输的方向进行分类仓储，当运输工具到达时出库装运。而在配送中心就是在不断地对运输车辆进行配载，确保配送的及时进行和运输工具的充分利用。

（二）仓储作业的基本要求

仓储业务作业是一项技术要求高、组织严密的工作，必须做到及时、准确、严格、经济。

1. 及时

到库货物必须在规定的期限内及时完成验收工作。因为，虽然到库，但是未经过验收的货物不能入库入账。只有及时验收，尽快提出检验报告，才能保证货物尽快入库，加快货物和资金周转。同时，货物的承付和索赔都有一定的期限，如果验收时发现货物不合规定要求，要提出退货、换货或赔偿等要求，均应在规定的期限内提出。否则，责任方不再承担责任，银行也将办理拒付手续。

2. 准确

货物验收的各项数据或检验报告必须准确无误。验收的目的是要弄清货物数量和质量方面的实际情况，验收不准确，就失去了验收的意义。而且，不准确的验收还会给人假象，造成错误的判断，引起保管工作的混乱，严重者还会危及营运安全。

3. 严格

仓库有关各方都要严肃认真地对待货物的验收、保管等各项工作。验收工作的好坏不仅关系到仓储企业的利益，也关系到以后各项仓储业务的顺利开展。因此，仓库管理者应高度重视验收工作，直接参与人员更要以高度负责的精神来对待这项工作。

4. 经济

货物在仓储过程中，多数情况下，不但需要检验设备和管理人员，而且需要装卸搬运机械和设备以及相应工种工人的配合。这就要求各工种密切协作，合理组织调配人员与设备，以节省作业费用。此外，在货物仓储过程中，尽可能保护原包装，减少或避免破坏性试验，也是提高作业经济性的有效手段。

（三）仓储空间规划的原则

储位规划即仓储空间的布置，它是有效进行仓储管理的基础。这是因为，货物的储存必须事先规划留有大小不同的位置，以对应不同尺寸、不同数量和不同特征物料的存放。所以，储位规划的重点在于实现两个基本目标：一是如何增加储位空间的有效利用率；二是如何促进物品出入流动的效率。为此，下列储位规划原则可供参考：

（1）靠近出口原则：将刚到达的商品指派到离出入口最近的空储位上。

（2）以周转率为基础原则：按照商品在仓库的周转率（销售量除以存货量）来排定储位。周转率越高，则应离出入口越近。

（3）产品相关性原则：相关性大的产品在订购时经常被同时订购，所以应尽可能存放在相邻位置。这样可以减短提取路程，减少工作人员取货频率，简化清点工作。

（4）产品类似原则：将类似品放在一起进行保管。

（5）产品相容性原则：相容性低的产品绝不可同地放置，如烟、香皂、茶便不可放在一起。

（6）先进先出原则：先保管的物品先出库。对保质期敏感的商品特别注意应遵守此项原则，如感光纸、胶片、食品等。

（7）叠高原则：即像堆积木一般将物品叠高。从仓储效率来看，利用栈板等工具来将物品堆高，其容积效率要比平置方式来得高。

（8）面对通道的原则：物品面对通道来保管，可使作业人员更容易识别物品的标号和名称。

（9）产品尺寸原则：同时考虑物品单位大小及由于相同的一群物品所造成的整批形状，以便能供应适当的空间满足产品特定需要。

（10）重量特性原则：按照物品重量之不同来决定储放物品于保管场所之高低位置。一般而言，重物应保管于地面上或料架的下层位置，而重量轻的物品则保管于料架的上层位置。

三、仓储合理化管理

（一）仓储合理化的的主要标志

仓储合理化是用最经济的办法实现储存的功能。仓储的功能是对需要的满足，实现被储货物的“时间价值”，这就必须有一定储量。商品储备必须有一定的量，才能在一定时期内满足需要量，这是合理化的前提或本质。如果不能保证储存功能的实现，其他问题便无从谈起。但是，仓储的不合理往往表现在对储存功能实现的过分强调，即过分投入储存力量和其他储存劳动。所以，合理仓储的实质是在保证储存功能实现前提下，尽量减少相应的投入，这是一个基本的投入产出关系问题。仓储合理化主要有如下六个标志：

1. 质量标志

保证被储存物的质量，是完成储存功能的根本要求。只有这样，商品的使用价值才能通过物流之后得以最终实现。在储存中增加了多少时间价值或是得到了多少利润，都是以保证质量为前提的。所以，在储存合理化的主要标志中，为首的应当是反映储存物的质量。

2. 数量标志

在保证功能实现前提下被储存物有一个合理的数量范围。目前管理科学的方法已经能在各种约束条件下，对合理数量范围作出决策，但是较为实用的还是在消耗稳定、资源及运输可控的约束条件下所形成的储存数量控制方法。

3. 时间标志

在保证功能实现前提下，寻求一个合理的储存时间，这是和数量有关的问题。储存量越大而消耗速率越慢，则储存的时间必然长，相反则必然短。在具体衡量时往往用周转速度指标来反映时间标志，如周转天数、周转次数等。另外，在总时间一定的前提下，个别被储物的储存时间也能反映合理程度。如果少量被储物长期储存，成了呆滞物或储存期过长，虽然反映不到宏观周转指标中去，也标志储存存在不合理。

4. 结构标志

被储物不同品种、不同规格、不同花色的储存数量的比例关系，能反映储存合理与否，尤其是相关性很强的各种物资之间的比例关系。由于这些物资之间相关性很强，只要有一种物资出现耗尽，即使其他种物资仍有一定数量，也会无法投入使用。所以，不合理的结构影响不仅表现在某一种物资身上，而且有扩展性，结构标志重要性也可由此确定。

5. 分布标志

指不同地区储存的数量比例关系，可以此判断对当地需求的保障程度，也可以此判断对整个物流的影响。

6. 费用标志

仓库租赁费、维护费、保管费、损失费、资金占用利息支出等，都能从实际费用上判断储存的合理与否。

(二) 储存合理化的具体措施

1. 进行储存物的 ABC 分析

在 ABC 分析基础上实施重点管理，分别决定各种物资的合理库存储备数量及经济地保有合理储备的方法，乃至实施零库存。

2. 在形成了一定的社会总规模前提下，适当集中库存

适度集中库存是合理化的重要内容，所谓适度集中库存是指利用储存规模优势，以适当集中储存代替分散的小规模储存来实现合理化。

3. 加速总周转，提高单位产出

储存现代化的重要课题是将静态储存变为动态储存，周转速度一快，会带来一系列的合理化好处：资金周转快、资本效益高、货损小、仓库吞吐能力增加、成本下降等。具体做法诸如采用单元集装存储，建立快速分拣系统等，这些都有利于实现快进快出、大进大出。

4. 采用有效的“先进先出”方式，保证每个被储物的储存期不致过长

“先进先出”是一种有效的方式，也成为储存管理的准则之一。

5. 提高储存密度，提高仓容利用率

主要目的是减少储存设施的投资，提高单位存储面积的利用率，以降低成本、减少土地占用。

6. 采用有效的储存定位系统

储存定位的含义是被储物位置的确定。如果有定位系统，能大大节约寻找、存放和取出被储物的时间，节约不少物化劳动及活劳动，而且能防止差错，便于清点及实行订货点等管理方式。

7. 采用集装箱、托盘等储运装备一体化的方式

集装箱等集装设施的出现，也给储存带来了新观念。集装箱本身便是一栋仓库，不需要再有传统意义上的库房，在物流过程中，也就省去了入库、验收、清点、堆垛、保管、出库等一系列储存作业，因而对改变传统储存作业有重要意义，是储存合理化的一

种有效方式。

四、仓库与仓库管理

仓库，是保管、存储物品的建筑物和场所的总称，它伴随着剩余产品的产生而产生，又伴随着社会大生产的发展而发展。当今，全球经济一体化的发展，以信息技术为引导的现代物流的迅速发展，储存保管的作用与功能已大大超出原有意义上的存储，而赋予了它更广泛、更丰富、更深刻的涵义。

（一）仓库的功能

仓库在整个物流系统中扮演着极其重要的角色，与其他业务合在一起向客户提供能够达到的服务。仓库一个最明显的功能就是存储物品，随着人们对仓库概念的深入理解，仓库也承担着处理破损、集成管理和信息服务的功能，其涵义已经远远超出了单一的存储功能，还有保管、移动以及信息传递功能。

1. 保管功能

仓库最基本的功能就是保管物品。物品的暂时存储是指那些消耗较快需要及时补给的物品。不管仓库实际的存储周转量如何，物品的暂时存储都是必需的，它主要依赖于整个仓库合理系统的设计、产品需求的大小以及需求提前期的长短。物品的长久存储通常被认为是安全库存或缓冲库存，也可以是战略物资库存。导致物品长久存储的原因主要有：季节性的产品需求、稳定的市场环境、物品的个性化特征等。

2. 移动功能

移动功能，一般包括以下步骤：收货验货、搬运放置、运输。收货验货及搬运放置是指从运输工具上卸下货物，修改仓库的存货记录，检查产品的破损状况，确认产品的订单数目与运送记录是否一致，并将货物搬运至指定位置；库内运输是指物品在仓库内部进行的物流过程，是将所需物品筹集起来，进行必要的包装整理，然后批量运送出库，同时，更改仓库物品的库存记录，核实将要运输的订单。

3. 信息传递功能

信息传递功能总是伴随着移动和存储两个功能而发生的。在努力处理有关仓库管理的各项事务时，总需要及时而准确的仓库信息，如仓库利用水平、进出货频率、仓库的地理位置、仓库的运输情况、顾客需求状况以及仓库人员的配置等，这对一个仓库管理能否取得成功至关重要。目前，在仓库的信息传递方面，越来越多地依赖电子计算机和互联网络，例如，通过使用电子数据交换系统（EDI）或条码技术来提高仓库物品的信息传递速度和准确性，通过互联网及时地了解仓库的使用情况和物资的存储情况。

（二）仓库的种类

仓库形式多样，规模各异，从仓库保管的产品种类来看，可以划分为原材料仓库、半成品仓库和产成品仓库；从仓库所有权的角度来看，可以划分为自有仓库、公共仓库和合同仓库。

1. 自有仓库

自有仓库是指由企业自己拥有并管理的仓库。企业使用自有仓库的优点是：能按照自己的意愿存储产品，从而对仓库具有较强的控制能力；从长期来看，自有仓库的运行成本相对较低，一般为物流总成本的15%～25%，或者更低；自有仓库可以充分利用企业人力资源和利用专业化管理带来的优势等。使用自有仓库的缺点是：由于自有仓库一般具有固定规模、固定位置和技术水平，使得其缺乏一定的柔性；同时，由于建造仓库需要足够的资金实力，其属于长期的、高风险的投资项目；在大多数情况下，自有仓库与其他投资项目相比，投资回报率一般都很低。

2. 公共仓库

公共仓库专门向客户提供保管、搬运和运输等服务，因而又被称为“第三方仓库”。目前，公共仓库已经获得很大的发展，它在企业的物流系统中扮演着极其重要的角色。企业使用公共仓库的优点是：可以节省资金的投入，减少企业财务方面的压力；对季节性敏感企业，能缓解市场需求高峰期的存储压力，同时，在需求淡季，企业不用租赁公共仓库，节省资金，从而带来明显的成本优势；减少仓库投资风险；短期的公共仓库合约使企业能够根据市场形势的变化，自由地作出公共仓库的租赁决策，因而具有较高的柔性。但是，公共仓库也有缺点：流通较困难；对公共仓库而言，并不是所有的计算机终端接口和网络管理系统都是标准化的，它与企业进行数据传输和信息沟通时不一定协调，这就给仓库的信息化管理带来一定的阻碍；缺少个性化服务，在公共仓库里，有时可能得不到个性化（如严格的冷藏要求）的服务。

3. 合同仓库

合同仓库是指在一定时期内，按照一定的合同约束，使用仓库内一定的设备、空间和获得服务。这种合同约束协定可以给仓库所有者和使用者以更多的稳定性，以及相对未来计划投资的确定性。合同仓库将以上两种仓库的优势有机地结合在一起，仓库所有者与使用者双方存在长期的合同关系和共担风险的责任，使得使用合同仓库的成本低于租赁公共仓库的成本。同时，合同仓库的经营能够加强双方的沟通和协调，提供较大的灵活性和共享信息资料。

（三）仓库的基本作业

仓库的基本作业过程，一般分为入库管理、在库管理和出库管理三个阶段。每个阶段又分为若干步骤，每个步骤又包括若干内容。一般组织仓库作业管理的主要内容包括：

1. 物品验收入库

仓库作业过程中的第一步就是验货收货、物品入库。准确的验货和及时的收货能够保证准确及时的物资供应，满足生产过程的需要。物资验收是供需双方责任和权益的交接点，也是采购工作和仓库管理的分界线。

2. 物品的保管

物品入库后要安全地、经济地保持好物品原有的质量水平和使用价值，防止由于不合理的保管措施所引起的物品磨损和变质或者流失等现象。所以需要根据各类物资的不同性质和特点，要合理堆码，做好养护工作。

3. 物品发放

物品发放工作包括核对出库凭证、配货出库、记账清点。仓库管理人员根据提货单的物品品名、规格、数量和编号核对所发放物品。经过核对无误后，进行配货出库。在物品发放中，许多企业采用限额发料制度，即发放物品严格按定额发放。

4. 物资的盘存管理

对于仓库物品应经常或定期盘点清查，要保证账物相符。入库出库登账，并定期或随时结算库存，随时掌握每种物资的库存状况。当库存量降到订货点时，要通知采购部门及时订货。当开始动用保险库存时，要发警报，以便物资供应部门和生产部门及早采取措施，避免因缺料而影响生产进行。

此外，仓库管理人员还应对物品使用情况进行分析，掌握超储和短缺物品需求与供货的变动情况。保障供应，压缩不必要的库存，加速物资和资金的周转。

现代仓库（物流中心）内的基本作业内容，如表 7-1 所示。

表 7-1　　现代仓库的基本作业内容

<table>
<tr><th>业务</th><th colspan="2">作业内容</th><th>主要作业内容</th></tr>
<tr><td>入库管理</td><td>进库检查
入库作业</td><td>核对入库凭证
入库验收准备
记账
记录
保管场所标示</td><td>1. 进货商品与进货清单的核对（质量核对、数量核对）
2. 保管条码的贴付（固定放货时标示货架号）
3. 在流动场所放置货物时，装入入库商品及物品的货架号后保管
4. 在固定场所放置货物时，在贴付条码的货架中保管</td></tr>
<tr><td>在库管理</td><td>保管作业
发货准备</td><td>数量管理
质量管理
流通加工</td><td>1. 检查在库量是否适当，是否需补充发货
2. 保持正确的库存记录（核查库存实物与账目是否相符）
3. 把握库存物在库时间
4. 按照客户的要求进行包装作业
5. 根据客户的要求贴付价格等有关标签</td></tr>
<tr><td>出库管理</td><td>发货作业
配送</td><td>在库作业
备货
分拣包装
配车安排</td><td>1. 根据装箱商品和小件商品划分备货
2. 备货品与客户订单核对（商品号、数量、配送对象）
3. 根据不同配送对象分拣包装
4. 制作发货单、配送单等单据
5. 根据发货数量进行派车
6. 装车后进行积载确认</td></tr>
</table>

（四）仓库管理技术现代化

在过去，仓库被看成是一个无附加价值的成本中心，而如今仓库不仅被看成是有附加价值过程中的环节，而且被看成是企业成功经营中的一个关键环节。同时，仓库也是连接供需双方的重要纽带。从供应角度来看，作为流通中心的仓库从事有效的流通加工、库存管理、运输和配送等活动。从需求角度来看，作为流通中心的仓库必须以最大的灵活性和及时性满足各类客户的需要。仓库管理技术为物流中心的仓库功能顺利完成提供了支持和保证。

仓库管理技术由条码技术（BT）、无线通信技术（RF）、计算机系统和其他附属设备四个部分组成。将条码技术和无线通信技术结合在一起使用，能及时获得准确的信息，这是成功仓库管理系统技术的基础。简单地说，通过扫描仪读取条码数据，通过无线通信，传送给计算机管理控制系统，由计算机管理控制系统进行信息处理并启动下一个作业。仓库管理系统的附属设备包括自动识别设备、计算机平台、打印机和扫描仪等，这些附属设备往往与企业网络连接在一起。仓库管理系统包括计划职能和执行职能。计划职能包括收货、送货计划、员工管理和仓库面积管理等执行职能包括进货验收、分拣配货、发货运送等。

在供应链管理中，仓库管理系统技术的作用主要表现在，它使流通中心成为制造过程的外部延伸；它使流通中心在减少整个供应链的库存水平方面起着重要作用；它使流通中心在面对不断变化的环境时具有灵活性；它使流通中心与供应链参与各方通过电子通信联系能进行跨企业的库存管理、商品管理和运输管理等；它能提供及时准确的信息及其连续的反馈。

第二节 库存及库存管理

一、库存概述

“库存”有时又被称为“存储”或“储备”，它无论对制造业还是对服务业都十分重要。库存水平的高低，对企业的生产经营将产生重要的影响。必要的库存数量是防止供应中断、交货期延误、保证生产连续和稳定的重要条件，它有利于提高供货的弹性，适应需求变动、减少产销矛盾。但过多的库存掩盖生产中的各种问题，如计划脱节、管理不到位、废次品和在制品过多等问题。因此，在一定的生产技术和经营管理水平下，加强库存控制，使库存保持在经济合理的水平上就显得尤为重要了。

（一）库存的定义

从一般意义上来说，库存（Inventory 或 Stock），表示用于将来目的的资源暂时处于闲置状态。闲置的资源可以是在仓库里、生产线上或车间里，也可以是在运输中。库存的存在主要是由于供需双方在时间、空间和数量上的不确定性或者矛盾所引起的。

举例来说，汽车运输的货物处于运动状态，但这些货物是为了未来需要的资源，就是库存，是一种在途库存。这里所说的资源，不仅包括工厂里的各种原材料、毛坯、工具、半成品和成品，而且包括银行里的现金，医院里的药品、病床，运输部门的车辆等。一般地说，人、财、物和信息各方面的资源都有库存问题。专门人才的储备就是人力资源的库存，计算机硬盘储存的大量信息，是信息的库存。

（二）库存的分类

不同的企业，库存的对象有所不同。例如，航空公司的库存是其飞机的座位；百货商店的库存是各种各样的商品；电视机厂的库存是各种零部件、产成品等。制造企业的库存可分为原材料、产成品、零部件和在制品等；而服务业的库存则指用于销售的实物和服务管理所必需的供应品。

1. 库存的基本对象

一般而言制造企业的库存对象主要有以下几方面：

(1) 主要原材料。原材料是构成产品主要实体的物资，是重点储备对象，如原棉、原木和原油等，一般称原料。把原料进一步加工后，作为劳动对象提供的产品，称为材料，如棉花、钢材等。

(2) 辅助材料。它是用于生产过程，有助于产品的形成，在生产过程中起辅助作用，不构成产品主要实体，而是使主要材料发生物理或化学反应的材料。如化学反应中的接触剂、催化剂、炼铁用的溶剂等。这类物资虽不构成产品的实体，但供应不上会影响生产。

(3) 燃料。它是辅助材料的一种，不加入产品，仅仅是帮助产品的形成。燃料是工业能源，如煤炭、石油、汽油和柴油等，都是生产中不可缺少的重要物资。

(4) 动力。水、电、气、蒸汽和压缩空气等。

(5) 工具。主要是指生产中消耗的刀具、量具和卡具等。

(6) 外协件、外购件。

(7) 产成品。生产过程结束，在投入市场销售之前企业中的库存成品。这部分的大小取决于生产速度和市场需要速度相互间的增建关系。

2. 库存的分类

通过对上面的库存对象的分析，可以将库存进行以下分类：

(1) 按照库存的作用和性质，可将库存划分为预期性库存、缓冲性库存、在途性库存和周转性库存。预期性库存，指为预期生产或销售的增长而保持的库存；缓冲性库存，指对未来不确定因素起缓冲作用而保持的库存；在途性库存，指运输过程中的库存；周转性库存，指在进货时间间隔中可保证生产连续性而保持的库存。

(2) 按一项物资的需求与其他项的需求关系，可将库存划分为独立需求库存和相关需求库存。来自用户的对企业产品和服务的需求称为独立需求。独立需求最明显的特征是需求的对象和数量不确定，只能通过预测方法粗略地估计。相反，我们把企业内部物料转化各环节之间所发生的需求称为相关需求。相关需求也称为非独立需求，它可以根据对最终产品的独立需求精确地计算出来。比如，某汽车制造厂年产汽车 30 万辆，这是通过预计市场对该厂产品的独立需求来确定的。一旦 30 万辆汽车的生产任务确定之后，对构成该种汽车的零部件和原材料的数量和需求时间是可以通过计算精确地得到的。对零部件和原材料的需求就是相关需求。相关需求可以是垂直方向的，也可以是水平方向的。产品与其零部件之间垂直相关，与其附件和包装物之间则水平相关。

(3) 按照库存对象、库存时间及库存目的，可将库存划分为经常储备库存、保险储备库存和季节性储备库存。经常储备库存，指某种物资在前后两批进厂的供应间隔期内，为保证生产正常进行所必需的、经济合理的物资储备；保险储备库存，是为预防物资到货误期或物资的品种、规格不合要求等意外情况，保证生产正常进行而储备的物资；季节性储备库存，指物资的生产或运输受到季节影响，为保证生产正常进行而储备的库存。

(4) 按对物资需求的重复次数，可将库存划分为单周期库存与多周期库存。所谓单周期需求，即仅仅发生在比较短的一段时间内或库存时间不可能太长的需求，也被称作一次性订货量问题。圣诞树问题和报童问题都属于单周期库存问题。多周期需求则指在足够长的时间里对某种物品的重复的、连续的需求，其库存需要不断地补充。与单周期需求比，多周期需求问题普遍得多。单周期需求出现在下面两种情况：①偶尔发生的某种物品的需求；②经常发生的某种生命周期较短物品的不定量的需求。第一种情况如由奥运会组委会发行的奥运会纪念章或新年贺卡；第二种情况如那些易腐物品（如鲜鱼）或其他生命周期短的易过时的商品（如日报和期刊）等。对单周期需求物品的库存控制问题称为单周期库存问题；对多周期需求物品的库存控制问题称为多周期库存问题。

(5) 按在生产过程和配送过程中所处的状态，可将库存划分为原材料库存、在制品库存、维修库存、成品库存。原材料库存包括原材料和外购零部件。在制品库存包括处在产品生产不同阶段的半成品。维修库存包括用于维修与养护的经常消耗的物品或部件。产成品库存是准备运送给消费者的完整的或最终的产品。

（三）库存成本

企业在进行库存决策时，通常要考虑以下几种主要的库存成本：

1. 存储成本

该成本包括存储设施的成本、搬运费、保险费、盗窃损失、过时损失、折旧费、税金以及资金的机会成本。很明显，存储成本高则应保持低库存量并经常补充库存。

2. 生产准备（生产变化）成本

生产一种新产品包括以下工作：取得所需原材料、安排特定设备的调试工作、填写单子、确定装卸时间和材料以及转移库中原来的材料。

如果从生产一种产品转到另一种产品时，不产生成本或没有时间损失，则可以采用很小的批量，这将降低库存水平，并最终达到节约成本的目的。目前一个挑战性的目标是在较小的生产批量下尽量降低生产准备成本（这就是JIT系统的目标）。

3. 订购成本

这些成本指准备购买订单或生产订单所引起的管理和办公费用。例如，盘点库存和计算订货量所产生的成本就属于订购成本。该成本也包括有关跟踪订单系统的成本。

4. 短缺成本

当某一物资的储备耗尽时，对该物资的需求或者被取消或者必须等到再次补充库存后才能得到满足。这就涉及权衡补充库存满足需求的成本与短缺成本之间的大小。这种平衡经常是难以得到的，因为难以估计损失的利润、失去顾客的影响以及延误损失。虽然通常可以为短缺成本定义一个范围，但这种假设的短缺成本往往还只限于猜测的程度。

确定向供应商订货的数量或者要求生产部门生产的批量时，应该尽量使由以上四种单项成本综合引起的总成本达到最小。当然，订购时机也是影响库存成本的关键因素。

二、库存管理

（一）库存管理及其发展

库存管理是根据供应和需求规律，确定生产和流通过程中经济合理的物资存储量的管理工作，是对制造业或服务业生产、经营全过程的各种物品、产成品以及其他资源进行管理和控制，使其储备保持在经济合理的水平上。库存管理应起缓冲作用，使物流均衡通畅，既保证正常生产和供应，又能合理压缩库存资金，以得到较好的经济效果。

过去人们都认为仓库里的商品多，表明企业发达、兴隆，现在则认为零库存是最好的库存管理。库存多，占用资金多，利息负担加重。但是如果过分降低库存，则会出现断档。库存管理系统是生产、计划和控制的基础。该系统通过对仓库、货位等账务管理及入/出库类型、入/出库单据的管理，及时反映各种物资的仓储、流向情况，为生产管理和成本核算提供依据。通过库存分析，为管理及决策人员提供库存资金占用情况、物资积压情况、短缺/超储情况、ABC 分类情况等不同的统计分析信息。通过对批号的跟踪，实现专批专管，保证质量跟踪的贯通。

早在 1915 年哈里斯（Harris F.）对银行货币的储备进行了详细的研究，建立了一个确定性的库存费用模型，并确定了最优解，即最佳批量，由此开创了现代库存理论的研究。1934 年威尔逊（Wilson R. H.）重新得出了 Harris 的公式，即经济订购批量公式 EOQ（Economic Order Quantity），或称 Wilson 公式。经济订购批量研究了如何从经济的角度确定最佳的库存数量，是现代库存理论奠基石。

第二次世界大战之后，由于运筹学、数理统计等理论与方法的广泛应用，特别是 20 世纪 50 年代以来，人们开始应用系统工程理论来研究和解决库存问题，从而逐步形成了系统的库存理论，亦称“存储论”。随着管理工作的科学化、计算机在管理中的普遍应用以及供应链管理理论的发展，库存管理的理论不断完善与成熟起来，形成了许多库存模型，应用于企业管理中已得到显著的效果。

（二）库存管理的主要方式

1. 委托保管方式

接受用户的委托，由受托方代存代管所有权属于用户的物资，从而使用户不再保有库存，甚至可不再保有保险储备库存，从而实现零库存。受托方收取一定数量的代管费用。这种零库存形式的优势在于：受委托方利用其专业的优势，可以实现较高水平和较低费用的库存管理，用户不再设仓库，同时减去了仓库及库存管理的大量事务，集中力量于生产经营。但是，这种零库存方式主要是靠库存转移实现的，并未能使库存总量降低。日本宫山售药及我国天津通信广播器材公司就是采用这种方式实现零库存的。

2. 协作分包方式

即美国的“sub—con”方式和日本的“下请”方式。主要是制造企业的一种产业结构形式，这种结构形式可以以若干分包企业的柔性生产准时供应，使主企业的供应库存为零；同时主企业的集中销售库存使若干分包劳务及销售企业的销售库存为零。

在许多发达国家，制造企业都是以一家规模很大的主企业和数以百计的小型分包企业组成一个金字塔形结构。主企业主要负责装配和产品开拓市场的指导；分包企业各自分包劳务、分包零部件制造、分包供应和分包销售。例如，分包零部件制造的企业，可采取各种生产形式和库存调节形式，以保证按全企业的生产速率，按指定时间送货到主企业，从而使主企业不再设一级库存，达到零库存的目的。主企业的产品（如家用电器、汽车等）也分包给若干推销人或商店销售，可通过配额、随时供给等形式，以主企业集中的产品库存满足各分包者的销售，使分包者实现零库存。

3. 轮动方式

轮动方式也称同步方式，是在对系统进行周密设计前提下，使各个环节速率完全协调，从而根本取消甚至是工位之间暂时停滞的一种零库存、零储备形式。这种方式是在传送带式生产基础上，进行更大规模延伸形成的一种使生产与材料供应同步进行，通过传送系统供应从而实现零库存的形式。

4. 准时供应系统

在生产工位之间或在供应与生产之间完全做到轮动，这不仅是一件难度很大的系统工程，而且，需要很大的投资，同时，有一些产业也不适合采用轮动方式。因而，广泛采用比轮动方式有更多灵活性、较容易实现的准时方式。准时方式不是采用类似传送带的轮动系统，而是依靠有效的衔接和计划达到工位之间、供应与生产之间的协调，从而实现零库存。如果说轮动方式主要靠“硬件”的话，那么准时供应系统则在很大程度上依靠“软件”。

5. 看板方式

是准时方式中一种简单有效的方式，也称“传票卡制度”或“卡片”制度，是日本丰田公司首先采用的。在企业的各工序之间，或在企业之间，或在生产企业与供应者之间，采用固定格式的卡片为凭证，由某一环节根据自己的节奏，逆生产流程方向，向上一环节指定供应，从而协调关系、做到准时同步。采用看板方式，有可能使供应库存实现零库存。

6. 水龙头方式

是一种像拧开自来水管的水龙头就可以取水而无须自己保有库存的零库存形式。这是日本索尼公司首先采用的。这种方式经过一定时间的演进，已发展成即时供应制度，用户可以随时提出购入要求，采取需要多少就购入多少的方式，供货者以自己的库存和有效供应系统承担即时供应的责任，从而使用户实现零库存。适用于这种供应形式实现零库存的物资，主要是工具及标准件。

7. 无库存储备

国家战略储备的物资，往往是重要物资，战略储备在关键时刻可以发挥巨大作用，所以几乎所有国家都要有各种名义的战略储备。由于战略储备的重要，一般这种储备都保存在条件良好的仓库中，以防止其损失，延长其保存年限。因而，实现零库存几乎是不可想象的事。无库存的储备，是仍然保持储备，但不采取库存形式，以此达到零库存。有些国家将不易损失的铝这种战略物资做成隔音墙、路障等储备起来，以备万一。在仓库中不再保有库存就是一例。

8. 配送方式

这是综合运用上述若干方式采取配送制度保证供应从而实现零库存的库存管理形式。

三、库存管理的 ABC 分类法

(一) ABC 分类法及其思想

ABC 分类法又称帕累托分析法或巴雷托分析法、柏拉图分析法、主次因素分析法、ABC 分析法、ABC 法则、分类管理法、重点管理法、ABC 管理法、abc 管理、巴雷特分析法，它是根据事物在技术或经济方面的主要特征，进行分类排队，分清重点和一般，从而有区别地确定管理方式的一种分析方法。由于它把被分析的对象分成 A、B、C 三类，所以又称为 ABC 分析法。

ABC 分类法是由意大利经济学家维尔弗雷多·帕累托（Pareto）首创的。1879 年，帕累托在统计社会财富的分配时，发现占人口总数 20％左右的人占有社会财富的 80％左右，得出了“关键少数决定次要多数”的原理，即 80/20 原则。他将这一关系用图表示出来，就是著名的帕累托图。该分析方法的核心思想是在决定一个事物的众多因素中分清主次，识别出少数的但对事物起决定作用的关键因素和多数的但对事物影响较少的次要因素。后来，帕累托分析法被不断应用于管理的各个方面。1951 年，管理学家戴克（H. F. Dickie）将其应用于库存管理，命名为 ABC 法。1951—1956 年，约瑟夫·朱兰将 ABC 法引入质量管理，用于质量问题的分析，被称为排列图。1963 年，彼得·德鲁克（P. F. Drucker）将这一方法推广到全部社会现象，使 ABC 法成为企业提高效益的普遍应用的管理方法。

(二) ABC 分类法的基本内容

ABC 分类法则是帕累托 80/20 法则衍生出来的一种法则，所不同的是，80/20 法则强调的是抓住关键；ABC 法则强调的是分清主次，并将管理对象划分为 A、B、C 三类。

库存的 ABC 管理方法就是依据某些重要性度量标准划分物资的库存。通常依据各物资占用资金多少将物资分为 A、B、C 三类：A 类物资占用了 70％～80％的资金，品种占 10％～20％；B 类物资占用了 15％～20％的资金，品种占 30％～40％；C 类物资占用了 5％～10％的资金，品种占 40％～50％。然后对每类物资进行不同程度的控制。

库存控制 ABC 分类管理方法的特点，如表 7－2 和图 7－1 所示。

表 7－2　　ABC 分类法的基本特点

类别	品种数量（占总量百分比）	金额（占总量百分比）	控制程度	记录类型	安全库存	订货策略
A	10％～20％	70％～80％	紧	完全、精确	低	细心、精确；经常检查
B	30％～40％	15％～20％	一般	完全、精确	中等	正常订货
C	40％～50％	5％～10％	松	简化	高	周期性订货；1～2 年的供应

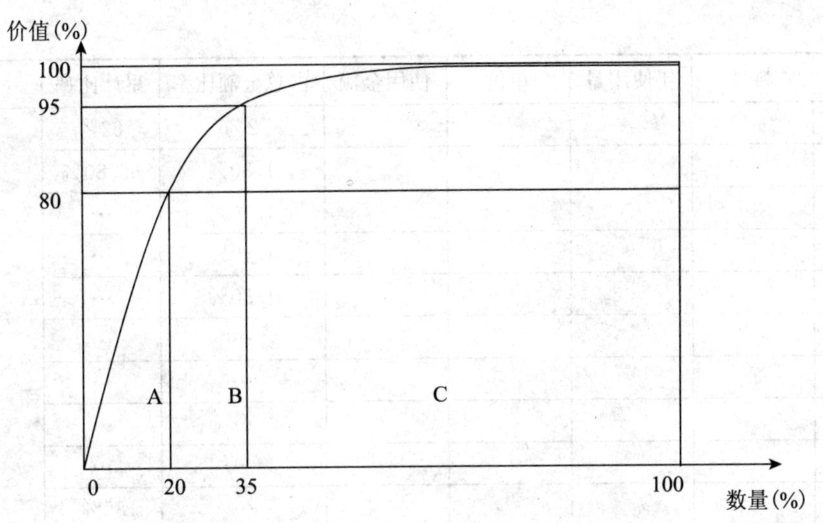

图 7-1 ABC 分类思想

(三) ABC 分类法的具体步骤

我们面临的处理对象，可以分为两类，一类是可以量化的；一类是不能量化的。对于不能量化的，我们通常只有凭经验判断。对于能够量化的，分类就要容易得多，而且更为科学。现在我们以库存管理为例来说明如何进行 ABC 分类。

第一步，计算每一种材料的金额。首先列出所有产品及其全年使用量，将年使用量乘以单价求得其年使用金额。

第二步，按照金额由大到小排序并列成表格。

第三步，计算每一种材料金额占库存总金额的比率。

第四步，计算累计比率。

第五步，分类。累计比率在 0～60%的，为最重要的 A 类材料；累计比率在 60%～85%的，为次重要的 B 类材料；累计比率在 85%～100%的，为不重要的 C 类材料。

通常情况下，我们使用 ABC 分析表来进行上述步骤。从表 7-3 可以看出，a、b、c、d、e 为 A 类，f、g、h、i、j、k、l、m、n、o 为 B 类，p、q、r 为 C 类。

表 7-3　　库存 ABC 分析表

材料名称	料号	年使用量	单价	使用金额	占总金额比率	累计比率	分类
a					25%	25%	A 类
b					16%	41%	
c					8%	49%	
d					6%	55%	
e					5%	60%	

续 表

材料名称	料号	年使用量	单价	使用金额	占总金额比率	累计比率	分类
f					2%	62%	B类
g					1.80%	63.80%	
h					1.50%	…	
i					1.40%	…	
j					1.30%	…	
k					…	…	
l					…	…	
m					…	…	
n					…	…	
o					…	85%	
p					…	…	C类
q					…	…	
r					…	100%	
合计					100%		

对于不同的对象，分类时采用的指标是不一样的。上面库存管理，采用的是存货价值指标。对于客户管理，可以采用客户进货额或者毛利贡献额为指标。对于投资管理，可以采用投资回报额作为指标。例如某企业 10 种物料的年使用量、单价如表 7－4 所示。

表 7－4　　10 种物料的使用量与资金占用情况

物料编号	年使用量（件）	单价（元）	年使用量的价值额（元）
001	1000	4.8	4800
002	1000	1.4	1400
003	1400	28	39200
004	700	8	5600
005	600	45	26000
006	1000	3.4	3400
007	1000	1.5	1500
008	200	4.5	900
009	100	3	300
010	1000	3.2	3200
合计			86300

将 10 种物品进行 ABC 分类，其结果如表 7－5 所示。

表 7-5　　某企业 10 种物品的 ABC 分类

物料编号	年使用量价值额（元）	累计价值额（元）	累计价值额比重（%）	分类
003	39200	39200	45.42	A
005	26000	65200	75.55	A
004	5600	70800	82.04	B
001	4800	75600	87.60	B
006	3400	79000	91.15	B
010	3200	82200	95.25	C
007	1500	83700	96.99	C
002	1400	85100	98.61	C
008	900	96000	99.65	C
009	300	86300	100.00	C

在 ABC 分类管理上，对 A 类物资尽可能严加控制，要求最准确、最完整和明细的记录，要求供应商能够按订单频繁交货，压缩提前期。对 C 类物资可以加大订购量和库存量，减少日常的管理工作。

第三节　库存控制系统及其基本模型

一、库存控制系统

企业的库存控制系统的结构由输出、输入、约束条件和运行机制四部分组成，如图 7-2所示。与生产系统不同，在库存控制系统中没有资源形态的转化。输入是为了保证系统的输出（对用户的供给）。约束条件包括库存资金的约束、空间约束等。运行机制包括控制哪些参数以及如何控制。在一般情况下，在输出端，独立需求不可控；在输入端，库存系统向外发出订货的提前期也不可控，它们都是随机变量。可以控制的一般是何时发出订货（订货点）和一次订多少（订货量）两个参数。库存控制系统正是通过控制订货点和订货量来满足外界需求并使总库存费用最低。

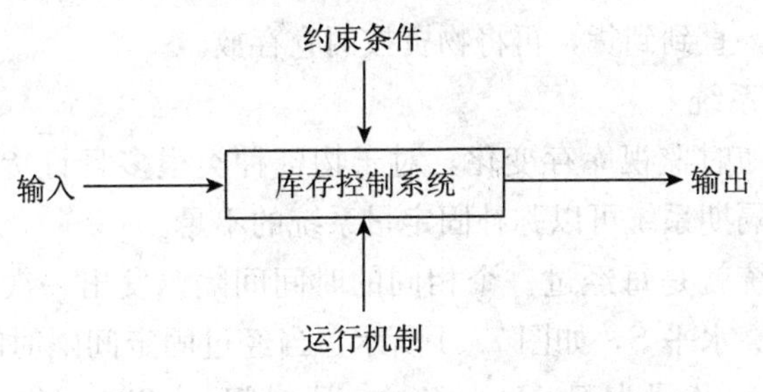

图 7-2　库存控制系统

（一）库存控制系统的分类

库存控制系统都必须解决三个问题：隔多长时间检查一次库存量？何时提出补充订货？每次订多少？按照对以上三个问题的解决方式的不同，可以分成三种典型的库存控制系统。

1. 定量库存控制系统

所谓定量库存控制系统就是订货点和订货量都是固定量的库存控制系统，如图 7－3 所示。当库存控制系统的现有库存量降到订货点（RL）及以下时，库存控制系统就向供应厂家发出订货，每次订货量均为一个固定的量 Q。经过一段时间，我们称之为提前期（LT），所发出的订货到达，库存量增加 Q。订货提前期是从发出订货至到货的时间间隔，其中包括订货准备时间、发出订单、供方接受订货、供方生产、产品发运、提货、验收和入库等过程。显然，提前期一般为随机变量。

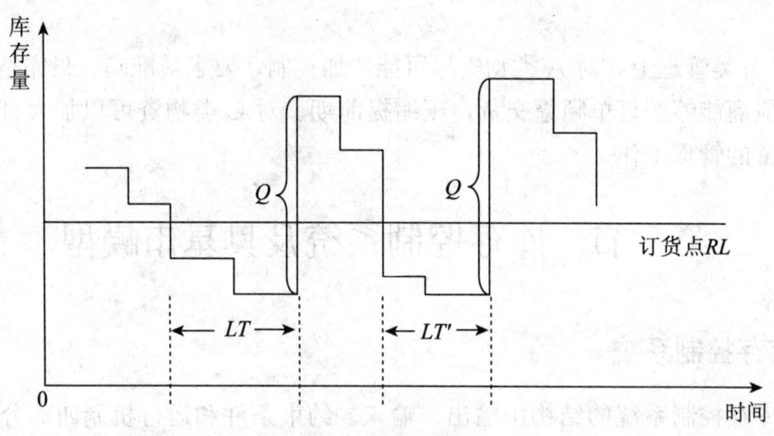

图 7－3　定量库存控制系统

要发现现有库存量是否到达订货点 RL，必须随时检查库存量。固定量系统需要随时检查库存量，并随时发出订货。这样，增加了管理工作量，但它使得库存量得到严密的控制。因此，固定量系统适用于重要物资的库存控制。

为了减少管理工作量，可采用双仓系统。所谓双仓系统是将同一种物资分放两仓（或两个容器），其中一仓使用完之后，库存控制系统就发出订货。在发出订货后，就开始使用另一仓的物资，直到到货，再将物资按两仓存放。

2. 定期库存控制系统

固定量系统需要随时监视库存变化，对于物资种类很多且订货费用较高的情况，是很不经济的。固定间隔期系统可以弥补固定量系统的不足。

定期库存控制系统就是每经过一个相同的时间间隔，发出一次订货，订货量为将现有库存补充到一个最高水平 S，如图 7－4 所示。当经过固定间隔时间 t 之后，发出订货，这时库存量降到 L_1，订货量为 $S-L_1$；经过一段时间（LT）到货，库存量增加 $S-L_1$；再经过固定间隔期 t 之后，又发出订货，这时库存量降到 L_2，订货量为 $S-L_2$，经过一段时间（LT）到货，库存量增加 $S-L_2$。

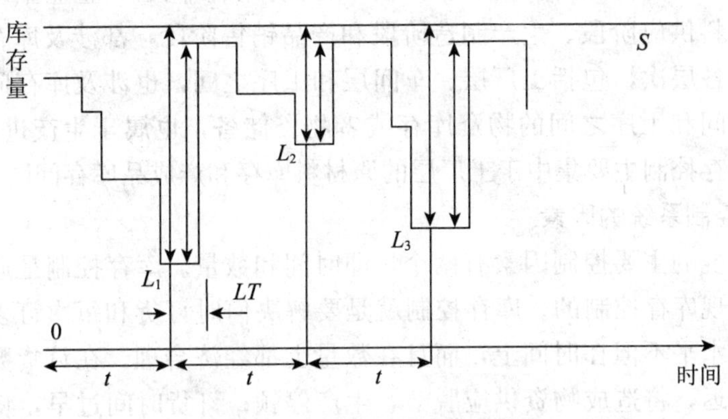

图 7－4 定期库存控制系统

固定间隔期系统不需要随时检查库存量，到了固定的间隔期，各种不同的物资可以同时订货。这样。简化了管理，也节省了订货费。不同物资的最高水平 S 可以不同。固定间隔期系统的缺点是不论库存水平 L 降得多还是少，都要按期发出订货，当 L 很高时，订货量是很少的。为了克服这个缺点，就出现了最大最小系统。

3. 最大最小库存控制系统

最大最小库存控制系统仍然是一种固定间隔期系统，只不过它需要确定一个订货点 s。当经过时间间隔 t 时，如果库存量降到 s 及以下，则发出订货；否则，再经过时间 t 时再考虑是否发出订货。最大最小系统如图 7－5 所示。当经过间隔时间 t 之后，库存量降到 L_1，L_1 小于 s，发出订货，订货量为 $S-L_1$，经过一段时间 LT 到货，库存量增加 $S-L_1$。再经过时间 t 之后，库存量降到 L_2，L_2 大于 s，不发出订货。再经过时间 t，库存量降到 L_3，L_3 小于 s，发出订货，订货量为 $S-L_3$，经过一段时间 LT 到货，库存量增加$S-L_3$，如此循环。

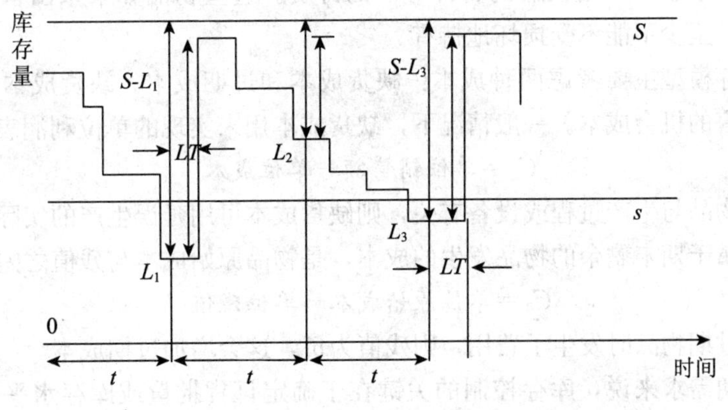

图 7－5 最大最小系统

（二）库存控制系统的结构

库存控制系统的结构分为横向和纵向两个方面。从横向看，企业生产经营过程的各阶段，包括原材料供应阶段、生产制造阶段和产品销售阶段，都涉及库存问题。从纵向看，企业生产的各层次，包括工厂层、车间层和工序之间，也涉及库存问题。在生产制造阶段，车间之间和工序之间的物资库存或者物资储备，也属于生产进度控制的内容，本书所讨论的库存控制主要集中于工厂层的原材料库存和产成品库存问题。

（三）库存控制系统的因素

库存控制系统的主要控制因素有两个，即时间和数量。库存控制是通过订货的时间和订货的数量实现库存控制的。库存控制就是要解决何时订货和每次订多少货这两个基本问题。使库存水平不但在时间上，而且在数量上都经济合理。在订货数量一定的条件下，订货时间过迟，将造成物资供应脱节，生产停顿；订货时间过早，将使物资储存时间过长，储存费用和损失增大。在订货时间一定的条件下，订货数量过少，会使物资供应脱节，生产停顿；订货数量过多，会使储存成本上升和储存损耗增大。选择合适的库存模型和库存制度使库存水平在时间和数量上经济合理，是库存理论研究的主要内容。

二、库存控制基本模型

库存控制的基本模型有单周期库存基本模型和多周期库存基本模型。对于独立需求，由于需求不是由企业本身来控制，只能采用“补充机制”来控制库存。在独立需求下，按物品需求的重复程度不同，其库存控制模型也有很大差别。单周期需求也称一次性订货，很少重复订货。对于单周期需求物品的库存控制称为单周期库存问题。多周期需求是在长时间内需求反复发生，库存需求不断补充。对多周期需求物品的库存控制称为多周期库存问题。与单周期库存相比，多周期库存问题更为普遍。多周期库存基本模型主要包括经济订货批量模型、经济生产批量模型和价格折扣模型。

（一）单周期库存模型

单周期库存模型用于容易腐烂物品（新鲜水果、蔬菜、海鲜、切花）以及有效期短的物品（报纸、杂志、专用仪器的备件等）的订货。这些物品如果未出售或未使用，而不能跨期持有，至少不能不受损坏地持有。

单周期库存模型主要考虑两种成本：缺货成本和过期成本。缺货成本包括对信誉的损害与错过销售的机会成本。一般情况下，缺货成本用未实现的单位利润表示，即

$$C_u = \text{单位销售额} - \text{单位成本}$$

如果短缺物品与生产过程或设备有关，则缺货成本可用延误生产的实际成本。

过期成本属于期末剩余的物品发生的成本，是物品原始成本与残值之差，即

$$C_0 = \text{单位原始成本} - \text{单位残值}$$

如果处置过期物品时发生了费用，则残值为负，这会增加过期成本。

对于单周期需求来说，库存控制的关键在于确定订货批量或库存水平，使过期成本与缺货成本最小。对于单周期库存问题，订货量就等于预测的需求量。确定最佳订货量通常可采用期望损失最小法或期望利润最大法。

1. 期望损失最小法

期望损失最小法就是比较不同订货量下的期望损失，取期望损失最小的订货量作为最佳订货量。

期望损失＝超储损失之和＋缺货损失之和

已知库存物品的单位成本为 C，单位售价为 P。若在预定的时间内卖不出去，则单价只能降为 S（$S<C$）卖出，若 S 为负则表示剩余物品处置需要的费用，单位超储损失为 $C_0=C-S$；若需求超过存货，则单位缺货损失（机会损失）$C_u=P-C$。

设订货量为 Q 时的期望损失为 E_L（Q），则取使最 E_L（Q）最小的 Q 作为最佳订货量。E_L（Q）可通过下式计算：

$$E_L(Q)=\sum_{d>Q}C_u(d-Q)p(d)+\sum_{d<Q}C_0(Q-d)p(d)$$

其中，p（d）为需求量为 d 时的概率。

例 7-1　依据过去的销售记录，顾客在夏季对某便利店微风扇的需求分布率，如表 7-6所示。

表 7-6　　某商店微风扇的需求分布率

需求 d（台）	0	5	10	15	20	25
概率 p（d）	0.05	0.15	0.20	0.25	0.20	0.15

已知，每台微风扇的进价为 $C=50$ 元，售价 $P=80$ 元。若在夏季卖不出去，则每台微风扇只能按 $S=30$ 元在秋季卖出去。求该商店应该进多少微风扇为好。

解：设该商店买进微风扇的数量为 Q，则：

当实际需求 $d<Q$ 时，将有部分微风扇卖不出去，每台超储损失为：

$C_0=C-S=50-30=20$（元）

当实际需求 $d>Q$ 时，将有机会损失，每台欠储损失为：

$C_u=P-C=80-50=30$（元）

当 $Q=15$ 时，则：

E_L（Q）＝［30×（20－15）×0.20＋30×（25－15）×0.15］＋

［20×（15－0）×0.05＋20×（15－5）×0.15＋20×（15－10）×0.20］

＝140（元）

当 Q 取其他值时，可按同样方法算出 E_L（Q），结果如表 7-7 所示。由表 7-7 可以得出最佳订货量为 15 台。

表 7－7　　　　期望损失计算表

订货量 Q	实际需求 d						期望损失 E_L（Q）（元）
	0	5	10	15	20	25	
	p（$D=d$）						
	0.05	0.15	0.20	0.25	0.20	0.15	
0	0	150	300	450	600	750	427.5
5	100	0	150	300	450	600	290.0
10	200	100	0	150	300	450	190.0
15	300	200	100	0	150	300	140.0
20	400	300	200	100	0	150	152.5
25	500	400	300	200	100	0	215.0

2. 期望利润最大法

期望利润最大法就是比较不同订货量下的期望利润，取期望利润最大的订货量作为最佳订货量。

期望利润＝需求量小于订货量的期望利润＋需求量大于订货量的期望利润

设订货量为 Q 时的期望利润为 E_p（Q），则：

$$E_p(Q)=\sum_{d<Q}[C_u d - C_0(Q-d)]p(d)+\sum_{d>Q}C_u Q p(d)$$

例 7－2　已知数据同例 7－1，求最佳订货量。

解： 当 $Q=15$ 时，

$E_p=15=$［30×0－20×（15－0）］×0.05＋［30×5－20×（15－5）］×0.15＋［30×10－20×（15－10）］×0.20＋（30×15）×0.25＋（30×15）×0.20＋（30×15）×0.15

＝287.5

当 Q 取其他值时，可按同样方法算出 E_p（Q），结果如表 7－8 所示。由表 7－8 可以得出最佳订货量为 15，与期望损失最小法得出的结果相同。

表 7－8　　　　期望利润计算表

订货量 Q	实际需求 d						期望损失 E_P（Q）（元）
	0	5	10	15	20	25	
	p（$D=d$）						
	0.05	0.15	0.20	0.25	0.20	0.15	
0	0	0	0	0	0	0	0
5	－100	150	150	150	150	150	137.5
10	－200	50	300	300	300	300	237.5
15	－300	－50	200	450	450	450	287.5
20	－400	－150	100	350	600	600	275.0
25	－500	－250	0	250	500	750	212.5

（二）多周期库存模型

1. 经济订货批量模型

经济订货批量（Economic Order Quantity，EOQ）模型最早是由 F. H. Wharris 于 1915 年提出的。该模型有如下假设条件：

①外部对库存系统的需求率已知，需求率均匀且为常量，年需求率以 D 表示，单位时间需求率以 d 表示；②一次订货无最大最小限制；③采购、运输均无价格折扣；④订货提前期已知，且为常量；⑤订货费与订货批量无关；⑥维持库存费是库存量的线性函数；⑦不允许缺货；⑧补充率为无限大，全部订货一次交付；⑨采用固定量系统。

在以上假设条件下，库存量的变化如图 7－6 所示。从图 7－6 可以看出，系统的最大库存量为 Q，最小库存量为 0，不存在缺货。库存按数值为 D 的固定需求率减少。当库存量降低到订货点 RL 时，就按固定订货量 Q 发出订货。经过一固定的订货提前期 LT，新的一批订货 Q 到达（订货刚好在库存变为 0 时到达），库存量立刻达到 Q。显然，平均库存量为 $Q/2$。

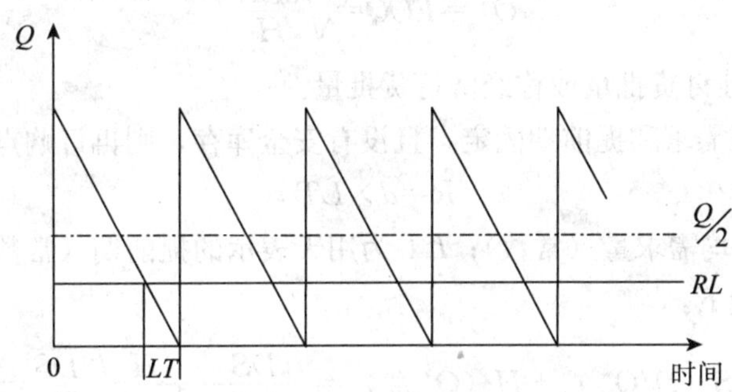

图 7－6　经济订货批量假设下的库存量变化

库存总成本包括年维持库存费、订货费用和购买费用。年维持库存费（C_H）随订货批量 Q 增加而增加，是 Q 的线性函数，可表示为平均库存量（$Q/2$）与单位库存维持费用（H）之积；年订货费（C_R）与 Q 的变化成反比，随 Q 增加而下降。若设一次订货费用为 S，年需求量为 D，则年订货费用为 S 和 D/Q 之积；年购买费用（C_P）为物品单位价格（P）与年需求量（D）之积。在 EOQ 模型的假设条件下，总费用 C_T 为：

$$C_T = C_H + C_R + C_P = H(Q/2) + S(D/Q) + pD$$

其中，C_T 为年库存总费用；C_H 为年维持库存费；C_R 为年补充订货费；C_P 为年购买费（加工费）；S 为一次订货费或调整准备费；H 为单位库存维持费，$H = P \times h$；P 为单价；h 为资金效果系数；D 为年需求量。

不计年采购费用 C_P，总费用 C_T 曲线为 C_H 曲线与 C_R 曲线的叠加。C_T 曲线最低点对应的订货批量就是最佳订货批量，如图 7－7 所示。

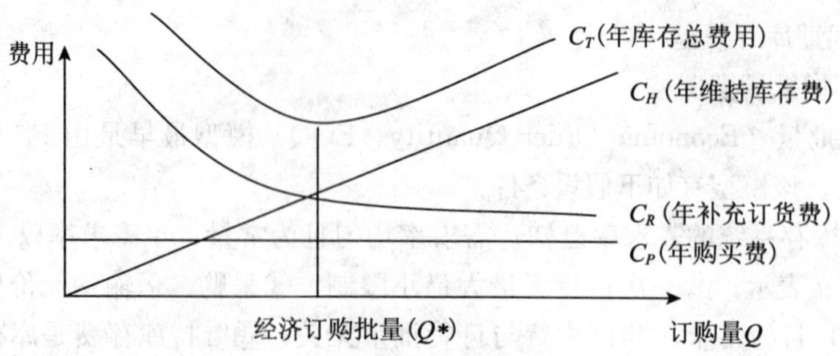

图 7-7 基于订购量的年库存费用曲线

如图 7-7 所示，为了求出经济订货批量，将库存总费用等式对 Q 求导，并令一阶数导数为零，可得：

$$\frac{dC_T}{dQ}=\frac{H}{2}+\left(\frac{-DS}{Q^2}\right)+0=0$$

$$Q^*=EOQ=\sqrt{\frac{2DS}{H}}$$

其中，Q^* 为最佳订货批量或称经济订货批量。

因为该模型假定需求和提前期固定，且没有安全库存，则再订购点 RL 为：

$$R=\bar{d}\times LT$$

其中，$\bar{d}$ 为日平均需求量（常数）；LT 为用天表示的提前期（常数）。

在最佳订货批量下，

$$C_R+C_H=S\ (D/Q^*)\ +H\ (Q^*/2)\ =\frac{DS}{\sqrt{\frac{2DS}{H}}}+\frac{H}{2}\sqrt{\frac{2DS}{H}}=\sqrt{2DSH}$$

从上式可以看出，经济订货批量随单位订货费 S 增加而增加，随单位维持库存费 H 增加而减少。因此，价格昂贵的物品订货批量小，难采购的物品一次订货批量要大一些。这些都与人们的常识一致。

例 7-3 根据生产的需要，某企业每年以 20 元的单价购入一种零件 4000 件。每次订货费用为 40 元，资金年利息率为 6%，单位维持库存费按所库存物价值的 4%计算。若每次订货的提前期为 2 周，试求经济订货批量、最低年总成本、年订购次数和订购点。

解： 由已知可知 $p=20$ 元/件，$D=4000$ 件/年，$S=40$ 元，$LT=2$ 周。H 则由两部分组成，一是资金利息，一是仓储费用，即

$H=20\times6\%+20\times4\%=2$（元/（件·年））

因此，

$$EOQ=\sqrt{\frac{2DS}{H}}=\sqrt{\frac{2\times4000\times40}{2}}=400\text{（件）}$$

最低年总费用为：

$C_T = C_H + C_R + C_P = H（EOQ/2）+ S（D/EOQ）+ pD$

$=（400/2）\times 2 +（4000/400）\times 40 + 4000 \times 20 = 80800$（元）

年订货次数 $n = D/EOQ = 4000/400 = 10$（次）

订货点 $RL =（D/52）\cdot LT = 4000/52 \times 2 = 153.8$（件）

2. 边生产边使用的定量订购模型

上面的定量订购模型中，假设所订购的产品成批到达，但事情往往并非如此。在许多情况下，都是边生产边消耗库存物资。在生产系统中，当某一部门是另一部门的供应商时，这种模型比较适用。例如，为了满足铝合金窗的订购必须生产铝合金板，然后将铝合金板切断、焊接，最后完成全部铝合金订单。同时公司开始与供应商签订长期合同，合同一般为期6个月或1年，供应商将每周送一次货或更频繁一些。假定用 d 表示对将要生产的物资的固定需求率，用 p 表示该物资的生产率，则可得到以下公式：

$$TC = DC + \frac{D}{Q}S + \frac{(p-d)\,QH}{2p}$$

同样，对 Q 求导，并使其等于零，可得：

$$Q_{opt} = \sqrt{\frac{2DS}{H} \times \frac{p}{(p-d)}}$$

该模型如图7-8所示。可以看出现有库存量往往少于订购量 Q。

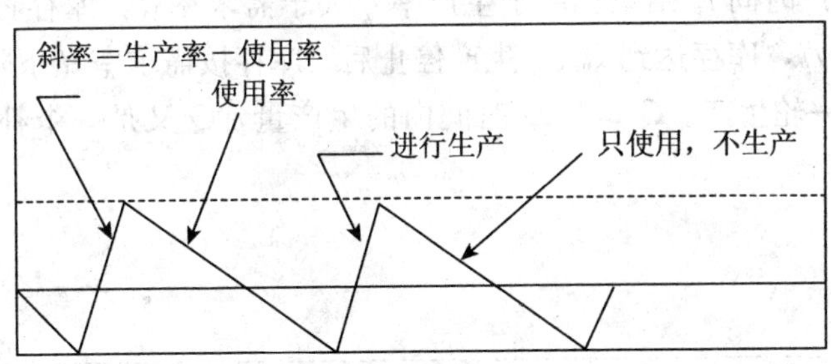

图7-8 边生产边使用的定量订购模型

例7-4 产品 X 是某公司库存中的标准项目。该产品最后一道装配线每天都运转。产品 X 的某一部件（称为部件 X_1）在另一个部门生产。该部门生产部件 X_1 的生产率为100件/天，装配线对部件 X_1 的使用率为40件/天。

已知下面的数据，求对部件 X_1 的最优订购批量。

日使用率（d）＝40件

年需求量（D）＝10000（40件×250个工作日）

日生产量（p）＝100件

生产准备成本（S）＝50元

年存储成本（H）＝0.50元/件

部件 X_1 的成本（C）＝7元/件

提前期（L）＝7天

解： 最佳订购量与再订购点计算如下：

$$Q_{\text{opt}}=\sqrt{\frac{2DS}{H}\times\frac{p}{(p-d)}}=\sqrt{\frac{2\times10000\times50}{0.50}\times\frac{100}{100-40}}=1826\text{（件）}$$

以上的计算结果表明，当 X_1 的库存量降低到 280 件时，就应进行批量为 1826 件的订购。作为 X_1 的生产部门，在日产量为 100 件/天的情况下，需生产 18.26 天，并且能为装配线提供 45.65（1826/40）天的需求量。从理论上说，该部门将有 27.39 天做别的工作而不生产部件 X_1。

3. 经济生产批量模型

EOQ 假设整批订货在一定时刻同时到达，补充率为无限大。这种假设不符合企业生产过程的实际。一般来说，在进行某种产品生产时，成品是逐渐生产出来的。也就是说，当生产率大于需求率时，库存是逐渐增加的，不是一瞬间上去的。要使库存不致无限增加，当库存达到一定量时，应该停止生产一段时间。由于生产系统调整准备时间的存在，在补充成品库存的生产中，也有一个一次生产多少的最经济的问题，这就是经济生产批量问题。经济生产批量（Economic Production Lot，EPL）模型，又称经济生产量（Economic Production Quantity，EPQ）模型，其假设条件除与经济订货批量模型第⑧条假设不一样之外，其余都相同。

图 7－9 描述了在经济生产批量模型下库存量随时间变化的过程。生产在库存为 0 时开始进行，经过生产时间 t_p 结束，由于生产率 q 大于需求率 d，库存将以（$q-d$）的速率上升。经过时间 t_p，库存达到 $I_{\max}$。生产停止后，库存按需求率 d 下降。当库存减少到 0 时，又开始了新一轮生产。Q 是在 t_p 时间内的生产量，Q 又是一个补充周期 T 内消耗的量。

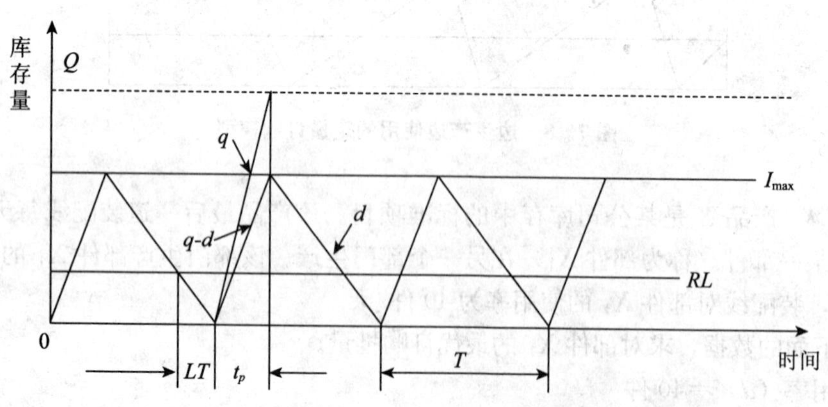

图 7－9　经济生产批量模型假设下的库存量变化

图 7－9 中，q 为生产率（单位时间产量）；d 为需求率（单位时间出库量），$d<q$；t_p 为生产时间；$I_{\max}$为最大库存量；Q 为生产批量；RL 为订货点；LT 为生产提前期。

在 EPL 模型的假设条件下，C_p 与订货批量大小无关，为常量。与 EOQ 模型不同的是，由于补充率不是无限大，这里平均库存量不是 $Q/2$，而是 $I_{\max}/2$。于是：

$$C_T = C_H + C_R + C_P = H\ (I_{max}/2)\ + S\ (D/Q)\ + pD$$

问题现在归结为求 $I_{\max}$。由图 7-9 可以看出：

$$I_{\max} = t_p\ (q-d)$$

由 $Q=qt_p$，可以得出 $t_p=Q/q$。所以：

$$C_T = H\ (1-d/q)\ Q/2 + S\ (D/Q)\ + pD$$

进而可以得出：

$$EPL = \sqrt{\frac{2DS}{H\left(1-\frac{d}{q}\right)}}$$

例 7-5 根据预测，市场每年对某公司生产的产品的需求量为 9000 台，一年按 300 个工作日计算。生产率为每天 50 台，生产提前期为 4 天。单位产品的生产成本为 60 元，单位产品的年维修库存费为 30 元，每次生产的生产准备费用为 40 元。试求经济生产批量 EPL、年生产次数、订货点和最低年总费用。

解：这是一个典型的 EPL 问题，将各变量取相应的单位，带入相应的公式即可求解。

$d=D/N=9000/300=30$（台/日）

$EPL=\sqrt{\dfrac{2DS}{H\ (1-d/q)}}=\sqrt{\dfrac{2\times 9000\times 40}{30\times\ (1-30/50)}}=\sqrt{60000}=245$（台）

年生产次数 $n=D/EPL=9\,000/245=36.7$（次）

订货点 $RL=d\cdot LT=30\times 4=120$（台）

最低年库存费用 $C_T=H\ (1-d/q)\ Q/2+S\ (D/Q)\ +pQ$

$=30\ (1-30/50)\ \times\ (245/2)\ +40\times\ (9000/245)\ +60\times 9000$

$=542938$（元）

EPL 模型比 EOQ 模型更具一般性，EOQ 模型可以看做 EPL 模型的一个特例。当生产率 q 趋于无限大时，EPL 公式就同 EOQ 公式一样。

EPL 模型对分析问题十分有用。由 EPL 公式可知，一次生产准备费 S 越大，则经济生产批量越大；单位维持库存费 H 越大，则经济生产批量越小。在机械行业，毛坯的生产批量通常大于零件的加工批量，是因为毛坯生产的准备工作比零件加工的准备工作复杂，而零件本身的价值又比毛坯高，从而单位维持库存费较高。

4. 价格折扣模型

为了刺激需求，诱发更大的购买行为，供应商往往在顾客的采购批量大于某一值时提供优惠的价格。这就是价格折扣。图 7-10 表示有三种数量折扣的情况。当采购批量小于 Q_1 时，单价为 P_1；当采购批量大于或等于 Q_1 而小于 Q_2 时，单价为 P_2；当采购批量大于或等于 Q_2 时，单价为 P_3，$P_3<P_2<P_1$。

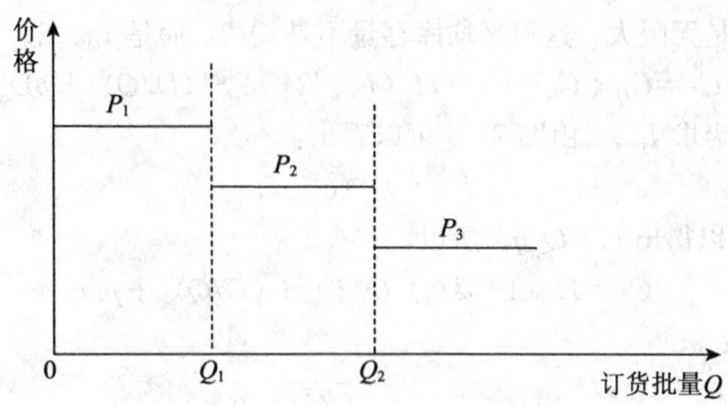

图 7－10　有数量折扣的价格曲线

价格折扣对于供应厂家是有利的。因为生产批量大，则生产成本低，销售量扩大可以占领市场，获取更大利润。价格折扣对用户是否有利，要作具体分析。在有价格折扣的情况下，由于每次订购量大，订货次数减少，年订货费用会降低。但订购量大会使库存增加，从而使维持库存费增加。按数量折扣订货的优点是单价较低，年订货成本较低，较少发生缺货，装运成本较低，而且能比较有效地对付价格上涨。其缺点是库存量大，储存费用高，存货周转较慢且容易陈旧。接不接受价格折扣，需要通过价格折扣模型计算才能决定。

价格折扣模型的假设条件中允许有价格折扣这一条件与 EOQ 模型假设条件③不一样。由于有价格折扣时，物资的单价不再是固定的了，因而传统的 EOQ 公式不能简单的套用。图 7－11 所示为有两个折扣点的价格折扣模型的费用。年订货费 C_R 与价格折扣无关，曲线与 EOQ 模型的曲线一样。年维持库存费 C_H 和年购买费 C_P 都与物资的单价有关。因此，费用曲线是一条不连续的折线。三条曲线的叠加，构成的总费用曲线也是一条不连续的曲线。但是，不论如何变化，最经济的订货批量仍然是总费用曲线 C_T 上最低点对应的数量。由于价格折扣模型的总费用曲线不连续，所以成本最低点或者是曲线斜率（亦即一阶导数）为零的点，或者是曲线的中断点。

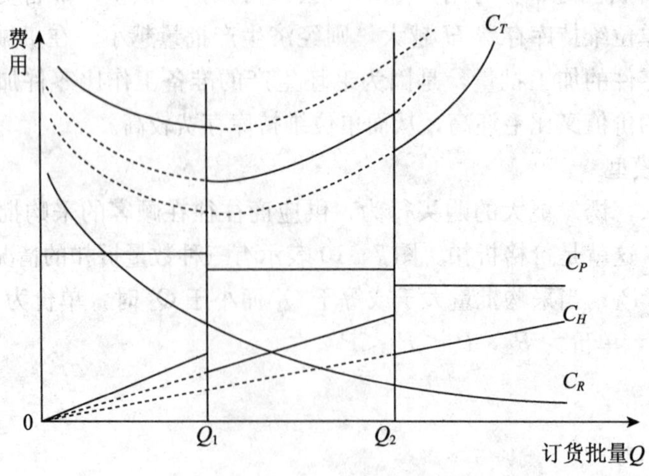

图 7－11　有两个折扣点的价格折扣模型的费用

在不同价格下都有一个最低成本的批量，确定最佳订货批量时需要按照下列方法处理：

（1）从最低的单位价格开始计算经济订货批量（EOQ），如果计算出来的 EOQ 在所给出的价格范围内，即为最佳经济订货批量。否则进行第 2 步计算。

（2）计算次低单位价格的经济订货批量（EOQ），如果计算出来的 EOQ 在所给的优惠价格范围内，则需要比较可行 EOQ 下总成本与最低价格下最小订货数量的总成本，选择最低成本的订货量为最佳订货批量。如果计算出来的 EOQ 不在所给的优惠价格范围内，则需要步骤 3 计算。

（3）计算第三个优惠范围内的单位价格的经济订货批量（EOQ），如果计算出来的 EOQ 在所给的优惠价格范围内，则需要比较可行 EOQ 下总成本与各较低价格范围的最小订货数量的总成本，选择最低成本的订货量为最佳订货批量。如果计算出来的 EOQ 不在所给的优惠价格范围内，则需要重复计算 EOQ。

在有价格折扣的经济订货批量模型中，一般以物品价格的百分比，即维持库存费用率（h）来表示维持库存费用与物品占用的资金比率。经济订货批量模型表示为：

$$EOQ=\sqrt{\frac{2DS}{ph}}$$

其中，p 为物品单价；h 为单位物品的年库存维持费用率。

在有价格折扣情况下，库存总成本应考虑物品本身占用的资金。

例 7－6　某公司每年要购入 3600 台电子零件。供应商的条件是：①订货量大于或等于 125 台时，单价 32.50 元；②订货量小于 125 台时，单价 35.00 元。每次订货的费用为 10.00 元，单位产品的年库存维持费用为单价的 15%。试求最优订货量。

解：这是一个典型的数量折扣问题，求解步骤如下：

第一步，当 $C=32.50$ 时，$H=32.50\times15\%=4.88$，$S=10.00$，$D=3600$。

则：

$$EOQ\ (32.50)=\sqrt{\frac{2\times3600\times10}{4.88}}=121.47\ (台)$$

因为只有当订货量大于或等于 125 台时，才可能享受单价为 32.50 元的优惠价格，也就是说，121.47 台是不可行的（即 121.47 所对应的点不在曲线 C_T 的实线上）。

第二步，求次低的单价 $C=35.00$ 元时的情况。此时：

$H=35.00\times15\%=5.25$，$S=10.00$，$D=3600$

$$EOQ\ (35.0)=\sqrt{\frac{2\times3600\times10}{5.25}}=117.11\ (台)$$

当单价为 35.00 元时，经济订货批量取 117 台时，这与供应商的条件是不矛盾的，因而 117 台为可行的订货量。在这里，订货量大于 117 台的数量折扣点只有一个，即 125 台。因此应该分别计算订货量为 117 台和 125 台时的总成本 C_T（117）和 C_T（125）。

C_T（117）＝（117/2）×5.25＋（3600/117）×10.00＋3600×35.00＝126614.82（元）

C_T（125）＝（125/2）×4.88＋（3600/125）×10.00＋3600×32.50＝117593.00（元）

由于 C_T（125）<C_T（117），所以最优订货批量应为125台。

（三）安全库存模型

1. 安全库存及其重要意义

前面的模型是假设需求是固定且已知的，但多数情况下需求并不固定，而是经常变化的。因此，必须建立安全库存以便在需求变化的情况下也能保持库存水平。

安全库存（Safety Stock，SS）也称安全存储量，又称保险库存，是指为了防止不确定性因素（如大量突发性订货、交货期突然延期、临时用量增加、交货误期等特殊原因）而预计的保险储备量（缓冲库存）。安全库存用于满足提前期需求。在给定安全库存的条件下，平均存货可用订货批量的一半和安全库存来描述。

安全库存在正常情况下不动用，只有在库存量过量使用或者送货延迟时，才能使用。

安全库存的确定是建立在数理统计理论基础上的。首先，假设库存的变动是围绕着平均消费速度发生变化，大于平均需求量和小于平均需求量的可能性各占一半，缺货概率为50％。

安全库存越大，出现缺货的可能性越小；但库存过大，会导致剩余库存的出现。应根据不同物品的用途以及客户的要求，将缺货保持在适当的水平上，允许一定程度的缺货现象存在。安全库存的量化计算可根据顾客需求量固定、需求量变化、提前期固定、提前期发生变化等情况，利用正态分布图、标准差、期望服务水平等来求得。

2. 安全库存的计算

（1）计算公式

用最古老的公式：

安全库存＝（预计最大消耗量－平均消耗量）×采购提前期

如果用统计学的观点可以变更为：

安全库存＝日平均消耗量×一定服务水平下的前置期标准差

（2）计算方法

安全库存量的大小，主要由顾客服务水平（或订货满足）来决定。所谓顾客服务水平，就是指对顾客需求情况的满足程度，公式表示如下：

顾客服务水平＝1－年缺货次数÷年订货次数

顾客服务水平（或订货满足率）越高，说明缺货发生的情况越少，从而缺货成本就较小，但因增加了安全库存量，导致库存的持有成本上升；而顾客服务水平较低，说明缺货发生的情况较多，缺货成本较高，安全库存量水平较低，库存持有成本较小。因而必须综合考虑顾客服务水平、缺货成本和库存持有成本三者之间的关系，最后确定一个合理的安全库存量。

安全库存的计算，一般需要借助于统计学方面的知识，对顾客需求量的变化和提前期的变化作一些基本的假设，从而在顾客需求发生变化、提前期发生变化以及两者同时发生变化的情况下，分别求出各自的安全库存量。即假设顾客的需求服从正态分布，通过设定的显著性水平来估算需求的最大值，从而确定合理的库存。

统计学中的显著性水平 α，在物流计划中可称作缺货率，与物流中的服务水平（$1-\alpha$，订单满足率）是对应的，显著性水平（α）＝缺货率＝1－服务水平。如统计学上的显著性水平一般取为α=0.05，即服务水平为0.95，缺货率为0.05。服务水平就是指对顾客需求情况的满足程度。统计学在物流计划中安全库存的计算原理，如图7－12所示。

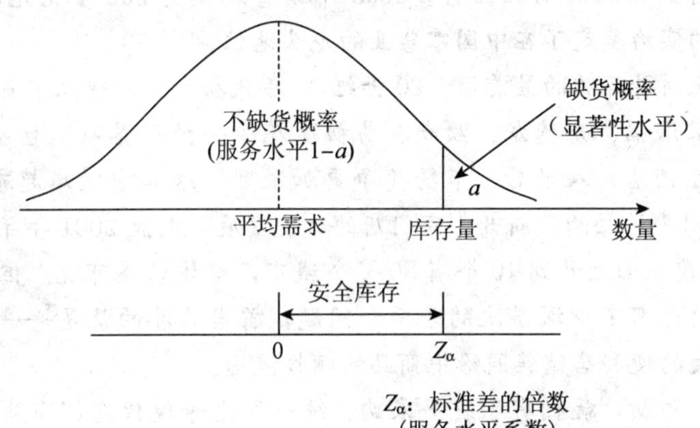

图7－12 概率需求模型

从图7－12可以看出：

库存＝平均需求＋安全库存

平均需求也叫周期库存，安全库存（Safe Stock）用*SS*来表示，那么有：

$$SS=Z_{\alpha}\times\sigma$$

其中，σ为标准差；Z_{α}在显著性水平为α，服务水平为$1-\alpha$的情况下所对应的服务水平系数，也称为安全系数，它是基于统计学中的标准正态分布的原理来计算的，它们之间的关系非常复杂，但一般可以通过正态分布表查得。

服务水平$1-\alpha$越大，Z_{α}就越大，*SS*就越大。服务水平越大，订单满足率就越高，发生缺货的概率就越小，但需要设置的安全库存*SS*就会越高。因而需要综合考虑顾客的服务水平、缺货成本和库存持有成本三者之间的关系，最后确定一个合理的库存。

不同顾客服务水平下的安全系数如表7－9所示。

表7－9 不同顾客服务水平下的安全系数

服务水平	0.9998	0.99	0.98	0.95	0.90	0.80	0.70
安全系数	3.05	2.33	2.05	1.65	1.29	0.84	0.54

本章案例：联华超市的配送中心

联华超市创建于1991年5月，是上海首家以发展连锁经营为特色的超市公司。经过

12年的发展，联华已成为现今中国最大的商业零售企业，形成了大型综合超市（大卖场）、超级市场、便利店等多元业态联动互补的竞争优势。在上海、北京、天津等20个省市和自治区的100多个城市建立了强大的连锁经营网络。联华连续3年稳坐中国零售业翘楚之席，是消费者最信赖的商业品牌。2003年销售规模达200多亿元，门店数近2600家。再次以雄厚的实力奠定了在中国零售业的龙头地位。

上海是零售业对外开放的最前沿。20世纪90年代初，上海建立了首家中外合资的百货公司。此后，家乐福、麦德龙、欧尚、易初莲花等一批世界商业巨头纷纷进驻上海，开出一家又一家连锁店。入世后，市场竞争更加激烈，这其中联华超市也在加速发展。1996年后，联华以平均每两天新开1家门店的速度发展，截至2001年年底，门店规模已达1225家，网络覆盖面上升到10个省80多个城市，整体效益可观。但与联华规模扩张的速度一同而来的也有不少深层次的矛盾和问题，首当其冲的就是——传统的物流已经不能适应公司庞大的便利店销售网络中商品的顺畅流通。

联华超市成立之初，就拥有了统一采购、统一配送等现代连锁商业的特征。但是与国际商业巨头相比，形似而神不似。比如：从门店订货到总部配送完全靠手工操作，手续相当繁复，效率低下。有个例子，有天下大雨时雨伞卖得断档，当门店及时发出订货单后，雨伞根本不会在半天内送到，伞到了，雨早停了。而世界零售业巨头沃尔玛已开始用卫星传输信息，跨国商品的调配就像在本地一样迅捷。这使公司认识到：必须建立现代化物流系统，降低物流成本，而配送中心在连锁超市物流中占据越来越重要的地位，其集货、储存、流通加工、配货、配送等功能越来越完善。现代化物流的实现必须依靠配送中心来实现商品的集中储存和配送，以实现在企业内形成一个稳定运行、完全受控的物流系统，满足超市对于商品多品种、多批次、低数量的及时配送的要求。既有利于保证和保持良好的服务水平，又便于企业对超市物流各个环节的管理和监控。

联华超市结合国际的先进实施经验，充分考虑集团的实际情况，建成了利用现有的建筑物改成的配送中心，采用仓库管理系统（WMS）实现整个配送中心的全计算机控制和管理，而在具体操作中实现半自动化，以货架形式来保管，并配以无线数据终端进行实时物流操作，以自动化流水线来输送，以数字拣选系统来拣选，基本上实现了物流功能条码化与配送过程无线化，具有“穿过式配送”能力，利用“虚拟配送中心”功能协助完成“店铺直送”，建立了“自动补货系统”，还包括强大的退货管理、意外管理以及配送调度安排、线路优化和跟踪等功能，形成了一套完整的解决方案。同时，联华的门店计算机管理系统和智能化物流配送系统，通过网络与总部相连接，加快了商流、物流、信息流的传递，管理人员都能通过网络随时随地了解掌握企业的营运状况。成为目前国内连锁企业最先进的配送中心之一。

供应商送货到配送中心后，立即由WMS进行登记处理，能够入库的，在记录信息的同时生成入库指示单，之后工作人员用手动叉车将货物搬运至入库品运载装置处。由系统自动识别运输至相应位置存放并更新在库货位数。当门店的要货订单通过联华数据通信平台，实时的传输到配送中心后，根据订单上各种商品的数量和相应的到货时间，开始进行商品配货拣选工作。当根据订单进行配货时，仓库管理系统（WMS）会发出出库指示，各层平台上设置的激光打印机根据指示打印出库单。在出库单上，货物根据拣选路径依次打印。系统中的商店号码显示器显示出需要配送的商店号码，数据显示器显示出需要拣选的数量，工作人员在确认后，操作系统开始进行拣选工作。当全部区域拣选结束后，装有商品的笼车由笼车升降机送至一层。工作人员将不同商店分散在多台笼车上的商品归总分类，附上交货单，依照送货平台上显示器显示的商店号码将笼车送到等待中对应的运输车辆上。计算机配车系统将根据门店远近，合理安排配车路线。商品到门店后，由于数量的高度准确性，在门店验货时只要清点总的包装数量，完成交接手续即可，一般一个门店的配送商品交接只需要5分钟。

联华原来的配送中心，场地狭小，科技含量低，人力资源浪费。每天的拆零商品在1万箱左右，单店商品拆零配置时间约需4分钟，人工分拣的拆零差错率达0.6%，而且每天只能配送200多家门店。配送中心投入运行后，以其高效率、低差错率和人性化设计受到各界的好评。公司百货类配送，从门店发出要货指令到配货作业完毕，以前要4小时以上，现在只要40分钟。生鲜类配送，从门店在网上发出要货指令后，配送中心会根据每个门店的要货时间和地点远近，自动安排生产次序，自动加工、自动包装。以一盒肉糜为例，从原料投入到包装完毕，整个过程不超过20分钟。新配送中心库存商品可达10万箱，每天拆零商品可达成3万箱，商品周转期从原来的14天缩短到3.5天，库存积压资金大大降低；采用计算机数字化方式取代人工拣选，使差错率减少到万分之一，配置时间从4分钟/店压缩到1.5分钟/店，每天可配送400多家门店，配送准确率、门店满意度等有了大幅提升，同时降低了物流成本在整个销售额中所占的比例。

物流配送信息化，使联华总部可以通过网络及时了解各门店的销售情况；供应商可以通过联华网络轻松地看到自己商品的销售、库存与周转，以便及时组织货源；门店实现了网上要货，所有账目自动生成，减轻了手工记账等劳动强度，使联华超市的总成本下降了10%；供应链上的节点企业生产效率提高10%以上。联华先进的配送中心在保证店铺正常运营、降低物流成本和商品损耗、加速周转等方面显示出巨大优势，成为联华快速发展的重要保证。

复习思考题

1. 仓储作业的主要内容包括哪些？
2. 仓储合理化的主要标志及其实现措施。
3. 仓库基本作业的内容包括哪些？
4. 库存管理的主要方式包括哪些？
5. 库存管理ABC分类法的基本内容及其操作步骤有哪些？
6. 单周期库存模型的应用。
7. 经济订货批量模型及有价格折扣的经济订货批量模型的应用。

第八章 企业销售物流及配送管理

企业的产品只有经过销售才能实现其价值，从而创造利润，实现企业价值。销售物流是企业物流系统的最后一个环节，是企业物流与社会物流的又一个衔接点。它与企业销售系统相配合，共同完成产成品的销售任务。销售活动的作用是企业通过一系列营销手段，出售产品，满足消费者的需求，实现产品的价值和使用价值。

第一节 销售物流及其合理化

一、销售物流的概念

（一）销售物流的概念

销售物流（Distribution Logistics）是指生产企业、流通企业出售商品时，物品在供方与需方之间的实体流动。所以又称为企业销售物流，是企业为保证本身的经营利益，不断伴随销售活动，将产品所有权转给用户的物流活动。

销售物流的起点，一般情况下是生产企业的产成品仓库，经过分销物流，完成长距离、干线的物流活动，再经过配送完成市内和区域范围的物流活动，到达企业、商业用户或最终消费者。销售物流是一个逐渐发散的物流过程，这和供应物流形成了一定程度的镜像对称，通过这种发散的物流，使资源得以广泛地配置。

（二）销售物流的主要环节

1. 产品包装

销售包装的目的是向消费者展示、吸引顾客、方便零售。运输包装的目的是保护商品，便于运输、装卸搬运和储存。

2. 产品储存

储存是满足客户对商品可得性的前提。通过仓储规划、库存管理与控制、仓储机械化等，提高仓储物流工作效率、降低库存水平、提高客户服务水平。帮助客户管理库存，有利于稳定客源、便于与客户的长期合作。

3. 货物运输与配送

运输是解决货物在空间位置上的位移。配送是在局部范围内对多个用户实行单一品种或多品种的按时按量送货。通过配送，客户得到更高水平的服务；企业可以降低物流成本；减少城市的环境污染。

4. 装卸搬运

装卸是物品在局部范围内以人或机械装入运输设备或卸下。搬运是对物品进行水平移动为主的物流作业。主要考虑：提高机械化水平、减少无效作业、集装单元化、提高机动性能、利用重力和减少附加重量、各环节均衡、协调、系统效率最大化。

5. 流通加工

根据需要进行分割、计量、分拣、刷标志、拴标签、组装等作业的过程。销售物流主要考虑：流通加工方式、成本和效益、与配送的结合运用、废物再生利用等。

6. 订单及信息处理

客户在考虑批量折扣、订货费用和存货成本的基础上，会合理频繁地订货；若企业能为客户提供方便、经济的订货方式，就能引来更多的客户。

7. 销售物流网络规划与设计

销售物流网络，是以配送中心为核心，连接从生产厂出发，经批发中心、配送中心、中转仓库等，一直到客户的各个物流网点的网络系统。主要考虑市场结构、需求分布、市场环境等因素。

二、企业销售物流的基本模式

销售物流有三种主要的运作模式，即生产企业自己组织销售物流；第三方物流企业组织销售物流；用户自己提货模式。

（一）生产企业自己组织销售物流

这是在买方市场环境下主要销售物流模式之一。也是我国当前绝大部分企业采用的物流形式。

生产企业自己组织销售物流，实际上把销售物流作为企业生产的一个延伸或者是看成生产的继续。生产企业销售物流成了生产企业经营的一个环节。而且，这个经营环节是和用户直接联系、直接面向用户提供服务的一个环节。在企业从"以生产为中心"转向以"市场为中心"的情况下，这个环节逐渐变成了企业的核心竞争环节，已经逐渐不再是生产过程的继续，而是企业经营的中心，生产过程变成了这个环节的支撑力量。

生产企业自己组织销售物流的好处在于，可以将自己的生产经营和用户直接联系起来，信息反馈速度快、准确程度高，信息对于生产经营的指导作用和目的性强。企业往往把销售物流环节看成是开拓市场、进行市场竞争中的一个环节，尤其在买方市场前提下，格外看重这个环节。生产企业自己组织销售物流，可以对销售物流的成本进行大幅度的调节，充分发挥它的"成本中心"的作用，同时能够从整个生产企业的经营系统角度，合理安排和分配销售物流环节的力量。

在生产企业规模可以达到销售物流的规模效益前提下，采取生产企业自己组织销售物流的办法是可行的，但不一定是最好的选择。主要原因，一是生产企业的核心竞争力的培育和发展问题，如果生产企业的核心竞争能力在于产品的开发，销售物流可能占用过多的资源和管理力量，对核心竞争能力造成影响；二是生产企业销售物流专业化程度有限，自己组织销售物流缺乏优势；三是一个生产企业的规模终归有限，即便是分销物流的规模达到经济规模，延伸到配送物流之后，就很难再达到经济规模，因此可能反过来影响市场更广泛、更深入地开拓。

（二）第三方物流企业组织销售物流

由专门的物流服务企业组织企业的销售物流，实际上是生产企业将销售物流外包，将销售物流社会化。

由第三方物流企业承担生产企业的销售物流，其最大优点在于，第三方物流企业是社会化的物流企业，它向很多生产企业提供物流服务，因此可以将企业的销售物流和企业的供应物流一体化，可以将很多企业的物流需求一体化，采取统一的解决方案。这样可以做到：第一是专业化；第二是规模化。这两者可以从技术方面和组织方面强化成本的降低和服务水平的提高。在网络经济时代，这种模式是一个发展趋势。

（三）用户自己提货模式

这种形式实际上是将生产企业的销售物流转嫁给用户，变成了用户自己组织供应物流的形式。对销售方来讲，已经没有了销售物流的职能。这是在计划经济时期广泛采用的模式，将来除非十分特殊的情况下，这种模式不再具有生命力。

三、企业销售物流的合理化

销售物流活动受企业销售政策制约，由于它是具体化的事物，所以，单单从物流效率的角度是不能找出评价的尺度的。销售物流合理化应该做到：在适当的交货期，准确地向顾客发送商品；对于顾客的订单，尽量减少商品缺货或脱销；合理设置仓库和配送中心；保持合理的商品库存；使运输、装卸、保管和包装等操作省力化；维持合理的物流费用；使订单到发货的情报流动畅通无阻；将销售额等信息迅速提供给采购部门、生产部门和销售部门等。目前，销售物流合理化的形式有大量化、计划化、商物分离化、标准化、共同化等类型，但一种物流并不仅仅与一种类型相对应。

（一）批量（大量）化模式

随着信息技术的发展和预测手段及工具的更新，企业可以对货物的流量和流向进行有效预测，增加货物流动的批量，减少批次。该模式适用的行业可以是家用电器、玻璃、洗涤剂、饮料等。该模式常见问题包括需求预测不准导致销售竞争力下降，交易对象的商品保管面积增加。批量（大量）化模式的优点在于：①可通过装卸机械化，大大提高货物的装卸效率；②由于批量的增大，可以大大降低单件货物的流动成本；③可以克服需求、运输和生产的波动性，简化事物处理。

（二）商物分离化模式

商物分离，是指流通中两个组成部分，即商业流通和实物流通各自按照自己的规律和渠道独立运动。使用该模式需解决销售活动的方式问题、配送距离增大的问题以及企业之间关系需进行调整的问题。该模式适用的行业可以是纤维、家用电器、玻璃等。商物分离化模式的优点在于：①固定开支减少压缩流通库存，排除交叉运输；②整个流通渠道的效率化和流通系列化得到加强。

（三）共同化模式

物流共同化包括物流配送共同化、物流资源利用共同化、物流设施与设备利用共同化以及物流管理共同化。物流资源是指人、财、物、时间和信息；物流的设施及设备包括运输车辆、装卸机械、搬运设备、托盘和集装箱、仓储设备及场地等；物流管理是指商品管理、在库管理等。该模式的管理要求比较高，采用该模式需要解决的问题包括调整企业之间的关系；对本企业物流状况信息不能公开化，加强对企业物流状况的保密措施。该模式适用的行业可以是照相胶片、家用电器、食品、药品等。共同化模式的优点在于：①物流管理社会化；②装载效率提高；③投资压缩成本。

（四）标准化模式

物流标准化是按照物流合理化的目的和要求，制定各类技术标准、工作标准，并形成全国乃至国际物流系统标准化体系的活动过程。其主要内容包括：物流系统的各类固定设施、移动设备、专用工具的技术标准；物流过程各个环节内部及之间的工作标准；物流系统各类技术标准之间、技术标准与工作标准之间的配合要求，以及物流系统于其他相关系统的配合要求。物流标准化需要解决的问题包括交易条件的调整、组合商品的设定和更新。该模式适用的行业可以是食品、文具、化妆品等。该模式优点是：①拣选、配货等节省人力；②订货处理、库存管理、拣选、配货等比较方便。

第二节　销售物流服务

一、销售物流服务的概念及目标

（一）销售物流服务的概念

销售物流服务是指企业向客户提供及时而准确的产品输送服务，是一个广泛满足客户的时间和空间效用需求的过程。无论企业的性质如何，接受服务的客户始终是形成物流需求的核心和动力。为了保持客户满意，销售物流服务已成为企业销售系统，乃至整个企业成功运作的关键，也是增强企业产品差异性、提高产品和服务竞争优势的重要因素。

（二）销售物流服务的目标

企业销售物流服务的目标，主要表现在以下几个方面：

1. 提高销售收入

销售物流活动能提供时间和空间效用来满足客户需求，是企业物流功能的产出或最终产品。无论是面向生产的物流服务，还是面向市场的物流服务，其最终产品都是提供某种满足客户需求的服务。

也可以说，服务是使产品产生差异性的重要手段。这种差异性为客户提供了增值服务，从而有效地使自己与竞争对手有所区别。尤其是在竞争产品的质量、价格相似或相同时，如果销售物流服务活动提供了超出基本服务的额外服务，就能使本企业的物流产品和服务在竞争中比对手胜出一筹。所以，提高客户服务水平，可以增加企业销售收入，提高市场占有率。

2. 提高客户的满意程度

客户服务是由企业向购买其产品或服务的人提供的一系列活动。它的内容一般包括三个层次：一是产品能提供给客户基本效用或利益，这是客户需求的核心内容；二是产品的形式能向市场提供实体和劳务的外观，它包括产品的质量、款式、特点、商标及包装；三是增值产品，这是客户在购买产品时得到的其他利益总和，是企业出售产品时附加上去的东西，它能给客户带来更多的利益和更大的满足。如维修服务、咨询服务、交货安排等。

一般来说，客户关心的是购买全部产品，即不仅仅是产品的实体，还包括产品的附加价值。销售物流服务就是提供这些附加价值的重要活动。良好的销售物流服务能提高产品的价值和附加价值，更能提高客户的满意程度。

3. 留住老客户，争取新客户

据贝恩咨询公司的研究显示，服务质量、留住客户和公司利润率之间有着非常高的相关性，这是因为：留住客户就可以留住业务；摊销在客户中的销售、广告；开办成本较低；为老客户的服务成本较少；满意的客户还会提供中介，即介绍新客户；满意的客户会愿意支付溢价。相反，一个对服务提供者感到不满的客户将被竞争对手获得。物流领域高水平的顾客服务能吸引客户并留住客户，对于客户来说，频繁地改变供应来源会增加其物流成本及风险性。

4. 降低销售物流成本

物流管理要求以最小的总物流成本产生最大的时间和空间效用。企业在降低物流成本的同时，往往会影响所提供的服务水平。为什么企业往往觉得提供令客户满意的物流服务很困难呢？这是因为“令客户满意”是要付出代价的，这代价便是高昂的物流成本。这样高昂的物流成本加到产品上，客户便难以接受，销售收入的增长便成了一句空话。因此，我国现阶段的企业物流管理仍然要踏踏实实从企业销售物流成本的管理和控制做起。

二、销售物流服务要素

销售物流服务由订货周期、可靠性、信息渠道、方便性等要素构成。

（一）订货周期

它是指从客户确定对某种产品有需求到需求被满足之间的时间间隔，也称提前期。客户订货周期的缩短标志着企业销售物流管理水平的提高。

（二）可靠性

它是指根据客户订单要求，按照预定的提前期，安全地将订货送达客户指定地点。如果没有销售物流的可靠性作保证，销售物流服务只能是空谈。物流管理者应认真做好信息反馈工作，了解客户的反应与要求，提高客户服务系统的可靠性。

1. 提前期的可靠性

它对于客户的库存水平和缺货损失有直接影响，可靠的提前期能减少客户面临供应的不确定性，能使客户的库存、缺货、订单处理和生产总成本最小化。如果提前期是固定的，客户可将其库存调整到最低水平，不需要保险存货来避免由于波动的提前期造成的缺货。

2. 安全交货的可靠性

它是销售物流系统的最终目的，如果货物破损或丢失，客户不仅不能如期使用这些产品，而且还会增加库存和销售成本。若收到破损的货物，就意味着客户不能将破损的货物用于生产或销售，这就增加了缺货损失。为了避免这种情况，客户必须提高库存水平，但同时也增加了库存成本。另外，不安全交货还会使客户向承运人提出索赔或向卖方退回破损商品。

3. 正确供货的可靠性

当客户收到的货物与所订货物不符时，将给客户造成停工待料损失或不能及时销售产品。销售物流领域中，订货信息的传送和订货挑选可能影响企业的正确供货。因此，为了做到正确供货，在订货信息传递阶段，使用电子数据交换（EDI）系统，可以大大降低出错率。产品标识和条码的标准化，可以减少订货挑选过程中的差错。另外，EDI 与条码的结合还能够提高存货周转率、降低成本、提高销售物流系统的服务水平。

（三）信息渠道

同客户保持信息沟通是监控客户服务可靠性的手段。设计客户服务水平必须包括客户信息沟通。通信渠道应对所有客户开放并准入，因为这是销售物流外部约束的信息来源。没有与客户的联系，物流管理者就不能提供有效的、经济的服务。

沟通是双向的，卖方必须把关键的服务信息传递给客户，如卖方应把降低服务水平的信息及时通知客户，使客户及时作出必要的调整。另外，客户需要了解装运状态的信息，询问有关装运时间、运输路线等情况，因为这些信息对客户制订运行计划是非常必要的。

（四）方便性

它是指服务水平必须灵活便利。从销售物流服务的观点来看，所有客户对销售物流服务有相同的要求，有一个或几个标准的服务水平适用于所有客户是最理想的，但却是不现实的。如某一客户要求所有货物用托盘装运并由铁路运输，另一位客户要求用汽车运输，不用托盘，或者个别客户要求特定的交货时间。因此，客户在包装、运输方式、承运人和运输路线以及交货时间等方面的需求都不尽相同。

为了更好地满足客户需求，就必须确认客户的不同要求，根据客户规模、区域分布、购买的产品及其他因素将客户需求进行细分，为不同客户提供适宜的服务水平，这样可使物流管理者针对不同客户以最经济的方式满足其服务需求。

第三节 企业配送管理

一、配送的含义

货物配送是社会化大生产和商品经济高度发达条件下的一种先进流通方式。配送的概念既不同于运输，也不同于旧式送货，而有着物流大系统所赋予的特点。

当前对于配送的概念有许多不同表述。例如，日本工业标准将配送表述为：“将货物从物流结点送交收货人。”日本1991年版《物流手册》中对于配送的表述是：生产厂到配送中心之间的物品空间移动叫“运输”；从配送中心到顾客之间的物品空间移动叫“配送”。美国部分学者认为，实物配送这一领域涉及特制成品交给顾客的运输。实物配送过程可以使顾客服务的时间和空间的需求成为营销的一个整体组成部分。

我国学者对于配送的经典表述是：配送是以现代送货形式实现资源最终配置的经济活动；按用户订货要求，在配送中心或其他物流结点进行货物配备并以最合理方式送交用户。

我国国家标准《物流术语》(GB/T 18354—2006) 对于配送的界定是：配送是指在经济合理区域范围内，根据用户要求，对物品进行拣选、加工、包装、分割、组配等作业，并按时送达指定地点的物流活动。

(一) 现代配送的含义

配送是有千年历史的送货形式，在现代经济社会中的发展、延伸和创新，特别需要指出的是，不能用传统的送货来理解现代的配送，虽然两者之间有历史渊源的关系，但是两者不能等同。如果一定要将两者挂钩，那么，可以将配送理解为现代送货形式。

配送是现代社会的产物，在买方市场的前提下，“送货”是买方的要求，卖方只有通过送货才能提高服务水平，取得竞争优势，因此可以说送货这种方式是在竞争环境下发展的产物，受利润、占领市场和企业战略发展动力的驱使，企业想方设法提高送货的服务水平，降低送货的成本，就必须要使这种送货行为优化，于是实践上便出现了通过合理的货物配备、合理的车辆调配、合理的路线规划、合理的配装及送达这些新的内涵，这些新内涵和送货有机结合在一起，便成了现代社会中的配送。对于配送的深入认识，应当掌握以下几个内涵：

1. 配送的资源配置作用

配送是“最终配置”，因而是接近顾客的配置。对于现代企业而言，“接近顾客”是至关重要的。美国兰得公司对《幸福》杂志所列的五百家大公司进行的一项调查表明“经营战略和接近顾客至关重要”，所以，接近顾客的配送自然取得了它在现代经济中的地位。

2. 配送的实质是送货

配送的主要经济活动，尤其是接近顾客的经济活动是送货。

3. 配送是现代送货

“现代”两个字表述了和旧式送货的区别。其区别主要在于：①一般送货可以是一种偶然的行为，而配送却是一种体制行为，是市场经济的一种体制形式；②一般送货是完全被动的服务行为，而配送则是有一定组织形式的计划行为；③配送依靠现代生产力，依靠科技进步支撑，实现到用户的送货服务。

4. 配送是“配”和“送”有机结合的形式

配送利用有效的分拣、配货等理货工作，使送货达到一定的规模，以利用规模优势取得较低的送货成本。如果不进行分拣、配货，有一件运一件，需要一点送一点，这就会大大增加活劳动和物化劳动的消耗，使送货并不优于取货。所以，追求整个配送的优势，分拣、配货等项工作是必不可少的。

5. 配送是市场经济形式

配送是在市场经济条件下，在“供大于求”的买方市场环境中所派生的一种形式。在买方市场环境下，用户具有选择权，而卖方需要通过有效的服务来销售自己的产品，争夺一块份额，这就形成了有提供者、有需求者的理想市场环境，使配送得以发展。

6. 配送以用户要求为出发点

在定义中强调“按用户的订货要求”明确了用户的主导地位。配送是从用户利益出发、按用户要求进行的一种活动，因此，在观念上必须明确“用户第一”、“质量第一”，配送企业的地位是服务地位而不是主导地位，因此不能从本企业利益出发而应从用户利益出发，在满足用户利益基础上取得本企业的利益。更重要的是，不能利用配送损伤来控制用户，不能利用配送作为部门分割、行业分割、割据市场的手段。

7. 以最合理方式送交用户

概念中“以最合理方式”的提法是基于这样一种考虑：过分强调“按用户要求”是不妥的，受用户本身的局限，要求有时候存在不合理性，在这种情况下会损失自我或双方的利益。对于配送而言，应当在时间、速度、服务水平、成本、数量等多方面寻求最优，实现双方共同受益即“双赢”的原则。

（二）电子商务环境下配送含义的延伸

需要指出的是，在发达国家对配送解释中，并不强调配，而仅强调送达，原因是在买方市场的国家中“配”是完善“送”的经济行为，是进行竞争和提高自身经济效益的必然延伸，既然是一种必然行为，就没有再强调的必要了。

从历史上曾采用的一般送货，发展到以高技术方式支持的，作为企业发展战略手段的配送，也是近一二十年的事情。许多国家甚至到20世纪80年代才真正认识到这一点。国外一篇文章提到，“在过去十年里，这种态度和认识有了极大转变。企业界普遍认识到配送是企业经营活动的主要组成部分，它能给企业创造出更多赢利，是企业增强自身竞争能力的手段”。

上述这些认识，是对配送在历史发展过程中所处地位的认识，与电子商务出现之后对配送的认识比较，并没有上升到新经济形态的层次。以互联网为平台的网络经济，是“新经济”的核心，而这个核心中，最重要的组成部分是“电子商务”。在一个时期内，人们对电子商务的认识有一些偏差，以为网上交易就是电子商务。网上交易并没有完成商品实际转移，只完成了商品“所有权证书”的转移，更重要的转移要靠配送，这是网络上面无法解决的。

所以，对电子商务的最新认识应当是：电子商务＝网上交易＋网上结算＋配送。

二、配送服务的基本方式

（一）定时配送

按规定时间和时间间隔进行配送，这一类配送形式都称为定时配送。定时配送的时间，由配送的供给与需求双方通过协议确认。每次配送的品种及数量可预先在协议中确定，实行计划配送；也可以在配送之前以商定的联络方式（如电话、传真、计算机网络等）通知配送品种及数量。

定时配送这种服务方式，由于时间确定，对用户而言，易于根据自己的经营情况，按照最理想时间进货，也易于安排接货力量（如人员、设备等）。对于配送供给企业而言，这种服务方式易于安排工作计划，有利于对多个用户实行共同配送以减少成本的投入，易于计划使用车辆和规划路线。这种配送服务方式，如果配送物品种类、数量有比较大变化，配货及车辆配装的难度则较大，会使配送运力的安排出现困难。

定时配送有以下几种具体形式：

1. 小时配

小时配是接到配送订货要求之后，在1小时之内将货物送达。这种方式适用于一般消费者突发的个性化需求所产生的配送要求，也经常用做配送系统中应急的配送方式。B to C型的电子商务，在1个城市范围内，也经常采用小时配的配送服务方式。

2. 日配

日配是接到订货要求之后，在24小时之内将货物送达的配送方式。日配是定时配送中实行较为广泛的方式，尤其在城市内的配送，日配占绝大多数比例。一般而言，日配的时间要求大体上是，上午的配送订货，下午可送达；下午的配送订货，第二天早上送达。这样就可以使用户获得在实际需要的前半天得到送货服务的保障；如果是企业用户，这可使企业的运行更加精密化。

日配方式广泛而稳定开展，就可使用户基本上无须保持库存，不以传统库存为生产和销售经营的保障，而以配送的日配方式实现这一保证，也即实现用户的“零库存”。

3. 准时配送方式

按照双方协议时间，准时将货物配送到用户的一种方式。这种方式和小时配、日配的主要区别在于：小时配、日配是向社会普遍承诺的配送服务方式，主要针对社会上不确定的、随机性的需求。准时方式则是两方面协议，往往是根据用户的生产节奏，按指定的时间将货送达。这种方式比日配方式更为精密，可以利用这种方式，连“暂存”的微量库存也可以取消，绝对地实现“零库存”。

准时配送的服务方式，可以通过协议计划来确定，也可以通过看板方式来实现。

准时配送方式要求有很高水平的配送系统来实施。由于用户的要求独特，因而不大可能对多用户进行周密的共同配送计划。这种方式适合于装配型、重复、大量生产的企业用户，这种用户所需的配送物资是重复、大量而且没有太大变化的，因而往往是一对一的配送。

4. 快递方式

一种快速配送服务的配送方式。快递服务一般而言覆盖地区较为广泛，所以，服务承诺期限按不同地域会有所变化，这种快递方式，综合利用小时配、日配等在较短时间实现送达的方式，但不明确送达的具体时间，所以一般用做向社会广泛服务的方式，而很少用做生产企业“零库存”的配送方式。

快递配送面向整个社会企业型和个人型用户，是一种很较常用的配送方式。日本的

“宅急便”、美国的“联邦快递”、我国邮政系统的EMS快递都是运作的非常成功的快递配送企业。

（二）定量配送

按事先协议规定的数量进行配送。这种方式数量固定，备货工作有较强的计划性，则比较简单也比较容易管理。可以按托盘、集装箱及车辆的装载能力来有效地选择配送的数量，这样能够有效地利用托盘、集装箱等集装方式，也可做到整车配送，配送的效率较高。

定量配送服务方式，由于时间不严格规定，可以将不同用户所需物品凑整车后进行合理配装配送，运力利用也较好。定量配送不仅有利于配送服务供给企业的科学管理，对用户来讲，每次接货都是同等数量的货物，这有利于人力、装卸机具、储存设施的配备。

定量配送适合在下述领域采用：

(1) 用户对于库存的控制不十分严格，有一定的仓储能力，不施行“零库存”；

(2) 从配送中心到用户的配送路线保证程度较低，难以实现准时的要求；

(3) 难以对多个用户实行共同配送。只有达到一定配送批量，才能使配送成本降低到供需双方都能接受的水平。

（三）定时定量配送

按照规定的配送时间和配送数量进行配送。定时定量配送兼有定时、定量两种方式的优点，是一种精密的配送服务方式。这种方式计划难度较大，由于适合采用的对象不多，很难实行共同配送等配送方式，因而成本较高，在用户有特殊要求时采用，不是一种普遍适用的方式。

定时定量配送方式在实际应用时，主要在大量而且稳定生产的汽车、家用电器、机电产品的供应物流里面取得了成功。这种方式的管理和运作，一般靠配送双方事先的一定时期的协议为依据来执行；也常常采用“看板方式”来决定配送的时间和数量。

（四）定时定路线配送

在规定的运行路线上，制定配送车辆到达的时间表，按运行时间表进行配送，用户可以按照配送企业规定的路线及规定的时间选择这种配送服务，并到指定位置及指定时间接货。

采用这种方式有利于配送企业计划安排车辆及驾驶人员，可以依次对多个用户实行共同配送，无须每次决定货物配装、配送路线、配车计划等问题，因此比较易于管理，配送成本较低。

对用户而言，可以在确定的路线、确定的时间表上进行选择，又可以有计划地安排接货力量，虽然配送路线可能与用户还有一段距离，但由于成本较低，用户也乐于接受这种服务方式。

这种方式特别适合对小商业集中区的商业企业的配送。商业集中区域交通较为拥挤，街道又比较狭窄，难以实现配送车辆“到门”的配送，如果在某一站点将相当多商家的货物送达，然后再用小型人力车辆将货物运回，这项操作往往在非营业时间内完成，可以避免上述矛盾对配送造成的影响。

（五）即时、应急配送

即时、应急配送是指完全按用户突然提出的配送要求立即进行配送的方式。这是对各种配送服务进行补充和完善的一种配送方式，这种配送方式主要应对用户由于事故、灾害、生产计划的突然变化等因素所产生的突发性需求；也应对一般消费者经常出现的突发性需求。这是有很高灵活性的一种应急方式，也是大型配送企业应当具备的应急能力。有了这种应急能力，就能够支持和保障配送企业的经营活动。需要提出的是，这种配送服务实际成本很高，难以用做经常性的服务方式。

（六）共同配送

按照日本工业标准（JIS）的解释，共同配送是“为提高物流效率，对许多企业一起进行配送”。

1. 共同配送的优势

共同配送的主要追求目标是使配送合理化。这包含以下几方面的考虑：①通过共同配送降低配送成本；②通过共同配送使车辆满载，减少上路车辆，改善交通及环境；③通过共同配送取得就近的优势，减少车辆行驶里程；④通过共同配送减少配送网点及设施，节约社会财富。

2. 共同配送的具体形式

共同配送有以下几种具体形式：①由一个配送企业综合若干家用户的要求，对各个用户统筹安排，在配送时间、数量、次数、路线等诸方面作出系统的、最优的安排，在用户可以接受的前提下，全面规划，合理计划地进行配送。②由若干家用户联合组织配送系统对这些家用户进行配送。这种形式，将分散的配送需求集中起来，将分散的资源集中，就可以达到一定规模，从而提高配送效率并且降低成本。③多家配送企业联合，共同划分配送区域，共同利用配送设施（如配送中心），进行一定程度的配送分工。

（七）加工配送

加工配送是指配送和流通加工结合，通过流通加工后进行配送。流通加工和配送结合，使流通加工更有针对性，减少盲目性。配送企业不但可以依靠送货服务、销售经营取得收益，还可以通过流通加工增值取得收益。

对于用户而言，由于按用户要求进行流通加工后再进行配送，因此使配送更能贴近用户的实际需求，这种配送方式可以大大提高配送的服务水平，不但使用户获得了配送的好处，也获得了流通加工的好处。

三、配送的操作流程

（一）配送的主要操作

1. 备货

备货是配送的准备工作和基础工作。备货工作包括筹集货源、订货、采购、集货、进货及有关的质量检查、结算、交接等。

配送的优势之一，就是可以集中若干用户的需求进行一定规模的备货。备货是决定配送成败的初期工作，如果备货成本太高，会大大降低配送的效益。

2. 储存

配送中的储存有储备及暂存两种形态。

(1) 储备。配送储备是按一定时期的配送经营要求，形成的对配送的资源保证。这种类型的储备数量较大，储备结构也较完善，视货源及到货情况，可以有计划的确定周转储备及保险储备结构及数量。配送的储备保证有时在配送中心附近单独设库解决。

(2) 暂存。另一种储存形态是暂存，是具体执行配送时，按分拣配货要求，在理货场地所做的少量储存准备。由于总体储存效益取决于储存总量，所以，这部分暂存数量只会对工作方便与否造成影响，而不会影响储存的总效益，因而在数量上控制并不严格。还有另一种形式的暂存，即是分拣、配货之后，形成的发送货物的暂存，这个暂存主要是调节配货与送货的节奏，暂存时间不长。

3. 分拣及配货

分拣及配货是配送不同于其他物流形式的有特点的功能要素，也是配送完成的一项重要支持性工作。分拣及配货是完善送货、支持送货的准备性工作，是不同配送企业在送货时进行竞争和提高自身经济效益的必然延伸，所以，也可以说是送货向高级形式发展的必然要求。有了分拣及配货，就会大大提高送货服务水平，所以，分拣及配货是决定配送系统水平的关键要素。

4. 配装

在单个用户配送数量不能达到车辆的有效载运负荷时，就存在如何集中不同用户的配送货物，进行搭配装载以充分利用运能、运力的问题，这就需要配装。

与一般送货不同，通过配装可以大大提高送货水平及降低送货成本，所以配装也是配送系统中有现代特点的功能要素，是现代配送不同于传统送货的重要区别之处。

5. 配送运输

配送运输属于运输中的末端运输、支线运输，和一般运输形态主要区别在于：配送运输是较短距离、较小规模、频度较高的运输形式，一般使用汽车和其他小型车辆作为运输工具。

与干线运输的另一个区别是，配送运输路线选择问题是一般干线运输所没有的，干线运输的干线是唯一的运输线，而配送运输由于配送用户多，一般城市交通路线又较复杂，如何组成最佳路线，如何使配装和路线有效搭配等，是配送运输的特点，也是难度较大的工作。

6. 送达服务

配好的货物运输到用户还不算配送工作的完结，这是因为送达货和用户接货往往还会出现不协调，使配送前功尽弃。因此，要圆满地实现运到之货的移交，并有效地、方便地处理相关手续并完成结算，还应讲究卸货地点、卸货方式等。送达服务也是配送独具的特殊性。

7. 配送加工

在配送中，配送加工这一功能要素不具有普遍性，但是往往是有重要作用的功能要素。主要原因是通过配送加工，可以大大提高用户的满意程度并提高被配送货物的附加价值。配送加工是流通加工的一种，但配送加工有它不同于一般流通加工的特点，即配送加工一般只取决于特殊用户要求，其加工的目的较为单一。

8. 回程

在执行完配送的使命之后，车辆需要回程，在一般情况下，回程车辆往往是空驶，这是降低配送效益、提高配送成本的因素之一。在规划配送路线时，回程路线应当尽量缩短；在进行稳定的、有计划的配送时，回程车辆可将包装物、废弃物、残次品运回集中处理，或者将用户的产品运回配送中心，作为配送中心的资源，向其他用户进行配送。

（二）不同配送对象的配送流程

1. 中、小包装产品的配送

这是适合采用一般配送流程进行配送的主要产品群，也是最近几年兴起的 B to C 型电子商务所采取的主要配送流程。

（1）配送的产品。各种包装形态及非包装形态、能够混存混装的产品，主要是种类、品种、规格复杂多样的中、小件产品。主要有：百货、化妆品，纺织品、食品、饮料、小机电产品、仪表、电工产品、工具轴承、五金件、标准件、无腐蚀污染的化工及建材包装品、报纸、书籍、杂志、办公用品等。这一类产品的共同特点是，可以通过外包装改变组合数量；可以以内包装直接放入配送箱、盘等工具中；由于有确定包装，可以混载到车辆上、托盘上；产品个体尺寸都不大，可以大量存放于单元货柜式等现代仓库之中。

（2）配送流程。配送工艺流程符合标准流程。其流程的重要特点是分拣、配货、配装的难度较大，也可以说这三项操作是工艺中的独特之处。这和这一类产品品种、规格多，而需求则是多品种、少批量有关。每个用户需求种类多而单种数量少，配送又很频繁，这就必然要求有较复杂的理货、配货及配装工作。

（3）配送方式。这一类产品主要适用于多用户的多品种、少批量、多批次的配送，需求的计划性不太强，往往需要根据临时的订货协议组织配送，所以配送用户、配送量、配送路线都难以稳定下来，甚至每日的配送都要对配装、路线作出选择。这类产品也经常采用定时配送形式，用户企业依靠强有力的定时配送体制可以实现“零库存”。

2. 长尺寸材料的配送

（1）配送的产品。长尺寸产品主要有金属材料、木材、水泥制品（如电杆、立柱）、竹材等。这些材料大多是生产资料，一般有比较稳定的、确定的配送地点。长尺寸材料一般为裸装或捆装，不采用外包装材料进行整体包装方式。

（2）配送流程。长尺寸材料配送的特殊之处，是没有复杂的分拣、配货等一般配送流程中的复杂操作。但是，长尺寸材料往往只是用户的初级材料，在以往的生产方式中，这些初级材料要在用户进行“剪切、下料”等加工，配送方式广泛推行之后，这种类型的加工就转移到配送领域，变成了“流通加工”的对象。

（3）配送方式。这些种类的材料，本身尺寸较长，重量较重，使用的量也较大，一般采用单独送货方式。

3. 燃料油、气的配送

这一类产品共同特点是，由于有很大的危险性，且产品形态特殊、专业性很强，所以必须依靠特殊的流程和配送设施、设备实行专业配送。

(1) 配送流程。这种流程的重要特点是，燃油加油站（配送中心）油车直接开抵储存场所装油、装气，从燃油、燃气库集中进货、大批量进货，对于需求量小的一般用户，如家庭汽车、企事业单位汽车等，开到加油站取油。这样就形成了完善的燃油配置系统。

(2) 配送方式。工厂配送及配送中心配送是主要配送方式，对于工业企业用油、加油站用油，由于这两类用户需求量较大且稳定（加油站又是多个用户的集合)，另外，配送品种较单一，因而适于采用少品种、大批量的配送，也适于采用计划水平较高的定时、定量、定时定量配送。

油类是危险品，专业化程度又高，所以，配送企业、加油站等往往结合成一定的集团形式，或隶属某大企业。对于用油的工业企业，适于采用长期计划协议形式，建立配送企业与用户的稳定供需关系，实行销售—供应一体化。对于社会零星车辆用油，采取加油站进行集中库存，形成配送网络中一个网点，利用车辆能运行的优势，不再安排送油，而采取就近取油形式。加油站按统计规律决定进货及储备的数量。

第四节 配送中心及其管理

一、配送中心概述

配送中心是物流系统中一种现代化的物流结点，尤其是城市物流领域，配送中心对于实行城市和区域范围的配送，优化城市和区域范围的物流系统起到很大的作用。在连锁商业和连锁服务业领域，配送中心已经成为这个商业系统的有机结构，上海华联的配送中心可以支持1000个连锁超市，商业发展在很大程度上也依托于配送中心的建设。

(一) 配送中心的概念

配送中心（Distribution Center）是指接受供应者所提供的多品种、大批量的货物，通过储存、保管、分拣、配货以及流通加工、信息处理等作业后，将按需要者订货要求配齐货物送交顾客的组织机构和物流设施。

根据配送货物的属性，可以分为食品配送中心、日用品配送中心、医药品配送中心、化妆品配送中心、家用电器配送中心、电子（3C）产品配送中心、书籍产品配送中心、服饰产品配送中心、汽车零件配送中心以及生鲜处理中心等。

(二) 配送中心的作用

配送中心是以组织配送性销售或供应，执行实物配送为主要职能的流通型结点。在配送中心中为了能更好地作送货的编组准备，必然需要采取零星集货、批量进货等种种资源搜集工作和对货物的分整、配备等工作。因此，配送中心也具有集货中心、分货中心的职能。

为了更有效地、更高水平地配送，配送中心往往还有比较强的流通加工能力。此外，配送中心还必须执行货物配备后的送达到户的使命，这是和分货中心只管分货不管运达的重要不同之处。由此可见，如果说集货中心、分货中心、加工中心的职能还是较为单一的话，那么，配送中心功能则较全面、完整，也可以说，配送中心实际上是集货中心、分货中心、加工中心功能之综合，并有了配与送的更高水平。

配送中心通常在以下几个方面发挥较好的作用：①减少交易次数和流通环节；②产生规模效益；③减少客户库存，提高库存保证程度；④与多家厂商建立业务合作关系，能有效而迅速的反馈信息，控制商品质量；⑤配送中心是现代电子商务活动中开展配送活动的物质技术基础。

（三）配送中心的形成和发展

配送中心的形成和发展是有其历史原因的，是物流系统化和大规模化的必然结果。由于用户在货物处理的内容上、时间上和服务水平上都提出了更高的要求，为了顺利地满足用户的这些要求，就必须引进先进的分拣设施和配送设施，否则就建立不了正确、迅速、安全、廉价的作业体制。因此，国外大部分企业都建造了正式的配送中心。

配送中心是物流领域中社会分工、专业分工进一步细化之后产生的。在新型配送中心没有建立起来之前，配送中心现在承担的有些职能是在转运型结点中完成的，以后一部分这类中心向纯粹的转运站发展以衔接不同的运输方式和不同规模的运输，一部分则增强了“送”的职能，而后又向更高级的“配”的方向发展。在社会不断的发展过程中，由于经济的发展，生产总量的逐渐扩大，仓库功能也在不断地演进和分化。在我国，早在闻名于世的中华大运河进行自南向北的粮食漕运时期，就已经出现了以转运职能为主的仓库设施；明代出现了有别于传统的以储存、储备为主要功能的新型仓库，并且冠以所谓“转搬仓”之名，其主要职能已经从“保管”转变为“转运”。在新中国成立以后，我国出现了大量以衔接流通为职能的“中转仓库”。随着中转仓库的进一步发展和这种仓库业务能力的增强，出现了相当规模、相当数量的“储运仓库”。

在外国，仓库的专业分工，形成了仓库的两大类型，一类是以长期储藏为主要功能的“保管仓库”；另一类是以货物的流转为主要功能的“流通仓库”。

流通仓库以保管期短、货物出入库频度高为主要特征，这和我国的中转仓库有类似之处，这一功能与传统仓库相比，有很大区别。货物在流通仓库中处于经常运动的状态，停留时间较短，有较高的进出库频度。流通仓库的进一步发展，使仓库和联结仓库的流通渠道形成了一个整体，起到了对整个物流渠道的调节作用，为了和仓库进行区别，越来越多的人便称之为物流中心或流通中心。

现代社会中产业的复杂性、需求的多样性和经济总量的空前庞大，作为生产过程的延续，决定了流通的复杂性及多样性。这种状况又决定了流通中心复杂性及多样性，流通中心各有侧重的职能，再加上各个领域、各个行业自己的习惯用语和相互之间的用语不规范的缘故，也就决定了出现各种各样的叫法，如集运中心、配送中心、存货中心、物流据点、物流基地、物流团地等。在20世纪70年代石油危机之后，为了挖掘物流过程中的经济潜力，物流过程出现了细分，再加上市场经济体制造就的普遍买方市场环境，以服务来争夺用户的竞争的结果，企业出现了“营销重心下移”、“贴近顾客”的营销战略，贴近顾客一端的所谓“末端物流”便受到了空前的重视，配送中心就是适应这种新的经济环境，在仓库不断进化和演变过程中所出现的创新的物流设施。

(四) 配送中心的种类

配送中心有以下几种主要类别：

1. 按照配送中心承担的流通职能分类

(1) 供应配送中心

配送中心执行供应的职能，专门为某个或某些用户（如连锁店、联合公司）组织供应的配送中心。例如，为大型连锁超级市场组织供应的配送中心；代替零件加工厂送货的零件配送中心，使零件加工厂对装配厂的供应合理化。供应型配送中心的主要特点是，配送的用户有限并且稳定，用户的配送要求范围也比较确定，属于企业型用户。因此，配送中心集中库存的品种比较固定，配送中心的进货渠道也比较稳固，同时，可以采用效率比较高的分货式工艺。

(2) 销售配送中心

配送中心是执行销售的职能，以销售经营为目的，以配送为手段的配送中心。销售配送中心大体有两种类型：一种是生产企业为本身产品直接销售给消费者的配送中心，在国外，这种类型的配送中心很多；另一种是流通企业作为本身经营的一种方式，建立配送中心以扩大销售，我国目前拟建的配送中心大多属于这种类型，国外的例证也很多。

销售型配送中心的用户一般是不确定的，而且用户的数量很大，每一个用户购买的数量又较少，属于消费者型用户。这种配送中心很难像供应型配送中心一样，实行计划配送，计划性较差。

销售型配送中心集中库存的库存结构也比较复杂，一般采用拣选式配送工艺，销售型配送中心往往采用共同配送方法才能够取得比较好的经营效果。

2. 按照配送领域的广泛程度分类

(1) 城市配送中心

以城市范围为配送范围的配送中心，由于城市范围一般处于汽车运输的经济里程，这种配送中心可直接配送到最终用户，且采用汽车进行配送。所以，这种配送中心往往和零售经营相结合，由于运距短，反应能力强，因而从事多品种、少批量、多用户的配送比较有优势。

城市配送中心一般采用日配方式，在网络经济时代，为了配合和执行电子商务的配送，有时也采取小时配方式。

(2) 区域配送中心

以较强的辐射能力和库存准备，向省（州）际乃至全国范围的用户配送的配送中心。这种配送中心配送规模较大，一般而言，用户也较大，配送批量也较大，而且，往往是配送给下一级的城市配送中心和大型商业企业。虽然也配送给营业所、商店、批发商和企业用户，甚至从事零星的配送，但不是主体形式。

一般而言，区域型配送中心的区域范围是有限的，往往是采用“日配”和“隔日配”可以覆盖的地区。如果地域范围太广阔，往往建立物流中心来衔接城市配送中心，进行分层次的分销和配送，而不是由一个配送中心做大范围的覆盖。

3. 按照配送中心的内部特性分类

（1）储存型配送中心

储存型配送中心有很强的储存功能，一般来讲，在买方市场下，企业成品销售需要有较大库存支持，其配送中心可能有较强储存功能；在卖方市场下，企业原材料和零部件供应需要有较大库存支持，这种供应配送中心也有较强的储存功能。大范围配送的配送中心，需要有较大库存，也可能是储存型配送中心。

我国目前拟建的一些配送中心，都采用集中库存形式，库存量较大，多为这种类型。

瑞士 GIBA—GEIGY 公司的配送中心拥有世界上规模居于前列的储存库，可储存 4 万个托盘；美国赫马克配送中心拥有一个有 163000 个货位的储存区，可见存储能力之大。

（2）流通型配送中心

是指基本上没有长期储存功能，仅以暂存或随进随出方式进行配货、送货的配送中心。这种配送中心的典型方式是，大量货物整进并按一定批量零出，采用大型分货机，进货时直接进入分货机传送带，分送到各用户货位或直接分送到配送汽车上，货物在配送中心里仅做少许停滞。日本的阪神配送中心，中心内只有暂存，大量储存则依靠一个大型补给仓库。

（3）加工型配送中心

是指具有加工职能，根据用户的需要或者市场竞争的需要，对配送物进行加工之后进行配送的配送中心。在这种配送中心内，有分装、包装、初级加工、集中下料、组装产品等加工活动。

世界著名连锁服务店肯德基和麦当劳的配送中心，就是属于这种类型的配送中心。在工业、建筑领域，生混凝土搅拌的配送中心也是属于这种类型的配送中心。

二、配送中心的运作管理

（一）配送中心的基本业务流程

1. 配送中心的一般流程

配送中心的种类很多，因此内部的结构和运作方式也不相同。一般来讲，中、小件品种规格复杂的货物，具有典型意义，所以配送中心的一般流程是以中、小件杂货配送为代表。由于货种多，为保证配送，需要有一定储存量，属于有储存功能的配送中心，理货、分类、配货、配装的功能要求较强，但一般来讲，很少有流通加工的功能。

这种流程也可以说是配送中心的典型流程，其主要特点是：有较大的储存场所，分货、拣选、配货场所及装备也较大。

2. 不带储存库的配送中心流程

有的配送中心专以配送为职能。而将储存场所，尤其是大量储存场所转移到配送中心之外的其他地点，专门设置补货型的储存中心，配送中心中则只有为配送备货的暂存，而无大量储存。暂存设在配货场地中，在配送中心不单设储存区。

这种配送中心和第一种类型配送中心的流程大致相同，主要工序及主要场所都用于理货、配货。区别只在于大量的储存在配送中心外部而不在其中。

这种类型的配送中心，由于没有集中储存的仓库，占地面积比较小，也可以省去仓库、现代货架的巨额投资。至于补货仓库，可以采取外包的形式，采取协作的方法解决，也可以自建补货中心，实际上在若干配送中心基础上，又共同建设一个更大规模集中储存型补货中心。还可以采用虚拟库存的办法来解决。

3. 加工配送中心流程

加工配送中心也不是一个模式，随加工方式不同，配送中心的流程也有区别。

这种配送中心流程的特点，以平板玻璃为例，进货是大批量、单（少）品种的产品，因而分类的工作不重或基本上无须分类存放。储存后进行加工与生产企业按标准、系列加工不同，储存后加工一般是按用户要求进行加工。因此，加工后产品便直接按用户分放、配货。所以，这种类型配送中心有时不单设分货、配货或拣选环节；配送中心中加工部分及加工后分放部分占较多位置。

4. 批量转换型配送中心流程

这种流程的特点是：流程十分简单，基本不存在分类、拣选、分货、配货、配装的功能工序；进货商品批量大、品种单一，但发货时需转换成小批量；由于大量进货，储存能力较强，储存工序及装货工序是主要工序。

（二）配送中心的管理

1. 配送中心的主要工作

（1）配货

配送的主要功能要素，集中在配送中心内实现，就是为高水平送货所必需的分货、配货等理货工作。这也成了配送中心的核心工序。尤其对当前各国开展配送的主要对象产品中、小件杂货来讲，这个工序尤为重要。

（2）送货

送货的实施虽然在配送中心之外的线路上进行，但是，送货的决策、计划、组织、管理和指挥是在配送中心中完成的。

（3）库存控制

配送中心是配送系统集中库存所在地，在保证配送服务的前提下，控制库存数量和保证库存物质量是库存控制的两项主要工作。

（4）客户管理

配送中心执行对用户的配送计划，为保证服务水平，需要有诸如用户信息、用户反馈、用户联络等用户管理工作。

2. 配货

将配送中心存入的多种类产品，按多个用户的多种订货要求取出，并分放在指定货位，完成各用户的配送之前的货物准备工作，这项活动称作配货。由于配货工作时间建立在分拣的基础之上，所以这项工作又称为分拣配货。

配货是一件很复杂、工作量很大的活动，尤其是在用户多、所需品种规格多、需求批量小、需求频度又很高时，这就必须在很短时间完成分拣配货工作。所以，如何选择分拣配货方式、如何高效率完成分拣配货，在某种程度上决定着配送中心的服务质量和经济效益。

所以，尽管在配送中心中还有保管、包装、流通加工等工作，但那些都不能反映配送中心的本质特点，我们将反映配送中心本质特点的分拣配货方式（包括拣选式方式和分货式方式）看成是配送中心有特点的工作。

配货管理的基本要求有以下几点：

（1）准确程度。大型配送中心，由于用户多，需要配货的品种、规格、数量又有非常大的变化，所以常常会影响配货的准确程度。采用适当的管理方法例如选择有效的分货和拣选方式，有助于配货的准确。

（2）配货的速度。配送中心在执行配送任务时，整个配送时间有所限制，例如小时配、日配，等等，因此，配送中心内部的配货时间必须要保证整个配送计划和配送服务的兑现。配货的速度主要制约因素是用户过多、工作过于复杂。要解决这个问题，必须要选择合适的设备及工艺。

（3）配货的成本。配货工作相当复杂烦琐，要大量消耗人力，因此是增加成本的一个因素。选择适当的配货方式，可以提高效率、节约劳动消耗。

3. 送货

（1）制订送货计划。大型配送中心需要通过提高计划性来提高送货的水平和降低送货成本。由于配送中心特别要强调服务功能，很难依靠预测制订完善的计划，因此，针对随机因素，采用灵活的计划方法是很重要的。

（2）配送路线规划。合理规划配送路线以降低运量、节省运力是保证配送速度、降低成本的重要因素。

（3）车辆配装。根据不同配送要求，选择合适的车辆并对车辆进行配装以提高其利用率，是送货的一项主要工作。

（4）车辆管理。包括车辆的合理调度、安排、维护等内容。

4. 库存控制和客户管理

库存控制和客户管理的基本内容详见本书第七章和第十一章。

（三）配送中心的核心工艺

1. 拣选式配货

（1）拣选式工艺的概念

拣选式工艺是拣选人员或拣选工具巡回于各个储存点将所需的物品取出，完成货物配备的方式。

拣选工艺的基本过程是：储物货位相对固定，而拣选人员或工具相对运动，所以又称作人到货前式工艺。形象地说，又类似人们进入果园，在一棵树上摘下熟了的果子后，再转到另一棵树前去摘果，所以又形象称之为摘果式或摘取式工艺。

（2）拣选式工艺的特点

拣选式工艺采取按单拣选，一单一拣方式，这和目前仓库出货方式是很类似的，因此，在工艺上与现行方式可以不做太大改变就可以实施。由于采用按单拣选，所以这种配货工艺准确程度较高，不容易发生货差等错误。

这种工艺还有机动灵活的特点，其表现在：①由于一单一拣，各用户的拣选互相没有牵制，可以根据用户要求调整配货先后次序。②对紧急需求可以采取集中力量快速拣选方式，有利于配送中心开展即时配送，增强对用户的保险能力。③拣选完一个货单，货物便配齐。因此，货物可不再落地暂存而直接放到配送车辆上，有利于简化工序、提高效率。④其灵活性还表现在对机械化没有严格要求，无论配送中心设备多少，水平高低都可以采取这种工艺。⑤用户数量不受工艺的限制，可在很大范围波动。

（3）拣选式工艺的适用领域

拣选工艺在以下几种情况下可以作为当选的工艺：

①用户不稳定，波动较大，不能建立相对稳定的用户分货货位，难以建立稳定的分货线，在这种情况下宜于采取灵活机动的拣选式工艺，用户少时或用户很多时都可采取拣选方式。

②用户之间共同需求不是主要的，而需求差异很大，在这种情况下，统计用户共同需求，将共同需求一次取出再分给各用户的办法，由于共同需求不多而无法实行；在有共同需求，又有很多特殊需求情况下，采取其他配货方式容易出现差错，而采取一票一拣方式便有利得多。

③用户需求的种类太多，增加统计和共同取货的难度，采取其他方式配货时间太长，而利用拣选式配货实际能起到简化作用。

④用户配送时间要求不一，有紧急的，也有一定限定时间的，采用拣选式工艺可有效地调整先后拣选配货顺序，满足不同时间需求，尤其对于紧急的即时需求更为有效。因此，即使是在其他工艺路线为主的情况下，也仍然需要辅以拣选式路线，以起到对别的方式的补充作用。

⑤一般仓库改造成配送中心，或新建配送中心的初期，拣选配货工艺可作为一种过渡性的办法。

⑥网络经济时代涌现的直接面向基本消费者进行配送的电子商务，需求的随机性太强，适合于采取拣选式配货方式。

2. 分货式配货

（1）分货式工艺的概念

分货式工艺是分货人员或分货工具从储存点集中取出各个用户共同需要的货物，然后巡回于各用户的货位之间，将这一种货物按用户需要量分放下，再集中取出共同需要的第二种，如此反复进行直至用户需要的所有货物都分放完毕，同时完成各个用户的配货工作。

（2）分货式工艺的特点

分货式工艺采取集中取出共同需要的货物，再按货物货位分放，这就需要在收到若干个用户配送请求之后，在可以形成共同的批量之后，再对用户共同需求做出统计，同时要安排好各用户的分货货位，才开始陆续集中取出进行反复的分货操作。所以，这种工艺难度较高，计划性较强，也容易发生分货的错误。

这种工艺计划性较强，若干用户的需求集中后才开始分货，直至最后一种共同需要的货物分放完毕，各用户需求的配货工作才同时完成。之后，可同时开始对各用户的配送送达工作，这也有利于考虑车辆的合理调配、合理使用和规划配送路线。与拣选式工艺相比，可综合考虑、统筹安排、利用规模效益，这是分货式工艺的重要特点。

（3）分货式工艺的适用领域

①用户稳定且用户数量较多，可以建立稳定的分货线，在这种情况下宜于利用其稳定的优势规划和计划分货；

②用户的需求有很强的共同性、需求的差异较小，需求数量可有差异但种类相同；

③用户需求的种类有限，易于统计和不至于使分货时间太长；

④用户配送时间的要求没有严格限制。可以采取计划配送的方法；

⑤力求高效率和低成本，采用分货式工艺较为有利；

⑥专业性强的配送中心，容易形成稳定的用户和需求，货物种类有限；

⑦商业连锁、服务业连锁、巨型企业内部供应配送。

3. 分拣式配货

分拣式配货是分货式、拣选式的一体化配货方式，是两种典型方式的中间方式。

分拣式配货是分拣货人员或分拣工具从储存点拣选出各个用户共同或不同需要的多种类货物，然后巡回于各用户的货位之间，按用户需要的种类和数量拣选出来放入货位，直至这一次取出的所有货物都分放完毕，同时完成各个用户的配货工作。

这种方式特别适合于小型配送系统采用，小型配送系统一次性到货，可能是供给若干个用户的不同种类货物，采用共同配送方式从上一级物流中心或大的配送中心进货，可以直接进入分拣线进行分拣。如果不采用分拣式配货，而仍然采用拣选式或分货式配货，则需将到货先行分放到货架或货位，然后再进入配货程序。这样不但增加了工序，更重要是需要增加时间，减缓了动态性。

分拣式配货主要适合在小型配送中心、邮局、快递公司等领域采用。这些领域的共同特点，是配货对象是掺杂、混合的杂乱货物，例如，邮局收寄的信件、包裹，快递公司收递的快递件、小型配送中心混和进货的物品等。

本章案例：易初莲花配送案例

2008 年 6 月 20 日起汽油、柴油价格每吨提高 1000 元，7 月 1 日开始，北京限制黄标车的行驶，7 月 20 日北京开始施行两个月的单双号限行。一系列的政策让零售企业不得不面对物流难的现实，不过，这也是对零售业物流配送的一场大考验。

一、搭建供应商与卖场的中转平台

对于大型零售企业的这种较强的“抗风险”能力，易初莲花物流配送中心副总经理刘海峰认为与企业对物流配送的重视程度有很大关系，完备的物流配送体系是经得起“风浪”的。

作为一家跨国零售企业，易初莲花在华发展迅速。据统计，截至 2007 年易初莲花已经在华开设了75家卖场，销售额以每年20%以上的速度增长。易初莲花的业务之所以能迅速增长，很大的原因是在节省成本以及在物流配送、配送系统方面有所成就。

卖场配送中心是在供应商和卖场之间搭建的一个中转平台，目的是减少整个供应链的运作成本及保证商品能快速、及时地运送到卖场进行销售。在整个供应链环节中配送中心是一个很重要的组成部分。据介绍，易初莲花先后在上海、广州、北京建立了三个大型干货配送中心及一家生鲜配送中心，负责对全国的卖场进行商品配送，目前，易初莲花卖场的绝大部分商品是通过这四家配送中心进行配送的。

易初莲花北京配送中心位于北京城南的大兴区，是一座面积为10000平方米的货架式立体仓库，可存放7000个标准托盘的商品，每天进出货量约20000箱，目前只负责干货的配送。另外，易初莲花在上海和广州各设立有一个干货配送中心，面积分别是48000平方米和18000平方米。易初莲花的配送中心为划区域配送，即每个配送中心只负责配送本区域内的易初莲花卖场，但三个配送中心之间也会有商品的配送，是区域间的商品调拨。

二、低成本与高效率

在有着比较完善的系统支持下，易初莲花的物流以配送为主，仓储为辅，呈现出商品周转快的特征。配送的职能就是将商品集中起来，配送给门店，同时可以储存部分促销商品。

“就配送中心而言，我们是通过采购和门店订货，有专门的订单管理部门向供应商发出订单，供应商接到订单后，按照订单的要求备货，并将商品直接送到配送中心，不用去配送到每个门店，这样既节省了供应商的配送费用，又加强了我们对商品的掌控力度，可以保证商品及时到店，减少商品的缺货概率，这一点是没有配送中心的零售企业无可比拟的。”刘海峰表示。

刘海峰向记者介绍了整个配送的流程：顾客到易初莲花的卖场时，他们买了一些产品，比如毛巾被，如果物流循环是比较成功的，那么在他们买了之后，系统就开始自动进行供货。这个系统当中的可变性使得这些卖方和买方（工厂与商场）可以对于这些顾客所买的东西和订单能够及时地补货。

“不过，易初莲花真正的挑战是能够提供顾客所需要的服务。”刘海峰表示，“物流业务要求比较复杂，如有的时候可能会有一些产品出现破损，因此在包装方面就需要有一些对产品特别的运销能力。因此，对易初莲花来说，能够提供的产品的种类与质量是非常重要的，不过，我们已经能够寻求到这种高质量与多品种结合，而且对于商场来说，它的成本也是最低的。”

三、无缝的补货系统

易初莲花物流配送的成功，是因为它有一个补货系统，每一个卖场都有这样的系统。这使得易初莲花在任何一个时间点都可以知道，现在这个商店当中有多少货品，有多少货品正在运输过程当中，有多少是在配送中心，等等。

与此同时，易初莲花也可以了解某种货品上周卖了多少，去年卖了多少，而且可以预测易初莲花将来可以卖多少这种货品。

“易初莲花所有的货品都有一个统一的产品代码，这是非常重要的。因为可以对它进行扫描，可以对它进行阅读。”刘海峰表示，“这个自动补货系统，可以自动向商场经理来订货，这样就可以非常及时地对商场进行帮助。经理们在商场当中走一走，然后看一看这些商品，选到其中一种商品，对它扫描一下，就知道现在商场当中有多少这种货品，有多少订货，而且知道有多少这种产品正在运输到商店的过程当中，会在什么时间到，所有关于这种商品的信息都可以通过扫描这种产品代码得到，不需要其他的人再进行任何复杂的汇报。”

另外，作为易初莲花的供货商，他们也可以进入易初莲花的零售链接当中，可以了解他们的商品卖得如何。通过零售链接，供货商们就可以了解卖的情况，来决定生产的状况，根据易初莲花每天卖的情况，他们可以对将来卖货进行预测，以决定他们的生产情况，这样他们产品的成本也可以降低，从而使整个过程是一个无缝的过程。

四、“精准”是硬道理

在易初莲花的物流当中，有一点非常重要，易初莲花必须要确保卖场所得到的产品是与发货单上完全一致的产品，因此易初莲花整个的物流配送过程都要确保是精确的，没有任何错误的。

“做好这一步，将为我们节省很多时间和成本。”刘海峰介绍，“卖场把整车的货品卸下来就好了，不用再逐一去检查每个产品，因为他们相信配送过来的产品是没有任何问题的。”

精准的良好传统让易初莲花赢得消费者的心，也为他们赢得了大量的时间和金钱。这些货品直接可以摆上货架，并让消费者满意。

“当消费者买了某产品的时候，系统会精准地设定需要补货的情况，所以整个物流配送是个循环的过程，每个环节都是做到精准。”刘海峰表示，“我们还追求消费者对产品需求的精准化配送，这是比较难的一件事，因为你知道各地的消费习惯不同导致卖场配送什么样的产品要经过调研。比如，燕京啤酒在北京销售得非常好，但是到了其他城市它的销售可能就不如北京好。易初莲花已经考虑到了这方面的问题，并针对这种问题也做了相应的变通，比如增加地方采购等。”

复习思考题

1. 什么是销售物流？
2. 销售物流的主要环节是什么？
3. 销售物流模式有哪些？
4. 配送的主要操作内容包括哪些？
5. 配送服务的基本方式有哪些？
6. 配送中心的核心工艺包括哪些？

第九章　企业产品包装与装卸搬运

包装与物流的关系密切，是物流系统的重要组成部分，在社会的再生产过程中，商品包装处于生产过程的末尾和物流过程的开端。传统的生产观念认为商品包装是生产过程的最后一个环节，所以，在实际的生产过程中，商品包装的设计都是从生产的角度来考虑的，但是这样却不能满足物流的需要。在现代物流领域，一般都把商品包装看做是物流过程的起点。

在物流过程中，装卸活动是不断出现和反复进行的，它出现的频率高于其他各项物流活动，每次装卸活动都要花费很长时间，所以装卸搬运往往成为决定物流速度的关键。

第一节　包装的功能及其合理化

一、包装的概念及功能

（一）包装的概念

包装是为了在流通过程中保护商品、方便储运和促进销售，而按照一定的技术方法使用容器、材料以及辅助物等将物品包封并予以适当的装饰和标志工作的总和。简言之，包装就是包装物和包装操作的总称。

在我国《包装通用术语》国家标准（GB 4122—1983）中对包装明确定义为："包装是指在流通过程中保护产品、方便储存、促进销售，按一定技术方法而采用的容器、材料及辅助物等总体名称，包括为了达到上述目的而进行的操作活动。"

具体来讲，包装包括了两层含义：一是从静态方面看，指能合理容纳商品、抵抗外力、保护商品、促进商品销售的物体，如包装容器等；二是从动态方面看，指包裹、捆扎商品的工艺操作过程。从物流角度看，包装是生产的终点，但却是物流的起点。物流系统的所有构成要素均与包装有关，同时物流也受包装的制约。因此，应根据生产后物流系统情况来考虑包装，对包装进行合理化的管理。

（二）包装的功能

1. 保护功能

包装的保护功能，即保护物品不受损伤的功能，它体现了包装的主要目的。

（1）防止物资的破损变形。为了防止物资的破损变形，物资包装必须能承受在装卸、运输、保管等过程中的各种冲击、振动、颠簸、压缩、摩擦等外力的作用，形成对外力的防护，而且具有一定的强度。

（2）防止物资发生化学变化。为了防止物资受潮、发霉、变质、生锈等化学变化，物资包装必须能在一定程度上起到阻隔水分、潮气、光线以及空气中各种有害气体的作用，避免外界不良因素的影响。

(3) 防止有害生物对物资的影响。鼠、虫以及其他有害生物对物资有很大的破坏性。包装封闭不严，会给细菌、虫类造成侵入之机，导致变质、腐败，特别是对食品危害性更大。

(4) 防止异物混入、污物污染、丢失和散失。

2. 方便功能

物资包装具有方便流通、方便消费的功能。在物流的全过程，物资所经过的流转环节，合理的包装会提供巨大的方便，从而提高了物流的效果。物资包装的方便功能可以体现在以下几个方面：

(1) 方便物资的储存

从搬运、装卸角度上看，物资出、入库时，在包装的规格尺寸、重量、形态上适合仓库内的作业，为仓库提供了搬运、装卸的方便；从物资保管角度上看，物资的包装为保管工作提供了方便条件，便于维护物资本身的原有使用价值。包装物的各种标志，使仓库的管理者易于识别、易于存取、易于盘点，有特殊要求的物资易于引起注意；从物资的验收角度上看，易于开包、便于重新打包的包装方式为验收提供了方便性。对于节约验收时间，加快验收速度也会起到十分重要的作用。

(2) 方便物资的装卸

物资经适当地包装后为装卸作业提供了方便。物资的包装便于各种装卸、搬运机械的使用，有利于提高装卸、搬运机械的生产效率。包装的规格尺寸标准化后为集合包装提供了条件，从而能极大地提高了装载效率。

(3) 方便运输

包装的规格、形状、重量等与货物运输关系密切。包装尺寸与运输车辆、船、飞机等运输工具箱、仓容积的吻合性，方便了运输，提高了运输效率。

3. 销售功能

销售功能是促进物资销售的包装功能。好的包装具有广告效力，能唤起消费者的购买欲望，促进销售。对于这一功能，可形象地描述为“包装是不会讲话的推销员”“精美的包装胜过一千个推销员”。

①恰当的包装能唤起人们的购买欲望，通过包装给消费者带来对商品的好感和满足；

②包装的外部形态、装潢设计是商品很好的宣传品，对顾客的购买起着刺激、说服的作用；

③恰当的包装对商品有促销作用。但过大、过重的包装会降低商品促销能力；包装不足也会降低商品促销能力。

综上所述，包装的保护功能和方便功能是与物流密切相关的两大功能。销售功能是与商流相关的。改进包装的不合理性，发挥包装的作用，是促进物流合理化的重要方面，是日益被物流工作者重视的一个十分重要的领域。

(三) 包装的分类

1. 按包装功能不同分类，包装可分为商业包装和工业包装两大类

(1) 商业包装

商业包装是以促进商品销售为目的的包装。这种包装的特点是：外形美观，有必要的装潢，包装单位应适合顾客购买量和商店设施的要求。在流动过程中，商品越接近顾客，越要求包装有促进销售的效果。

(2) 工业包装

工业包装又称为运输包装，是物资运输、保管等物流环节所需求的必要包装。工业包装以强化运输、保护商品、便于储运为主要目的。工业包装要在满足物流要求的基础上使包装费用越低越好。对于普通物资的工业包装其程度应当适中，才会有最佳的经济效果。

2. 按包装层次不同，包装可分为单个包装、中包装、外包装

(1) 单个包装是指一个商品作为一个销售单位的包装形式。单个包装直接与商品接触，在生产中与商品装配成一个整体。它以销售为主要目的，一般随同商品销售给顾客，因而又称为销售包装或小包装。单个包装起着直接保护、美化、宣传和促进商品销售的作用。

(2) 中包装（又称内包装）是指若干个单体商品或包装组成一个小的整体包装。它是介于单个包装与外包装的中间包装，属于商品的内层包装。中包装在销售过程中，一部分随同商品出售，一部分则在销售中被消耗掉，因而被列为销售包装。在商品流通过程中，中包装起着进一步保护商品、方便使用和销售的作用，方便商品分拨和销售过程中的点数和计量，方便包装组合等。

(3) 外包装（又称运输包装或大包装）是指商品的最外层包装。在商品流通过程中，外包装起着保护商品、方便运输、装卸和储存等方面的作用。

3. 按包装容器质地不同，包装可分为硬包装、半硬包装和软包装

(1) 硬包装（又称刚性包装）是指充填或取出包装的内装物后，容器形状基本不发生变化，材质坚硬或质地坚牢的包装；

(2) 半硬包装（又称半刚性包装）是介于硬包装和软包装之间的包装；

(3) 软包装（又称挠性包装）是指包装内的充填物或内装物取出后，容器形状会发生变化，且材质较软的包装。

4. 按包装使用范围，包装可分为专用包装和通用包装

(1) 专用包装是指专供某种或某类商品使用的一种或一系列的包装；

(2) 通用包装是指一种包装能盛装多种商品，被广泛使用的包装容器。

5. 按包装使用的次数，包装可分为一次用包装、多次用包装和周转用包装

(1) 一次用包装是指只能使用一次，不再回收复用的包装；

(2) 多次用包装是指回收后经适当地加工整理，仍可重复使用的包装；

(3) 周转用包装是指工厂和商店用于固定周转多次复用的包装容器。

6. 包装的其他分类方法

(1) 按运输方式不同，包装可以分为铁路运输包装、卡车货物包装、船舶货物包装、航空货物包装及零担包装和集合包装等；

(2) 按包装防护目的不同，包装可分为防潮包装、防锈包装、防霉包装、防震包装、防水包装、遮光包装、防热包装、真空包装、危险品包装等；

(3) 按包装操作方法，包装可分为罐装包装、捆扎包装、裹包包装、收缩包装、压缩包装和缠绕包装等。

二、包装的容器及标记

(一) 包装容器

包装容器是包装材料和造型结合的产物。列入现代物流包装行列的主要有瓦楞纸箱、木箱、托盘集合包装、集装箱和塑料周转箱，它们在满足商品运输包装功能方面各具特点，必须根据实际需要合理地加以选用。

1. 瓦楞纸箱

(1) 瓦楞纸箱概述

瓦楞纸箱是采用具有空心结构的瓦楞纸板，经过成型工序制成的包装容器。瓦楞纸箱采用包括单瓦楞、双瓦楞、三瓦楞等各种类型的纸板作包装材料，大型纸箱所装载货物重量可达 3000 千克。瓦楞纸箱的应用范围非常广泛，几乎包括所有的日用消费品，包括水果、蔬菜、加工食品、针棉织品、玻璃陶瓷、化妆品、医药药品等各种日用品以及自行车、家用电器、精美家具等。

从各国瓦楞纸箱的发展来看，它已经取代或正在取代传统的木箱包装。据有关文献统计，瓦楞纸板年产值在整个包装材料中所占的比重在 20%～25%以上，占第一位。国外有的文献指出，估计瓦楞纸箱至少在 30 年内不可能由其他包装材料来取代。

(2) 瓦楞纸箱的优缺点

下面从运输包装的功能来考察瓦楞纸箱的优缺点：

①从保护的功能来看，瓦楞纸箱的设计可使它具有足够的强度；富有弹性，具有良好的防震防缓冲功能；且密封性好，能防尘、保持产品清洁卫生等。

②从方便流通的功能看，瓦楞纸箱便于实现集装箱化；它本身重量轻，便于装卸堆垛；空箱能折叠，体积能大大缩小，便于空箱储存；瓦楞纸箱箱面光洁，印刷美观，标志明显，便于传达信息。

③从降低流通费用的功能看，纸箱耗用资源比木箱要少，其价格自然比木箱低；它的体积重量比木箱要小要轻，有利于节约运费。经废品回收，还可造纸，可节省资源。

当然，瓦楞纸箱也有一些不足之处，主要是抗压强度不足和防水性能不好，这两项都会影响瓦楞纸箱的基本功能——保护功能的实现。近年来，由于纸箱设计中抗压强度的提高以及物流环境的变化，如装卸次数减少，存放时间缩短，堆码高度降低，自动化立体仓库的应用，集装箱和托盘包装对纸箱形成保护等。对纸箱的这两项性能要求也就降低，使纸箱的不足得到弥补，从而得以在更大范围内应用。

2. 木箱

木箱是一种传统的包装容器，虽然在很多情况下，已逐步被瓦楞纸箱取代，但木箱与瓦楞纸箱相比，在某些方面仍有其优越性和不可取代性。加上目前木箱还比较适合我国包装生产和商品流通的现状，所以木箱在整个运输包装容器中仍占有一席之地。常见的木箱有木板箱、框板箱和框架箱三种。

（1）木板箱

木板箱用木质条板钉制而成，是一种小型运输包装容器。木板箱在满足运输包装的各种功能方面具有以下的特点：

①从保护功能来看，木板箱具有较高的抗戳穿强度和抗压强度，能较好地抵抗外物碰撞和承受较高的堆垛负荷，尤其在受潮的情况下，不会因强度下降而变形导致倒垛事故。但木板箱又具有弹性小，缓冲抗震性能差，受潮后不易干燥，拼缝留有孔隙而难以密封等特点。如果不增加其他附加保护措施，在受到较大冲击，受潮气和雨淋，或受灰尘、虫害时，容易使内装产品受到损伤或变质。

②从方便流通的功能看，木板箱的制作易做到就地取材，就地加工，不需要太复杂的加工设备，制作方便。因此，木板箱对于那些批量小，或者体积小重量大的特殊产品，较易制作合适的包装，有较大的优越性。但木板箱体重、体积大、空箱储存占地面积大，给使用和储运带来了种种不便，如装卸、堆垛都较纸箱费力。同时，一般木板箱表面粗糙，刷字和标志容易模糊不清。因其制作的机械化水平低，生产效率不高，加上我国木材原料价格较高，因此木板箱的成本较高。由于木板箱体重、体积大，会使运费增大，其空箱储存和回收运输费较大，导致采用木板箱的流通费用增加。

木板箱可以做成一种稀疏的木条箱，称为花格木箱。它能通风透气，可减少木材用量，降低成本，减轻重量，减少流通费用。适合于用做鲜活商品和不需要防尘的商品的运输包装容器。

（2）框板箱

框板箱是采用条木与人造板材制成箱框板，再经钉合装配而成的一种小型包装容器，从框板箱整体来看，其框架为条木，而箱面则通常为整块的胶合板、纤维板和纸板等。

框板箱是条木框架结构，承载能力大，堆码层数多；箱面为整块人造板材，防尘防潮性强；箱内尺寸相同时，与木板箱比自重较轻，还有框架结构，便于搬运；人造板材较木板光滑，印刷标记清晰；采用胶合板、纤维板、纸板，有利于节省木材资源。但框板箱的抗戳穿强度低于木板箱，箱体不宜过大；框架在箱外，使其体积增大；箱面较易损坏，降低了回收复用率；增设加强木撑时，加工也比较困难。

（3）框架箱

框架箱是由一定截面的条木构成箱体骨架，然后再根据需要在骨架外面加装板材覆盖的大型包装容器。通常箱体由六块框架组合而成，组装方式分为用钉子和用螺栓两种，货物轻则采用钉子，货物重则采用螺栓。

框架结构坚固、强度高、保护能力强，适用于包装笨重物资或脆弱精细的电子设备；能耐较大的堆积负荷；可装载1000千克以上到15000千克以下的较大物资和设备。但框架箱设计制作比较复杂；自重较大，大型框架箱搬运比较困难。

3. 托盘

托盘集合包装是把若干件货物集中在一起，堆叠在运载托盘上，构成一件大型货物的包装形式。托盘包装是为适应装卸和搬运作业机械化而产生的一种包装。

托盘集合包装是一类重要的集合包装，它区别于普通运输包装件的特点，是在任何时候都处于可转入运动的状态，使静态的货物变成动态的货物。从不同角度来看，托盘集合包装既是包装方法，又是运输工具，又是包装容器。从小包装单位的集合来看，它是一种包装方法；从它是适合运输的状态来看，它是一种运输工具；从它对货物所起的保护功能来看，它又是一种包装容器。

4. 集装箱

集装箱是密封性好的大型铁制包装箱。用集装箱可实现最先进的运输方式，即“门对门”运输，从发货人仓库门送到收货人门前。

集装箱属于大型集合包装，具有既是运输工具，又是包装方法、包装容器的特点。在适应现代化物流方面，它比托盘集合包装更具有优越性。

5. 塑料周转箱

周转箱是一种适合短途运输，可以长期重复使用的运输包装。同时，它是一种敞开式的、不进行捆扎、用户也不必开包的运输包装。一切厂销挂钩、快进快出的商品都可采用周转箱，如饮料、肉食、豆制品、牛奶、糕点和禽蛋等食品。

过去的周转箱都采用木箱，近年出来了新型的塑料周转箱，逐步取代了木箱。塑料周转箱在保护商品、节约费用、提高服务质量等方面取得了很大作用，使得周转箱的应用范围逐步扩大。塑料周转箱的重量轻、体积小、费用低、搬运方便；可提高安全度，不会发生箱底脱落现象，使玻璃瓶的破损率大大降低；塑料周转箱的采用，可以节约宝贵的木材资源。但塑料周转箱的一次性投资大、成本高；空箱要占用运输储存费用；密封性差，在某些情况下有碍卫生；缺少标志，给物流管理带来了一定困难。

（二）现代包装材料

包装材料是指构成包装实体的主要物资。由于包装材料的物理性能和化学性能的千差万别，所以包装材料的选择对保护产品有着非常重要的作用。包装材料的性能，一方面决定于包装材料本身的性能；另一方面还取决于各种材料的加工技术。现代包装材料主要包括：

- 金属包装材料。
- 玻璃包装材料。
- 木制包装材料。
- 纸和纸板。
- 塑料包装材料。
- 复合包装材料。

（三）包装标记

物资包装标记是根据物资本身的特征用文字和阿拉伯数字等在包装上标明规定的

记号。

1. 一般包装标记

一般包装标记也称为包装的基本标记。它是指在包装上写明物资的名称、规格、型号、计量单位、数量（毛重、净重、皮重），长、宽、高尺寸，出厂时间等说明。对于使用时效性强的物资还要写明储存期或保质期限。有时用来说明质量等级，常用“一等品”“二等品”“优质产品”“获×××奖产品”等。

2. 运输标记（Shipping Mark）

运输标记习惯上被称为唛头，这是贸易合同、发货单据中有关标志事项的基本部分。它一般由一个简单的几何图形以及字母、数字等组成。唛头的内容包括：目的地名称或代号，收货人或发货人的代用简字或代号、件号（即每件标明该批货物的总件数），体积（长×宽×高），重量（毛重、净重、皮重）以及生产国家或地区等。

国内常见的运输标记一般由三部分构成：

（1）目的港或目的地的名称。

（2）收货人或发货人的代号。多用简单的几何图形，如三角形、圆形等。图形内外刷以字母表示发货人和收货人名称的代号。

（3）件号、批号。指货主对每件包装货的编排顺序号。它由顺序号和总号组成，通常写成 1—200 或 1/200，前面的 1 表示该批货物的第一件，后面的 200 代表总件数。

国际标准化组织要求规范运输标记，将唛头简化为四项：

（1）收货人或买方名称的英文缩写字母或简称；

（2）参考号，如发票号、运单号；

（3）目的地；

（4）件号。

国际标准化组织要求以上标记列为四行，每行不超过 17 个印刷符号。

3. 标牌标记

标牌标记是在物资包装上钉打说明商品性质特征、规格、质量、产品批号、生产厂家等内容的标识牌。标牌一般用金属制成。

（四）包装标志

包装标志是用来指明被包装物质的性质和物流活动安全以及理货分运的需要进行的文字和图像的说明。

1. 指示性标志

指示标志用来指示运输、装卸、保管人员在作业时需要注意到的事项，以保证物资的安全。这种标志主要表示物资的性质，物资堆放、开启、吊运等的方法。

根据国家质量技术监督局颁布的《包装储运图示标志》（GB 191—2000）（该标准等效采用国际标准 ISO 780—1997《包装——搬运图示标志》）规定，在有特殊要求的货物外包装上粘贴、涂打、钉附以下不同名称的标志。如向上、防潮、小心轻放、由此吊起、由此开启、重心点、防热、防冻等。如图 9－1 所示：

图 9－1 常见的包装储运指示性标志

2. 危险品标志

危险品标志是用来表示危险品的物理、化学性质，以及危险程度的标志。它可提醒人们在运输、储存、保管、搬运等活动中引起注意。

根据国家标准 GB 190—73 规定，在水陆、空运危险货物的外包装上拴挂、印刷或标打以下不同的标志，如爆炸品、遇水燃烧品、有毒品、剧毒品、腐蚀性物品、放射性物品等。在我国，警告性标志主要依据国家颁布的《危险货物包装标志》国家标准来印刷。常见的危险品标志如图 9－2 所示：

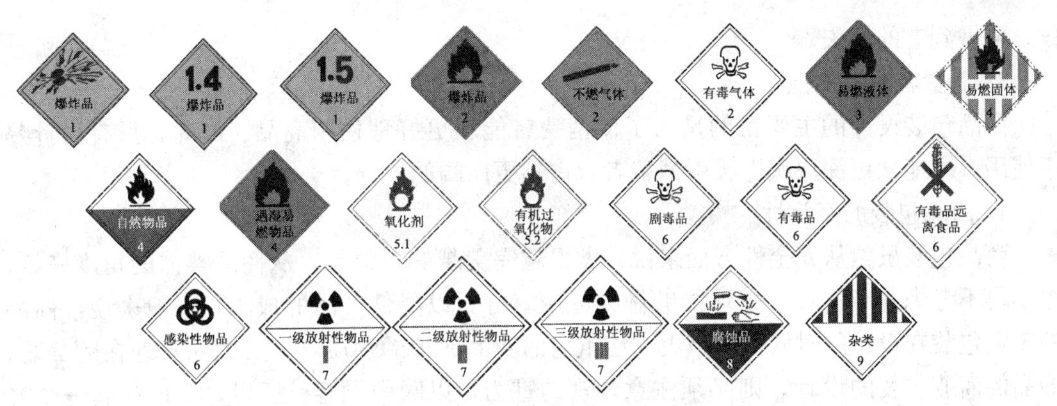

图 9－2 常见的危险品标志

3. 包装标志的要求

①必须按照国家有关部门的规定办理。我国对物资包装标志所使用的文字、符号、图形以及使用方法，都有统一的规定。

②必须简明清晰、易于辨认。包装标志要文字少、图案清楚、易于制作、一目了然、方便查对。标志的文字、字母及数字号码的大小应和包装件的标志的尺寸相称，笔画粗细要适当。

③涂刷、拴挂、粘贴标志的部位要适当。所有的标志，都应位于搬运、装卸作业时容易看得见的地方。为防止在物流过程中某些标志和标记被抹掉或不清楚而难以辨认，应尽可能在同一包装物的不同部位制作两个相同的标志。

④要选用明显的颜色作标记和标志。制作标志的颜料应具备耐温、耐晒、耐摩擦等性能，以致不发生褪色、脱落等现象。

⑤标志的尺寸一般分为三种。用于拴挂的标志为 74×52.5（mm）；用于印刷和标打的标志为 105×74（mm）和 148×105（mm）两种。须说明特大和特效的包装不受此尺寸限制。

三、包装合理化和标准化

(一) 影响包装的因素

在设计商品包装的时候，必须详细了解被包装物本身的一些性质以及商品流通运输过程中的一些详细情况，并针对这些情况，做出有针对性的设计。一般来说，影响商品包装的主要因素如下：

1. 被包装商品本身的体积、重量以及它在物理和化学方面的特性

商品的形态可能各异，商品本身的性质也各不相同。所以，在设计商品包装的时候，必须根据商品本身的特点和国际通用的标准，设计出适合商品自身特有的包装。

2. 商品包装的保护性

被包装的商品是否害怕力的冲击、震动，是否害怕虫害或者动物的危害，是否对于气象环境、物理环境以及生物环境有特殊的要求。针对这些特点，在设计商品包装的时

候，要做到有的放矢。

3. 消费者的易用性

商品包装设计的主要目的是为了使消费者能够更好地使用商品。因此，只有设计易于使用，才能从更深层次上吸引消费者，占领更广阔的市场。

4. 商品包装的经济性

商品包装虽然从安全性方面来说是做得越完美越好，但是，从商品整体的角度来说，也不得不考虑其经济性，争取能够做到够用就好，以降低产品的成本。一般来说，商品的工业包装在设计的时候，应该更加注重它的商品保护的性质，不必太在意外在的美观。商品的商业包装的设计，则必须注意外观的魅力，以吸引顾客。所以，应该找到一个好的平衡点，使商品包装既能够达到要求，又能够节省成本。

（二）包装的合理化

商品包装作为物流的起点，对整个物流的过程起着重要的作用。因而，在设计商品包装的时候，必须进行认真的考虑，以实现商品包装的合理化。

商品包装的设计必须根据包装对象的具体内容进行考虑。比如，要根据商品的属性选择不同的包装材料和包装技术。在设计包装容器的形状和尺寸的时候，要考虑商品的强度和最大的容积，包装的长宽比例要符合模数化的要求，以便最大限度地利用运输、搬运工具和仓储空间。对于不规则外形的商品，一般要做方体化配置以适应装箱的要求。此外，在进行造型设计的时候，要注意合理利用资源和节约包装用料，实现商品包装的合理化。

（三）包装的标准化

商品包装标准就是针对商品包装的质量和有关包装质量的各个方面，由一定的权威机构所发布的统一的规定。这种包装标准一经正式颁布，就具有了权威性和法律性。一般来说，这些商品包装标准的制定都是根据当前包装科学的理论和实践，通过权衡商品流通的整个过程，经过有关部门的充分协商和讨论，对包装的材料、尺寸、规格、造型、容量以及标志等所做的技术性法规。所谓商品包装的标准化就是制定、贯彻和修改商品包装标准的整个过程。

商品包装标准化对于现代企业具有重要的意义。通过商品包装的标准化，可以大大减少包装的规格型号，从而提高包装的生产效率，便于商品的识别和计量。通过商品包装的标准化，可以提高包装的质量，节省包装的材料，节省流通的费用，而且也便于专用运输设备的应用。通过商品包装的标准化，可以从法律的高度促进可回收型包装的使用，促进商品包装的回收利用，从而节省社会资源，产生较大的社会效益和经济效益。

四、绿色包装策略

（一）绿色包装的概念

绿色包装（Green Package）：又可称为无公害包装和环境包装（Environmental Friendly Package），指对生态环境和人类健康无害，能重复使用和再生，符合可持续发展的包装。它的理念有两个方面的含义：一个是保护环境；另一个就是节约资源。这两者相辅相成，不可分割。其中保护环境是核心，节约资源与保护环境又密切相关，因为节约资源可减少废弃物，其实也就是从源头上对环境的保护。具体而言，绿色包装应具有以下的含义：

1. 实行包装减量化（Reduce）

绿色包装在满足保护、方便、销售等功能的条件下，应是用量最少的适度包装。欧美等国将包装减量化列为发展无害包装的首选措施。

2. 包装应易于重复利用（Reuse）或易于回收再生（Recycle）

通过多次重复使用，或通过回收废弃物，生产再生制品、焚烧利用热能、堆肥化改善土壤等措施，达到再利用的目的。既不污染环境，又可充分利用资源。

3. 包装废弃物可以降解腐化（Degradable）

为了不形成永久的垃圾，不可回收利用的包装废弃物要能分解腐化，进而达到改善土壤的目的。世界各工业国家均重视发展利用生物或光降解的包装材料。Reduce、Reuse、Recycle 和 Degradable 即是现今 21 世纪世界公认的发展绿色包装的 3R 和 1D 原则。

4. 包装材料对人体和生物应无毒无害

包装材料中不应含有有毒物质或有毒物质的含量应控制在有关标准以下。

5. 在包装产品的整个生命周期中，均不应对环境产生污染或造成公害

即包装制品从原材料采集、材料加工、制造产品、产品使用、废弃物回收再生，直至最终处理的生命全过程均不应对人体及环境造成危害。

（二）绿色包装的积极意义

绿色包装之所以为整个国际社会所关注，这是因为环境问题与污染的特殊复杂性，环境的破坏不分国界，一国污染，邻国受损，不仅危害到人类的生存、社会的健康、企业的生产、市场的繁荣，还通过种种途径引发有关自然资源的国际争端。绿色包装的必要性和积极意义主要体现在：

1. 包装绿色化可以减轻环境污染，保持生态平衡

包装若大量采用不能降解的塑料，将会形成永久性的垃圾，塑料垃圾燃烧会产生大量有害气体，包括产生容易致癌的芳香烃类物质；包装若大量采用木材，则会破坏生态平衡，因此通过采取绿色包装来保护环境和维持生态平衡。

2. 绿色包装顺应了国际环保发展趋势的需要

在绿色消费浪潮的推动下，越来越多的消费者倾向于选购对环境无害的绿色产品。采用绿色包装并有绿色标志的产品，在对外贸易中更容易被外商接受。

3. 绿色包装是 WTO 及有关贸易协定的要求

在 WTO 一揽子协议中的《贸易与环境协定》，促使各国企业必须生产出符合环境要求的产品及包装。

4. 绿色包装是绕过新的贸易壁垒的重要途径之一

国际标准化组织（ISO）就环境制定了相应的标准 ISO 14000，它成为国际贸易中重要的非关税壁垒。另外，1993 年 5 月欧共体正式推出“欧洲环境标志”，欧共体的进口商

品要取得绿色标志就必须向其各盟国申请，没有绿色标志的产品要进入上述国家会受到极大的限制。

5. 绿色包装是促进包装工业可持续发展的唯一途径

可持续发展要求经济的发展必须走“少投入、多产出”的集约型模式，绿色包装能促进资源利用和环境的协调发展。

（三）绿色包装的主要手段

绿色包装设计一般遵循的原则是所谓的 3R 原则，即 Reduce（减少包装）、Reuse（重复再利用包装）、Recycle（回收包装及掩埋和处理）。

1. 使用绿色包装材料

（1）重复再用和再生的包装材料

大地和森林是人类生态平衡的基础，木材的肆意砍伐给人类社会带来的灾难是不可估量的。针对这种现状人们可以考虑采用可重复再用和再生的包装材料，如啤酒、饮料、酱油、醋等包装采用玻璃瓶反复使用，聚酯瓶在回收之后可以用一些方法再生。再生利用包装，可用两种方法再生，物理方法是指直接彻底净化粉碎，无任何污染物残留，经处理后的塑料再直接用于再生包装容器。化学方法是指将回收的 PET（聚酯薄膜）粉碎洗涤之后，在催化剂作用下，使 PET 全部解聚成单体或部分解聚，纯化后再将单体重新聚合成再生包装材料。包装材料的重复利用和再生，仅仅延长了塑料等高分子材料作为包装材料的使用寿命，当达到其使用寿命后，仍要面临对废弃物的处理和环境污染问题。

（2）可食性包装材料

①可食性包装膜

这是解决食品包装废弃物与环保之间矛盾的好办法。在进行部分食品包装的设计中，可制成一种不影响被装食品原味的可食性包装膜。到 21 世纪，世界各国已开发出很多种可食性包装膜，如澳大利亚的一家公司就研制出一种可食用土豆片包装，人们吃完土豆片后还可食用其包装。又如英国一家公司就制成了一种可食用的果蔬保鲜剂，它是由糖、淀粉、脂肪酸和聚酯物调配成的半透明的乳液，可采用喷雾、涂刷或浸渍等方法覆盖于苹果、柑桔、西瓜、香蕉、西红柿等水果蔬菜的表面。由于这种保鲜剂在水果表面形成了一层密封膜，故能防止氧气进入果蔬内部，从而延长了熟化过程，起到保鲜作用，涂上这种保鲜剂的水果蔬菜保鲜期可长达 200 天以上。最妙的是，这种保鲜剂还可以同果蔬一起食用。人们熟悉的糖果包装上使用的糯米纸及包装冰激凌的玉米烘烤包装杯都是典型的可食性包装。人工合成可食性包装膜中比较成熟的是透明、无色、无嗅、无毒、具有韧性、高抗油性薄膜，能食用，可做食品包装。其光泽、强度、耐折性能都比较好。

②可食用保鲜膜

中国早在 12～13 世纪就已用蜡来涂覆橘子、柠檬来延缓它们的脱水失重，来延长果蔬货架寿命。到科技发达的 21 世纪一般采用的可食性保鲜膜，已发展成具有了多种功能如具明显的防水性及一定的可选择透气性，因而在食品工业，尤其在果蔬保鲜方面，具有广阔的应用前景。

（3）可降解材料

可降解材料是指在特定时间内造成性能损失的特定环境下，其化学结构发生变化的一种塑料。可降解塑料包装材料既具有传统塑料的功能和特性，又可以在完成使用寿命之后，通过阳光中紫外线的作用或土壤和水中的微生物作用，在自然环境中分裂降解和还原，最终以无毒形式重新进入生态环境中，回归大自然。如法国一家奶制品公司从甜菜中提取的物质与矿物质进行混合从而制造成一种生态包装盒。

（4）纸材料

纸的原料主要是天然植物纤维，在自然界会很快腐烂，不会造成污染环境，也可回收重新造纸。因此许多国际大公司使用可回收纸用于年报、宣传品制作，用回收纸制成信笺、信纸以体现其关注环境的绿色宗旨，同时又树立了良好的企业形象。纸材料还有纸浆注型制件、复合材料、建筑材料等多种用途。纸浆模塑制品除具有质轻、价廉、防震等优点外它还具有透气性好，有利于生鲜物品的保鲜的特点。在国际商品流通上，纸材料被广泛用于蛋品、水果、玻璃制品等易碎、易破、怕挤压物品的周转包装上。

另外，包装设计师可利用纯正天然的一些源于自然的材质来对包装设计进行改良，如利用椰子壳设计出的碗形容器可巧妙的设计成食品包装。

2. 减少包装材料的种类和数量

产品包装的种类应尽可能少。一般包装设计师为了产品的外观需要，为可吸引越来越多的消费者，提高产品的档次，尽可能使用不同种类的材料，有些包装的零部件就有很多。真正成功的吸引人的包装设计是包含有许多其他的包装设计所无法比拟的独特内涵在里面的，如包装的人性化、简易但又不丧失其完整及风格的独特性、功能性及环保性等。如果能够用一种部件，能够使用单一种类的材料就尽量使用一种，这样更有助于产品的回收利用。作为包装设计师而言，有责任，也有义务为所设计的包装可能带来的社会效应和生态环保效应做足够的估计。

3. 使用无害包装

《欧洲包装与包装废弃物指令》规定了重金属含量水平（铅、汞和铅等），如铅含量应少于100PPM等。各国都应以立法的形式规定禁止使用或减少使用某些含有铅、汞或铅等有害成分的包装材料，并规定重金属含量，市面上非常流行的一次性泡沫塑料饭盒不仅不可以回收利用，而且埋在地下长期不易腐烂，对它进行焚烧又对环境造成污染，因此必须禁止使用。

4. 用包装设计图案及色彩等唤起人们的环保意识

产品包装的图案和色彩听起来似乎和环境保护没有多大的关系，但是它却直接影响着消费者的视觉感受，如果包装上刻意的附上一些环保标志和环保图片，就会刺激消费者的大脑，提醒消费者不要乱丢弃包装废弃物。有些包装上的图片往往采用美丽的山水风景画面，不仅可以给人以视觉上的享受，还可以借以增强消费者的环保意识。

第二节　装卸搬运的合理化和现代化

一、装卸搬运的特点及分类

（一）装卸搬运的概念

在同一地域范围内（如车站范围、工厂范围、仓库内部等）以改变“物”的存放、支承状态的活动称为装卸，以改变“物”的空间位置的活动称为搬运，两者合称装卸搬运。有时候或在特定场合，单称“装卸”或单称“搬运”也包含了“装卸搬运”的完整含义。

在习惯使用中，物流领域（如铁路运输）常将装卸搬运这一整体活动称做“货物装卸”；在生产领域中常将这一整体活动称做“物料搬运”。实际上，活动内容都是一样的，只是领域不同而已。在实际操作中，装卸与搬运是密不可分的，两者是伴随在一起发生的。因此，在物流科学中并不过分强调两者差别而是做为一种活动来对待。搬运的“运”与运输的“运”，区别在于，搬运是在同一地域的小范围内发生的，而运输则是在较大范围内发生的，两者是量变到质变的关系，中间并无一个绝对的界限。

（二）装卸搬运的地位

装卸活动的基本动作包括装车（船）、卸车（船）、堆垛、入库、出库以及连接上述各项动作的短程输送，是随运输和保管等活动而产生的必要活动。

在物流过程中，装卸活动是不断出现和反复进行的，它出现的频率高于其他各项物流活动，每次装卸活动都要花费很长时间，所以往往成为决定物流速度的关键。装卸活动所消耗的人力也很多，所以装卸费用在物流成本中所占的比重也较高。以我国为例，铁路运输的始发和到达的装卸作业费大致占运费的20％，船运占40％。因此，为了降低物流费用，装卸是个重要环节。

此外，进行装卸操作时往往需要接触货物，因此，这是在物流过程中造成货物破损、散失、损耗、混合等损失的主要环节。例如，袋装水泥的纸袋破损和水泥散失主要发生在装卸过程中，玻璃、机械、器皿、煤炭等产品在装卸时最容易造成损失。由此可见，装卸活动是影响物流效率、决定物流技术经济效果的重要环节。

为了说明上述看法，列举几个数据如下：

（1）据我国统计，火车货运以500千米为分歧点，运距超过500千米，运输在途时间多于起止的装卸时间；运距低于500千米，装卸时间则超过实际运输时间。

（2）美国与日本之间的远洋船运，一个往返需25天，其中运输时间13天，装卸时间12天。

（3）我国对生产物流的统计，机械工厂每生产1吨成品，需进行252吨次的装卸搬运，其成本为加工成本的15.5％。

（三）装卸搬运的特点

1. 装卸搬运是附属性、伴生性的活动

装卸搬运是物流每一项活动开始及结束时必然发生的活动，因而有时常被人忽视，有时被看做其他操作时不可缺少的组成部分。例如，一般而言的“汽车运输”，就实际包含了相随的装卸搬运，仓库中泛指的保管活动，也含有装卸搬运活动。

2. 装卸搬运是支持、保障性活动

装卸搬运的附属性不能理解成被动的，实际上，装卸搬运对其他物流活动有一定决定性。装卸搬运会影响其他物流活动的质量和速度，例如，装车不当，会引起运输过程中的损失；卸放不当，会引起货物转换成下一步运动的困难。许多物流活动在有效的装卸搬运支持下，才能实现高水平。

3. 装卸搬运是衔接性的活动

在任何其他物流活动互相过渡时都是以装卸搬运来衔接，因而，装卸搬运往往成为整个物流的“瓶颈”，是物流各功能之间能否形成有机联系和紧密衔接的关键，而这又是一个系统的关键。建立一个有效的物流系统，关键看这一衔接是否有效。比较先进的系统物流方式——联合运输方式就是着力解决这种衔接而实现的。

（四）装卸搬运的分类

1. 按装卸搬运施行的物流设施、设备对象分类

以此可分为仓库装卸、铁路装卸、港口装卸、汽车装卸和飞机装卸等。仓库装卸配合出库、入库、维护保养等活动进行，并且以堆垛、上架、取货等操作为主。

铁路装卸是对火车车皮的装进及卸出，特点是一次作业就实现一车皮的装进或卸出，很少有像仓库装卸时出现的整装零卸或零装整卸的情况，港口装卸包括码头前沿的装船，也包括后方的支持性装卸搬运，有的港口装卸还采用小船在码头与大船之间“过驳”的办法，因而其装卸的流程较为复杂，往往经过几次的装卸及搬运作业才能最后实现船与陆地之间货物过渡的目的。

汽车装卸一般一次装卸批量不大，由于汽车的灵活性，可以减少或根本减去搬运活动，而直接、单纯利用装卸作业达到车与物流设施之间货物过渡的目的。

2. 按装卸搬运的机械及机械作业方式分类

以此可分成使用吊车的“吊上吊下”方式，使用叉车的“叉上叉下”方式，使用半挂车或叉车的“滚上滚下”方式、“移上移下”方式及散装方式等。

(1)“吊上吊下”方式

采用各种起重机械从货物上部起吊，依靠起吊装置的垂直移动实现装卸，并在吊车运行的范围内或回转的范围内实现搬运或依靠搬运车辆实现小范围搬运。由于吊起及放下属于垂直运动，这种装卸方式属垂直装卸。

(2) 叉上叉下方式

采用叉车从货物底部托起货物，并依靠叉车的运动进行货物位移，搬运完全靠叉车本身，货物可不经中途落地直接放置到目的地处。这种方式垂直运动不大而主要是水平运动，属水平装卸方式。

(3) 滚上滚下方式

主要指港口装卸的一种水平装卸方式。利用叉车或半挂车、汽车承载货物，连同车辆一起开上船，到达目的地后再从船上开下，称“滚上滚下”方式。利用叉车的滚上滚

下方式，在船上卸货后，叉车必须离船，利用半挂车、平车或汽车，则托车将半挂车、平车拖拉至船上后，托车开下离船而载货车辆连同货物一起运到目的地，再原车开下或拖车上船拖拉半挂车、平车开下。

滚上滚下方式需要有专门的船舶，对码头也有不同要求，这种专门的船舶称“滚装船”。

(4) 移上移下方式

是在两车之间（如火车及汽车）进行靠接，然后利用各种方式，不使货物垂直运动，而靠水平移动从一个车辆上推移到另一车辆上，称移上移下方式。移上移下方式需要使两种车辆水平靠接，因此，对站台或车辆货台需进行改变，并配合移动工具实现这种装卸。

(5) 散装散卸方式

对散装物进行装卸。一般从装点直到卸点，中间不再落地，这是集装卸与搬运于一体的装卸方式。

3. 按被装物的主要运动形式分类

以此可分垂直装卸、水平装卸两种形式。

4. 按装卸搬运对象分类

以此可分成散装货物装卸、单件货物装卸、集装货物装卸等。

5. 按装卸搬运的作业特点分类

以此可分成连续装卸与间歇装卸两类。连续装卸主要是同种大批量散装或小件杂货通过连续输送机械，连续不断地进行作业，中间无停顿，货间无间隔。在装卸量较大、装卸对象固定、货物对象不易形成大包装的情况下适于采取这一方式。间歇装卸有较强的机动性，装卸地点可在较大范围内变动，主要适用于货流不固定的各种货物，尤其适用于标准包装货物、大件货物，散粒货物也可采取此种方式。

二、装卸搬运的合理化原则

(一) 防止无效装卸

无效装卸含义是消耗于有用货物必要装卸劳动之外的多余劳动。一般装卸操作中，无效装卸具体反映在以下几方面：

1. 过多的装卸次数

在物流过程中，货损发生的主要环节是装卸环节。而在整个物流过程中，装卸作业又是反复进行的。从发生的频数来讲，超过任何其他活动，所以过多的装卸次数必然导致损失的增加。从发生的费用来看，一次装卸的费用相当于几十千米的运输费用，因此，每增加一次装卸，费用就会有较大比例的增加。此外，装卸又会大大阻缓整个物流的速度，装卸又是降低物流速度的重要因素。

2. 过大的包装装卸

包装过大、过重，在装卸时实际上反复在包装上消耗较大的劳动，这一消耗不是必需的，因而形成无效劳动。

3. 无效物质的装卸

进入物流过程的货物，有时混杂着没有使用价值或对用户来讲使用价值不符的各种掺杂物，如煤炭中的矸石、矿石中的表面水分、石灰中的未烧熟石灰及过烧石灰等。在反复装卸时，实际对这些无效物质反复消耗劳动，因而形成无效装卸。

由此可见，装卸搬运如能防止上述无效装卸，则大大节省装卸劳动，使装卸合理化。

（二）充分利用重力和消除重力影响，进行少消耗的装卸

在装卸时考虑重力因素，可以利用货物本身的重量，进行有一定落差的装卸，以减少或根本不消耗装卸的动力，这是合理化装卸的重要方式。例如，从卡车、铁路货车卸物时，利用卡车与地面或小搬运车之间的高度差，使用溜槽、溜板之类的简单工具，可以依靠货物本身重量，从高处自动滑到低处，这就勿需消耗动力。如果采用吊车、叉车将货物从高处卸到低处其动力消耗虽比从低处装到高处小，但是仍需消耗动力，两者比较，利用重力进行无动力消耗的装卸显然是合理的。

在装卸时尽量消除或削弱重力的影响，也会求得减轻体力劳动及其他劳动消耗的合理性。例如，在进行两种运输工具的换装时，可以采取落地装卸方式，即将货物从甲工具卸下并放到地上，一定时间之后，或搬运一定距离之后再从地上装到乙工具之上，这样起码在“装”时，要将货物举高，这就必须消耗改变位能的动力。如果进行适当安排，将甲、乙两工具进行靠接，从而使货物平移，从甲工具转移到乙工具上，这就能有效消除重力影响，实现合理化。

在人力装卸时，一装一卸是爆发力，而搬运一段距离，这种负重行走，要持续抵抗重力的影响，同时还要行进，因而体力消耗很大，是出现疲劳的环节。所以，人力装卸时如果能配合简单的机具，做到“持物不步行”，则可以大大减轻劳动量，做到合理化。

（三）充分利用机械，实现规模装卸

规模效益早已是大家所接受的，在装卸时也存在规模效益问题。主要表现在一次装卸量或连续装卸量要达到充分发挥机械最优效率的水准。为了更多降低单位装卸工作量的成本，对装卸机械来讲，也有规模问题，装卸机械的能力达到一定规模，才会有最优效果。追求规模效益的方法，主要是通过各种集装实现间断装卸时一次操作的最合理装卸量，从而使单位装卸成本降低，也通过散装实现连续装卸的规模效益。

（四）提高货物的装卸搬运活性

装卸搬运活性的含义是，从物的静止状态转变为装卸搬运运动状态的难易程度。如果很容易转变为下一步的装卸搬运而不需过多做装卸搬运前的准备工作，则活性就高；如果难以转变为下一步的装卸搬运，则活性低。为了对活性有所区别，并能有计划地提出活性要求。使每一步装卸搬运都能按一定活性要求进行操作，对于不同放置状态的货物做了不同的活性规定，这就是“活性指数”，分为0、1、2、3、4共5个等级。

散乱堆放在地面上的货物，进行下一步装卸必须要进行包装或打捆，或者只能一件一件操作处置，因而不能立即实现装卸或装卸速度很慢，这种全无预先处置的散堆状态，定为“0”级活性；将货物包装好或捆扎好，然后放置于地面，在下一步装卸时可直接对整体货载进行操作，因而活性有所提高，但操作时需支起、穿绳、挂索，或支垫入叉，

因而装卸搬运前预操作要占用时间。不能取得很快的装卸搬运速度，活性仍然不高，定为“1”级活性；将货物形成集装箱或托盘的集装状态，或对已组合成捆、堆或捆扎好的货物，进行预垫或预挂，装卸机具能立刻起吊或入叉，活性有所提高，定为“2”级活性；将货物预置在搬运车、台车或其他可移动挂车上，动力车辆能随时将车、货拖走，这种活性更高，定为“3”级活性；如果货物就预置在动力车辆或传送带上，即刻进入运动状态，而不需做任何预先准备，活性最高，定为“4”级活性。

（五）提高物的运输活性

装卸搬运操作有时是直接为运输服务，下一步直接转入运输状态，因而只有进行合理的装卸操作，将货物预置成容易转入运输的状态，装卸搬运才称得上合理。对这种活性的质量用货物的运输活性指数表示。很明显，运输活性越高，货物越容易进入运输状态，可能带来直接缩短运输时间的效果。

（六）选择最好搬运方式或节省体力消耗

在物流领域，即使是现代化水平已经很高了，也仍然避免不了要有人力搬运的配合，因此，人力搬运合理化问题也是很重要的。

根据科学研究的结论，采用不同搬运方式和不同移动重物方式，其合理使用体力的效果不同。科学地选择一次搬运重量和科学地确定包装重量也可促进人力装卸的合理化。

（七）把商品整理为一定单位

就是把商品汇集成一定单位数量，然后再进行装卸，即可避免损坏、消耗、丢失、又容易查点数量，而且最大的优点在于使装卸、搬运的单位加大，使机械装卸成为可能，以及使装卸、搬运的灵活性好等。这种方式是把商品装在托盘、集装箱和搬运器具中原封不动地装卸、搬运，进行输送、保管。

（八）从物流整体的角度去考虑

在整个物流过程中，要从运输、储存、保管、包装与装卸的关系来考虑。装卸要适合运输、储存保管的规模，即装卸要起着支持并提高运输、储存保管能力、效率的作用，而不是起阻碍的作用。对于商品的包装来说也是一样的，过去是以装卸为前提进行的包装，要运进许多不必要的包装材料，现在采用集合包装，不仅可以减少包装材料，同时也省去了许多徒劳的运输。

三、装卸搬运合理化和现代化的实现

（一）装卸的机械化

实现装卸作业的机械化，是装卸作业的重要途径。过去的装卸作业主要是依靠人力手搬肩扛，劳动效率低、劳动强度大，从而严重地影响了装卸效率和装卸能力的提高，随着我国国民经济的迅速发展，商品流通量的扩大，单纯依靠人工装卸，已无法满足客观形势发展的需要。

1. 装卸机械化的作用

（1）实现装卸机械化可以大大节省劳动力和减轻装卸工人的劳动强度。如装卸自行车时，每箱重 180 千克左右，使用人工搬运，则比较费力；而使用铲车作业时，则轻而易举，充分显示了机械化的好处。

(2) 装卸机械化可以缩短装卸作业时间，加快车船周转。各种运输工具在完成运输任务的过程中，有相当一段时间是属于等待装卸的。如能缩短装卸时间，就能用现有的运输工具完成更多的运输任务，这样不仅提高了物流的经济效益，也有利于社会经济效益的提高。

(3) 有利于商品的完整和作业安全。商品的种类、形状极其复杂，但都可以根据商品的不同特性来选择或设计不同的机型和属具，以保证商品的完整。如果人工把超过自身重量二三倍的木箱，从三米高处拿下，而又不使商品受损，是难以做到的。

(4) 有效地利用仓库库容，加速货位周转。随着生产的发展，流通速度的加快，仓储的任务不断增加，无论是库房还是货场都要充分利用空间，提高库容利用率。因此，必须增加堆垛和货架的高度。但人工作业使堆码高度受到限制，若采用机械化作业，就可提高仓库的空间利用率，同时由于机械作业速度快，可及时腾空货位。

(5) 装卸机械化可大大降低装卸作业成本，从而有利于物流成本的降低。由于装卸效率的提高，作业量大大增加，摊到每一吨商品的装卸费用相应地减少，因此降低了装卸成本。

2. 装卸机械化的原则

(1) 符合装卸商品种类及特性的要求。不同种类商品的物理、化学性质及其外部形状是不一样的，因此，在选择装卸机械时必须符合商品的品种及其特性要求，以保证作业的安全和商品的完好。

(2) 适应运量的需要。运量的大小直接决定了装卸的规模和装卸设备的配备、机械种类以及装卸机械化水平。因此，在确定机械化方案前，必须了解商品的运量情况。对于运量大的，应配备生产率较高的大型机械；而对于运量不大的，宜采用生产率较低的中小型机械；对于无电源的场所，则宜采用一些无动力的简单装卸机械。这样，既能发挥机械的效率，又使方案经济合理。

(3) 适合运输车辆类型和运输组织工作特点。装卸作业与运输是密切相关的，因此，在考虑装卸机械时，必须考虑装载商品所用的运输工具的特性，包括车船种类、载重量、容积、外形尺寸等，同时要了解运输组织的情况，如运输取送车（船）次数、运行图、对装卸时间的要求、货运组织要求、短途运输情况等。如在港口码头装卸商品和在车站装卸商品，所需要的装卸机械是不同的。即使是同一运输工具，即使构造相同，也要采取不同的装卸机械。如用于铁路敞车作业和用于铁路棚车作业的装卸机械是不一样的。

(4) 经济合理，适合当地的自然、经济条件。在确定选择机械化方案时，要作技术分析，尽量达到经济合理的要求。对现有的设施、仓库和道路要加以充分利用，同时要充分考虑到装卸场所的材料供应情况、动力资源，以及电力、燃料等因素。要充分利用当地的地形、地理条件，应当贯彻因地制宜、就地取材的原则。

3. 日用消费品装卸机械化作业方案

(1) 需要考虑的因素

①满足日用消费品成批连续装卸的需要。日用消费品一般重量少、件数多、批量大，

最好选择能连续完成装卸、搬运、堆码作业的装卸方案，以减少辅助作业的人力和时间。

②装卸机械的外形应与运输工具相适应。日用消费品在铁路上多采用棚车一类的运输工具，在选择日用消费品装卸机械时，其外形尺寸与机械自重应与棚车等运输工具的作业相适应。

③满足日用消费品种繁多、形状各异的特点。为提高装卸机械的利用率，最好能配备多种属具，同时也可减轻工人的劳动强度和提高作业效率。

④要求装卸作业平稳、可靠、安全、操作灵活。由于日用消费品中有些是怕压易碎的，有些是不能倒置的，有些是怕撞击的，有些又具有腐蚀性等。因此，装卸机械应能满足上述要求。

（2）日用消费品装卸机械类型的选择

①叉车

主要用于堆放、卸货作业和搬送、移送作业。是应用最广泛的装卸机械。叉车的种类，按构造形式可分为平衡重量式叉车、前移式叉车和侧面式叉车。平衡重量式叉车在场所、作业方面有通用性的特长；前移式叉车有在室内使用的特长；侧面式叉车，有叉运长尺寸商品的特长。

②输送机

输送机适宜于搬运距离较长的场所使用，但在作业的机动性和灵活性方面都不如叉车，输送机本身不能解决商品的装卸问题，它必须与其他机械（如装车机、卸车机等）配合使用，才能提高其机械化作业水平。用于日用商品搬运作业的输送机主要有滚柱式输送机、链板输送机和平型胶带输送机。输送机的结构形式取决于商品的形状、重量及工作路线。对于箱装、袋装或无包装商品，可采用滚柱式输送机。链板输送机比较坚固，能承受冲击载荷、输送机可以有较大的倾斜角度。但与功率相同的胶带输送机相比，其自重量大，且工作速度低。根据货运量的大小及具体条件的不同，输送机可单个使用，也可由几种不同型式的输送机组合使用。

③巷道式或桥式堆垛起重机

主要用于货架——托盘系统储存单元化商品的仓库中商品的存取。与滚柱式输送机相衔接，可构成一个完整的商品出入库运输系统。

（二）装卸的集装化

集装就是把许多需要运输的商品集中成一个单元，进行一系列的运输、储存和装卸作业，从而可以取得多方面的效果。集装化主要采取以下几种形式：

1. 集装箱化

所谓集装箱，是指具有一定强度、刚度和规格专供周转使用的大型装货容器。使用集装箱转运货物，可直接在发货人的仓库装货，运到收货人的仓库卸货，中途更换车、船时，无须将货物从箱内取出换装。按国际标准化组织（International Organization for Santardization，ISO）第104技术委员会的规定，集装箱应具备下列条件：①能长期的反复使用，具有足够的强度；②途中转运不用移动箱内货物，就可以直接换装；③可以进行快速装卸，并可从一种运输工具直接方便地换装到另一种运输工具；④便于货物的装满和卸空；⑤具有1立方米（即35.32立方英尺）或以上的容积。标准集装箱构造，如图9-3所示：

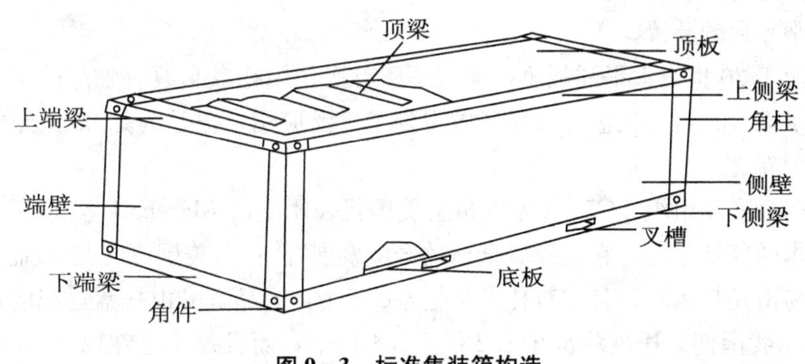

图9-3　标准集装箱构造

除了符合国际和国内标准的通用集装箱外，还有多种多样、根据不同特殊要求专门设计的专用集装箱，以及集装袋、集装网、集装盘等，主要有以下几种：

（1）专用集装箱

①通风式集装箱适用于不怕风吹雨淋的商品和怕闷热的农副土特产品，如日用陶瓷、水果等；

②折叠式通风集装箱适用于装运瓜果、蔬菜、陶瓷等商品；

③多层合成集装箱主要用于装运鲜蛋，既通风又固定，每一层都有固定的格子，鲜蛋装满后，将每一层用固定装置组成集装箱；

④挂衣集装箱装箱上船。

（2）集装袋

主要装运服装、不用折叠，直接挂在船上。集装袋是一个大型口袋，上下都能开口，装货时用绳结栓住从上口装，卸货时将下口的绳结拉开，商品可自动出来。主要用于装运化肥、碱粉等袋装商品。

（3）集装网

用麻绳或钢丝绳制成的网络，麻绳网主要用于装运水泥等商品，钢丝绳主要用于装运生铁。

（4）集装盘

将许多件商品放在一类似托盘的木盘上，然后用塑料带或铁皮把商品捆扎在木盘上。它与托盘的不同之处在于木盘随货而去，不能回收。

2. 托盘化

（1）托盘的概念及起源

托盘（Pallet）是物流产业为了便于货物装卸、运输、保管和配送等而使用的，由可以承载若干数量物品的负荷面和叉车插口构成的装卸用垫板。它是一种基本的物流搬运器具，在商品流通中具有广泛的应用价值，被誉为“活动的地面”“移动的货台”。托盘已经在企业家手里变成了谋取“第三利益源泉”的工具，发挥着极其重要的作用。

中国国家标准《物流术语》(GB/T 18354—2006) 对托盘的定义是：在运输、搬运和存储过程中，将物品规整为货物单元时，作为承载面并包括承载至作为单元负荷的货物和制品的水平平台的装置。

托盘起源于20世纪太平洋战争，美国军队首次使用托盘来改善物品的搬运效率，保证后勤物资供应。其后，托盘在世界各国得到了广泛应用，被誉为是20世纪物流产业中两大关键性创新之一。

正如国际标准化组织TC51技术委员会美国代表团主席Marshall White所说，“托盘是一种最基本的载货单元，它支撑着全球的经济发展”。目前美国有托盘19亿～20亿个，80%商品贸易由托盘运载，日本有托盘7亿～8亿个，商品贸易由托盘运载的比例也已经达到了77%。我国拥有托盘总量在1.2亿～1.4亿个，而且每年正在以2000万个的速度迅速增长。

托盘有木材制成的，也有由钢材、塑料等材料制成的。托盘除了起搬运工具的作用外，主要起集合商品的作用。实行托盘化有许多优点，主要是它适合机械装卸，可以提高装卸效率；可以有效地保护商品，减少破损；可以节省物流费用，还可以推动包装的标准化。多年来，我国商业物流部门在使用托盘方面积累了不少经验，不少物流企业的仓库、专用线，都已使用了托盘作业。现实中的托盘实物如图9-4所示：

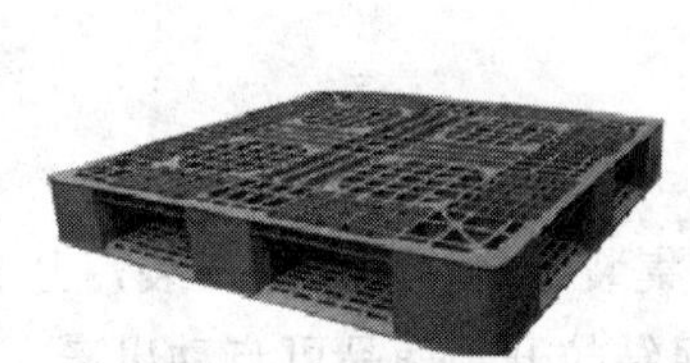

图9-4　现实中的托盘实物

(2) 我国托盘的使用现状及使用标准

①现有托盘的材质

中国物流与采购联合会托盘专业委员会的初步调查显示：中国现拥有各种类托盘5000万～7000万片，实际使用的数量应该远高于此数字，因为托盘专业委员会调查的时间和范围有限，确切数字很难准确估计。目前托盘使用范围越来越广，全国托盘拥有总量估计已远远超过1.2亿只。每年产量递增2000万片左右。其中木制平托盘约占90%，塑料平托盘占8%，钢制托盘、复合材料托盘以及纸制托盘合计占2%。复合材料托盘和塑料平托盘上升比例较大。

②中国托盘的标准及现有托盘的主要规格

当前，中国的托盘规格相当混乱。除机械工业系统使用JB 3003—81规定的800mm×

1000mm 和 500mm×800mm 两种规格的托盘外，1996 年，中国交通部科研院又提出将 ISO 6780—1988《联运通用平托盘主要尺寸及公差》等效采用为中国托盘的国家标准。以后，原国家技术监督局以 GB/T2934—1996 标准系列文号批准并发布了这个等效标准，其中，包括了 1200mm×1000mm、1200mm×800mm、1140mm×1140mm 及 1219mm×1016mm 共 4 种托盘规格。

此外，关于托盘标准，中国还有 GB/T3716—2000 托盘术语，GB/T 16470—1996 托盘包装，GB/T15234—1994 塑料平托盘，GB/T4995—1996 联运通用平托盘性能要求，GB/T4996—1996 联运通用平托盘试验方法等国家标准。不仅如此，在中国的日资、韩资企业中还大量使用着 1100mm×1100mm 规格的托盘。

目前，我国学术界对托盘标准的科学选用基本分为两派，一派为“主长派”，主张选用欧美国家广泛采用或普遍接受的 1200mm×1000mm 规格的长方形托盘国际标准；另一派为“主正派”，主张选用日韩及东南亚国家采用或接受的 T11 正方形托盘国际标准。从贸易的角度我国是仅次于美国、德国，位居第三的世界进出口贸易大国，主要出口市场在欧美地区，主要贸易逆差地区在东南亚一带，而且目前国内相当一部分企业使用的是 1200mm×1000mm 这种规格的托盘国际标准。如果我国选用 1200mm×1000mm 托盘国际标准作为我国的国家标准，将能实现发展我国经济、保护国内市场的目标，那么日韩的 T11 标准将会被边缘化，整个世界的托盘标准将有走向相对统一的可能；如果我国选用 T11 托盘标准，将会阻碍我国的经济发展，而且还会帮助日韩的 T11 标准成为亚洲的主流标准，逐步形成三分天下有其一的格局。正是因为如此，日韩的托盘专家和企业界人士，近十年来就从来没有停止过在中国的游说活动。那么，究竟哪一种标准对我国最为有利，需要政府尽快组织各方面的专家，效仿 2001 年澳大利亚交通部的科学做法，对托盘标准的选用进行深入地科学研究和评估，人们拭目以待。

（三）装卸的散装化

装卸的散装化即对大宗商品如煤炭、矿石、建材、水泥、原盐、粮食等的运输采用散装的方法。装卸的散装化作业与成件商品的集装化作业已成为装卸现代化的两大发展方向。装卸的散装化，具有节省包装用具、节省劳动力、减轻劳动强度、减少损耗、减少污染、缩短流通时间等优点。对提高装卸效率，加速车船周转、提高经济效益，具有重要意义。开展装卸的散装化必须具备一定的条件和物质基础。散装化有连续性的特点，必须配备有专用的设备，包括专用散装运输工具及设施、仓库、港口、车站的装卸设备，做到装、卸、运、储各个环节的工具设备配套。发、转、收各部门之间要加强横向联系形成综合能力，如果有一个环节在设备的衔接上或工作的配合上脱节，就将影响散装化的开展。

（四）改善装卸作业的其他方法

1. 在汽车运输方面，采用集装箱专用挂车和底盘车

当集装箱由集装箱装卸桥从船舱吊起后，直接卸在专用挂车上，汽车就可以直接接走；又如散装粮食专用车在装卸时，采取汽车的载荷部位自动倾翻的办法，不用装卸即可完成卸货任务。

2. 在船舶运输方面，采用滚装船的办法

滚装船，是在海上航行的专门用于装运汽车和集装箱的专用船。它是从火车、汽车渡轮的基础上发展而来的一种新型运输船舶。在船尾有一类似登陆艇的巨大跳板和两根收放跳板的起重柱。世界上第一艘滚装船是美国于1958年建成并投入使用的。近年来，世界各国相继建设了一定数量的滚装船，成为远洋船队中一支现代化的新生力量。我国实现滚装化也已有多年，在运载汽车作业上，效果十分显著。如上海江南造船厂建造的24000吨级滚装船，可载4000辆汽车或350个集装箱。在装卸时，集装箱挂车用牵引车拉进拉出船舱；汽车则可直接开进开出。这种船的装卸速度比一般集装箱船快30%，装卸费用比集装箱低2/3左右；也无须在港口安装大型超重装卸设备。在船舶运输方面，国外又开始使用载驳船。载驳船，又称子母船，是将已载货的驳船装在母船上，从事远洋运输的新船型。当到达目的港后，卸下的驳船再顶入或拖入内河，同时母船又装载等候满载的驳船返航。

本章案例：日本包装减量化的典型案例

一、索尼公司电子产品的新包装

索尼公司应用“4R”原则来推进该公司的产品包装。他们不但遵循“减量化、再使用、再循环”循环经济的“3R”原则，而且还在替代使用（Replace）上想办法，对产品包装进行改进。我们来看几个实例。1998年该公司对大型号的电视机的泡沫塑料材料（EPS）缓冲包装材料进行改进，采用八块小的EPS材料分割式包装来缓冲防震，减少了40%EPS的使用；有的产品前面使用EPS材料，后面使用瓦楞纸板材料，并在外包装采用特殊形状的瓦楞纸板箱，以节约资源；另外对小型号的电视机采用纸浆模塑材料替代原来的EPS材料。

二、日本印刷株式会社的新型包装

该企业产品包装贯彻环境意识的四原则，即包装材料减量化、使用后包装体积减少、再循环使用、减轻环境污染的原则。

①包装材料减量化原则采用：减少容器厚度、薄膜化、削减层数、变更包装材料等方法；

②使用后包装体积减少原则采用：箱体凹槽、纸板箱表面压痕、变更包装材料等方法，例如，某种饮料瓶使用完毕后，体积变得很小，方便回收；

③再循环使用原则：例如，采用易分离的纸容器，纸盒里面放塑料薄膜，使用完毕后，纸、塑分离，减少废弃物，方便处理；还有一种可易分离的热塑成型的容器；

④减轻环境污染原则：该企业在包装产品的材料、工艺等方面进行改进，减少生产过程中二氧化碳（CO_2）的排放量，保护环境。

三、东洋制罐株式会社的包装产品

由东洋制罐开发的塑胶金属复合罐TULC（Toyo Ultimate Can）由PET及铁皮合成，主要使用对象是饮料罐。这种复合罐既节约材料又易于再循环，在制作过程中低能耗、低消耗，属于环境友好型产品。东洋制罐还研发生产一种超轻级的玻璃瓶。像用这种材料生产的187毫升的牛奶瓶的厚度只有1.63毫米、89克重，普通牛奶瓶厚度为2.26毫米、重130克，比普通瓶轻40%，可反复使用40次以上。该公司还生产不含木纤维的纸杯和可生物降解的纸塑杯子。东洋制罐为了使塑料包装桶、瓶在使用后方便处理，减少体积，在塑料桶上设计几根环形折痕，废弃时可很方便折叠缩小体积，这类塑料桶、瓶种类多达从500毫升到10升容积等品种。

从以上几家日本公司包装产品的实际案例我们可以清楚地看到日本同行在包装减量化方面做了大量富有成效的研究、开发。党的十六届五中全会提出，要把发展循环经济，建设资源节约型、环境友好型社会作为“十一五”经济社会发展的重大战略任务。国家发改委领导日前指出在我国的包装工业高速发展过程中，同时也出现了一些问题。一是许多企业未摆脱高投入、高消耗、高污染和低产出的粗放型经营模式。部分商品存在包装过度的现象。二是包装物回收率低，除部分（如PET瓶和饮料罐）回收利用情况较好外，其他类型包装物的回收利用率相对较低。三是资源浪费严重，大量废弃包装物除增加了城市生活垃圾处理的负担外，还浪费了大量的资源。四是我国现有的包装物回收渠道比较混乱，原有的以单一的政府行为为依托的回收系统和渠道不畅通，以市场为依托的规范的回收网络尚未建立。五是包装物再生利用技术落后，资源的再生利用率低，而且存在较为严重的二次污染。这些问题的存在，不仅与中央提出的建设资源节约型、环境友好型社会的要求不符，而且制约着包装业的发展。

因此我国必须在整个包装行业大力推进可持续发展战略的绿色包装，要求产品包装的设计、制造、使用和处理均应符合低消耗、减量、少污染等生态环境保护的要求。在满足保护、方便、销售等功能的条件下，应采取用量最少的适度包装，包装材料须是无毒无害，应易于重复利用，或其废弃物易于回收再生。材料的变化又要求加工工艺、加工机械、容器制造、包装设计、装潢印刷等各个环节实行相应的变化，从而引发整个包装行业的观念大变革和技术大革命。所以说遵循循环经济原则、实现包装减量化是我国包装行业响应党中央、国务院号召走建设资源节约型、环境友好型社会义不容辞的历史任务。我们必须从自己企业做起、从现在做起，共同为将我国建设为绿色家园而努力。

复习思考题

1. 什么是包装？简述包装的分类方法及包装的功能。

2. 常用的包装材料有哪些？

3. 请在你的周围选择一种商品，仔细观察其包装，并讨论以下问题：

（1）这种商品的包装属于哪一类？

（2）有没有改进包装的方法或包装材料？

4. 简述装卸搬运的概念和特点。

5. 装卸搬运的合理化原则包括哪些？

6. 实现装卸搬运合理化和现代化的途径有哪些？

第十章 企业物流信息技术与信息系统

在物流管理中，人们要寻找最经济、最有效的方法来克服生产和消费之间的时间距离和空间距离，就必须传递和处理各种与物流相关的情报，这种情报就是物流信息。它与物流过程中的订货、收货、库存管理、发货、配送及回收等职能有机地联系在一起，使整个物流活动顺利进行。在企业的整个生产经营活动中，物流信息系统与各种物流作业活动密切相关，具有有效管理物流作业系统的职能。它有两个主要作用：一是随时把握商品流动所带来的商品量的变化；二是提高各种有关物流业务的作业效率。

第一节 物流信息及物流信息技术

一、物流信息的概念及种类

（一）物流信息的概念

物流信息是指与物流活动（商品包装、商品运输、商品储存、商品装卸等）有关的一切信息，是反映物流各种活动内容的知识、资料、图像、数据、文件的总称。物流信息是物流活动中各个环节生成的信息，一般是随着从生产到消费的物流活动的产生而产生的信息流，与物流过程中的运输、保管、装卸、包装等各种职能有机结合在一起，是整个物流活动顺利进行所不可缺少的。从狭义的范围来看，物流信息是指与物流活动有关的信息；从广义的范围看，物流信息不仅指与物流活动有关的信息，而且包括与其他物流活动有关的信息，如商品交易信息和市场信息等。例如，在运输手段、路线的选定，运输单位的决定，库存期间的决定，接受订货和订货处理等过程中，都存在着必要的物流信息。信息是事物内容、形式及其发展变化的反映，物流信息和运输、仓储等各个环节关系密切，起着相当于人的大脑神经中枢的作用。

（二）物流信息的种类

物流信息可分为五类：第一类，接受订货的信息，这是一切物流活动的基本信息；第二类，库存信息，根据与订货信息的比较，作出采购决策；第三类，采购指示信息，商品库存量不足时则根据采购指示信息安排采购；第四类，发货信息，为了做好发货准备工作，需根据发货信息将商品转移到搬运地点，以便发货；第五类，物流管理信息，物流管理部门为了能有效地管理物流活动，必须收集各种表单，以及关于物流成本、仓库和车辆等物流设施、设备运转等资料，以此作为物流管理信息。

(三) 物流信息的特点

1. 信息量大，分布范围广

由于物流信息伴随着物流活动而产生，而物流是一个大范围内的活动，物流信息源也必然分布于一个大范围内，兼之物流又涉及多环节，因此，物流信息表现出了信息源点多、信息量大，涉及从生产到消费、从国民经济到财政信贷各个方面。此外，随着现代经济活动的发展，特别是生产方式的转变，多品种少量生产，多频度小数量配送，使库存、运输等物流活动信息大量增加。随着企业间合作的进一步增强和信息技术的发展，物流的信息量将会越来越大。

2. 更新快

由于现代社会对物流活动的准时性要求越来越高，同时各种物流作业活动也越来越频繁，物流信息的动态性增强，这就要求物流信息更新速度越来越快。它不仅体现在物流信息的定期更新方面，甚至还要求物流信息具有实时在线更新功能。

3. 使用难度大

物流信息的来源多种多样，包括企业内部的物流信息、企业间的物流信息和物流活动中各环节的信息。随着企业间信息交换和共享的深入，信息来源会更加复杂多样，这就加大了物流信息的使用难度。

4. 信息处理的智能化、网络化

现代物流信息处理已广泛使用 IT 技术，借助计算机和信息处理技术以及网络技术，使物流系统的运转效率大大提高。

二、物流信息技术及其应用

(一) 物流信息技术的构成

从构成要素上看，物流信息技术作为现代信息技术的重要组成部分，本质上属于信息技术范畴，虽然信息技术应用于物流领域而使其在表现形式和具体内容上存在一些特性，但其基本要素仍然同现代信息技术一样，可以分为四个层次：

①物流信息基础技术，即有关元件、器件的制造技术，它是整个信息技术的基础。例如，微电子技术、光子技术、光电子技术、分子电子技术等。

②物流信息系统技术，即有关物流信息的获取、传输、处理、控制的设备和系统的技术，它是建立在信息基础技术之上的，是整个信息技术的核心。其内容主要包括物流信息获取技术、物流信息传输技术、物流信息处理技术及物流信息控制技术。

③物流信息应用技术，即基于管理信息系统（MIS）技术、优化技术和计算机集成制造系统（CIMS）技术而设计出的各种物流自动化设备和物流信息管理系统，例如，自动化分拣与传输设备、自动导引车（AGV）、集装箱自动装卸设备、仓储管理系统（WMS）、运输管理系统（TMS）、配送优化系统、全球定位系统（GPS）、地理信息系统（GIS），等等。

④物流信息安全技术，即确保物流信息安全的技术，主要包括密码技术、防火墙技术、病毒防治技术、身份鉴别技术、访问控制技术、备份与恢复技术和数据库安全技术等。

（二）物流信息技术的应用

在国内，各种物流信息应用技术已经广泛应用于物流活动的各个环节，对企业的物流活动产生了深远的影响。

1. 物流自动化设备技术的应用

物流自动化设备技术的集成和应用的热门环节是配送中心，其特点是每天需要拣选的物品品种多、批次多、数量大。因此，在国内超市、医药、邮包等行业的配送中心部分地引进了物流自动化拣选设备。一种是拣选设备的自动化应用，如北京市医药总公司配送中心，其拣选货架（盘）上配有可视的分拣提示设备，这种分拣货架与物流管理信息系统相连，动态地提示被拣选的物品和数量，指导着工作人员的拣选操作，提高了货物拣选的准确性和速度；另一种是一种物品拣选后的自动分拣设备。用条码或电子标签附在被识别的物体上（一般为组包后的运输单元），由传送带送入分拣口，然后由装有识读设备的分拣机分拣物品，使物品进入各自的组货通道，完成物品的自动分拣。分拣设备在国内大型配送中心使用较为普遍。但这类设备及相应的配套软件基本上是由国外进口，也有进口国外机械设备、国内配置软件。立体仓库和与之配合的巷道堆垛机在国内发展迅速，在机械制造、汽车、纺织、铁路、卷烟等行业都有应用。例如，昆船集团生产的巷道堆垛机在红河卷烟厂等多家企业应用了多年。近年来，国产堆垛机在其行走速度、噪声、定位精度等技术指标上有了很大的改进，运行也比较稳定。但是与国外著名厂家相比，在堆垛机的一些精细指标如最低货位极限高度、高速（80 米/秒以上）运行时的噪声，电机减速性能等方面还存在不小差距。

2. 物流设备跟踪和控制技术的应用

目前，物流设备跟踪主要是指对物流的运输载体及物流活动中涉及的物品所在地进行跟踪。物流设备跟踪的手段有多种，可以用传统的通信手段如电话等进行被动跟踪，可以用 RFID 手段进行阶段性的跟踪，但目前国内用的最多的是利用 GPS 技术跟踪。GPS 技术跟踪是利用 GPS 物流监控管理系统跟踪货运车辆与货物的运输情况，使货主及车主随时了解车辆与货物的位置与状态，保障整个物流过程的有效监控与快速运转。物流 GPS 监控管理系统的构成主要包括运输工具上的 GPS 定位设备、跟踪服务平台（含地理信息系统和相应的软件）、信息通信机制和其他设备（如货物上的电子标签或条码、报警装置等）。在国内，部分物流企业为了提高企业的管理水平和提升对客户的服务能力也应用这项技术，例如，沈阳等地方政府要求下属交通部门对营运客车安装 GPS 设备工作进行了部署，从而加强了对营运客车的监管。

3. 物流动态信息采集技术的应用

企业竞争的全球化发展、产品生命周期的缩短和用户交货期的缩短等都对物流服务的可得性与可控性提出了更高的要求，实时物流理念也由此诞生。如何保证对物流过程的完全掌控，物流动态信息采集应用技术是必需的要素。动态的货物或移动载体本身具有很多有用的信息，例如，货物的名称、数量、重量、质量、出产地或者移动载体（如车辆、轮船等）的名称、牌号、位置、状态等一系列信息。这些信息可能在物流中反复的使用，因此，正确、快速读取动态货物或载体的信息并加以利用可以明显地提高物流的效率。在目前流行的物流动态信息采集技术应用中，一、二维条码技术应用范围最广，其次还有磁条（卡）、语音识别、便携式数据终端、射频识别（RFID）等技术。

（1）一维条码技术

一维条码是由一组规则排列的条和空、相应的数字组成，这种用条、空组成的数据编码可以供机器识读，而且很容易译成二进制数和十进制数。因此，此技术广泛地应用于物品信息标注中。因为符合条码规范且无污损的条码的识读率很高，所以一维条码结合相应的扫描器可以明显地提高物品信息的采集速度。加之条码系统的成本较低，操作简便，又是国内应用最早的识读技术，所以在国内有很大的市场，国内大部分超市都在使用一维条码技术。但一维条码表示的数据有限，条码扫描器读取条码信息的距离也要求很近，而且条码上损污后可读性极差，所以限制了它的进一步推广应用，同时一些其他信息存储容量更大、识读可靠性更好的识读技术开始出现。

EAN 条码是国际上通用的商品代码，我国通用商品条码标准也采用 EAN 条码结构，EAN 条码其主版是由 13 位数字码及相应的条码符号组成，在较小的商品上也采用 8 位数字码及其相应的条码符号。EAN 条码通常由以下四部分数码构成：

①前缀码。由三位数字构成，是国家代码，国际物品编码会统一决定我国为 690—695。

②制造厂商代码。包括四位数字，由我国物品编码中心统一分配、统一注册，一厂一码。

③商品代码。包含五位数字，表示每个制造厂商的商品、由厂商确定，可标识 10 万种商品。

④校验码。仅一位数字，用来校验前面各码的正误。

典型的条码构造，如图 10－1 所示。

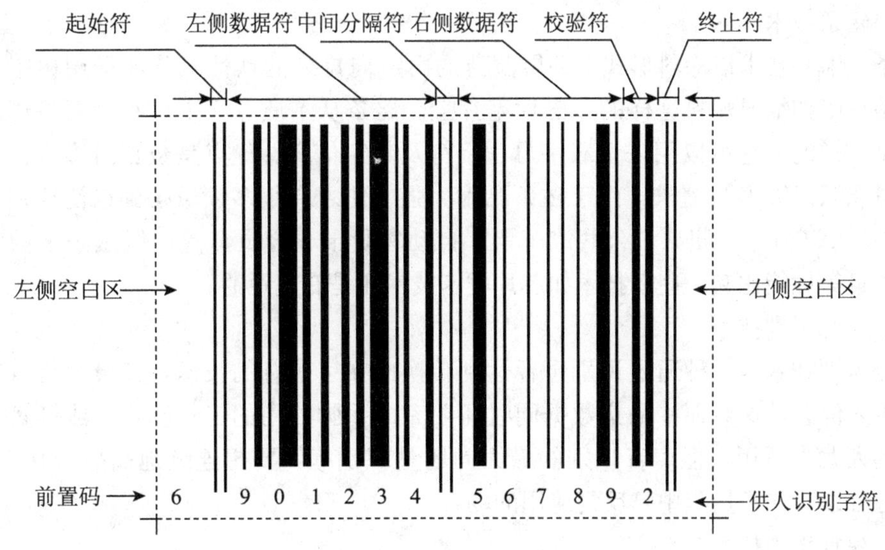

图 10－1　典型条码构造

(2) 二维条码技术

由于一维条码的信息容量很小，如商品上的条码仅能容纳几位或者十几位阿拉伯数字或字母，商品的详细描述只能依赖数据库提供，离开了预先建立的数据库，一维条码的使用就受到了局限。基于这个原因，人们发明一种新的码制，除具备一维条码的优点外，同时还有信息容量大（根据不同的编码技术，容量是一维的几倍到几十倍，从而可以存放个人的自然情况及指纹、照片等信息），可靠性高（在损污 50%的情况下仍可读取完整信息），保密防伪性强等优点。这就是在水平和垂直方向的二维空间存储信息的二维条码技术。二维条码继承了一维条码的特点，条码系统价格便宜，识读率强且使用方便，所以在国内银行、车辆等管理信息系统上开始应用。典型的二维条码如图 10－2 所示：

图 10－2 典型的二维条码

(3) 磁条技术

磁条（卡）技术以涂料形式把一层薄薄的由定向排列的铁性氧化粒子用树脂黏合在一起并粘在诸如纸或塑料这样的非磁性基片上。磁条从本质意义上讲和计算机用的磁带或磁盘是一样的，它可以用来记载字母、字符及数字信息。优点是数据可多次读写，数据存储量能满足大多数需求，由于磁条黏附力强，使之在很多领域得到广泛应用，如信用卡、银行 ATM 卡、机票、公共汽车票、自动售货卡、会员卡等。但磁条卡的防盗性能、存储量等性能比起一些新技术如芯片类卡技术还是有差距的。

(4) 声音识别技术

声音识别技术是一种通过识别声音达到转换成文字信息的技术，其最大特点就是不用手工录入信息，这对那些采集数据同时还要完成手脚并用的工作场合、或键盘上打字能力低的人尤为适用。但声音识别的最大问题是识别率，要想连续地高效应用有难度。目前更适合语音句子量集中且反复应用的场合。

(5) 视觉识别技术

视觉识别技术是一种通过对一些有特征的图像分析和识别，能够对限定的标志、字符、数字等图像内容进行信息的采集的技术。视觉识别技术的应用障碍也是对于一些不规则或不够清晰图像的识别率问题而且数据格式有限，通常要用接触式扫描器扫描，随着自动化的发展，视觉技术会朝着更细致、更专业的方向发展，并且还会与其他自动识别技术结合起来应用。

(6) 接触式智能卡技术

智能卡是一种将具有处理能力、加密存储功能的集成电路芯版嵌装在一个与信用卡一样大小的基片中的信息存储技术，通过识读器接触芯片可以读取芯片中的信息。接触式智能卡的特点是具有独立的运算和存储功能，在无电源情况下，数据也不会丢失，数据安全性和保密性都非常好，成本适中。智能卡与计算机系统相结合，可以方便地满足对各种各样信息的采集传送、加密和管理的需要，它在许多领域如：银行、公路收费、水表煤气收费等得到了广泛应用。

(7) 便携式数据终端

便携式数据终端（PDT）一般包括一个扫描器、一个体积小但功能很强并有存储器的计算机、一个显示器和供人工输入的键盘，是一种多功能的数据采集设备。PDT 是可编程的，允许编入一些应用软件。PDT 存储器中的数据可随时通过射频通信技术传送到主计算机。

(8) 射频识别技术（RFID）

射频识别技术是一种利用射频通信实现的非接触式自动识别技术。RFID 标签具有体积小、容量大、寿命长、可重复使用等特点，可支持快速读写、非可视识别、移动识别、多目标识别、定位及长期跟踪管理。RFID 技术与互联网、通信等技术相结合，可实现全球范围内物品跟踪与信息共享。

从上述物流信息应用技术的应用情况及全球物流信息化发展趋势来看，物流动态信息采集技术应用正成为全球范围内重点研究的领域。我国作为物流发展中国家，已在物流动态信息采集技术应用方面积累了一定的经验，如条码技术、接触式磁条（卡）技术的应用已经十分普遍，但在一些新型的前沿技术，如 RFID 技术等领域的研究和应用方面还比较落后。

第二节　企业物流信息系统及其功能与结构

物流信息系统是指由人员、设备和程序组成的，为物流管理者执行计划、实施、控制等职能提供信息的交互系统，它与物流作业系统一样都是物流系统的子系统。物流信息系统是建立在物流信息的基础上的，只有具备了大量的物流信息，物流信息系统才能发挥作用。

一、企业物流信息系统的特点

企业物流信息系统除了具有系统的一般特点以外，还具有其自身的独特特点。

1. 高技术性

企业物流信息系统是一个以网络技术、通信技术、计算机技术、数据技术等现代信息技术为技术支撑的人机交互的开放式信息系统。从这个意义上说，没有现代先进信息技术的运用，就没有现代意义的企业物流信息系统。

2. 高集成性

集成性的企业物流信息系统是电子商务环境下提高物流效率的有力保证。企业物流信息系统是采用现代信息技术，将企业物流的各项作业功能与运作管理要素，按照一定的方式组合在一起的多功能系统。虽然按照业务的不同，作业功能可以有不同的选择，但物流运作与管理的各个要素必须有机地整合在企业物流信息系统中。因此，企业物流信息系统并不只是具备物流信息流通的专项功能，还为物流企业或企业的物流活动的运作与管理提供支撑平台，又由于物流信息本身的内容包括物流活动与管理中的各类信息，是物流决策、运作与管理的依据，这些使得企业物流信息系统必须具备高集成性的特征。

3. 高效率性

提高物流效率是建立物流信息系统的目的之一，由于现代物流已经发展到一体化物流阶段，物流活动不再仅仅是流通环节的事情，它已渗透到包括生产、流通在内社会再生产过程之中。物流作为企业或企业联盟全面降低成本、提高效率的重要环节，是"企业的第三利润源泉"。企业物流信息系统的运行，通过对物流组织与管理方式的改变、通过对物流方案的优化以及物流设施的合理化使用，使物流效率可以得到巨大提高。

4. 企业物流信息系统建设的群体性和计划性

企业物流信息系统建设需要企业员工的广泛参与，特别是企业的管理层必须要高度重视与参与。一般而言，企业物流信息系统的建设需要管理人员与专业的技术开发人员共同参与。此外，由于企业物流信息系统建设需要涉及多方面的工作，因此必须事先制订详细的计划。

二、企业物流信息系统的作用

1. 交易处理

交易处理是企业物流信息系统的基本功能，主要包括记录订货内容、安排存货任务、作业程序选择、运输、配送、发货、开发票以及客户查询等。企业物流信息系统可以提供全方位的信息，并在空间数据上集成各种信息进行销售分析、市场分析、选址分析以及潜在客户分析等空间分析，获得客户资料以及与企业相关的综合数据，帮助企业制订正确的生产和销售计划，提高决策分析的能力以及决策的准确性和工作效率。物流信息系统管理控制、决策分析以及战略计划制订者需要以交易系统作为基础。例如，仓储业务部门的人员获取从客户传来的订货信息，根据订货信息进行库存确认，并指导各种商品合适的出库时间。如果事先能够得到订货信息的话，就能有计划地进行各阶段人员的调度、车的调度等出库业务。而企业中的市场部门承担着销售任务和销售目标，在掌握完成了多少任务的情况下，有必要经常确认目前接受订货的情况。为了掌握畅销商品和滞销商品，有必要了解接受订货情况的时间序列信息，为今后的商品计划提供参考。为了更加详细地掌握市场状况，必须统计不同地区接受订货的信息，才能灵活地开发各地区的市场。

2. 管理控制

本系统可以收集各种数据对已执行或正在执行的计划进行评价或指导，发出各种偏离计划的修正指令。对物流服务水平和质量进行业绩鉴别和评估。例如，GIS能接收GPS（全球定位系统）传来的数据，并将它们显示在电子地图上，帮助企业动态地进行物流管理。首先，可以实时监控运输车辆，实现对车辆的定位、跟踪与优化调度，以达到配送成本最低，并在规定时间内将货物送到目的地，很大程度上避免了迟送或者错送的现象；其次，根据电子商务网站的订单信息、供货点信息和调度等信息，货主可以对货物随时进行全过程的跟踪和调度，可以增强供应链的透明度和控制能力，提高客户满意度。

3. 辅助决策分析

形成各种物流模型及相关参数，协助管理人员鉴别、评估和比较物流战略和策略上的可选方案。例如，在物流网络中，货物总是在流动：从供应商到各分销中心，从配送中心到商场或消费者等。货物运输路线选取的好坏直接影响物流成本。物流网络中从起点出发到终点可能有多条路，选择最优路径就是确定从起点到终点的最短等效长度。借助相关物流规划技术来选择网络中的最优路径，首先，要确定影响最优路径选择的因素，如经验时间、几何距离道路质量、拥挤程度等，常采用层次分析法进行分析。其次，在此基础上，再根据现有车辆运行情况确定车辆调配计划。

4. 控制各项计划和实施

该功能是决策分析层次的延伸，主要精力集中在信息支持上，以期开发和提炼物流战略，更注重于长期发展规划。企业物流信息系统特别在监督各种计划的执行和基础数据收集方面有着巨大优势。在按照计划将各项指标录入系统后，随着企业各项活动的开展，企业运行的各种数据不断录入，企业物流信息系统可以即时地进行对比评价，发现问题，找出问题。同时，企业运行的各种基础数据也会及时地被记录。例如在运输方面，对专用运输的场合要设定装载率，对路线运输要设定集约率等；考察库存要决定其回转率、缺货率指标；搬运要制定平均每人的生产率；捆包要制定单位时间每人的生产率指标。这些指标的制定与实际情况作对比，是进行指标改善的重要因素。

三、企业物流信息系统的功能模块

企业物流信息系统一般划分为八个子系统，这些子系统分别属于不同的管理层次，其中基本信息管理子系统、信息转换子系统及系统设置管理子系统属于数据管理层；仓储作业子系统、入库作业子系统、配货管理子系统、出库作业子系统构成了作业处理层；经营查询分析子系统属于决策分析层。各子系统功能分述如下：

（一）基本信息管理子系统

该子系统一般包括商品信息管理、客户信息管理、供应商信息管理、仓储信息管理、配送信息管理、车辆信息管理等模块。其中商品信息管理包括商品基本档案、类别、基本属性及包装、仓储性质的管理；仓储信息管理包括仓储库位的划分、仓储设备基本信息及使用情况的记录；配送信息管理包括对各网点所属的区域以及配送路线的管理。

（二）信息转换管理子系统

信息转换管理主要包括信息接收及校验、信息发送管理、采购信息管理、订货信息管理、返厂信息管理、退货信息管理等模块，主要完成配送中心与总部及网点间业务数据的双向通信。系统支持多种数据通信模式，具有对各项通信数据进行严格校验及信息预览的功能。例如，连锁企业配送中心可以通过网络接收连锁企业总部或网点的各种单据，自动转换成本系统的数据形式并进行审核，审核通过的单据方可进入处理阶段；同时，也可以将电话、传真等方式接收到的信息利用人工输入到系统中。多种通信模式使配送中心可以针对不同客户采取不同的处理方式，保证了系统的灵活性。

（三）仓储作业子系统

该子系统完成库存盘点、补货等仓储作业的处理。盘点模块提供盘点单设置、盘点单打印以及盘点差异确认和处理等功能。在盘点单设置中可对商品、库位等参数进行设定以确定一次盘点的范围，提高了盘点作业的灵活性及易操作性。确认实际盘点数据与信息系统中在库数据差异时，找出盘点差异的发生原因并对系统中商品的在库数量和在库金额进行修正。仓库一般分为仓储区和拣货区，实际出货的商品通常从拣货区货架上拣取，因而拣货区的货架需要保持一定数量的商品以满足该商品的日常配量，这个数量即安全库存。当拣货货架上的商品数量小于安全库存时，系统给出从仓储区到拣货区的补货指示。同时，系统提供紧急补货的功能，即当一次出库数量大于拣货区商品数量时，从仓储区直接拣取商品出库。

（四）入库作业子系统

该子系统包括月台排程、商品验收入库及退货入库等模块。月台排程模块根据采购单上的到货时间、商品数量为运输车辆安排卸载的地点，避免仓库入口处车辆等待的混乱状态，提高入库作业的效率。商品验收入库模块包括验收单据打印、商品标签打印、商品实收确认及商品入库库位指定等功能。其中，入库库位既可由系统根据预先设定的商品库位对应关系自动指定，也可由操作员根据实际仓储情况随机指定。退货入库模块将退货商品存储到指定的待处理区中，再根据退货商品的实际情况分别按照正常品、残次品和废品进行处理。

（五）配货管理子系统

该子系统为订单分配库存，并在库存数量不足的情况下自动进行缺货处理。系统将从总部和下属企业或相关企业接收到的订货信息统一处理，判断配送中心实际库存数量是否满足订货数量。在库存不足的情况下，根据订单的接收时间、需求方优先级别等条件重新分配各需求单位的订货数量，或采用替代商品替代库存不足的订货商品。

（六）出库作业子系统

该子系统一般包括出库订单的汇总、拣货处理、分拣处理、出库单据输出、派车排程、配送确认等功能。系统可根据配送中心的分拣能力、出货能力，将等待出库的订单按照优先级或配送路径分批进行出库处理。出库处理生成多种相关处理清单及业务单据，包括拣货清单、分拣清单、包装加工清单、补货单、网点配送单等。拣货清单生成时按照先进先出的出库原则，清单上指定商品拣选的库位及数量并将商品按照库位顺序排列，以方便拣取作业。系统提供了最为常用的按单拣选和批量拣选两种拣选处理方式。采用按单拣选的方式时，一张拣选清单上对应一个网点的商品，省去了分拣作业处理，可以有效地提高出库作业效率；采用批量拣选方式时，拣取出的是各网点商品的总量，需要按照分拣清单上每一网点的订货量进行商品的分拣处理。排程模块可按照区域路径为网点事先设定其所属的排程及对应的车辆，每次配送作业既可按照预设的排程和车辆自动进行配送安排，又可按照实际配送的网点、商品数量增派、替换或随机分配其他车辆。

（七）经营查询分析子系统

包括经营业务查询、仓储业务查询、仓储状态查询、商品库存查询、库存超限查询、库存账表查询、商品进配存查询等多项综合查询功能；还包括采购分析、销售分析、库存分析、商品流转分析等多项分析功能。

（八）系统设置管理子系统

该子系统包括系统初始化设置、系统日志管理、数据备份及优化管理等。其中初始化设置对系统中所涉及的所有基本参数进行设定及维护。

第三节 企业物流信息系统的构建

在物流范畴内，建立的信息收集、整理、加工、储存、服务工作系统，称物流信息系统。如果在物流涉及的范畴中，建立若干从事此项工作的网点并以一定形式联结，则构成了物流信息网络。

一、企业物流信息系统的操作内容

一般来讲，完整的物流信息系统工作内容是非常复杂的。目前这种系统尚不多见，较多的是各种子系统，如供应物流信息系统、企业内部物流信息系统、销售物流信息系统、订货及结算信息系统等。一般来讲，完整的销售物流信息系统应具备以下基本操作内容：

1. 即时或定时掌握系统现状

通过计算机网络或其他传递方式即时或定时掌握住各流通中心、仓库及销售网点的库存量、库存能力、配送能力、在途数量、客户地址、客户接货及发货能力、结算账号等。采用计算机或其他方式（如卡片）储存。

2. 接受订货

通过中心销售部门或各网点接受订货或购买要求，由信息中心进行处理，制订供货计划。

3. 指示发货

信息中心接受订货后，根据用户信息及网点状况，确定发货网点或仓库，通过计算机网络或其他方式的网点或仓库发出发货指示书。

4. 配送计划

大型配送中心，根据发货指令，选定配送路线和配送车辆，制订最优配送计划并发出配送指令。

5. 反馈及结算

发货及配送信息及时反馈给信息中心，并以此为据通知部门结算。

6. 日常管理

日常管理主要包括及时计算订货、发货余额和库存水平等，以进行库存管理、订发货管理。

7. 补充库存、改变生产计划指令

根据前期供求状况对近期情况做出预测，据此发出补充库存或增减生产数量的指令。

8. 与系统外衔接

及时掌握系统外生产情况、近期产量，向生产厂发出订货通知，对系统外物流业发出运输、储存要求并与系统进行信息交换。

二、建立物流信息网络的基础条件

建立物流信息网是使物流信息系统化的首要条件。物流信息网可以是低水平信件、文件传递式的，也可以是自动化的计算机网络式的，无论哪种方式，建立信息网都需要创造一些基础条件：

(一) 标准化

形成信息网有关标准化的项目有：

①物资分类及编码：对全国主要物资应有统一的分类方法及编码，为计算机管理创造最基本条件。

②统一物流专业词汇：物流用语常常因地区不同、因人不同而有不同含义，在传递信息时可能引起误解和发生差错，统一专业词汇，是系统内信息交流的重要前提。

③单据、账票、卡片的标准化：包括统一格式及核算、记录项目等。

④信息传递的标准化：包括统一软件、统一传递方式等。

(二) 数据选择、积累

物流信息传递的内容主要是数据，选择及积累数据是搞好信息系统的重要基础。在建立信息系统之前决定数据选择及积累方式，可以通过收集少量数据达到掌握全系统运行状况的目的。

(三) 决定工作程序

无论采取何种方式建立信息网，都应首先设计工作程序。采用文件传递方式，确定手工汇总及整理信息的程序。采用电子计算机方式，则应设计相应的软件，这才能使整个工作有条不紊地进行。

(四) 确定信息发布手段及建立基础设施

现代物流系统、信息数量大，因此，收集、汇总、储存、处理、发布信息必须有与之相适应的手段。物流信息主要是数据，可以方便地利用电子计算机。选择电子计算机，建立相应的基础设施是建立健全物流系统必须进行的工作。

（五）建立通信系统

现代信息的收集、汇总、储存、处理，都离不开信息传递和交换，要进行信息传递及交换，就必须有合适的通信系统，否则，信息就是“死”的。通信系统可采用现有的邮、电方式，可以利用电话线路，可以建立专用线路、微波通信线路，还可以利用最现代化的卫星通信和光缆通信。

（六）进行系统设计

对上述问题进行综合研究，决定中央机、小型机或终端机的配置方式，软件系统、通信交换手段、信息工作程序以及管理、使用方法，则完成了系统设计。

（七）培训信息人才

从大量的物流信息中选择少量关键性内容，信息的收集、分类、存储水平有高低之分，因此，需要有专门信息人才。这些专门人才往往需要经过严格培训才能产生，并且随着越来越多高技术的引入，这种培训日渐重要。

三、企业物流信息系统的构建方法

根据不同企业的实际情况，企业物流信息系统的构建方法也有所不同。对于小型物流企业，由于实力较弱，可以采取手工的，或初级形式的物流信息系统。对于大型的、对信息化程度要求较高的物流企业则可通过物流管理信息系统的构建进行数据交换和决策支持。

（一）手工系统

手工系统的特点是：①基础信息传递是单据、卡片；②手工填报单据、卡片；③一般通信方式（邮政等）进行常规远程传递及交换；④定期举行传递、交换、分析会议；⑤手工分类及整理单据、卡片，以表格及情况反映等形式输出信息；⑥汇总、装订单据、卡片、表格，实行信息保存。这种类型的信息系统简单易行，是信息系统的初级方式。

手工系统存在信息处理能力低，处理速度慢等缺点，不是物流领域中主要的系统方式，但在个别领域中，由于手工系统简单易行，投资少且有一定作用，所以仍不可低估它的作用。同时，作为大型计算机系统的补充形式，手工系统仍有其应用领域和一定优势。

（二）电子计算机系统

利用电子计算机储存、传递、处理信息的系统。由于电子计算机具有存量大、处理速度快等特点，因此，一般不单机使用，而要形成网络才能发挥其最大的效用。再者，采用电子计算机可以有效处理手工难以解决的复杂问题，所以，一般也无须只建立单一的物流信息系统，而是形成与物流、商流、经营管理密切相联系的信息系统。

电子计算机信息系统的建立有几个基本条件：

①建立中心电子计算机及网络电子计算机或终端机；

②建立通用的软件系统；

③建立信息传输系统，决定信息传输方式。

一般来讲，中心电子计算机是处理能力强、运算速度快、存储容量大的较大型电子计算机。网络终端如果必需进行信息处理，则采用较小的计算机，如果只起终端作用，则可采用无处理能力，只起输入、输出作用的终端机。

（三）传输系统

1. 联机系统

将计算机和远程通信线路联结在一起，当有信息传递时，可以做出即时处理。

2. 脱机系统

将通信线路与电子计算机线路断开，通过线路传输的信息利用磁带、卡片等记录，然后再利用计算机处理，在传输量不大、线路难以处于正常工作状态时，可以采用这种系统。

3. 载体传输系统

不利用通信线路，而利用软盘、磁带等信息储存载体进行传输。具体方法是：用一台计算机将收集、处理过的信息储存在软盘、磁带等载体中，然后将其运交给另一台计算机。

在实际应用中，三种方式都有各自优势领域和适用领域，所以也都有所应用。从物尽其用看，电子计算机联机系统已是远程或局域网络的重要方式，尤其是大型网络和涉及全局、大局的网络，电子计算机联机方式几乎是唯一的方式。电子计算机与通信系统一旦结成网络，就使计算机的应用价值成倍提高。通过通信系统将计算机网络化，这种成倍提高信息能力的网络，称之为“加值网络”。

美国提出的“信息高速公路”概念，在我国物流的主要领域中也有所应用。“信息高速公路”在物流领域中的应用，主要是采用处理能力强、传输速度快的通信网络，如光纤通信、卫星通信等。我国如北洋钢材市场等全国性市场体系，采用信息高速公路的网络概念，上行信息传输利用通信卫星的萨德兰网络，下行传输利用公共数据交换的光纤通信网，实现了大范围、远程联网。

（四）物流管理信息系统

管理信息系统虽然是20世纪六七十年代时兴起来的，但至今仍是物流领域最重要的信息系统，其应用范围广泛、实用价值很高。国内外在物流领域中应用管理信息系统的结果证实，物流的各个领域都可以通过计算机为基础的管理信息系统得到改善，应用管理信息系统常常可使生产率提高10%～15%。

物流管理信息系统以物流为特定的对象范畴，把物流和物流信息结合成一个有机的系统，这个系统用各种方式选择收集、输入物流计划的、业务的、统计的各种有关数据，经过有针对性、有目的的计算机处理，即根据管理工作的要求，采用特定的软件技术，对原始数据处理后输出对管理工作有用的信息的这样一种系统。

在物流领域中，管理信息系统常常可大可小，例如，国际物流的管理信息系统可包容船运、港口仓储、汽车运输等若干子系统，而一个仓库的管理信息系统本身可能只是一个独立系统，同时又是更大规模物流系统中的子系统。

（五）物流决策支持系统

决策支持系统是管理信息系统的高级形式和向纵深的延伸。其任务，是利用信息系统所提供的信息和辅助决策的计算机软件来辅助管理者和领导者进行决策，甚至模拟思维过程进行智能化的模拟决策，向更高级的人工智能自动化系统发展。

较简单的决策支持系统只是向管理人员提供决策数据，即将管理信息系统的管理数据改变为决策数据，并对高级人员的管理决策、利用各种模型进行分析和结果判断、以便管理人员结合自己经验判断作出最终决策并对这一最终决策后果有所预计。

按此原理，决策支持系统对物流领域有异常重要的作用，例如，一个配送决策，依靠决策支持系统，可在建立配送方案过程中对每一项决策带来的后果有所认识，并在最终掌握每一方案的运费、劳动消耗、成本的情况下，再依靠决策支持系统的优选方案作出决策。显然，这种决策会准确的多，失误会小的多。

物流过程是一个单向过程，和反复生产过程不同，单向过程事后的管理信息已对该过程无所裨益，所以更需要依靠决策支持系统，在物流活动开始之前更科学地作好决策，求得更高的成功率。可见，决策支持系统在物流管理中有更为重要的意义。

（六）电子数据交换系统

电子数据交换系统是对信息进行交换和处理的网络自动化系统，是将远程通信、计算机及数据库三者有机结合在一个系统中，实现数据交换、数据资源共享的一种信息系统，这个系统也可以作为管理信息系统和决策支持系统的重要组成部分。

电子数据交换系统在物流领域有特别重要的作用，这是因为，物流大和泛的特点，使之很难建立大系统的信息网络。有时候，这个大系统各个局部之间分界较明显，且实际运行的各个局部，往往早就有其纵向的系统，其纵向系统已经较为完善，各个局部自成系统的例子也不乏见，如铁道系统、港口系统、仓储系统等。所以，物流系统带有一定“横跨”性质，物流系统的信息完全可由和各个局部领域的信息交换和共享而形成，这就是物流系统特别需要电子数据交换系统的原因。

还有一点，物流系统与外部也有必须进行的信息交换关系，如外部的工业部门、工业企业、用户、商店、海关、银行、保险公司等，也需要实现网络的联结，进行电子数据交换。采用电子数据交换系统之后，信息交换便可由两端直接进行，而越过很多中间环节，这就使物流过程中每个衔接点的手续大大简化，由于减少甚至消除了物流各个过程中的单据凭证，不但减少了差错发生率，而且大大提高了工作效率。

本章案例：联想物流：信息化带来高效率

信息流与物流相结合，是现代物流的发展趋势。在IT业，这一点显得尤为突出。IT业的特征就是：技术更新快、产品生命周期短、价格变化频繁。因此，IT企业必须不断提高自己的分析预测和快速响应能力。客户需求的多样性与个性化，迫使IT企业不但要有较强的敏捷生产与柔性生产能力，更要加强对原材料供应商的有效管理、对产品分销配送物流的合理规划。面对复杂多变的物流状况，IT企业必须借助信息技术手段加强物流管理，提高物流效率。

在中国IT业，联想是当之无愧的龙头企业。自1996年以来，联想电脑一直位居国内市场销量第一。2000年，联想电脑整体销量达到260万台，销售额284亿元。IT行业特点及联想的快速发展，促使联想加强与完善信息系统建设，以信息流带动物流。高效的物流系统不仅为联想带来实际效益，更成为同类企业学习效仿的典范。

一、高效率的供应链管理

联想的客户，包括代理商、分销商、专卖店。大客户及散户，通过电子商务网站下订单，联想将订单交由综合计划系统处理。该系统首先把整机拆散成零件，计算出完成此订单所需的零件总数，然后再到ERP系统中去查找数据，看使用库存零件能否生产出客户需要的产品。如果能，综合计划系统就向制造系统下单生产，并把交货日期反馈给客户；如果找不到生产所需要的全部原材料，综合计划系统就会生成采购订单，通过采购协同网站向联想的供应商要货。采购协同网站根据供应商反馈回来的送货时间，算出交货时间（可能会比希望交货时间有所延长），并将该时间通过综合计划系统反馈到电子商务网站。供应商接订单备好货后直接将货送到工厂，此前综合计划系统会向工厂发出通知，哪个供应商将在什么时间送来什么货。工厂接货后，按排单生产出产品，再交由运输供应商完成运输配送任务。运输供应商也有网站与联想的电子商务网站连通，给哪个客户发了什么货、装在哪辆车上。何时出发、何时送达等信息，客户都可以在电子商务网站上查到。客户接到货后，这笔订单业务才算完成了。

从上述介绍中可以了解到，在原材料采购——生产制造——产品配送的整个物流过程中，信息流贯穿始终，带动物流运作，物流系统构建在信息系统之上，物流的每个环节都在信息系统的掌控之下。信息流与物流紧密结合是联想物流系统的最大特点，也是物流系统高效运作的前提条件。

经过多年努力，联想企业信息化建设不断趋于完善，目前已用信息技术手段实现了全面企业管理。联想率先实现了办公自动化，之后成功实施了ERP系统，使整个公司所有不同地点的产、供、销的财务信息在同一个数据平台上统一和集成。今年5月，联想开始实施SCM系统，并与ERP系统进行集成。基础网络设施将联想所有的办事处，包括海外的发货仓库、配送中心等，都连接在一起，物流系统就构建在这一网络之上。与物流相关的是ERP与SCM这两部分，而ERP与SCM系统又与后端的研发系统（PLM）和前端的客户关系管理系统（CRM）连通。例如，研发的每种产品都会生成物料需求清单，物料需求清单是SCM与CRM系统运行的前提之一。客户订单来了，ERP系统根据物料需求清单进行拆分备货，SCM系统同时将信息传递给CRM系统，告诉它哪个订户何时订了什么货、数量多少、按什么折扣交货、交货是早了还是晚了等。系统集成运作的核心是，用科学的手段把企业内部各方面资源和流程集中起来，让其发挥出最高效率。这是联想信息化建设的成功之处。

借助联想的ERP系统与高效率的供应链管理系统，利用自动化仓储设备、柔性自动化生产线等设施，联想在采购、生产、成品配送等环节实现了物流与信息流实时互动与无缝对接。

联想集团北京生产厂拥有自动化立体库电脑零部件自动入库系统。供应商按联想综合计划系统提出的要货计划备好货后，送到联想生产厂自动化立体库，立体库自动收货、入库、上架。

联想集团北京生产厂生产线管理控制室的控制系统对联想电脑生产线的流程进行控制，并根据生产情况及时向供货商或生产厂的自动化立体库发布物料需求计划。

联想集团北京生产厂自动化主体库的控制系统与联想电脑生产线系统集成并共享信息，当自动化立体库接收到生产计划要货指令后，即发布出货分拣作业指令，立体库按照要求进行分拣出发作业。

在联想电脑生产流水线上，电脑零部件按照物料需求计划从立体库或储存区供应给生产线，生产线按排产计划运转。

生产线装配工人在组装电脑的时候，根据组装的情况，监测、控制上方电脑显示屏的“拉动看板”，及时将组装信息及物料需求信息反馈到企业生产控制系统中。

上述流程说明，联想集团通过高效率的信息管理系统与自动化的仓储设施，实现了在信息流带动下的高效率物流作业。

二、快速反应与柔性生产

过去，企业先要做计划，再按计划生产，这是典型的推动型生产模式。现在，接订单生产的拉动型模式已为许多企业所采用。联想的所有代理商的订单都是通过网络传递到联想的。只有接到订单后，联想才会上线生产，在2～3天内生产出产品，交给代理商。与其他企业不同的是，联想在向拉动型模式转化的过程中，并没有100%采用拉动型，而是对之加以改造，形成“快速反应库存模式”下的拉动型生产。

通过常年对市场的观察，联想清楚地知道每种每一型号产品自己的出货量，据此，联想对最好卖的产品留出1～2天的库存，谓之常备库存。如果订单正好指向常备库存产品，就无须让用户等一个生产周期，可以直接交货，大大缩短了交货时间；如果常备库存与客户所订货不吻合，再安排上线生产。在每天生产任务结束时，计算第二天产量，都要先将常备库存补齐。

目前，联想已经实现了从大规模生产千篇一律的标准化产品向生产客户定制产品的转变。在柔性化生产线上，产品配置可以随用户需要进行调整，不同的CPU、硬盘、内存、软件系统等都可以按客户定制配装。2000年投入使用的位于上地信息产业基地的北京新厂，有一半生产线是按照柔性生产设计的。联想的Cell生产模式，无论在生产效率还是在产品质量上，都已经甚至超过了传统流水线制造模式。

三、协同工作，实现共赢

联想参照国际企业的做法对供应商提要求，并使之不断系统化、科学化。一般联想每周或每两周为供应商提供未来12～16周的滚动要货计划，协助供应商按此计划备货。联想已从过去只关心自己的库存、材料和成品的自我控制，转向现在的供应链控制、协同工作，关心上下游，如代理商的库存与销售情况、供应商的库存变化等，并通过信息技术手段得到详尽的数据，这使联想能够敏感地掌握上下游的变化，提前准确地预测到市场的波动。

众所周知，电子产品的价格下降速度非常快，一个月前采购的价格与一周前的价格有很大差别。如何使供应商的供货及时而且价格合理呢？联想采用严格的供应商考评法，除了产品质量、价格、交货弹性等指标外，供应商对技术趋势、产品趋势和价格变化是否能够及时、准确地通报给联想，也是极其重要的考评项目。联想定期给供应商打分，该得分轻则决定其供货比例，重则影响到供应商的“死活”。但是，联想对产品价格下降是否正常有自己的分析。联想追求的是系统最优，即成本与风险平衡。联想从系统最优的角度控制采购，不会因为图一时之便宜而导致供不上货。联想认为，市场占有率与产品销售带来的利润价值远远大于在原材料供应上的节省。

目前，联想采购物流主要有三种供货方式：

①JIT 方式：联想不设库存，要求供应商在联想生产厂附近（一般距离厂区 20 分钟车程）设立备货仓库（国外叫 Hub），联想发订单，供应商当天就能送货上门；

②联想自己负责进货：例如，原材料供货到联想设在香港的仓库，联想再负责报关、运送到生产厂，随着优惠政策的减少，这种方式所占比例越来越小；

③通过第三方物流：供应商委托专业物流公司运货到联想。

今后，第一、第三两种方式会越来越常见，物流外包已是大势所趋。

四、追求客户满意度

现代企业已从追求销量转为追求客户满意度。只有最大限度地满足客户需求，企业才会获得长足发展。联想电脑的销售系统正是在这一指导思想下运作的。

销售一直是联想的强项，这与联想渠道建设的成功密不可分。随着业务在全国范围不断扩展，联想的销售网也越“织”越密。目前，联想除北京总部外，在国内设有深圳、上海、广东惠阳分部，在武汉、成都、西安、沈阳设有外埠平台，在国外设有欧洲、美洲、亚太等海外平台。分布在全国各地的 3000 个销售点、500 多个维修站，是联想业务发展的基础。

销售商总是希望尽量缩短订货周期。为了及时准确地向所有网点供货，联想倾心研究最适合本公司特点的配送体系。联想在北京、上海、广东惠阳建设了大型生产基地，使其分别覆盖国内北、中、南三大区域市场。每家生产厂同时也是辐射周边省份的配送中心，另外在距离工厂远且销量大的中心城市如南京、西安等地再建配送中心，使配送能力布局更为合理。联想生产出的产品先集中运到各配送中心，再从配送中心向附近的县市分发。

联想并没有自己的物流公司，大量的运输配送业务交给第三方物流公司来完成。公司成立运输部，专门负责对运输公司进行筛选、考核、管理。经过多年发展，联想拥有了自己的配送系统，并使之成本最低、效率最高，满足了向星罗棋布在全国几千个销售网点快速供货的需求。

2001 年，联想又率先在国内实施 CRM 系统，并以 CRM 为核心梳理市场系统的业务流程。借助 CRM 系统，联想对客户信息进行积累和分析，了解客户的全面需求和使用习惯，实现了客户信息的实时共享，从而更有效地为客户创造价值，提高客户满意度。

复习思考题

1. 物流信息的概念及特点是什么？
2. 物流信息技术的构成及应用在哪些方面？
3. 企业物流信息系统的功能模块通常包括哪些？
4. 企业物流信息系统的特点是什么？
5. 企业物流信息系统的操作内容包括哪些？
6. 如何构建企业的物流信息系统？

第十一章　物流客户服务管理

随着科学技术的进步和经济的不断发展，物流市场的竞争开始加剧，特别是随着网络技术的发展，企业间的竞争已突破了地域的限制，竞争的中心逐步转移为物流客户服务的竞争。物流服务对市场需求有重要的影响，它决定着企业能否留住顾客。企业以赢利为目标，但在获得赢利之前，企业必须确定服务策略和计划方案以满足顾客的需要，并且以节省费用的方式来实现，这就是物流服务。因而良好的客户服务不仅是发展和维系客户忠诚度及塑造企业品牌形象的关键，也是物流企业得以发展壮大的基础。

第一节　物流客户服务概述

一、物流客户服务的概念及特点

（一）物流客户服务的概念

物流服务的理念越来越受到关注，与传统物流活动相比，现代物流的最大革新不在于内容的拓展，而在于物流服务理念的确立以及物流运作方式的变化。受市场规模和经营范围扩大等因素的影响，企业依靠自身组织物流活动变得不经济，越来越多的企业倾向于把物流活动交给独立的物流服务企业。企业的物流功能在外化，物流由“活动”转变为“服务”，并最终成为商品。物流企业提供给各种企业的是物流服务，而绝不仅仅是单独企业内部的物流活动。从某种意义上说，“服务”是物流的性质，而一流的客户服务已成为高水平物流服务企业的标志。客户服务不仅决定了现有的客户是否会继续维持下去，而且也决定了有多少潜在的客户会成为现实的客户。

广泛地讲，客户服务可以定义为：发生在买方、卖方及第三方之间的一个过程，这个过程使交易中的产品或服务实现增值。这种增值意味着双方都得到价值的增加。从过程管理的观点来说，物流的客户服务是通过节省成本费用为整个物流交易提供重要的附加价值的过程。另外，物流通过客户服务不仅要注重赢得新客户，留住老客户也至关重要，任何物流企业都应该对这一点特别明确。

所谓物流客户服务是企业为了满足客户（包括内部和外部客户）的物流需求，开展一系列物流活动的结果。物流的本质是服务，它本身并不创造商品的性质效用，而是产生空间效用和时间效用。物流客户服务的内容是掌握客户的需求动态，根据客户的要求和企业营销战略，提高物流服务水平，保证物流服务质量，及时为客户提供恰当的物流服务是物流管理的重要内容。物流客户服务的最终目标是保证顾客对商品的利用可能性和培育客户忠诚度。

国外学者赫斯凯特（Heskett）将多数企业的物流客户服务更简单地表述为：使（客户）得到所订购产品的速度和可靠程度。

（二）物流客户服务的基本特点

1. 从属性

由于货主企业的物流需求是以商流为基础，伴随商流而发生，因此物流必须从属于货主企业物流系统，表现在流通货物的种类、流通时间、流通方式、提货配送方式都是由货主选择决定。物流企业只是按照货主的需求，提供相应的物流服务。

2. 即时性

物流服务是属于非物质形态的劳动，它生产的不是有形的产品，而是一种伴随销售和消费同时发展的即时服务。

3. 移动性和分散性

物流服务是以分布广泛、大多数是不固定的客户为对象，所以具有移动性以及面广、分散的特点。它的移动性和分散性会使产业局部的供需不平衡，也会给经营管理带来一定的难度。

4. 需求波动性

由于物流服务是以数量多而又不确定的客户为对象，它们的需求在方式上和数量上是多变的，有较强的波动性，为此容易造成供需失衡，成为在经营上劳动效率低、费用高的重要原因。

（三）物流服务对企业赢得竞争优势的重要意义

物流服务是企业物流系统的产出，换句话说，从顾客角度看到的是企业提供的物流服务而不是抽象的物流管理。物流服务是支撑市场组合的地点要素，更重要的是，良好的物流服务有助于发展和保持顾客的忠诚与持久的满意，物流服务的诸要素在顾客心目中的重要程度甚至高过产品价格、质量及其他有关的要素。

对于市场组合四要素而言，产品和价格较容易被竞争对手模仿，促销的努力也可能被竞争者赶上。提供令顾客满意的服务，或处理顾客抱怨的高明手法则是企业区别于竞争对手、吸引顾客的重要途径。在短期内，企业物流服务不容易被对手模仿。根据专家的估计，企业65%的销售来自于老顾客，而发展一个新顾客的费用平均是保留一个老顾客所需费用的六倍；从财务角度分析，用于物流服务的投资回报率要大大高于投资于促销和其他发展新顾客的活动。

关于物流服务，以前没有应用于市场营销领域。1973年石油危机以后，在销售政策上物流开始占据重要位置，作为销售战略的一环，在企业经营上，成为必须解决的战略性课题。

物流服务水平不同，物流的形式必将随之发生变化，物流服务水平是构筑物流系统的前提条件。企业要决定恰当的物流服务水平，为实现其水平而建立物流服务系统，就必须在整个公司统一思想，取得共识。物流在降低成本方面起着重要的作用，而降低物流成本必须在一定服务水平的前提下考虑，从这个意义上来说，物流服务水平，是降低物流成本的依据。物流服务起着联结厂家、批发商和零售商的纽带作用。

尽管物流服务非常重要，但世界各国看法不一，如日本就与欧美各国不同，认为服务就是白白奉献。最近由于物流环境发生了变化，关于物流服务的观念也在发生着变化，即认为对于物流服务来说市场机制和价格机制都在发挥作用。所谓市场机制和价格机制发挥作用，在某种意义上可以说是指物流服务的价值由供求关系决定，是物流成本的一项内涵。特别是现在普遍要求对例外运输、紧急运输等非常规运输的成本负担实现标准化。物主、流通业者、物流业者和消费者必须对此认真加以考虑。日本通产省公布的《物流成本计算实用手册》（通商产业调查会，1992 年）列出了不同运输条件下的不同成本计算方法，明确了不同行业的标准运输成本和非常规运输成本，用以推动成本负担的标准化。

二、物流客户服务的构成要素

物流客户服务必然是企业所提供的总体服务中的一部分，因此，我们首先将从企业的角度来讨论服务，然后筛选出物流活动所特有的因素。拉里莎·凯尔和迈罗斯劳·凯尔认为：客户服务在得到有效利用时，是能够对创造需求、保持客户忠诚度产生一定影响的首要变量。另一位客户服务专家认为，客户服务特指销售满足客户的一系列活动，通常始于订单录入，止于产品送达客户。有时，还会以设备服务、保修或其他技术支持的形式继续下去。

从企业整体角度来看，客户服务一直被当做是营销战略的基本内容。人们常常用 4P 组合（即产品 Product、价格 Price、促销 Promotion 和地点 Place）来描述市场营销，其中地点最能代表实物分拨。多年来，客户服务由哪些因素构成及其如何影响买方的行为一直是许多研究的中心问题。由于客户很难判断其行为的动机，所以几乎不可能确切地定义客户服务。然而，我们可以通过一些客户调查得到某些启示。

美国实物分拨管理协会，曾进行过一项关于客户服务的广泛调查，该调查根据供应商和客户之间交易发生的时间确定客户服务的构成因素，影响物流客户服务水平和质量的要素有很多，这里综合大多数学者的看法，从供应商和客户之间交易发生的时间先后，将影响客户服务的要素划分为以下三类。如图 11 - 1 所示：

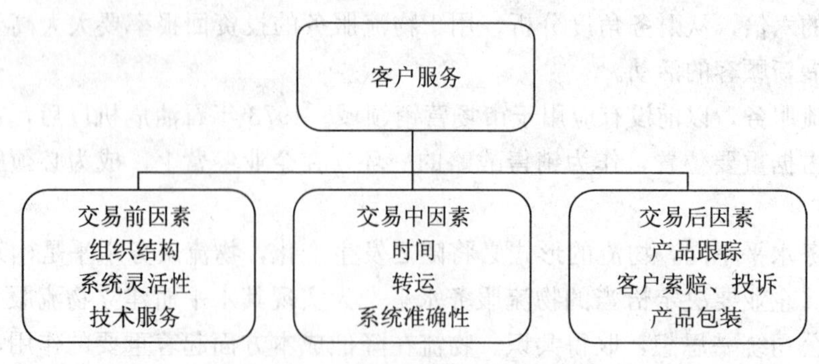

图 11 - 1　客户服务的构成因素

（一）交易前要素

交易前因素主要是为开展良好的客户服务创造适宜的环境。这类要素直接影响客户对企业及产品或服务的初始印象，为物流企业稳定持久地开展客户服务活动打下良好的基础。交易前要素主要包括以下内容：

1. 服务条例

客户服务条例以正式的文字说明形式表示，其内容包括：如何为客户提供满意的服务、客户服务标准、每个员工的责任和业务等。这些具体的条例可以增进物流客户对企业的信任。

2. 客户服务组织结构

客户服务组织结构不可能是通用型的最优组织结构，但对于每一个企业，根据实际情况，应有一个较完善的组织结构总体负责客户服务工作，明确各组织结构的权责范围，保障和促进各职能部门之间的沟通与协作，以求最大限度地实现客户服务的优质化，提高客户的满意度。

3. 物流系统的应急服务

企业物流系统设计时应着眼于客户服务及运营成本。为了使客户得到满意的服务，在缺货、自然灾害、劳力紧张等突发事件出现时，必须有应急措施来保证物流系统正常的高效运作。

4. 增值服务

增值服务是为了巩固与客户的合作伙伴关系，向客户提供管理咨询服务及培训活动等。具体方式包括发放培训材料、举办培训班、面对面或利用通信工具进行咨询等。说到底，物流企业提供增值服务的目的是为了更好地与客户长期合作下去。

（二）交易中要素

交易中要素主要是指直接发生在物流过程中的客户服务活动。企业库存水平的设定、运输方式的选择、订单处理程序的建立等企业行为对此类要素将产生重要影响。交易中要素主要包括以下内容：

1. 缺货频率

这是衡量产品现货供应比率的重要指标。一旦脱销，要努力为客户寻找替代产品或者在补进货物后再送货。由于缺货成本一般较高，所以要对这一要素详细考察，逐个产品、逐个客户进行统计，确定问题的所在，有针对性地提出解决方案。

2. 提货时间

向客户快速准确地提供库存信息、配送日期等。客户不仅希望快速获取信息，而且还要求这些信息准确无误，对发生的信息失真应特别重视并立即采取补救措施。

3. 订、发货周期的稳定性

订、发货周期是从客户下订单到收到货物为止所跨越的时间。随着竞争的日益激烈，控制好订、发货周期对于客户来说是非常重要的，不得随意调整订、发货周期，以免给客户带来不必要的损失。

4. 特殊货物的运送

有些货物不能按常规方法运送，而需采用特殊运送方式，这需要的运送成本较高。但为了能够跟客户长期合作下去，这一服务也是非常重要的，企业应力所能及地为客户排忧解难。

5. 订货便利性

一般来说，客户最喜欢与反应迅捷、工作效率比较高的物流企业合作。如果在一些小细节上不注意，例如单据格式让人费解、让客户在电话中等待过久等，客户都会产生反感，从而影响对此物流企业的看法，导致改变与物流企业的合作等情况的发生。

（三）交易后要素

交易后要素是指一整套售后服务，是企业在客户接收到产品或服务之后继续提供的支持，是物流客户服务中非常重要却也最容易忽略的要素。交易后因素代表一整套服务，这些服务可用于：产品使用时的服务支持；保护客户利益不受缺陷产品损害；提供包装（可返还的瓶子、托盘等）返还服务；处理索赔、投诉和退货。这些活动发生在产品售出之后，但是必须在交易前和交易阶段就做好计划。交易后要素主要包括以下内容：①安装、保修、提供更换服务等；②产品跟踪，是指及时从市场上回收存在隐患的产品，防止客户因产品或服务问题而起诉；③客户抱怨，物流企业要有一个准确的在线信息系统处理来自客户的信息，对待客户的抱怨，要有明确的规定，以便尽可能及时有效地处理信息，从而维护对客户的忠诚度。

三、企业物流客户服务战略

物流客户服务战略是指物流企业为了寻求和维持持久竞争优势，取得对最终客户价值最大化，以为企业提供竞争优势、增加供应链效益为目标而对企业内外环境进行分析并制定的总体性和长远性的发展规划。从其概念可以看出包括三层含义：①从目的上讲，物流客户服务战略是为了维护企业长期的竞争优势，以保持企业可持续发展；②从手段上讲，物流客户服务战略主要通过为客户提供更好的供应链服务，降低客户经营成本来获得与客户长期持久的合作；③从性质上讲，物流客户服务战略具有全局性、重要性和长期性，关系到企业的生死存亡。

因此，每个物流企业需要根据自己的目标、资源、环境和在目标市场中的地位，以满足不同客户需求为中心制定符合自己的发展战略。为了科学地制定物流企业的客户服务战略，我们需要研究物流客户服务战略的类型。基于麦克尔·波特的竞争战略理论，物流企业可选择的基本物流服务战略如下：

1. 成本领先战略

以向客户提供标准化物流服务为基本定位，包括物流服务品种的相对稳定性、物流客户服务水平的认同性和服务水平的简洁规范等。

2. 差异化战略

以为不同的客户提供差异性服务为基本定位，包括服务品种、服务手段、服务水平的不断创新以及为满足客户的特殊需求而面向客户提供量身定制的物流服务。

3. 集中化战略

以为特定的客户提供专门的物流服务或为特定的货种提供特殊的物流服务。

物流客户服务战略分析就是根据客户的特征和物流企业内部条件，充分考虑客户服务的外部环境，确定客户服务目标，了解客户服务所处的环境和相对竞争地位，选择适合企业的客户服务战略类型。

对于物流企业而言，不同的时期和发展阶段其目标是不同的，因此采取的客户服务战略模式也是不尽相同的。但是无论是哪一种客户服务战略都应该包括四个要素：①客户选择，即确定企业为哪些客户提供服务；②价值获取，即企业在为客户创造价值的同时，哪一些是企业能取得利润的部分；③战略控制，即企业如何能保持竞争优势，保护其取得的利润流；④业务范围，即企业将为客户提供什么样的服务，包括产品、方案设计和服务，特别注重其核心竞争业务的确定。这四个要素是相互关联的，在不同的发展阶段企业客户服务战略的侧重点也是不一样的。

第二节 企业物流服务水平的确定

确定物流服务水平的一个流行方法是将竞争对手的服务水平作为标杆。但仅仅参照竞争对手的水平是不够的，因为很难断定对方是否很好地把握了顾客的需求并集中力量于正确的物流服务要素。这种不足可以通过结合详尽的顾客调查来弥补，后者能够揭示各种物流服务要素的重要性，有助于消除顾客需求与企业运营状况之间的差距。

确定物流服务水平有多种方法，以下四种最具参考价值：①根据顾客对暂时缺货的反应来确定物流服务水平；②成本与收益的权衡；③ABC 分析与帕累托定律；④物流服务审计。

一、顾客对缺货的反应

生产商的顾客包括各种中间商和产品的最终用户，而产品通常是从零售商处转销到顾客手中。因此，生产商往往难以判断缺货对最终顾客的影响有多大。例如，生产商的成品仓库中某种产品缺货并不一定意味着零售商也同时缺货。零售环节的物流服务水平对销售影响很大，为此，必须明确最终顾客对缺货的反应模式。当某种产品缺货时，顾客可能购买同种品牌不同规格的产品，也可能购买另一品牌的同类产品，或者干脆换一家商店看看。在产品同质化倾向日益明显的今天，顾客“非买它不可”的现象已经越来越罕见，除非顾客坚定地认为该种产品在质量或价格上明显优于其替代品种。

生产商的物流服务战略中，较为重要的一点是保证最终顾客能方便及时地了解和购买到所需的商品。对零售环节的关注使生产商调整订货周期、供货满足率、运输方式等，尽量避免零售环节缺货现象的发生。

顾客对不同产品的购买在时间要求上也有所不同。对绝大多数产品，顾客希望在作出购买决策时就能够拿到，但也有特殊的情况，比如选购大型家具时，顾客在展示厅选中样品并订购以后，往往愿意等待一段时间在家中收货。20 世纪 70 年代，美国的西尔斯百货公司与惠尔浦家电公司进行的一项顾客调查发现，当时的顾客对大型家电并不要求在订货的当天就将商品运回家，除非有特别紧急的情况，他们愿意等上5～7天时间。这一调查结果对西尔斯与惠尔浦的物流系统影响很大。西尔斯公司只需在营业厅里摆放样品供顾客挑选，其配送中心里的存货也不多。惠尔浦公司的产成品被运至位于俄亥俄州马利恩的大型仓库；西尔斯公司将收到的顾客订单发送给惠尔浦公司，相应的产品随即从马利恩仓库分送到西尔斯位于各地的配送中心，然后从配送中心直接用卡车分送到顾客家中；从顾客下订单到送货上门的时间控制在48～72小时。

根据顾客对缺货的反应来确定物流服务水平时要注意以下问题：

①不应站在供给的一方考虑物流服务水平，而应把握顾客们的要求，关注点应由卖方转换为买方；

②由于顾客不同，物流服务内容也有所不同，有的应该得到优先照顾，因此应首先确定核心服务；

③物流服务应与顾客的特点、层次相符；

④确定物流服务水平时，应考虑如何创造自己的特色，以便超过竞争对手，也就是说要采取相对的物流服务的观点；

⑤经过一段时间后，对企业的物流服务水平要进行评估和改进。

二、成本与收益的权衡

物流总费用，如库存维持费用、运输费用、信息/订货处理费用等，可以视为企业在物流服务上的开支。实施集成的物流管理成本权衡，其目标是在市场组合四要素之间合理分配资源以获得最大的长期收益，也就是以最低的物流总成本实现给定的物流服务水平。

例如，一个百货连锁集团希望将零售供货率提高到98%的水平，需要获取每个商店及每种商品的实时销售数据。为此，需在各分店配置条形码扫描器及其他软、硬件设施；同时，为尽可能地利用这些数据，集团还希望投资建设EDI系统，以便与供应商进行快速双向的信息交流。估计平均每家分店需投入20万元。于是，管理层面临着成本与收益的权衡，对信息技术的投入能提高物流服务水平，但同时也会增加成本。假设该公司的销售毛利是20%，每家分店为收回20万元的新增投资，至少要增加100万元的销售额。如果实际的销售增长超过了100万元，则企业在提高物流服务水平的同时也增加了净收益。对这一决策的评估还需考虑各分店当前的销售额水平。若各分店当前的年销售额是1000万元，则收回这笔投资比年销售额只有400万元要快得多。

尽管存在成本与收益的权衡和费用的预算分配问题，但这种权衡只是短时期内发生的问题。在长时期中，仍有可能在多个环节同时得到改善，企业在降低总成本的同时也能提高物流服务水平。

三、ABC分析与帕累托定律

ABC分析是物流库存管理中常用的工具，在本节中通过ABC分析将各种产品和顾客按其相对重要性进行分类。对于企业来说，某些顾客和产品相比其他而言更有利可图，因而应受到特别的关注。以利润率指标为例，利润率最高的顾客产品组合应配以最高的物流服务水平。

与ABC分析相类似，帕累托定律指出：样本总体中的大多数事件的发生源于为数不多的几个关键因素。例如，80%的物流系统中瓶颈现象可能仅仅是由一辆送货汽车的不良运作造成的。这一概念通常也被称作80/20定律。

作为ABC分析和帕累托定律的一个应用实例，如表11-1所示的顾客—产品贡献矩阵，将不同顾客的重要性与不同产品的重要性联系起来考虑，以确定能给企业带来最大收益的物流服务水平。为了便于理解，我们将赢利能力（利润率）作为度量顾客和产品重要性的指标，但应当注意，这一指标并不是绝对的。

表11-1　　顾客—产品贡献矩阵

	产品			
	A	B	C	D
I	1	3	5	10
II	2	4	7	13
III	6	9	12	16
IV	8	14	15	19
V	11	17	18	20

表11-1中A类产品利润率最高，以下为B、C、D类。在整个产品线中，A类产品通常只占很小的比例，而利润率最低的D类产品在产品总数中则可能占80%。I类顾客对企业来说最为有利可图，它们能产生较为稳定的需求，对价格不太敏感，交易中发生的费用也较少，但这类顾客数量通常很少，可能只有5～10个；V类顾客为企业创造的利润最少，但在数量上占了企业顾客的大多数。对企业最有价值的顾客—产品组合是I—A，即I类顾客购买A类产品，以下是II—A或I—B，依此类推。管理人员可以使用一些方法对顾客—产品组合排序或打分，表11-2用1～20简单地作了排序（优先等级）。

表11-2　　顾客—产品贡献矩阵实用举例

优先等级	存货可供率标准（%）	订货周期时间标准（小时）	按订单送货完备率标准（%）
1～5	100	48	99
6～10	95	72	97
11～15	90	96	95
16～20	85	120	93

表 11-2 提供了在制定物流服务战略时如何使用表 11-1 中数据的例子。例如，排序在 1 至 5 的顾客—产品组合应给予 100%的存货可供率，低于 48 小时的订货周期，以及 99%的按订单送货完备率。

值得注意的是，表 11-2 中较低的服务水平并不意味所提供的服务缺乏稳定性。企业无论提供什么水平的服务，都要尽可能保持 100%的稳定性，这是顾客所期望的；而且，企业以高稳定性提供较低水平的物流服务（例如送货时间），其费用通常低于以低稳定性提供高水平的物流服务。例如，高度稳定的 72 小时订货周期比不稳定的 48 小时订货周期更节省费用，也更令顾客满意。编制能良好反映顾客与企业真实情况的顾客—产品贡献矩阵的关键，在于切实了解顾客对服务的要求，并从中识别出最为重要的服务要素以及确定要提供多高的服务水平。上述信息可通过物流服务审计获取。

四、物流服务审计

物流服务审计是评估企业物流服务水平的一种方法，也是企业对其物流服务策略作调整时产生影响的评价标尺。审计的目标是：识别关键的物流服务要素；识别这些要素的控制机制；评估内部信息系统的质量和能力。物流服务审计包括四个阶段：外部物流服务审计；内部物流服务审计；识别潜在的改进方法和机会；确定物流服务水平。

（一）外部物流服务审计

外部物流服务审计是整个物流服务审计的起点，其主要目标是：识别顾客在作购买决策时认为重要的物流服务要素；确定本企业与主要的竞争对手为顾客提供服务的市场比例。

1. 要确定哪些物流服务要素是顾客真正重视的

主要工作是对顾客进行调查与访谈。例如，某种普通消费品的零售商在衡量其供应商服务时主要考虑以下的物流服务要素：订货周期的稳定性、订货周期的绝对时间、是否使用 EDI、订单满足率、延期订货策略、单据处理程序、回收政策等。

在外部物流服务审计阶段有必要邀请市场部门的人员参与工作，这有三方面的益处：①物流服务从属于整个市场组合，而市场部门在市场组合的费用预算决策中是最有权威和发言权的部门；②市场营销部门的研究人员是调查问卷设计和分析的专家，而问卷工作是外部物流服务审计的重要一环；③可以提高调查结果的可信度，从而有利于物流服务战略的成功实施。

2. 对企业的有代表性的和统计有效的顾客群体进行问卷调查

确定了重要的物流服务因素之后，下一步就是对企业的有代表性的和统计有效的顾客群体进行问卷调查。问卷调查可以确定物流服务要素及其他市场组合要素的相对重要性，评估顾客对本企业及主要竞争对手各方面服务绩效的满意程度以及顾客的购买倾向。依据调查的结果，企业加强顾客重视的服务要素。

在考虑竞争对手的强势和不足的同时，发展相应于顾客分类的战略。此外，问卷还能反映出顾客对关键服务要素的服务水平的期望值。

（二）内部物流服务审计

内部物流服务审计是审查企业当前的服务业务的运作状况，为评估物流服务水平发生变化时所产生的影响确立一个衡量标尺。内部物流服务审计的主要目的是检查企业的服务现状与顾客需求之间的差距。顾客实际接收到的企业物流服务水平也有必要测定，因为顾客的评价有时会偏离企业的实际运作状况。如果企业确实已经做得很出色，则应当注意通过引导和促销来改变顾客的看法，而不是进一步调整企业的服务水平。

内部物流服务审计的另一个重要内容是考察顾客与企业和企业内部之间的沟通渠道，包括服务业绩的评估和报告体系。沟通是理解与物流服务有关问题的重要基础，缺乏良好的沟通，物流服务就会流于事后的控制和不断地处理随时发生的问题，而难以实现良好的事前控制。

（三）识别潜在的改进方法和机会

外部物流服务审计明确了企业在物流服务和市场营销战略方面的问题，结合内部审计，可以帮助管理层针对各个服务要素和细分市场调整上述战略，提高企业的赢利能力。管理层在借助内、外部物流服务审计提供的信息制定新的物流服务和市场营销战略时，需针对竞争对手作详细的对比分析。

当顾客对本企业和各主要竞争者的服务业绩评价相比较并相互交流时，这时竞争性的标尺（Benchmarking）显得更为重要了。

（四）确定物流服务水平

物流服务审计的最后一步是制定服务业绩标准和考核方法。管理层必须为各个细分领域（如不同的顾客类型、不同的地理区域、不同的分销渠道以及产品）详细制定目标服务水平，并将之切实传达到所有的相关部门及员工，同时辅之以必要的激励政策以激励员工努力实现企业的物流服务目标。此外，还要有一套正式的业务报告文本格式。

管理层必须定期地按上述步骤进行物流服务审计，以确保企业的物流服务政策与运作满足当前顾客的需求。

第三节 企业物流服务内容设计

物流是实现销售过程的最终环节，但由于采用不同形式，使一部分特殊服务变得格外重要，因此，企业在设计物流服务内容时应反映这一特点。概括起来，企业物流客户服务内容可以分为以下两个方面。

一、传统物流服务内容

（一）运输服务

无论是自营物流还是由第三方提供物流服务，都必须将消费者的订货送到消费者指定的地点。第三方一般自己拥有或掌握有一定规模的运输工具，具有竞争优势的第三方物流经营者的物流设施不仅仅在一个点上，而是一个覆盖全国或一个大区域的网络，因此，第三方物流服务提供商首先可能要为客户设计最合适的物流系统，选择满足客户需要的运输方式，然后具体组织网络内部的运输作业，在规定的时间内将客户的商品运抵目的地，除了在交货点交货需要客户配合外，整个运输过程，包括最后的市内配送都应由第三方物流经营者完成，以尽可能方便客户。

（二）储存服务

物流中心的主要设施之一就是仓库及附属设备。需要注意的是，物流服务提供商的目的不是要在物流中心的仓库中储存商品，而是要通过仓储保证物流服务业务的开展，同时尽可能降低库存占压的资金，减少储存成本。因此，提供社会化物流服务的公共型物流中心需要配备高效率的分拣、传送、储存、拣选设备，目的是尽量减少实物库存水平但并不降低供货服务水平。

（三）装卸搬运服务

这是为了加快商品的流通速度必须具备的功能，无论是传统的商务活动还是电子商务活动，都必须配备具备一定的装卸搬运能力，物流服务提供商应该提供更加专业化的装载、卸载、提升、运送、码垛等装卸搬运机械，以提高装卸搬运作业效率，降低订货周期（Order Cycle Time，OCT），减少作业对商品造成的破损。

（四）包装服务

物流的包装作业目的不是要改变商品的销售包装，而在于通过对销售包装进行组合、拼配、加固，形成适于物流和配送的组合包装单元。

（五）流通加工服务

主要目的是方便生产或销售，专业化的物流中心常常与固定的制造商或分销商进行长期合作，为制造商或分销商完成一定的加工作业，比如贴标签、制作并粘贴条码等。

（六）物流信息处理服务

由于现代物流系统的运作现在已经离不开计算机，因此将各个物流环节各种物流作业的信息进行实时采集、分析、传递，并向货主提供各种作业明细信息及咨询信息，这是相当重要的。

二、电子商务下的增值性物流服务

以上是普通商务活动中典型的物流客户服务内容，电子商务的物流也应该具备这些功能。但除了传统的物流服务外，电子商务还需要增值性的物流服务（Value-Added Logistics Services）。增值性的物流服务主要包括以下几层含义和内容：

（一）增加便利性的服务

一切能够简化手续、简化操作的服务都是增值性服务。在提供电子商务的物流服务时，推行一条龙门到门服务、提供完备的操作或作业提示、免培训、免维护、省力化设计或安装、代办业务、一张面孔接待客户、24 小时营业、自动订货、传递信息和转账（利用 EOS EDI、EFT）、物流全过程追踪等都是对电子商务销售有用的增值性服务。

（二）加快反应速度的服务

快速反应（Quick Response）已经成为物流发展的动力之一。传统观点和做法将加快反应速度变成单纯对快速运输的一种要求，但在需求方对速度的要求越来越高的情况下，它也变成了一种约束，因此必须想其他的办法来提高速度，所以具有重大推广价值的增值性物流服务方案，应该是优化电子商务系统的配送中心、物流中心网络，重新设计适合电子商务的流通渠道，以此来减少物流环节、简化物流过程，提高物流系统的快速反应性能。

（三）降低成本的服务

电子商务发展的前期，物流成本将会高居不下，有些企业可能会因为根本承受不了这种高成本退出电子商务领域，或者是选择性地将电子商务的物流服务外包出去，这是很自然的事情，因此发展电子商务，一开始就应该寻找能够降低物流成本的物流方案。企业可以考虑的方案包括：采取物流共同化计划，同时，如果具有一定的商务规模，比如，珠穆朗玛和亚马逊这些具有一定的销售量的电子商务企业，可以通过采用比较适用但投资比较少的物流技术和设施设备，或推行物流管理技术，如运筹学中的管理技术、单品管理技术、条码技术和信息技术等，提高物流的效率和效益，降低物流成本。

（四）延伸服务

向上可以延伸到市场调查与预测、采购及订单处理；向下可以延伸到配送、物流咨询、物流方案的选择与规划、库存控制决策建议、货款回收与结算、教育与培训、物流系统设计与规划方案的制作，等等。关于结算功能，物流的结算不仅仅只是物流费用的结算，在从事代理、配送的情况下，物流服务商还要替货主向收货人结算货款等。关于需求预测功能，物流服务商应该负责根据物流中心商品进货、出货信息来预测未来一段时间内的商品进出库量，进而预测市场对商品的需求，从而指导订货。关于物流系统设计咨询功能，第三方物流服务商要充当电子商务经营者的物流专家，因而必须为电子商务经营者设计物流系统，代替它选择和评价运输商、仓储商及其他物流服务供应商。国内有些专业物流公司正在进行这项尝试。关于物流教育与培训功能，物流系统的运作需要电子商务经营者的支持与理解，通过向电子商务经营者提供培训服务，可以培养它与物流中心经营管理者的认同感，可以提高电子商务经营者的物流管理水平，可以将物流中心经营管理者的要求传达给电子商务经营者，也便于确立物流作业标准。

以上这些延伸服务最具有增值性，但也是最难提供的服务，能否提供此类增值服务现在已成为衡量一个物流企业是否真正具有竞争力的标准。

第四节　企业物流服务管理

高质量的物流客户服务可以有效地提升客户价值、增加客户的满意程度，是巩固原有客户和开发新客户的基础。客户服务活动本身所固有的特性决定了作为服务对象的客户总会或多或少地参与到服务过程当中，这就要求物流企业在客户参与的情况下不断对物流客户服务业务进行绩效改进。

一、物流客户服务绩效评价

定期对物流客户服务系统进行绩效评价，有利于企业发现问题、改进业务，在竞争中占据优势。对物流客户服务的绩效水平进行评价，可以运用下面几方面的指标：客户满意度、交易前评价指标、交易中评价指标、交易后评价指标。

1. 客户满意度

客户满意度是经常被提及的一项评价指标，反映了企业对客户满意程度的重视。客户满意度采用问卷调查、回访、座谈等方法来获得客户满意与否的相关信息。但由于操作性较差的缘故，在物流客户服务绩效评价的过程中，应当尽量将这一指标分解为众多的分指标，同时结合企业的市场份额、企业的形象、声誉、客户忠诚度等指标，力争能够从不同侧面全面、真实地反映客户的满意程度。

2. 交易前评价指标

交易前评价指标主要包括：库存可得率、目标交付时间、信息能力等。

3. 交易中评价指标

交易中评价指标是对物流服务提供过程中可能影响客户服务质量的关键环节的反映。具体也包括：下订单的方便性、订单满足率，订货周期的一致性、订货周期时间，订单处理正确率、订单跟踪、灵活性、货损率等。

4. 交易后评价指标

交易后评价指标是对物流服务作业活动结束后影响客户服务质量的关键因素的反映。具体包括：票据的及时性、退货或调换率、客户投诉率、客户投诉处理时间等。

企业在进行物流客户服务的绩效评价时应结合自身的特点，对上述4个指标进行修改完善，并根据评价的结果找出与企业目标的差距，进行必要的纠正和改进措施，不断提高物流客户服务质量。

二、客户关系管理（CRM）

随着国内物流业的不断发展，CRM（Customer Relationship Management）已经越来越受到物流企业的关注，它对企业的作用不仅仅是客户管理技能的提高，更将促进企业管理观念的更新。

客户关系管理是一种选择和管理用户以期最优化长期价值的企业策略。CRM 要求以客户为中心的企业文化来支持有效的营销和服务流程。CRM 是企业为提高核心竞争力，达到竞争致胜、快速成长的目的，树立以客户为中心的发展战略，并在此基础上开展的包括判断、选择、争取、发展和保持客户所需实施的全部商业过程；是企业以客户关系为重点，通过开展系统化的客户研究，通过优化企业组织体系和业务流程，提高客户满意度和忠诚度，提高企业效率和利润水平的工作实践，也是企业在不断改进与客户关系相关的全部业务流程，最终实现电子化、自动化运营目标的过程中，所创造并使用的先进的信息技术、软硬件和优化的管理方法、解决方法的总和。

（一）客户关系管理的基本特点

1. 以客户为中心

通过客户信息的收集，客户行为分析，客户需求预测，寻找企业的合适客户；利用客户资源，通过与客户交流、建立客户档案和与客户使用等，从中获得大量针对性强、内容具体、有价值的市场信息，包括有关产品特性和性能、销售渠道、需求变动、潜在客户等，并将其作为企业各种经营决策的重要依据，改善和发展企业与客户的协同关系，发展与客户的长期关系，为客户提高个性化服务，提高客户价值。

2. 一对一营销

CRM 追求的终极目标就是一对一营销。而这个追求的过程是需要在以客户为中心的战略思想指导下结合宏观流程、微观流程来实现。CRM 战略就是要促使企业用户从最初的盲目大量化营销，到目标营销，到客户需求导向营销，最终到一对一营销。在实现一对一营销后，才能真正抓住最有价值、最有潜力的客户，进行不同级别、不同价值的客户的差异化服务，进行针对性更强的、个性化更高的市场营销，甚至将客户互动进来，使客户既是消费者又是市场推动者。

3. 共享信息平台

通过建立共享信息平台系统，使物流企业与客户在客户服务、市场竞争及支持方面形成彼此协调的全新关系实体，为企业带来长久的竞争优势，提高客户价值。

（二）客户关系管理的主要内容

1. 客户识别与管理

以客户为中心，对于市场营销就是一个角度的不同。不再是从产品和服务角度出发去考虑市场怎么做，而是先分析、挖掘企业的潜在客户，潜在客户在不同类型条件下的细分，潜在客户的主要特征、兴趣、购买动向等。

CRM 能够根据往期销售、同行业销售、现有销售的客户资料来分析潜在客户群，客户的基本类型及需求特征和购买行为，并在此基础上分析客户差异对企业利润的影响等问题。

2. 差异化管理

差异化，即实施阶段管理和服务差异化。对于意向客户，CRM 可以将商机跟进的销售过程分阶段管理，进行细化和规范化管理，确定不同阶段的重点、购买价值、资源配量、差异化体现等。

另外，对于不同阶段以及不同购买价值的客户，CRM 提供的服务也是有差异的，分辨谁是一般客户、合适客户和关键客户是 CRM 的基础。CRM 最终要确保 80%的资源分配在产生 80%价值的 20%客户身上，而不是一视同仁。

3. 客户互动管理

与客户的交流是一个互动的过程，在一个客户的购买生命周期中，这是一个不断反复迭代的互动过程。CRM 与客户的互动能够带来如下直接效果：①客户可以不受地域和时间限制，随时访问企业，通过企业呼叫中心自动进入 CRM 信息库，获取相关信息或得到服务指导；②企业能够对各种销售活动进行跟踪，对客户的需求动向和偏好进行分析；③企业可以从不同的角度获得成本、利润、生产率、风险率等信息，并根据客户需求变化对产品、职能、物流配送等进行适时调整，及时了解供应商的业务安排、工作进程、流程速度、信用风险、环境变化等信息，规避供应链风险，保护客户利益不受影响。

4. 客户化管理

客户化管理，即实现客户化的产品、服务及持续的客户生命周期。现在提倡的是个性化服务，千篇一律的服务最终将导致客户的流失。而提供个性化服务，就需要深入的从客户角度出发，从客户的喜怒哀乐出发，从客户的一举一动、一言一行入手，分析挖掘客户愿意为之付出的价值点在哪里。从而将客户的生命周期持续，交叉产生不同的购买价值。

三、改善物流服务绩效的措施

(一) 正确认识顾客期望

好的客户服务必定是以客户需求为首要出发点。物流体系中各影响方，从各自的利益角度出发，对物流相关的期望如图 11-2 所示。

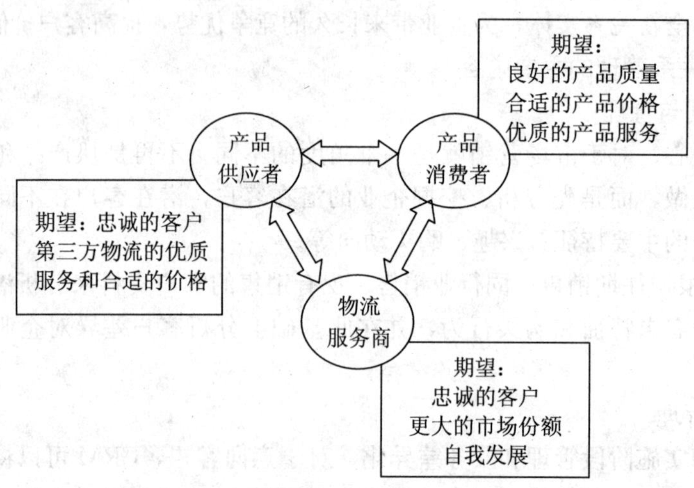

图 11-2 物流各服务方的期望示意

从图 11-2 中可以看出，产品供应者的期望是忠诚的消费者客户，以及第三方物流优质的服务和合适的价格；产品消费者的期望是良好的产品品质、合适的产品价格、优质的产品服务，尤其在产品服务中，产品可得性和运输及时性、准确性等服务质量对其期望影响相当大；物流服务商的期望是忠诚的客户、更大的市场份额及自身发展。

(二) 了解客户需求，制定差异化服务策略

1. 取得准确的物流客户信息

物流客户信息的指标有市场占有率、投诉抱怨率、市场覆盖率、内部职能协调与响应流程时间、企业对客户的响应时间、价格适度性、环境与产品、客户关系管理等。

2. 分析客户物流需求

主要包括：划分客户群、了解客户需求的多样性、提升客户需求、了解竞争对手的水平、调查客户的潜在需求、制定差异化服务策略。

（三）保证具有竞争优势的物流服务水平

物流企业为了保证具有竞争优势的物流服务水平应从以下几个方面入手：

（1）弄清都有哪些服务项目。

（2）通过问卷调查、专访和座谈，收集有关物流服务的信息。了解顾客提出的服务要素是否重要，他们是否满意，与竞争对手相比是否具有优势等。

（3）根据顾客不同的需求，归纳成为不同的类型。由于顾客特点不同，需要也不同，进行分类时以什么样的特点作基准，十分重要。因此，首先要找出哪些项目影响核心服务的特点，并要考虑能否做得到，而且还必须考虑对本公司效益的贡献程度，以及顾客的潜在能力等企业经济原则。

（4）分析物流服务的满意程度。分析对各个不同的服务项目是否满意。

（5）分析与相互竞争的其他公司相比本公司的情况如何。了解本公司和竞争对手在物流需要上的满意程度一般称为基准点分析。所谓基准点分析，就是把本公司产品、服务以及这些产品和服务在市场上的供给活动与最强的竞争对手或一流公司的活动与成绩连续地进行比较评估。

（6）按顾客的类型确定物流服务形式。首先应依据顾客的不同类型，制定基本方针。在制定方针时首先要对那些重要的顾客，重点地给予照顾，同时要作盈亏分析。还不要忘记分析在物流服务水平变更时成本会发生什么样的变化。

（7）建立物流机制，即为实现上述整套物流服务项目的机制。

（8）对物流机制进行追踪调查。定期检查已实施的物流服务的效果。

总之，要周而复始地进行“了解物流服务现状”、“对物流服务进行评估”、“确定物流服务形式”、“重新构筑物流系统”、“定期征求客户意见”等项工作。

（四）提高物流企业的客户赢利潜力

任何客户都存在赢利的能力，因此都应当纳入物流企业关注的范畴。物流企业在决定客户服务内容时，应根据客户的经营规模、类型和对本企业的贡献度分别采取支援型、维持改善型和专注服务型策略。

1. 保护赢利客户，采取支援型策略

赢利客户是物流企业生存与发展的关键，因此应与其中的优质客户，建立长期、稳定的战略联盟；加强对赢利客户的保护，使他们免受竞争对手的攻击；对战略合作者实施积极的支援型策略，提供全程和配套的服务，根据合作者的要求来改变或重组服务流程。这些措施虽然可能暂时增加成本，但如能提高这些客户的忠诚度，就会保证物流企业从这些客户身上获得源源不断的利润，这为物流企业的生存和长期发展奠定了基础。

2. 发展与不赢利但有贡献客户的关系，采取改善、维持型策略

这些客户虽然从利润上看是负的，但仍对企业有贡献，可补偿一部分的固定成本，减少企业的亏损。而且他们还存在着巨大的改善空间，通过适当的措施，可能使这些客户转化为赢利客户，为物流企业的利润作出贡献。

3. 改变最不赢利客户的购买行为，采取专注型策略

对最不赢利客户，也必须慎重对待。这些客户往往是业务量庞大的超级客户，这些客户，尤其是其中知名的大客户，对企业的意义除了利润外，还有其品牌和影响力，便于企业作为“参考客户”或“榜样客户”去开拓新客户市场。如企业专注这些客户的个性化需求，为他们量身定制专门的服务策略，则很可能通过多样化的增值服务来提高服务单价，从而使这些客户转变为赢利客户，为企业创造巨额利润。

(五) 引进优秀物流人才，加强员工素质培养

物流服务的最终完成者是一线员工。企业的服务理念、服务质量最终都是通过员工传递给顾客，所以，要把“客户第一”与“员工第一”摆在同等重要的位置。对员工进行素质培养、业务培训和企业精神熏陶，使他们胜任工作，并鼓励和激励员工开展一些创造性的服务。

本章案例：联邦快递的客户服务质量管理

近年来，物流企业越来越重视物流规划、管理与咨询层面的增值服务功能，以实现提升客户经济效益、服务水平及企业竞争力的三大使命。联邦快递的“全球物流专家”物流服务理念，正是在此背景下应势而生。

随着电子商务风潮在全球的兴起，客户对物流的需求大大增加，原因是企业为了解决物流方面的问题，可以适应越来越迅速的信息交换趋势，势必会越来越依赖快递业者所提供的服务。

联邦快递认为快递业者应该增加自己顾客的附加价值，朝着做顾客的“全球物流专家”的角色迈进，特别是对企业用户来说，联邦快递的全球物流专家角色，可以为客户提供增值服务。要成为企业全球物流管理的后盾，联邦快递势必须与顾客建立良好的互动与信息沟通模式，企业才能掌握货品的所有配送过程与状况，就如同掌握企业内部的物流部门一样。

物流管理起初只是联邦快递内部服务而已，用以解决联邦快递日益庞杂的系统内的物流作业问题，并协调各部门之间的关系，联邦快递由偶尔为顾客免费提供全球物流管理服务，演变为替顾客解决其产销的物流问题。由于客户普遍对此服务反应良好，以致到后来全球物流服务已渐渐发展成联邦快递企业内一个具有独立咨询服务的单位和利润中心。

联邦快递的全球物流管理部门，已经成为能为客户提供高增值服务的部门，其业务内容包括：

①提供整合式维修运送服务。联邦快递提供货件的维修运送服务，例如，将损坏电脑或电子产品维修后送还使用者。

②扮演顾客的零件或备料基地。联邦快递可扮演客户的零售商的角色，提供诸如，接受订单与客户服务处理及仓储服务功能等。

③协助顾客合并分销业务。联邦快递可协助顾客协调数个地点之间的产品组件运送

过程。在过去这些作业都必须由顾客自己设法将零组件由制造商处送到终端用户手上，现在的快递业者则可全程代劳。

综上所述，联邦快递的全球物流业务利用其快递物流中心，协助顾客节省仓储系统的大笔固定成本投资，同时顾客还能享有变动成本的便利（使用才付费），更重要的是，顾客将货品交由联邦快递运送后随时可以通过联邦快递提供的各种顾客关系管理机制，确切掌握货品的行踪。

联邦快递在亚太区推出其首项 WAP 功能货件追踪服务。用户现时可透过其装设 WAP 的流动电话合作此项服务，服务内容包括追踪联邦快递付运的货件，联络联邦快递服务热线，查询收件箱地点及服务中心地位，并阅览有关联邦快递的最新消息。通过 WAP 功能，联邦快递帮助客户规划最佳的全球物流路线与方案，协助客户简化与缩短货品运转的流程。

联邦快递一向致力于提供最先进、最具效率的电子方案，为客户付运货件。透过最新推出的 WAP 追踪货件服务，客户可突破时间及地域限制，在亚洲快捷方便地阅览大量有关联邦快递的资讯，并借此使用各项不同服务。除了现时的电子商贸工具组合，联邦快递更提供包罗万象的服务，如客户销售预测、客户商品促销等，不论何时何地均可满足公司及个人客户的不同需要。

联邦快递在 2000 年 8 月初，已加强其电子商贸工具组合，并为其整套专为亚洲区客户而设的电子商贸服务重新命名，此电子商贸工具组合由四部分组成，包括 EC 网站送运服务、EC 虚拟商店、EC 库存管理系统以及 EC 退货管理系统。

此项崭新的 WAP 货件追踪服务，已率先在香港及新加坡推出，并计划陆续拓展至马来西亚、澳洲、泰国、菲律宾及中国等地。联邦快递服务的范围很广，每天为全球 210 个国家及地区运送 230 万件货件，提供快捷、可靠及准时的速递服务。公司提供 24 小时至 48 小时的“门到门”服务，并设“原银奉还”保证。公司的空运航线遍布全球，并拥有世界一流的空运设备，成为全球最具规模的速递运输公司之一，赢得了客户的信任。

联邦快递的客户服务质量管理，不仅重视建立良好的物流服务关系，还十分重视在服务全过程中与客户的合作关系：不断满足客户需求；以超出客户期望值的服务，赢得客户信任；不断通过改善客户质量来提升客户价值，最终达到双赢的目的。

案例分析与思考

1. 试述联邦快递物流企业的发展前景。
2. 试述联邦快递成功的原因。
3. 联邦快递的客户服务管理与其他快递有什么不同？

复习思考题

1. 简述物流客户服务的定义及其基本特点。
2. 分析物流客户服务的构成要素。
3. 企业物流服务的水平如何来确定?
4. 企业物流服务的内容都包括哪些?
5. 企业改善物流服务绩效的措施都包括哪些?

第十二章 企业物流成本管理

物流成本是企业总成本的一个组成部分，是企业管理物流运作的重要指标，降低物流成本是物流管理的一项重要任务，也是企业改进管理、提升利润，从而增强竞争力的有效途径。本章对物流成本的含义和分类、物流成本的计算方法和物流成本的管理等内容进行介绍。

第一节 企业物流成本概述

一、物流成本的含义及构成

(一) 物流成本的含义

物流成本是指物流活动中所消耗的物化劳动和活劳动的货币表现。具体地说，它是产品在实物运动过程中，如包装、搬运装卸、运输、储存、流通加工等各个活动中所支出的人力、物力和财力的总和。也就是说，物流成本是从原材料供应开始一直到将商品送达到消费者手上为止所发生的全部物流费用。

企业物流成本由于所考虑的费用范围不同，会产生各种广义、狭义的物流成本概念。我们先来看一下最狭义的物流成本，它是仅把生产厂家向外部支付的物流费用算作物流成本。除此之外，若再加上企业内消费掉的物流费用，则是一般的生产企业的狭义物流成本。当在此基础上再将材料的物流费用包括进来的话，就形成了生产企业的广义物流成本。再拓展开来，除这些生产企业物流费用外，再将销售企业的费用也包括进来，才是最广义的物流成本。其内容如图 12－1 所示。

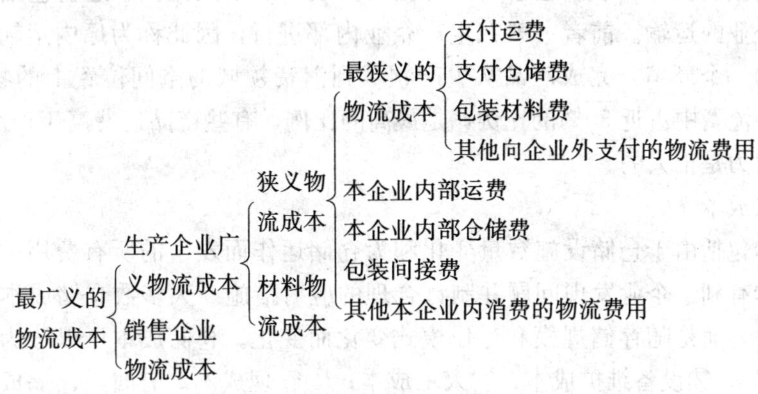

图 12－1 企业物流成本含义构成

研究物流成本的目的是要将混入其他费用科目的物流成本全部抽取出来、使人们能够清晰地看到潜藏的物流成本，以便加以管理和控制。因此，我们必须清楚了解物流成本的构成和分类。

(二) 物流成本的构成

研究物流成本的构成，可以从两个角度入手，一是基于其所处的领域将物流成本分为流通企业物流成本和生产企业物流成本；二是从管理的角度，即区分物流功能，基于物流活动的细分找出成本的具体所在，此种方法将物流成本分为运输成本、仓储成本、存货成本、流通加工成本、配送成本、包装成本和装卸搬运成本等。

1. 区分不同领域的物流成本构成

(1) 流通企业物流成本的构成

在我国，流通企业物流成本是指在组织物品的购进、运输、保管、销售等一系列活动中所耗费的人力、物力和财力的货币表现，其基本构成主要有人工费用，如企业员工工资及福利费；支付给有关部门的服务费，如运杂费、邮电费等；经营过程中的合理消耗，如商品损耗、固定资产折旧等；财务费用，如支付的贷款利息等；以及经营过程中的各种管理费用，如办公费、差旅费等。

(2) 生产企业物流成本的构成

比起流通企业，生产企业的物流成本构成更为复杂，主要是指企业在供应、生产、销售、回收等过程中所发生的运输、包装、保管、输送、回收等方面的成本。其具体包括①供应、仓储、搬运和销售环节的职工工资、奖金、津贴以及福利费等；②生产材料的采购费用，包括运杂费、保险费、合理损耗成本等；③产品销售费用，如广告费、运输费、展览推销费、信息费等；④仓储保管费，如仓库维护费、搬运费等；⑤有关设备和仓库的折旧费、维修费、保养费等；⑥营运费用，如能源消耗费、物料消耗费、折旧费、办公费、差旅费、保险费、劳动保护费等；⑦财务费用，如仓储物资占用的资金利息；⑧回收废品发生的物流成本等。

2. 区分物流功能的物流成本构成

(1) 运输成本

运输是物流的核心环节，运输成本占据物流成本的很大比例。运输包括生产企业的运输和流通企业的运输。前者一般在生产企业内部进行，因此称为厂内运输；后者则作为流通领域的一个环节，完成产品从生产领域到消费领域的空间位置上的物理性转移。运费在全部物流费中占近50%的比例，是最高的比例，有些产品运费高于产品的生产费，所以节约的潜力是很大的。

(2) 仓储成本

仓储成本包括由于仓储设施数量变化和为仓储运作而发生的所有费用。分清仓储成本和存货成本有利于企业发现问题并制订合理的应对措施。大多数仓储成本不随存货水平变动而变动，而是随存储规模和运作模式变化而变化。仓储成本可以分为：①仓库租金（空间成本）；②设备维护成本；③人工成本；④管理成本。有时，仓储成本被很不合理地划归到存货成本中。

(3) 存货成本

存货成本只包括那些随存货量变动的成本。我们把存货成本具体分为以下三类进行分析：存货管理成本、存货投资的资金成本和存货风险成本。

①存货管理成本：存货管理成本包括为持有存货而支付的税收与保险费和为取得存货而发生的订货费用。保险是为担保特定时段一定产品的价值，目前我国不收取持有存货税。

②存货投资的资金成本：物流中心持有存货所用资金是构成存货投资的资金成本的主体，公司的资金机会成本是投资其他业务收益的平均期望值。对于不同期间进入和流出物流中心的存货价值可以用不同的方法核算，现行会计中使用以下几种方法计算存货成本：先进先出法、后进先出法、加权平均法、移动平均法、计划成本法、毛利率法、零售价法等。不论企业采用哪种方法计算存货成本，有一点是肯定的：即存货越多，全部存货的资金成本也就越高。企业在存货上的投资是企业的市场战略的组成部分。

③存货风险成本：存货风险成本有四种，主要包括损坏成本、窃损成本、陈旧成本、易地成本。

(4) 流通加工成本

流通加工是在物品从生产领域向消费领域流动的过程中，为促进销售、维护产品质量和提高物流效率，对物品进行加工，使物品发生物理、化学或形状的变化。流通加工是物流中的重要利润源，是一种低投入高产出的加工方式。实践证明，有的流通加工通过改变装潢使商品档次跃升而充分实现其价值，有的流通加工将产品利用率一下子提高20%～50%。根据我国近些年的实践，流通加工仅就向流通企业提供利润一点，其成效并不亚于从运输和储存中挖掘的利润，是物流中的重要利润源。

(5) 配送成本

配送是按用户的订货要求，在物流据点进行分货、配货工作，并将配好之货送交收货人的活动。它是流通加工、整理、拣选、分类、配货、装配、运送等一系列活动的集合。通过配送，才能最终使物流活动得以实现，而且，配送活动增加了产品价值，它还有助于提高企业的竞争力。对配送的管理就是在配送的目标即满足一定的顾客服务水平与配送成本之间寻求平衡：在一定的配送成本下尽量提高顾客服务水平，或在一定的顾客服务水平下使配送成本最小。

(6) 包装成本

我国国家标准《物流术语》(GB/T 18354—2006) 对运输包装的定义是："以满足运输、储存要求为主要目的的包装。"从这个定义中可看出，运输包装涉及多部门、多作业。包装好坏在一定意义上反映了一个国家的综合生产力发展水平。运输包装尤其如此。

(7) 装卸搬运成本

装卸搬运成本是唯一贯穿物流过程的环节，从原材料到库时的搬运，到半成品在不同工序之间的转移，到产品的入库和出库，以及产品的运输，都涉及搬运装卸。

(三) 物流成本的分类

按照不同的性质、特点对物流成本进行适当的分类，是深入研究物流成本的前提，也是针对不同环节物流成本采取适当控制与优化措施的基础。

1. 按照物流成本的发生领域划分

按照物流成本的发生领域可以划分为采购环节的物流成本、生产环节的物流成本、销售环节的物流成本、退货物流成本和废弃物物流成本。

采购环节的物流成本是指发生在企业原材料采购过程中的物流成本，如材料采购过程中的运输费用；生产环节的物流成本是指发生在生产环节的实物流动成本，如中间产品的搬运，不同生产单位间产品的运输成本等；销售环节的物流成本是指将产品运送到消费者或中介商的过程中所发生的物流成本，如送货过程中发生的成本支出。

2. 按照物流成本的功能划分

按照物流成本的功能可以划分为运输费、保管费、包装费、流通加工费、信息处理费和物流管理费。

运输费是指根据汽车、船舶、飞机、铁路等运输机关，从一地到另一地，为了转移货物所需要的成本，包括运输装卸费。保管费是指在仓库、物流中心等设施内，为了在一定期间保有货物所需要的成本，包括保管装卸费。包装费是指为了物理性地保护商品所需要的成本，不包括商业包装费。流通加工费是指在流通阶段作为物流的一个环节进行加工所需要的成本，除去涉及生产和商流的部分。信息处理费是指为了处理、传达与货物相关的信息所需要的成本，除去涉及生产、销售及本公司业务的部分。物流管理费是指在本公司以及现场的物流部门中进行管理所需要的费用，由人工费和营运费构成。

3. 按照物流成本的支付形态划分

按照物流成本的支付形态可以划分为对内支付的物流成本和对外支付的物流成本。对内支付的物流成本是指发生在企业内部、与生产过程直接相关的那部分物流成本，如中间产品流动过程中发生的搬运成本以及与之相关的设备支出等；对外支付的物流成本是指发生在企业以外、与生产过程无直接联系的那部分物流成本，如原材料的运输、储存成本，产品销售过程总的运输成本等。

4. 按照物流成本的性质划分

按照物流成本的性质可以分为物流固定成本与物流变动成本。物流固定成本是指不随着企业净物流量变动的那部分成本，如已发生的设备投资和折旧、仓库的维护费用、人员支出等；物流变动成本是指随着企业净物流量变动而变化的那部分成本，如物流过程中所发生的运输成本、保险费用、保管费用等。

5. 按照物流成本的发生特性划分

按照物流成本的发生特性可以划分为隐性物流成本和显性物流成本。隐性物流成本是指与企业其他成本密切相关，一般被归于其他成本类别的物流成本，如企业生产过程中中间产品的搬运过程，一般着重考虑的是效率问题，而不是直接分析其所发生的成本；显性物流成本是指能够独立予以区分、直接归属于实物流动过程的成本，这部分成本虽未直接单独核算，但已引起管理者的足够重视，如部分原材料的运输成本可以直接分配到材料成本中而不单独予以计算和计量，但企业还是会单独考虑其影响的。

6. 按照物流成本的可控性划分

按照物流成本的可控性可以划分为可控物流成本和不可控物流成本。可控物流成本是指企业可以直接采取措施加以控制其发生的那部分物流成本，如经济订货量决策可以适当控制存货的资金占用量，不同运输方式的选择可以适当控制单位物流成本等；不可控物流成本是指企业无法施加影响以减少其发生的那部分物流成本，如不同运输方式下的单位运输成本、由于外部因素引起的附加成本等。

7. 按照物流成本发生的层次性划分

按照物流成本发生的层次性可以划分为宏观物流成本、中观物流成本和微观物流成本。

宏观物流成本是从国民经济总量的角度出发，分析国内物流活动的总开支水平。常见的指标是国内物流成本与该国 GDP 的比例，该比例越小，说明物流业越发达。

中观物流成本是采用标准管理的理念，研究某个行业、产品，甚至是某项服务的平均物流成本数据，从而建立分行业或分产品的物流成本参考标准。

微观物流成本是指发生在企业内部的为实现物流服务功能而支付的各种物流成本费用。影响微观物流成本的因素包括物流结构、客户服务水平和物流规模三个方面。首先，单个企业的物流活动作为生产环节的辅助和延伸，受到经营管理水平和市场特点的影响，当企业内部的物流结构因此确定之后，物流成本也就不只是物流部门可以控制的，如过多进货或过多生产造成积压的库存费用，以及紧急运输发货的费用等；其次，物流是一个人造的开放系统，其本质是一种服务，不同的服务水平将会产生不同的物流成本，二者之间没有绝对的正比关系；最后，物流成本随着物流规模的变化而变化，主要针对物流配送的半径和物流中心的数量而言，适度的物流规模通常对应着最低的物流成本。

当然，无论采取什么样的角度对物流成本进行研究，其最值得关注的特征主要有两点：

第一，界定和核算的复杂性。由于物流活动涉及面广、关联性强，导致很多成本项目都无法准确掌握，统计时难免挂一漏万。

第二，物流成本之间存在二律背反现象。一种物流功能的成本削减可能会使另一种物流功能的成本增加，对于企业物流的决策者而言，研究企业去留成本时应该着眼于供应链的整体而不是某个局部的功能要素。

二、物流成本相关理论

（一）物流成本的“黑大陆”学说

著名的管理学权威 P. E. 德鲁克曾经讲过：“流通是经济领域里的黑暗大陆”。德鲁克泛指的是流通，但是，由于流通领域中物流活动的模糊性尤其突出，是流通领域中人们更认识不清的领域，所以，“黑大陆”说法现在转向主要针对物流而言。财务会计中涉及物流的部分极少，所以在很长的时间内，人们并没有注意到物流成本这一块领域，物流成本项目如何划分、如何科学的核算，都没有现成的成熟机制。所谓物流的

“黑色大陆”是指物流是一块未被发掘的大陆，这一学说充分体现了物流领域的可开发潜力。

（二）物流成本的冰山理论

物流成本冰山理论由日本早稻田大学的西泽修教授提出，是指当人们读财务报表时，只注意到企业公布的财务统计数据中的物流费用，而这只能反映物流成本的一部分，因此有相当数量的物流费用是不可见的。

物流成本正如浮在水面上的冰山，人们所能看见的向外支付的物流费用好比冰山的一角，而大量的是人们所看不到的沉在水下的企业内部消耗的物流费用，当水下的物流内耗越深反而露出水面的冰山就越小，将各种问题掩盖起来。这种现象只有大力削减库存，才能将问题暴露并使之得到解决。

因此，航行在市场之流上的企业巨轮如果看不到海面下的物流成本的庞大躯体的话，那么最终很可能会遭到与“泰坦尼克号”同样的厄运。而一旦物流所发挥的巨大作用被企业开发出来，它给企业所带来的丰厚利润则是相当可观的。

（三）物流成本削减的乘法效应理论

物流成本削减乘法效应理论是指物流成本下降后会引起销售额成倍的增长。假定销售额为100亿元，物流成本为10亿元，如物流成本下降1亿元，就可得到1亿元的收益。这个道理是不言自明的。现在假定物流成本占销售金额的10%，如物流成本下降1亿元，销售金额将增加10亿元，这样，物流成本的下降会产生极大的效益。这个理论类似于物理学中的杠杆原理，物理成本的下降通过一定的支点，可以使销售额获得成倍的增长。物流成本是以物流活动的整体为对象的，是唯一基础性的、可以共同使用的基本数据。因此，它是进行物流管理、使物流合理化的基础。

（四）物流成本的效益背反理论

所谓效益背反，是指欲使系统中任何一个要素增益，必将对系统中其他要素产生减损的作用。因此，设计和管理物流系统时，应把物流系统作为一个系统来研究。用系统的方法来管理物流系统时，系统追求的目标应是：以较少的物流成本，用较好的物流服务为用户提供物品，同时，尽量减少外部环境中不经济因素的影响。

第二节　物流成本计算

物流成本计算是物流成本管理的前提，只有正确地核算物流成本，提供物流成本准确、完整的信息，才能运用物流成本数据，发现物流活动中存在的问题，配之以科学的管理方法，大大提高物流管理的效率，降低物流成本。

一、物流成本的计算条件

根据物流成本的冰山理论，有很多项物流成本是隐藏的，物流成本可大可小，完全在于其计算的范围和方法。因此，在计算物流成本时，必须首先明确计算条件。如果无视计算条件，物流成本也就失去了存在的意义。物流成本的计算条件指：物流范围、物流功能范围和物流成本计算科目范围。

（一）物流范围

物流范围顾名思义，指的是物流的起点和终点的长短。人们通常所讲的物流有：原材料物流，即原材料从供应商转移到工厂时的物流；工厂内物流，即原材料、半成品和成品在工厂的不同车间、不同地点的转移和存储；从工厂到仓库的物流；从仓库到客户的物流，这个范围相当广阔。所以，从哪里开始到哪里为止，作为物流成本的计算对象，会引起物流成本发生很大的变化。

（二）物流功能范围

物流功能范围是指在运输、保管、配送、包装、装卸、信息管理等众多的物流功能中，把哪种物流功能作为计算对象。可以了解，把所有的物流功能作为计算对象的成本与只把运输、保管这两种功能作为计算对象，所得到的成本会相差悬殊。

（三）物流成本计算科目范围

成本计算科目的范围所指的是在会计科目中，把其中的哪些科目列入计算对象的问题。在科目中，有运费开支、保管开支这类企业外部的开支，也有人工费、折旧费、修缮费、燃料费等企业内部的支出。这么多开支项目，把哪些列入成本计算对象中，对物流成本的大小影响颇大。所以，这三方面的范围选择，决定着物流成本的大小。企业在制定计算条件时，绝不可盲目或大意，而应立足于本企业的实际情况，来决定自己的合理物流成本计算科目范围。成本只有在相同的条件下进行比较时，才能得出正确的结果。因此，为了各个企业间的相互比较，在计算物流成本时，应尽快统一行业标准。

二、物流成本的核算

我国企业尚未进行过系统的物流成本计算，在借鉴国际物流成本核算方法的基础上，结合我国企业财务会计核算的内容，下面主要介绍按支付形态、按功能、按适用对象、采用作业成本法四种具体的物流成本核算方法：

（一）按支付形态划分并核算物流成本

把物流成本分别按运费、保管费、包装材料费、自家配送费（企业内部配送费）、人事费、物流管理费、物流利息等支付形态记账。从中可以了解物流成本总额，也可以了解什么经费项目花费最多。对认识物流成本合理化的重要性，以及考虑在物流成本管理应以什么为重点，十分有效。

（二）按功能划分并核算物流成本

分别按包装、配送、保管、搬运、信息、物流管理等功能来核算物流费用。从这种方法可以看出哪种功能更耗费成本，比按形态计算成本的方法能更进一步找出实现物流合理化的症结。而且可以计算出标准物流成本（单位个数、质量、容器的成本），进行作业管理，设定合理化目标。

（三）按适用对象划分并核算物流成本

按适用对象核算物流成本，可以分析出物流成本都用在哪一种对象上。如可以分别把商品、地区、顾客或营业单位作为适用对象来进行计算。按支店或营业所核算物流成本，就是要算出各营业单位物流成本与销售金额或毛收入的对比，用来了解各营业单位物流成本中存在的问题，以加强管理。按顾客核算物流成本的方法，又可分按标准单价计算和按实际单价计算两种计算方式。按顾客计算物流成本，可用来作为选定顾客、确定物流服务水平等制定顾客战略的参考。按商品核算物流成本是指通过把按功能计算出来的物流费，以各自不同的基准，分配各类商品的方法计算出来的物流成本。这种方法可以用来分析各类商品的盈亏，在实际运用时，要考虑进货和出货差额的毛收入与商品周转率之积的交叉比率。

（四）采用作业成本法核算物流成本——物流 ABC

以活动为基础的作业成本分析法被认为是确定和控制物流费用最有前途的方法。

作业成本法，即是指以作业为基础，把企业消耗的资源按资源动因分配到作业，以及把作业收集的作业成本按作业动因分配到成本对象的核算方法。

其理论基础是：生产导致作业的发生，作业消耗资源并导致成本的发生，产品消耗作业，因此，在作业成本法下成本计算程序就是把各种资源库成本分配给各作业，再将各作业成本库的成本分配给最终产品或劳务。以作业为中心，不仅能提供相对准确的成本信息，而且还能提供改善作业的非财务信息。以作业为纽带，能把成本信息和非财务信息很好地结合起来，即以作业为基础分配成本，同时以作业为基础进行成本分析和管理。

应用作业成本法核算企业物流并进行管理可分为如下四个步骤：

1. 界定企业物流系统中涉及的各个作业

作业是工作的各个单位，作业的类型和数量会随着企业的不同而不同。例如，在一个顾客服务部门，作业包括处理顾客订单、解决产品问题以及提供顾客报告三项作业。

2. 确认企业物流系统中涉及的资源

资源是成本的源泉，一个企业的资源包括直接人工、直接材料、生产维持成本（如采购人员的工资成本）、间接制造费用以及生产过程以外的成本（如广告费用）。资源的界定是在作业界定的基础上进行的，每项作业涉及相关的资源，与作业无关的资源应从物流核算中剔除。

3. 确认资源动因，将资源分配到作业

作业决定着资源的耗用量，这种关系称作资源动因。资源动因联系着资源和作业，它把总分类账上的资源成本分配到作业中。

4. 确认成本动因，将作业成本分配到产品或服务中

作业动因反映了成本对象对作业消耗的逻辑关系，例如，问题最多的产品会产生最多顾客服务的电话，故按照电话数的多少（此处的作业动因）把解决顾客问题的作业成本分配到相应的产品中去。

第三节 物流成本控制与管理

一、物流成本管理的概念及原则

（一）物流成本管理的概念

物流成本管理是对物流相关费用进行的计划、协调与控制，是通过成本去管理物流，即管理的对象是物流而不是成本，是管理者在满足客户要求的前提下，在控制物流成本与降低物流成本的过程中所采取的一切手段，目的是以最低的成本达到预期的目的。物流成本管理可以说是以成本为手段的物流管理方法。人们应该将所计算的物流成本应用到物流活动的管理中去，将物流成本管理融入企业管理文化，提高企业经济效益。

（二）物流成本管理的基本原则

1. 全员参加原则

任何物流活动都会发生成本，都应在物流成本管理的范围之内。任何物流成本都是人参与物流作业的成本，只能由参与或者有权干预这些活动的人来管理。所以，每个职工都应负有成本责任。

2. 领导推动原则

由于成本管理涉及全体职工，并且不是一件令人欢迎的事情，因此必须由最高当局来推动。

3. 系统性原则

实施物流成本的系统管理可有效地克服物流成本的“此消彼长”现象。因为系统管理是对物流活动的全过程进行统一管理，充分协调各部门、各环节的成本费用，以总成本降低为主要目的，最大程度地降低物流成本。实施全面成本管理可加快物流合理化过程。物流成本的系统管理认为物流作业质量、成本和时间经过协调，可以达到长期消减成本的目的。

4. 经济原则

这条原则是指因推行物流成本管理而发生的成本，不应超过因缺少管理而丧失的收益。任何物流活动都要讲求经济效果，也都需付出一定的代价，但这种代价不能太大，不应超过建立这项管理所能节约的成本。

5. 因地制宜原则

因地制宜原则是指成本管理系统必须个别设计，适合特定企业、部门、岗位和成本项目的实际情况，不可照搬别人的做法。具体说来，要适合特定企业的特点，要适合特定部门的要求，要适合职务与岗位责任要求，要适合成本项目的特点。

（三）物流成本管理的意义

1. 物流成本管理的宏观意义

在企业经营活动中，物流是渗透到各项经营活动之中的活动。物流成本就是用金额评价物流活动的实际情况。现代物流成本，是指从原材料供应开始一直囊括到将商品送达到消费者手上所发生的全部物流费用。由于物流成本没有被列入企业的财务会计制度，制造企业习惯将物流费用计入产品成本，商业企业则把物流费用与商品流通费用混在一起。因此，无论是制造企业还是商业企业，不仅难以按照物流成本的内涵完整地计算出物流成本，而且连已经被生产领域或流通领域分割开来的物流成本，也不能单独真实地计算并反映出来。无论是企业物流还是物流企业，如何对自身物流资源进行优化配置，如何实施管理和决策，以期用最小的成本带来最大的效益，都是它们所面临的最重要问题之一。

2. 物流成本管理的微观角度

企业经营的一个重要目标是以最小的投入换取最大的收益。而实现这一目标的最好途径是成本管理，物流成本的控制是对成本限额进行预算，将实际成本与目标成本限额加以比较，纠正存在的差异，提高物流活动的经济效益。单项物流活动成本降低必将导致其他部分成本增加，如果处理不当，有可能导致总成本的上升。物流总成本分析是进行一体化物流管理的关键，运用总成本分析法可以有效管理和实现真正意义上的降低成本。物流总成本是企业管理物流运作的主要指标，但物流总成本本身并不能反映企业的物流运作好坏。通过物流总成本的统计分析，使企业可以从全局的角度了解自身的物流运作现状，明确目前关键的瓶颈问题以及突破口，提出解决的方法，以提高企业整体的运作绩效。

二、物流成本控制的基本内容

1. 运输费用控制

物品运输费用是承运单位向客户提供运输劳务所耗费的费用。运输费用占物流费用比重较大，据日本通产省对六大类货物物流成本的调查结果表明，运输成本占总物流成本的40%左右，是影响物流费用的重要因素。控制方式有：加强运输的经济核算；防止运输过程中的差错事故；做到安全运输等。

2. 储存费用的控制

储存费用是指物品在储存过程中所需要的费用。控制方式：主要是加强仓储各种费用的核算和管理。

3. 装卸搬运费用的控制

装卸搬运活动是衔接物流各环节活动正常进行的关键，它渗透到物流的各个领域。装卸搬运费用是物品在装卸搬运过程中所支出费用的总和。控制方式有：对装卸搬运设备的合理选择；防止机械设备的无效作业、合理规划装卸方式和装卸作业过程。如减少装卸次数、缩短操作距离、提高被装卸物品纯度等。

4. 包装费用控制

包装起着保护产品、方便储运、促进销售的作用。据统计，包装费用约占全部物流费用的10%左右，有些商品特别是生活用品，包装费用高达10%。控制方式有：选择包装材料时要进行经济分析；运用成本核算降低包装费用，如包装的回收和旧包装的再利用；实现包装尺寸的标准化、包装作业的机械化；有条件时组织散装物流等。

5. 流通加工费用的控制

在物品进入流通领域以后，按照用户的要求进行一定的加工活动，称为流通加工，由此而支付的费用为流通加工费用。控制方式有：合理确定流通加工的方式；合理确定加工能力；加强流通加工的生产管理；制定反映流通加工特征的经济指标。

三、降低物流成本的基本思路

(一) 从流通全过程的视点来降低物流成本

对于一个企业来讲，控制物流成本，即追求本企业物流的效率化，不单是本企业的事，而应该考虑从产品制成到最终用户整个供应链过程的物流成本效率化，亦即物流设施的投资或扩建与否要视整个流通渠道的发展和要求而定。

例如，原来有些厂商是直接面对批发商经营的，因此，很多物流中心是与批发商物流中心相吻合，从事大批量的商品输送，然而，随着零售业中便民店、折扣店的迅猛发展，客观上要求厂商必须适应这种新型的业态形式，展开直接面向零售店铺的物流活动，在这种情况下，原来的投资就有可能沉淀，同时又要求建立新型的符合现代流通发展要求的物流中心或自动化设施，这些投资尽管从本企业来看，增加了物流成本，但从整个流通过程来看，却大大提高了物流绩效。

在控制企业物流成本时，还有一个问题是值得注意的，即针对每个用户成本削减的幅度有多大。特别是当零售业的价格竞争异常激烈时，零售业纷纷要求发货方降低商品的价格，因此，作为发货方的厂商或批发商都在努力提高针对不同用户的物流活动绩效，例如，将原来 1 日 1 次的商品配送，集约成 1 周 2 次的配送等。

(二) 通过实现供应链管理、提高对顾客的物流服务来削减成本

在供应链物流管理体制下，仅仅本企业的物流具有效率化是不够的，它需要企业协调与其他企业（如部件供应商等）以及顾客、运输业者之间的关系，实现整个供应链活动的效率化。也正因为如此，追求成本的效率化不仅仅是企业中物流部门或生产部门的事，同时也是经营部门以及采购部门的事，即将降低物流成本的目标贯彻到企业所有职能部门之中。

提高对顾客的物流服务是企业确保利益的最重要手段，从某种意义上来讲，提高顾客服务是降低物流成本的有效方法之一，但是，超过必要量的物流服务不仅不能带来物流成本的下降，反而有碍于物流效益的实现。例如，随着多频度、少量化经营的扩大，对配送的要求越来越高，而在这种状况下，如果企业不充分考虑用户的产业特性和运送商品的特性，一味地开展商品的翌日配送或发货的小单位化，无疑将大大增加发货方的物流成本。所以，在正常情况下，为了既保证提高对顾客的物流服务，又防止出现过剩的物流服务，企业应当在考虑用户产业特性和商品特性的基础上，与顾客方充分协调、探讨有关配送、降低成本等问题，如果能够实现 1 周 2～3 次的配送，可以商讨将由此而产生的利益与顾客方分享，从而相互促进在提高物流服务的前提下，寻求降低物流成本的途径。

(三) 借助现代信息系统的构筑降低物流成本

上面已经论述过，各企业内部的物流效率化仍然难以使企业在不断激化的竞争中取

得成本上的竞争优势，为此，企业必须与其他交易企业之间形成一种效率化的交易关系。即借助于现代信息系统的构筑，一方面使各种物流作业或业务处理能准确、迅速地进行；另一方面能由此建立起物流经营战略系统，具体地讲，通过将企业定购的意向、数量、价格等信息在网络上进行传输，从而使生产、流通全过程的企业或部门分享由此带来的利益，充分对应可能发生的各种需求，进而调整不同企业间的经营行为和计划，这无疑从整体上，控制了物流成本发生的可能性。也就是说，现代信息系统的构筑为彻底实现物流成本的降低，而不是为向其他企业或部门转嫁成本奠定了基础。

（四）通过效率化的配送降低物流成本

对应于用户的订货要求建立短时期、正确的进货体制是企业物流发展的客观要求，但是，伴随配送产生的成本费用要尽可能降低，特别是最近多频度、小单位配送的发展，更要求企业采用效率化的配送方法。一般来讲，企业要实现效率化的配送，就必须重视配车计划管理、提高装载率以及车辆运行管理。

所谓配车计划是指与用户的订货相吻合，将生产或购入的商品按客户指定的时间进行配送的计划。对于生产商而言，如果不能按客户指定的时间进行生产，也就不可能在用户规定的时间配送商品，所以，生产商配车计划的制订必须与生产计划相联系来进行。

削减配送成本的另一方面是追求车辆运行的效率化，提高车辆运行的一个有效方法是建立有效的货车追踪系统，即在车辆上搭载一个全球定位系统（GPS），通过这种终端与物流中心进行通信，一方面，对货物在途情况进行控制；另一方面，有效地利用空车信息，合理配车。

（五）削减退货成本

退货成本也是企业物流成本中一个重要的组成部分，它往往占有相当大的比例。退货成本之所以成为某些企业主要的物流成本，是因为随着退货会产生一系列的物流费、退货商品损伤或滞销而产生的费用以及处理退货商品所需的人员费等各种事务性费用。特别是出现退货的情况，一般是由商品提供者承担退货所发生的各种费用，而退货方因为不承担商品退货而产生的损失，容易很随意地退回商品，并且由于这类商品大多数量较小，配送费用有增高的趋向。不仅如此，由于这类商品规模较小，也很分散，商品入库、账单处理等业务也都非常复杂。例如，销售额 100 万元的企业，退货比率为 3%，即 3 万元的退货，由此而产生的物流费用和企业内处理费用一般占到销售物流的 9%～10%，因此，伴随着退货将会产生 3000 元的物流费。进一步由于退货商品物理性、经济性的损伤，可能的销售价格只为原来的 50%，因此，由于退货而产生的机会成本为 15000 元，综合上述费用，退货所引起的物流成本为 18000 元，占销售额的 1.8%。以上仅假定退货率为 3%，如果为 5%时，物流费用将达到 30000 元，占销售额的 3%。由此可以看出，削减退货成本十分重要，它是物流成本控制活动中需要特别关注的问题。

与上述问题相关联，要根本削减退货成本，作为企业还必须改变营业员绩效评价制度。即不是以营业员每月的销售额作为奖惩的依据，而是在考察用户在库状况的同时，以营业员年度月平均销售额作为激励的标准，这样才能在防止退货出现的情况下，提高经营效率。当然，在制度上还必须明确划分产生退货的责任，诸如，是发货业务人员因为商品数量、品种与顾客要求不一致而造成的退货就应该由发货业务人员承担相应的损失；由于错误配送而造成的退货就应当由运输业者承担。

（六）利用一贯制运输和物流外包降低成本

降低物流成本从运输手段上讲，可以通过一贯制运输来实现，亦即将从制造商到最终消费者之间的商品搬运，利用各种运输工具的有机衔接来实现，运用运输工具的标准化以及运输管理的统一化，来减少商品周转、转载过程中的费用和损失，并大大缩短商品在途时间。

在控制物流成本方面，还有一种行为是值得我们注意的，那就是物流的外包，或称第三方物流或合同制物流。它是利用企业外部的分销公司、运输公司、仓库或第三方物流公司执行本企业的物流管理或产品分销职能的全部或部分业务。其范围可以是对传统运输或仓储服务的有限的简单购买，或者是广泛的，包括对整个供应链管理的复杂的合同。它可以是常规的，即将先前内部开展的工作外包；或者是创新的，有选择地补充物流管理手段，以提高物流效益。一个物流外包服务提供者可以使一个公司从规模经济、更多地“门到门”运输等方面实现运输费用的节约，并体现出利用这些专业人员与技术的优势。另外，一些突发事件、额外费用如空运和租车等问题的减少增加了工作的有序性和供应链的可预测性。实际上，外包的利益不仅局限于降低物流成本上，企业也能在服务和效率上得到许多其他改进，如增强战略行动的一致性。提高顾客反应能力、降低投资需求、带来创新的物流管理技术和有效的渠道管理信息系统等。

四、物流成本控制的基本策略

（一）混合策略

混合策略是指配送业务一部分由企业自身完成。这种策略的基本思想是，尽管采用纯策略（即配送活动要么全部由企业自身完成，要么完全外包给第三方，如专业物流公司完成）易形成一定的规模经济，并使管理简化，但由于产品品种多变、规格不一、销量不等等情况，采用纯策略的配送方式超出一定程度后不仅不能取得规模效益，反而还会造成规模不经济。而采用混合策略，合理安排企业自身完成的配送和外包给第三方完成的配送，能使配送成本最低。

例如，美国一家干货生产企业为满足遍及全美的1000家连锁店的配送需要，建造了6座仓库，并拥有自己的车队。随着经营的发展，企业决定扩大配送系统，计划在芝加哥投资700万美元再建一座新仓库，并配以新型的物料处理系统。董事会讨论该计划时，却发现这样不仅成本较高，而且就算仓库建起来也还是满足不了需要。于是，企业把目光投向租赁公共仓库。结果发现，如果企业在附近租用公共仓库，增加一些必要设备，再加上原有的仓储设施，企业所需的仓储空间就足够了，但总投资只需20万美元的设备购置费，10万美元的外包运费，加上租金，也远远没有达到700万美元。

（二）差异化策略

差异化策略的指导思想是：产品特征不同，顾客服务水平也不同。当企业拥有多种产品时，不能对所有产品都按同一标准的顾客服务水平来配送，而应按产品的特点、销售水平，来设置不同的库存、不同的运输方式以及不同的储存地点，忽视产品的差异性会增加不必要的配送成本。

例如，一家生产化学品添加剂的公司，为降低成本，按各种产品的销售量比重进行分类：A类产品的销售量占总销售量的70%以上；B类产品占20%左右；C类产品则为10%左右。对A类产品，公司在各销售网点都备有库存；B类产品只在地区分销中心备有库存而在各销售网点不备有库存；C类产品连地区分销中心都不设库存，仅在工厂的仓库才有存货。经过一段时间的运行，事实证明这种方法是成功的，企业总的配送成本下降了20%之多。

（三）合并策略

合并策略包含两个层次，一个是配送方法上的合并；另一个则是共同配送。

1. 配送方法上的合并

企业在安排车辆完成配送任务时，充分利用车辆的容积和载重量，做到满载满装，是降低成本的重要途径。由于产品品种繁多，不仅包装形态、储运性能不一，在容重方面也往往相差甚远。车上如果只装容重大的货物，往往是达到了载重量，但容积空余很多；只装容重小的货物则相反，看起来车装得满，实际上并未达到车辆载重量。这两种情况实际上都造成了浪费。实行合理的轻重配装、容积大小不同的货物搭配装车，不但可以在载重方面达到满载，而且也充分利用车辆的有效容积，取得最优效果。最好是借助电脑计算货物配车的最优解。

2. 共同配送

共同配送是一种产权层次上的共享，也称集中协作配送。它是几个企业联合，集小量为大量，共同利用同一配送设施的配送方式。其标准运作形式是：在中心机构的统一指挥和调度下，各配送主体以经营活动（或以资产为纽带）联合行动，在较大的地域内协调运作，共同对某一个或某几个客户提供系列化的配送服务。

这种配送有以下两种情况：

（1）中小型生产、零售企业之间分工合作实行共同配送。即同一行业或在同一地区的中小型生产、零售企业单独进行配送的运输量少、效率低的情况下进行联合配送，不仅可减少企业的配送费用，配送能力得到互补，而且有利于缓和城市交通拥挤，提高配送车辆的利用率。

（2）几个中小型配送中心之间的联合。针对某一地区的用户，由于各配送中心所配物资数量少、车辆利用率低等原因，几个配送中心将用户所需物资集中起来，共同配送。

（四）延迟策略

传统的配送计划安排中，大多数的库存是按照对未来市场需求的预测量设置的，这样就存在着预测风险，当预测量与实际需求量不符时，就出现库存过多或过少的情况，从而增加配送成本。延迟策略的基本思想就是对产品的外观、形状及其生产、组装、配送应尽可能推迟至接到顾客订单后再确定。一旦接到订单就要快速反应，因此采用延迟策略的一个基本前提是信息传递要非常快。

1. 实施延迟策略的前提条件

一般说来，实施延迟策略的企业应具备以下几个基本条件：

(1) 产品特征。企业在产品方面有如下特征：模块化程度高、产品价值密度大、有特定的外形、产品特征易于表述、定制后可改变产品的容积或重量。

(2) 生产技术特征。模块化产品设计、设备智能化程度高、定制工艺与基本工艺差别不大。

(3) 市场特征。产品生命周期短、销售波动性大、价格竞争激烈、市场变化大、产品的提前期短。

2. 实施延迟策略的方式

实施延迟策略常采用两种方式：生产延迟（或称形成延迟）和物流延迟（或称时间延迟)，而配送中往往存在着加工活动，所以配送实施延迟策略既可采用形成延迟方式，也可采用时间延迟方式。具体操作时，常常发生在诸如贴标签（形成延迟)、包装（形成延迟)、装配（形成延迟）和发送（时间延迟）等领域。

美国一家生产金枪鱼罐头的企业就通过采用延迟策略改变配送方式，降低了库存水平。历史上这家企业为提高市场占有率曾针对不同的市场设计了几种标签，产品生产出来后运到各地的分销仓库储存起来。由于顾客偏好不一，几种品牌的同一产品经常出现某种品牌的畅销而缺货，而另一些品牌却滞销压仓。为了解决这个问题，该企业改变以往的做法，在产品出厂时都不贴标签就运到各分销中心储存，当接到各销售网点的具体订货要求后，才按各网点指定的品牌标志贴上相应的标签，这样就有效地解决了此缺彼涨的矛盾，从而降低了库存。

(五) 标准化策略

标准化策略就是尽量减少因品种多变而导致附加配送成本，尽可能多地采用标准零部件、模块化产品。如服装制造商按统一规格生产服装，直到顾客购买时才按顾客的身材调整尺寸大小。采用标准化策略要求厂家从产品设计开始就要站在消费者的立场考虑节省配送成本，而不要等到产品定型生产出来了才考虑采用什么技巧降低配送成本。

五、物流成本管理的技术方法

准确地进行物流成本管理，必须掌握好以下几种物流成本管理的技术方法：

(一) 比较分析法

1. 横向比较

把企业的供应物流、生产物流、销售物流、退货物流和废弃物物流（有时包括流通加工和配送）等各部分物流费分别计算出来，然后进行横向比较，看哪部分发生的物流费用最多。如果是供应物流费用最多或者异常多，则再详细查明原因，堵住漏洞，改进管理方法，以便降低物流成本。

2. 纵向比较

把企业历年的各项物流费用与当年的物流费用加以比较，如果增加了，再分析一下为什么增加，在哪个地方增加了，增加的原因是什么？假若增加的是无效物流费，则立即改正。

3. 计划与实际比较

把企业当年实际开支的物流费与原来编制的物流预算进行比较，如果超支了，分析一下超支的原因，在什么地方超支？这样便能掌握企业物流管理中的问题和薄弱环节。

（二）综合评价法

比如采用集装箱运输，一可以简化包装，节约包装费；二可以防雨、防晒，保证运输途中物品质量；三可以起仓库作用，防盗、防火。但是，如果包装由于简化而降低了包装强度，货物在仓库保管时则不能往高堆码，浪费库房空间，降低仓库保管能力。由于简化包装，可能还影响货物的装卸搬运效率等。那么，利用集装箱运输是好还是坏呢？就要用物流成本计算这一统一的尺度来综合评价。分别算出上述各环节物流活动的费用，经过全面分析后得出结论，这就是物流成本管理。即通过物流成本的综合效益研究分析发现问题，解决问题，从而加强物流管理。

（三）排除法

在物流成本管理中有一种方法叫活动标准管理。其中一种做法就是把物流相关的活动划分为两类，一类是有附加价值的活动，如出入库、包装、装卸等与货主直接相关的活动；另一类是非附加价值的活动，如开会、改变工序、维修机械设备等与货主没有直接关系的活动。其实，在商品流通过程中，如果能采用直达送货的话，则不必设立仓库或配送中心，实现零库存，等于避免了物流中的非附加价值活动。如果将上述非附加价值的活动加以排除或尽量减少，就能节约物流费用，达到物流管理的目的。

（四）责任划分法

在生产企业里，物流的责任究竟在哪个部门？是物流部门还是销售部门？客观地讲，物流本身的责任在物流部门，但责任的源头却是销售部门或生产部门。以销售物流为例，一般情况下，由销售部门制订销售物流计划，包括订货后几天之内送货，接受订货的最小批量是多少等均由企业的销售部门提出方案，定出原则。假若该企业过于强调销售的重要性，则可能决定当天订货，次日送达。这样的话订货批量大时，物流部门的送货成本少，订货批量小时，送货成本就增大，甚至过分频繁、过少数量送货造成的物流费用增加，大大超过了扩大销售产生的价值，这种浪费和损失，应由销售部门负责。分清类似的责任有利于控制物流总成本，防止销售部门随意改变配送计划，堵住无意义、不产生任何附加价值的物流活动。

第四节　不同经济主体的物流成本控制

一、零售业进货成本的降低

近几年来，零售业界发生了巨大的变革，其表现为传统的零售业态逐渐萎缩，而一些新型的零售业不断取代传统零售业成为零售业的主导和先驱，以低价位、大众化、装修简朴或郊外开店为标志的折扣店或量贩店却得到了突飞猛进的发展（其典型代表是诸如 WAL－MART 等连锁店的迅速崛起）。这种零售业态之所以能发展如此迅速，是因为它们的商品定价要比百货店或专业店便宜，而且商品选择的范围非常广泛。就连如今的大型超市，也都纷纷通过会员制的形式，对衣料品和日用品提供低价位的销售服务。如今，在日本，还出现了很多以经营家电商品为中心的量贩店，它们将在海外生产的电器制品通过集装箱大量、统一收购，然后再以低价位在零售店销售。

这种低价位的销售之所以成为可能，是因为零售企业从制造商大规模、统一进货，加上不实行退货制，因而进货单价非常低廉。对于这类零售企业来讲，最为重要的是购入的商品能全部销售完，因此，零售企业必须建立各店铺销售人员负责、保证商品全部售完的有效机制。这种机制的具体实施是通过信息系统实行单品管理，从而做到能及时、正确把握商品在库残留量的情报。特别是对于衣料等季节性产品，尽管无论哪个店铺都无法避免商品残留在库，但是，通过掌握店铺间的商品在库信息，并有效地进行商品转移销售，即将在某些店铺销售残留的商品转移到别的店铺销售，或者逐步降低销售价格，以求将这种损失或成本降到最低点，进而实现最佳的订货量和最低廉的销售价格。

二、生产商原材料及零部件调达与生产物流的效率化

（一）原材料及零部件调达成本的削减

对于生产商而言，一般产品原价中原材料费的比率很高，尤其是在组装产业中，这个比率更是居高不下，即使外购比率较高的组装厂家，虽然原材料费用较少，但零部件所占的成本却很大，因此，通过削减包括原材料和零部件调达成本等广义费用进而大幅削减物流成本是提高生产商物流绩效的主要方法之一。当然，我们应当看到，降低原材料、零部件的调达成本，并不是指生产商仅仅通过对进货价格的控制来寻求费用的削减。因为，作为用户的厂商如果只是在价格上单纯要求降低进货成本，而非采取确实有效的方法，那么极易产生购入原材料或零部件质量下降的问题，大大影响生产商制造产品的质量，对企业的经营管理产生较恶劣的影响。所以，削减生产商原材料及零部件调达成本，关键是寻求行之有效的方法以便在降低物流成本的同时，保证原材料和零部件的质量。

在方法上，主要有如下几种方式削减原材料和零部件的物流成本：

①对于同种类的零部件应尽量做到设计上的标准化，这样一方面降低了零部件的生产成本；另一方面可以做到通过大量购入来降低进货价格，同时使零部件的价格基本实现统一化。

②在开发新产品的过程中，设计、物资、生产、经营、会计部门应共同合作，根据市场的需求开发低成本的新产品，并且企业各职能部门应时时掌握短时期的产品信息，据此不断开发新产品。

③在产品生产大量外购原材料或零部件的情况下，应经常对外购成本的内容进行分析，即对材料费是否偏高、加工数是否过多、间接费比率是否不合理等原价分析，从而建立起合理的价格购入体制。

④在进行原材料和零部件的调达过程中，如果分别从不同的经营者那里进货，物流

成本会很高，正因为如此，现在很多生产商都在积极推进共同进货体制。

除了上述原材料和零部件的调达物流成本外，还有一个资产调达成本也应引起我们的重视，即要从现代物流管理的角度控制生产过程中资产调达所产生的费用。其原因在于，资产成本的削减对于降低制造原价具有积极的意义。据国外学者测算，在材料费占制造原价 60%的产品中，资产成本削减 5%，制造原价能降低 3%，整体制造成本降低 3%，销售利益就能增加 3%，可见其效果是十分明显的。

(二) 生产物流成本的合理化

在产品的制造原价中，除了原材料以外，与生产相关的劳务费以及其他经费等都是成本控制的重要内容。一般来讲，容易产生生产物流成本的产业具有从购进原材料开始经生产过程到最终发货需要较长的时间的特点。这其中具有代表性的产业是钢铁业，在钢铁业从原材料投入经不同工序之间的转移到最终发货常常需要较大的空间，而且由于制成品较重。产品转移过程中的物流成本（如时间、劳动力等）要远远高于通常的制造业，在这类产业中，最为关键的是能将成品高效地向用户发货，一般来讲，钢铁业的运输多是利用铁路或船舶进行，要实现高效率的运输就必须使配船、配车皮计划能与生产计划紧密地结合在一起，从而大大缩短产品在途时间。除此之外，工厂内的生产也要紧密有序地进行，防止因为工序之间的不流畅或不协调产生较高的物流费用，借此来削减产品生产中的成本。

从生产成本的管理手段上来讲，主要是从 CIM（Computer Integrated Manufacture，计算机整合制造）开始，运用 VA（Value Analysis，价值分析）和 IE（Industry Engineering，工业工程）等方法进行控制。

三、运输业者提高产品配送的效率化

生产商在工厂内生产出产品以后，在产品到达最终用户之前，需要经过许多的流通环节，削减在流动过程中所发生的费用是十分必要的。以下具体介绍其中几种重要的运输业控制物流成本的办法：

(一) 各运输业者协力降低成本

在所有配送费用中，尽管有发生在物流中心内的装卸、产品配送调度等各种费用，但所占比率最高的是运送费，通常运送费占所有配送费用 50%以上。因此，在削减配送费用的过程中，最为重要的是严格控制对运送业者支付的运费。最近，运输业中运输过频以及高速公路费用上涨等都是成本上升的直接原因。在这种状况下，运输业者仍然在通过提高货物积载率努力降低成本。但是，在削减运输费用方面，仅仅依靠本企业的努力仍然是十分有限的，各运输业者需要相互协调，进行各种尝试。

(二) 运输业间的共同配送

最近，作为降低配送成本的方法之一，运输业者之间开展货物的共同配送。通过运输业者之间的共同配送可以提高货物装载率，进而削减由于运输过频或装载率较低产生的物流费用。例如，在日本，运输业者已经在东京和大阪等干线道路实行了共同配送。运输业者间实行共同配送的一个最大优点是，打破了单一企业物流系统最优化的模式，进而追求产业的最优化和整体成本的最小化。但是，应当注意的是运输业间开展共同配送，首要的条件是各运输业者要统一运输工具，另外，由于运输业者仍然存在独立的企业运输服务，因此存在一些必须逾越的障碍。

（三）向货主建议通过共同配送削减运费

货主间的共同配送也是削减物流成本的有效方式之一，当然，这种配送方式既有同产业内的共同配送，也有不同产业间的共同配送。运输业者在向货主提议时，必须注意到货主企业间对相互的物流状况缺乏了解，也难以充分明了共同配送所产生的利益，所以运输业者必须与货主企业进行充分沟通，并详细分析、揭示共同配送所产生的利益。

（四）接受货主企业的全权委托

通常货主企业与运输业者的关系只是一种单纯的运输委托或代理关系，但是，近几年来不少企业在从事运输业务的过程中，逐渐取得经营诀窍，从而提高了运输经营的管理能力，逐步从单纯的运输业务转化为向用户企业提供高效的运输方式，进而接受从原材料或零部件的调达物流到产品的在库管理、销售物流等的全面物流委托业务。这种运输业者必须具备包括按货主企业要求从事流通加工等业务的全面物流管理能力，为此需要在流通中心或信息系统建设方面进行大量投资。这种运输业者往往与货主企业的信息系统相连接，形成一种信息网络，借助这个网络在货主企业生产计划或经营计划的基础上，合理地从事商品的配送服务。可以看出，这种新型的运输交易协作关系是立足于整体物流的效率化，并且运输业者的服务内容不仅是运输本身，还包括向货主企业提供如何削减运费、降低物流成本等各种咨询服务，也就是说，在保证自己适当利益的同时，也有助于提高货主企业的经济利益。

四、货主企业提高并改善输送方式

货主企业通常采取招标的方式，通过引入多家运输企业进行竞标以实现最低的运送成本，这种方式一般被认为是最具效率的削减运输费用的方法。客观地讲，采用竞标方式削减运输成本尽管能取得一定的效果，但却不是根本解决物流成本的方法。这是因为运输业者必须考虑自身经济利益，而物流活动的发展必将要求运输业者进行有关信息系统的投资，货主企业如果一味地要求低廉的运输费用，势必使运送服务质量下降，最终影响用户企业的利益。正因为如此，货主企业不仅是要求运输企业降低运输费用，而且需要通过不断改善现有的物流体制以实现物流成本的下降。从当今大多数企业的物流实践来看，货主企业削减物流成本的方式有两大类，即彻底改变现有的物流系统或改善现有物流系统中非效率的部分。

（一）物流活动的外部委托

彻底改变现有物流系统的方式之一是将物流活动全部向外委托，我们在上面介绍运输业者的物流成本削减活动时谈到运输业者通过积蓄经营诀窍，接受外部委托是一种有效的降低成本的方法。同样，从货主企业的角度来看，最近出现了由于受资金或经营资源的限制而利用外部委托的情况。最常见的是将物流业务的一部分，特别是物流中心的投资转移到外部，亦即利用外部专业物流经营者的中心来开展本企业的物流，与此同时，也有的企业将所有的物流活动全面转交给专业仓库业者或运输业者进行。当然，在从事物流委托业务时，应当注意，原材料、零部件的调达物流与向用户进行商品配送服务的物流活动是有一定差异的。相对而言，前者外部委托的比率较高，这是因为如果将顾客配送服务全面委托给专业运输业者，一方面使得经营诀窍为物流业者所掌握；另一方面企业既不易掌握顾客物流服务的水准，也不易及时将有关信息反馈到生产、经营部门。

(二) 通过建立物流分公司削减物流成本

除了将物流业务全部向外委托来削减物流成本外，建立企业物流分公司也是货主企业控制物流费用的一种方法，这种方法的特点是物流业务仍然处于货主企业的总体控制之下，与此同时，通过分公司的独立经营，来实现物流成本的下降。日本《流通设计》杂志对日本物流分公司所作的调查表明，如今大多数企业的物流分公司主要以削减母公司的物流成本为第一目标，在此基础上，分公司的业务逐渐向接受委托和战略经营发展。正因为如此，很多货主企业逐步从外部委托物流向物流分公司经营转移，这样做的原因除了能增加分公司的经营容量外，最主要是能借此提高物流分公司的物流经营能力和诀窍，进而维持母公司的物流服务质量，保证公司整体经营战略的统一性。

本章案例：宜家公司的成本控制管理

宜家（IKEA）公司创立于1943年，从简单的文具邮购业务开始，历经半个世纪，已发展成为分布于全球42个国家、拥有180家连锁商店的庞大集团，成为全球最大的家居用品零售商。宜家在推行成本管理方面有着独特的做法，它将成本领先战略和差异化战略有机结合，从而赢得在市场上的竞争优势。

在研发方面，宜家产品的开发系列包含大约10000种产品，而整个研发工作的基本思想就是：打造低价位、设计精良、实用性强的家居产品，为人人所有。在采购环节上，宜家与供应商保持着长久的合作伙伴关系，不仅对产品有着较高的质量要求，而且鼓励供应商之间的良性竞争。在销售方面，宜家通过设定专门的店面，控制销售渠道，避免不必要的成本消耗。

在结构性成本动因方面，宜家充分利用几十年的经验积累，实现了规模生产、规模物流，对资源进行优化配置，有效节约了成本。宜家的业务范围涵盖从家具设计到设置布局的整个过程，布置家居所需要的一切应有尽有，这种结构有利于吸引顾客，节约了广告成本。宜家拥有自己的研发部门，负责全部产品的设计研发，且当新产品处于绘图设计阶段时，就接受了分析评估，确保了低价格、高质量等方面的要求，从战略角度降低了成本。

在产品的研发设计环节，宜家采用以“模块”为导向的设计模式，即将产品分成不同模块进行设计。所以，宜家的家具都是可以拆分的组装产品。这一创造性的设计模式，对研发、生产、采购、物流等环节都有较大程度的影响。首先，对于设计部门而言，由于每一种设计都是可制造的，不会因为大量的设计方案不具备可实施性而浪费成本；其次，由于设计的模块化，从而引发生产环节的变革，即根据研发需要进行模块化生产，相对于以往的流水线生产，生产环节更加灵活、有效。此外，模块化生产可以有效节约采购成本，不仅可以根据原材料的采购需要就近生产，而且可以有针对性地培养长期供应商；最后，由于产品可以拆分和组装，可以实现规模化物流，而对于家具行业而言，降低物流成本是节约成本的有效途径。

在供应链管理方面，宜家制定了统一的标准，在全球范围内进行制造外包，每年有2000多家供应商会为此而展开激烈竞争。只有在保证质量的同时能达到最低成本的供应商才有可能得到宜家的大额订单。此外，宜家把全球近20家配送中心和一些中央仓库大多集中在海陆空的交通要道，所有商品首先被运送到全球各地的中央仓库和分销中心，然后通过计算再决定产品的去向。同时每家“宜家商店”根据自己的需要向宜家的贸易公司购买产品，通过与贸易公司的交易，宜家可以顺利地把商店的利润转移到国外低税收甚至是免税收的国家和地区。这种灵活的供应链模式，节约了时间，也降低了成本。

在物流管理方面，宜家发明了平板包装的方法。“平板”包装，即拆解组合家具，使其成为“扁平”，可以实现一次性载运更多的产品。据统计，产品组装后运送，可能需要六倍扁平包装所需的空间。宜家在运输中所使用集装箱的平均填充率已超过65%，为了充分利用空间，有时甚至会把产品内的空气排挤出来（比如宜家的压缩包装枕头）。又如：装箱人员在装箱的过程中发现有一款沙发如果每张少5厘米，一个集装箱就可以多装一张沙发，这样不但节约了运输成本，还节约了仓储空间，而5厘米对于一张沙发来说，不会影响使用者的舒适度，顾客也能够得到更低的价格。“我们不想花钱运空气”，这是宜家经常挂在嘴边的一句话。通过采用平板包装，降低了家具在储运过程中的损坏率，节省了占用仓库的空间，从而节约了运输成本。

复习思考题

1. 企业物流成本的概念及物流成本的构成。
2. 企业物流成本的核算有哪些方法？
3. 企业降低物流成本的基本思路是什么？
4. 企业物流成本控制的基本策略有哪些？
5. 企业物流成本管理的基本原则是什么？
6. 运输业者提高产品配送效率的方法有哪些？

第十三章　企业物流控制

物流控制是企业内部控制的一项十分重要的内容，被经济学家称为继劳动力、自然资源之后的“第三利润源”，日渐引起企业界的广泛关注。物流控制即控制企业物资流动的全过程，从原材料申购、投料，在产品、半成品至产成品都要严格监控，也就是控制资金在企业实物化的运动过程。实践表明，加强物流控制是企业从内部找利润的有效途径，也是企业增强竞争力的有力举措。

第一节　企业物流控制的基本内容

一、采购过程控制

采购是企业物资供应部门按已确定的物资供应计划，通过市场采购、加工定制等各种渠道，取得企业生产经营所需要的各种物资的经济活动。采购过程控制是对企业供应环节员工行为与物流的控制，其目的是保证生产原料的质量、数量和时效，降低采购成本。采购过程控制是物流控制的第一环节，对企业的经营至关重要。

（一）建立严格的采购制度

建立严格、完善的采购制度，不仅能规范企业的采购活动，提高效率，杜绝部门之间扯皮，还能预防采购人员的不良行为。采购制度应当明确规定物资采购的流程、采购合同的签订评审、各有关部门的责任和关系，物资采购的申请、审批权限等，强化对请购、审批、采购、验收付款等环节的控制。可通过各需要部门填制“请购单”进行控制，会计部门依据“请购单”核对库存、有关合同及预算，无误后筹资付款，以控制盲目采购。

（二）加强采购数量的控制

管理不善的采购作业所导致的生产缺料或物料过剩会造成企业的损失。因此企业应根据生产状况按计划用量和库存量的变化来控制采购量，科学地制订合理采购间隔时间和采购数量。

（三）严格控制采购价格

可以用原材料价格＝产品售价－目标利润－（生产阶段加工成本＋各项负担费用），用这一公式控制采购价格。采购时要比质比价，即同等材料比价格、同等价格比质量、同等质量比服务，考虑质量、价格、服务、交货期、付款条件等综合因素，做到至少货比三家，综合分析。采购员经过货比三家后，将购货名称、价格、数量及其他条件填入“订货单”，一份送供应单位按时送货；一份留存备查。

（四）企业大宗材料必须公开招标采购

应制订适合企业的物资采购和招标管理办法，成立公开采购管理小组，实施透明工程。这种直达方式严格杜绝了采购中的不正之风及暗箱操作的弊端，既可缩短物流时间，减少流通费用，又可让供应商直接了解企业的需求。

二、保管过程控制

物资的保管过程即物资的验收、储存、发放过程，简言之就是库房管理过程。保管过程控制就是对仓库管理过程的控制，这是物流控制的中间环节。加强这一环节的控制，对减少物资积压、浪费、压缩资金占用，降低发出物资差错损失，减少费用支出尤为重要。

（一）凭单入库

所有材料购进后必须按规定验收入库，入库单必须得到采购人员、检验人员、保管人员和财务人员签字才能办理。他们之间的职能既严格区分，又相互约束。采购部门根据订货单、入库单和供应单位的发票，相互核对无误后，送交会计部门入账。供应部门和财务部门要相互配合，根据企业的实际情况合理地界定库存量和库存类别，既保证使用不间断，又尽量压缩资金占用。

（二）有序保管

仓库保管人员对入库物资必须分清批号、进库日期，井然有序地分门别类、摆放整齐，并定期检查，及时整理，这样可以克服库房物资储存管理混乱，杜绝原料变质、偷盗丢失、私自挪用等不良现象的发生。同时要建立健全有关规章制度，如采用货品库存卡、货品标签、保安、防火、卫生制度、设置防盗报警器等进行控制。

（三）定期盘查

要建立定期进行库存盘点制度，全面清点库房的库存物资。定期进行实物盘点和控制账存制度是为财产物资的安全完整而采取的控制措施，定期盘点制度包括了确定各账户余额下的财产数量和金额，将财产物资的结存数量与实物保管部门的保管账、卡及实存数量进行核对，以确保账账相符，账实相符；如不一致，则可能说明物资管理上出现错误、浪费、损失或其他不正常现象。为了防止差异再次发生，可以加强保护控制措施，及时发现问题，以便实施有效控制。

（四）凭单发料

严格执行凭单发料制度。领料单上应准确地记录仓库向各部门发放物资的数量、金额及经办人员姓名。领料单是库房发出材料的原始凭证，仓库管理员应认真仔细按照领料单上的材料进行发放。发料时要注意领料单必须有部门领导核准签字，发料人、领料人签字，财务部门应随时勾稽账面余额与实存数量是否相符，以杜绝无单领料、少报多领、监守自盗，控制仓库的库存短缺。这样有利于核算各领料部门的生产成本，控制材料的种类和数量，减少各部门车间的积压、降低消耗。

三、产出过程控制

产出过程控制也就是指产出半成品（在制品）在各车间、各工序间流转，最后形成产品、实现销售的过程控制，这是企业物流控制的最后环节。加强这一环节的控制，有利于减少因管理不善造成的半成品、产成品短缺、丢失、损坏等，保证提供客户所需的产品，确保标准的投入产出率。

（一）建立半成品仓库

对外购半成品可按照物资采购方法进行控制；对自制半成品要严格按照企业内部制定的流转程序，上一个车间完工的半成品要填制入库单办理入库手续，下一个车间生产领用需填制领料单，办理出库手续。车间、仓库、财务三方协同做好库存数与账上数的核对工作，保证半成品能完好无损，保质保量的进入下一道工序。

（二）强化产成品入库制度

这是保证企业生产的产品都能产生收入，防止企业资产流失的重要一关。企业必须加强对成品的管理，产成品在经检验员检验合格后，必须及时入库，仓管员应按车间实际交给仓库的产品名称、规格、数量、批量开具成品入库单，办理入库手续。

（三）强化成品库管理

所有产品销售出库均采用统一发票，发票由会计部门统一管理，并定期复核。仓管员一定要认真核对发票与调拨单的品种、规格、数量，使之相符。提货单一定要有提货人签字，并及时登记库存减少账，发现核对不符者，不予发货；白条、欠条一律不予发货，违者将予以重罚。同时成品库还应经常与财务对账，做到账账、账实相符，发现问题，及时查找原因，解决问题。

第二节　企业物流控制的措施

一、实物控制必须切合实际、有效执行

企业对实物安全所采取的控制措施，应当考虑既定目标并遵循一定的原则，以保证实物控制科学、合理和有针对性。保护企业资产的安全完整要体现合法性、适应性、规范性、科学性原则。合法性原则，即企业制定的实物控制措施应当符合并严格执行法律、法规的规定；适应性原则，即企业制定的实物控制措施，应当体现本单位的生产经营、业务管理的特点和要求；规范性原则，即企业制定的实物控制措施，应当全面规范本单位的内部管理，要符合并体现管理的基本原理和方法；科学性原则，即企业制定的实物控制措施，必须科学合理，以便于操作和执行，有利于控制和检查，同时要根据执行情况和管理需要不断完善。

二、建立相互制约的内控制度

内控制度是指一单位内部的管理制系统，即为保证单位经济活动所采取的一系列必要的管理措施，最根本的目标是保护单位财产、检查有关数据的正确性和可靠性、提高经营效率、贯彻既定的管理方针。内控制度的关键是实物流转环节的程序应当明确职责，对有关人员的职责分工要明确，对财产及其记录的接触使用要有保护措施，并有效防止

舞弊。财物保管人员、记账人员的职责权限应当明确，做到职权明确、程序规范、责任清楚，避免因职责不清相互扯皮、推诿、甚至越权行事，造成管理失控，将失误、舞弊等问题控制到最低限度。

三、加强物资的采购、验收、发放管理

为强化控制，首先，要选择合格称职的采购人员，发现采购人员有违规舞弊行为应立即调离岗位，同时对物资采购必须经过授权批准控制。在处理经济业务时，必须经过授权批准才能进行，否则，就不能进行。授权批准控制可以保证单位既定方针的执行和限制滥用职权。对物资采购还必须加强物资质量管理。其次，要建立严格的验收制度，对物资入库的验收记录应当完整，制作验收入库单。开具收料单，办理入库手续，对于加强物资控制是非常必要的。同时，对已入库的物资必须加强储存管理，防止物资变质、偷盗丢失、私自挪用等不良现象发生。最后，加强物资发放管理，物资发放手续应当齐全，一定要有提货人签字，严格执行凭单发货制度，杜绝无单发货。

四、坚持定期进行财产清查

财会清查，是加强财产物资管理的一项重要制度，有关会计制度规定，在编制年度财务会计报告之前必须进行财产清查，对账实不符的问题根据有关规定进行会计处理，以保证会计数据真实、完整。在实际工作中，有些企业不重视财产清查工作，造成财产不实、家底不清、账实不符，使会计资料质量难以保证，对内部经营管理的改善和经济效益的提高也带来非常不利的影响。因此，企业必须建立财产清查制度，明确财产清查的范围、期限、组织程序，企业通过定期或不定期、全面或部分地对各项财产物资进行实地盘点，可以确定各项财会的实存数，以便查明实存数与账面数是否相符，并查明不符的原因和责任，制定改进措施，做到账实相符，保护资产的安全与完整，以便实施有效控制。

五、会计人员有权监督财产物资

要加强企业物流控制，在很大程度上需要会计机构、会计人员在会计核算和会计监督中发挥作用。只要会计机构、会计人员真正起到“把守关口”的作用，物流失控问题会得到有效制止和纠正。账实、账款、账账、账表相符，是会计工作的基本要求，也是加强物资管理的重要措施。

账实不符的问题在许多企业经常发生，会造成会计工作混乱和会计资料失真，出现这种情况除企业内部财产物资管理制度不健全等原因外，与单位负责人和会计人员不重视对财产物资的监督或者故意在这方面造成混乱以谋取非法利益有很大关系。因此，会计机构、会计人员应从其业务特点出发，加强对本单位财产物资的监督和管理。

一是各单位要建立账簿、款项和实物核查制度，保证账实相符。通过建立健全制度，使会计机构、会计人员对本单位各项财物、款项的增减变动和结存情况及时进行记录、计算、反映、核对等。一方面要做到账簿上所反映的有关财物的结存数同它们的实存数

完全一致，即账实相符；另一方面发现账实不符时，会计机构、会计人员应先将查明属实的财产盈亏数作出会计记录，在账簿上据实反映，然后，根据差异发生的原因和责任以及经过批准的处理办法，将处理结果登记入账。

二是会计人员对账实不符的情况要及时作出处理。造成账实不符的原因是多方面的，有的是由于工作上的差错，有的是由于生产技术上或经济管理上存在的问题，有的则是不法分子徇私舞弊引起的。对于账实不符问题，会计机构、会计人员要反映查明原因，提出处理意见。因管理不善，发生大量盘盈盘亏，或库存物资大量被盗、霉烂变质等，会计人员应当立即向单位负责人报告，请求查明原因，及时作出处理，以保证会计资料的真实、完整以及单位财产的安全。

六、重视对财产物资的内部审计

内部审计是在一个组织内部对各种经营活动与控制系统的独立评价，以确定既定的政策和程序是否贯彻，建立的标准是否遵循，资源的利用是否合理有效，以及单位的目标是否达到。

不少企业单位设置了内部审计机构或内部审计人员，主要从事内部财务审计，对会计工作实行控制和再监督。内部审计对会计资料的监督、审查，不仅是内部控制的有效手段，也是保证会计资料真实、完整和财产物资安全、完整的重要措施。内部审计的重点为：财物保管人员的职责权限是否明确，是否做到相互分离、相互制约，以明确责任，防止舞弊；资产处置是否体现相互监督、相互制约的要求，以明确责任，防止权限失控、决策失误和徇私舞弊；是否定期或不定期开展财产清查，以保证财产清查制度得以实施，进而保证财产的安全完整。针对一些单位不重视内部审计的实际情况，为保护资产的安全、完整，防止、发现、纠正错误与舞弊，必须重视内部审计。

七、切实加强对企业物流的监管

加强对企业物流的监管要通过加强对会计工作的监管来体现，企业资产是否安全与完整，从会计核算资料可以发觉，因此，就必须通过法律约束、社会监督、政府监管等手段来规范和约束会计行为，从而确保企业资产安全、完整。对会计工作的监管包括社会监督和国家监督，社会监督主要是社会中介机构如会计师事务所的注册会计师依法对受托单位的经济活动进行审计，并据实作出客观评价的一种监督形式。近年来，会计师事务所对企业出具的审计报告比较客观、公正，真实地反映了企业在物流控制中的问题，对企业如何加强物资管理提出了有效的整改建议书，对帮助企业强化物流控制起到了积极作用。国家监督主要是指政府有关部门依据法律、行政法规的规定和部门的职责权限，对有关单位的会计行为、会计资料所进行的监督检查。《会计法》规定财政部门为各单位会计工作的监督检查部门，对各单位会计工作行使普遍监督权，监督各单位是否依法设账、会计资料是否真实完整、会计核算是否符合法定要求、财产物资是否安全完整。通过国家监督，从客观上督促企业强化物流控制。

八、建立责任追究制度

对于企业物流失控而导致的财产物资盘盈、盘亏、被盗、霉烂变质等情况，应分析具体原因，因个人责任而引起的，应当追究相应的责任，包括行政责任和刑事责任。流体在管道中流动，以等径为效率最高，管径不等即出现瓶颈制约问题，企业物流控制必须实施全员、全程、全方位管理，一个人、一个环节、一个方面出现问题就可能带来极大危害，因此，必须落实责任追究制度。

本章案例：一汽大众的"零库存"物流控制系统

一汽大众汽车有限公司目前仅捷达车就有七八十个品种、十七八种颜色，而每辆车都有2000多种零部件需要外购。从1997—2000年年末，公司捷达车销售从43947辆一路跃升至94150辆，市场兑现率已高达95％～97％。与这些令人心跳的数字形成鲜明对比的是公司零部件居然基于处于"零库存"状态，而制造这一巨大反差的就是一整套较为完善的物流控制系统。

一个占地9万多平方米，可同时生产三种不同品牌的、亚洲最大的整车车间，它的仓库也一定非常壮观吧？可这里的人却告诉记者："我们这儿没有仓库，只有入口。"

走进一个标有"整车捷达入口处"牌子的房子，只见在上千平方米的房间内零零星星地摆着几箱汽车玻璃和小零件，四五个工作人员在有条不紊地用电动叉车往整车车间送零件。在入口处旁边的一个小亭子里，一位姓孙的小伙子正坐在电脑前用扫描枪扫描着一张张纸单上的条码——他正在把订货单发往供货厂。这时，一辆满载着保险杠的货车开了进来，两个工作人员见状立即开着叉车跟了上去。几分钟后，这批保险杠就被陆续送进了车间。

据姓孙的保管员讲，一汽大众的零部件的送货形式有三种：第一种是电子看板，即公司每月把生产信息用扫描的方式通过电脑网络传递送到各供货厂，对方根据这一信息安排自己的生产，然后公司按照生产情况发出供货信息，对方则马上用自备车辆将零部件送到公司各车间的入口处，再由入口处分配到车间的工位上。刚才看到的保险杠就采取这种形式。第二种叫做"准时化（Just in time）"，即公司按过车顺序把配货单传送到供货厂，对方也按顺序装货直接把零部件送到工位上，从而取消了中间仓库环节。第三种是批量进货，供货厂每月对于那些不影响大局又没有变化的小零部件分批量地送一到两次。他说，过去这是整车车间的仓库，当时库里堆放着大量的零部件，货架之间只有供叉车勉强往来的过道，大货车根本开不进来。不仅每天上架、下架、维护、倒运需要消耗大量的人力、物力和财力，而且储存、运送过程中总要造成一定的货损货差。现在每天平均两个小时要一次货，零部件放在这里的时间一般不超过一天。订货、生产零件、运送、组装等全过程都处于小批量、多批次的有序流动当中。公司原先有一个车队专门在各车间送货，现在车队已经解散了。为什么短短几年的时间一汽大众就会有如此大的变化？陪同记者采访的公司生产服务部的规划员丁一飞自豪地说：我们用不到300万元的人民币打造了“傻子工程”。

在该公司流行着这样一句话：在制品是万恶之源。用以形容大量库存带来的种种弊端。在生产初期，捷达车的品种比较单一，颜色也只有蓝、白、红三种。公司的生产全靠大量的库存来保证。随着市场需求的日益多样化，传统的生产组织方式面临着严峻的挑战。1997 年，“物流”的概念进入了公司决策层。考虑到应用德方的系统不仅要一次性投入 1500 万美元，每年的咨询和维护费用也需要数百万美元，中方决定自己组织技术人员和外国专家进行物流管理系统的研究开发。1998 年年初，公司开发的物流控制系统获得成功并正式投入使用。

这不仅用了不足 300 万元人民币的系统已经受住了十多万辆车的考验。在整车车间，记者看到生产线上每辆车的车身上都贴着一张生产指令表，零部件的种类及装车顺序一目了然。计划部门按装车顺序通过电脑网络向各供货厂下计划，供货厂按照顺序生产、装货，生产线上的工人按顺序组装，一伸手拿到的零部件保证就是他正在操作的车上的。物流管理就这样使原本复杂的生产变成了简单而高效的“傻子工程”。令人称奇的是，整车车间的一条生产线过去只生产一种车型，其生产现场尚且拥挤不堪，而如今在一条生产线同时组装两到三种车型的混流生产方式下，不仅做到了及时、准确，而且生产现场的空间比原先节约了近 10%。此外，零部件的存储减少了，公司每年因此节约的成本达六七亿元人民币。同时，供货厂也减少了 30%～50%的在制品及成品储备。先进的管理带来了实实在在的效益，也引发了一场深刻的管理革命。难怪公司总经理陆林奎感慨地说：“一个单位谁是头儿？电脑！”

随着物流控制系统的逐步完善，电脑网络由控制实物流、信息流延伸到公司的决策、生产、销售、财务核算等各个领域中，使公司的管理步入了科学化、透明化。现在公司主要部门的管理人员人手一台微机，每个人以及供货厂方随时可以清楚地了解每一辆车的生产和销售情况。

公司早已实现了“无纸化办公”，各部门之间均通过“E-mail”联系。德国大众公司每年的改进项目达 1000 多个，一汽大众依靠电脑网络实现了与德方同步改进，从而彻实改变了过去那种对方图纸没送来就干不了活儿的被动局面。工作方式的改善，不仅使领导层得以集中精力研究企业发展的战略性问题，也营造了一个充满激烈竞争的环境，促使每个员工不断提高自身的业务素质。

复习思考题

1. 企业采购过程控制的基本内容是什么？
2. 企业保管过程控制的基本内容是什么？
3. 企业产出过程控制的基本内容是什么？
4. 企业物流控制的主要措施有哪些？

参考文献

[1] 唐纳德·J. 鲍尔索克斯，戴维·J. 克劳斯．物流管理—供应链过程的一体化[M]．北京：机械工业出版社，1999.

[2] RONALD H BALLOU. 企业物流管理—供应链的规划、组织和控制 [M]．王晓东、胡瑞娟，等，译．北京：机械工业出版社，2006.

[3] 彭杨，吴承建．现代物流学概论 [M]．北京：中国物资出版社，2009.

[4] 葛承群．物流运作典型案例诊断 [M]．北京：中国物资出版社，2006.

[5] 王之泰．现代物流学 [M]．北京：中国物资出版社，1995.

[6] 黄福华，邓胜前．现代企业物流管理 [M]．长沙：湖南人民出版社，2005.

[7] 张理．现代企业物流管理 [M]．北京：中国水利水电出版社，2005.

[8] 王晓东，胡瑞娟．企业物流管理 [M]．北京：机械工业出版社，2002.

[9] 汝宜红．物流学 [M]．北京：中国铁道出版社，2003.

[10] 何明珂．物流系统论 [M]．北京：中国审计出版社，2001.

[11] 李振．物流学 [M]．北京：中国铁道出版社，1996.

[12] 吴清一．物流基础 [M]．北京：清华大学出版社，2000.

[13] 梅绍祖，李伊松，鞠颂东．电子商务与物流 [M]．北京：中国邮电出版社，2001.

[14] 王振超．装配型跨国企业全球采购战略的运作研究 [M]．南京：东南大学出版社，2006.

[15] 罗荣武，张得志．物流系统规划原理与方法 [M]．北京：中国物资出版社，2007.

[16] 冯耕中．现代物流规划理论与实践 [M]．北京：清华大学出版社，2005.

[17] 赵启兰．企业物流管理 [M]．北京：机械工业出版社，2005.

[18] 翁心刚．物流管理基础 [M]．北京：中国物资出版社，2006.

[19] 郭振宇．中国物流现状及改善建议（一） [J]．物流技术与应用，2006，6（1）：57-62.

[20] 郭振宇．中国物流现状及改善建议（二） [J]．物流技术与应用，2007（2）：58-63.

[21] 耿明岩，高岩．连锁超市配送中心物流信息系统功能分析与设计 [J]．物流科技，2005（10）：65-67.

[22] 厚崇安．GIS 的物流信息系统的功能与应用 [J]．装备制造，2009（8）：249.

[23] 牛东来．现代物流信息系统系列讲座之一：现代物流信息系统综述 [J]．物流

技术与应用，2008，9（8）：98－102.

［24］孙衍林．供应链管理中的准时采购战略［J］．商业时代，2006（19）：18－78.

［25］陶明．供应物流模式构建［J］．中国物流与采购，2008（10）：72－73.

［26］LARISSA S KYJ，MYROSLAW J KYJ. Customer Service：Differentiation in International Markets［J］. International Journal of Physical Distribution & Logistics Management，1994（4）：41.

［27］TOMAS C HARRINGTON，DOUGLAS M LAMBERT. Establish Customer Service Strategies within the Marketing Mix：More Empirical Evidence［J］. Journal of Business Logistics，1989（2）：44－60.

［28］JAMAS L HACKETT. Controlling Customer Logistics Service［J］. International Journal of Physical Distribution & Logistics Management，1994（4）：4.

［29］JAY U STARING，DOUGLAS M LAMBERT. Customer Service Research：Past，Present and Future［J］. International Journal of Physical Distribution & Materials Management，1989（2）：17.

附 录

附录 1 物流业调整和振兴规划

国务院关于印发物流业调整和振兴规划的通知

国发〔2009〕8 号

各省、自治区、直辖市人民政府，国务院各部委、各直属机构：

现将《物流业调整和振兴规划》（以下简称《规划》）印发给你们，请结合本地区、本部门实际，认真贯彻执行。

当前，国际金融危机对我国实体经济造成了较大冲击，物流业作为重要的服务产业，也受到较为严重的影响。制订实施物流业调整和振兴规划，不仅是促进物流业自身平稳较快发展和产业调整升级的需要，也是服务和支撑其他产业的调整与发展、扩大消费和吸收就业的需要，对于促进产业结构调整、转变经济发展方式和增强国民经济竞争力具有重要意义。

各地区、各部门要把思想和行动统一到党中央、国务院的决策部署上来，以邓小平理论和“三个代表”重要思想为指导，深入贯彻落实科学发展观，进一步增强大局意识、责任意识，加强领导，密切配合，切实按照《规划》要求，做好统筹协调、改革体制、完善政策、企业重组、优化布局、工程建设等各项工作，确保《规划》目标的实现，促进物流业健康发展。

各地区要按照《规划》确定的目标、任务和政策措施，结合当地实际抓紧制定具体工作方案，切实抓好组织实施，确保取得实效。国务院各有关部门要根据《规划》明确的任务分工和工作要求，做到责任到位、措施到位，加强调查研究，尽快制定和完善各项配套政策措施，切实加强对《规划》实施的指导和支持。

国务院

二〇〇九年三月十日

物流业调整和振兴规划

物流业是融合运输业、仓储业、货代业和信息业等的复合型服务产业，是国民经济的重要组成部分，涉及领域广，吸纳就业人数多，促进生产、拉动消费作用大，在促进产业结构调整、转变经济发展方式和增强国民经济竞争力等方面发挥着重要作用。

为应对国际金融危机的影响，落实党中央、国务院保增长、扩内需、调结构的总体要求，促进物流业平稳较快发展，培育新的经济增长点，特制订本规划，作为物流产业综合性应对措施的行动方案。规划期为2009—2011年。

一、发展现状与面临的形势

（一）发展现状

进入21世纪以来，我国物流业总体规模快速增长，服务水平显著提高，发展的环境和条件不断改善，为进一步加快发展奠定了坚实基础。

1. 物流业规模快速增长。2008年，全国社会物流总额达89.9万亿元，比2000年增长4.2倍，年均增长23%；物流业实现增加值2.0万亿元，比2000年增长1.9倍，年均增长14%。2008年，物流业增加值占全部服务业增加值的比重为16.5%，占GDP的比重为6.6%。

2. 物流业发展水平显著提高。一些制造企业、商贸企业开始采用现代物流管理理念、方法和技术，实施流程再造和服务外包；传统运输、仓储、货代企业实行功能整合和服务延伸，加快向现代物流企业转型；一批新型的物流企业迅速成长，形成了多种所有制、多种服务模式、多层次的物流企业群体。全社会物流总费用与GDP的比率，由2000年的19.4%下降到2008年的18.3%，物流费用成本呈下降趋势，促进了经济运行质量的提高。

3. 物流基础设施条件逐步完善。交通设施规模迅速扩大，为物流业发展提供了良好的设施条件。截至2008年年底，全国铁路营业里程8.0万千米，高速公路通车里程6.03万千米，港口泊位3.64万个，其中沿海万吨级以上泊位1167个，拥有民用机场160个。物流园区建设开始起步，仓储、配送设施现代化水平不断提高，一批区域性物流中心正在形成。物流技术设备加快更新换代，物流信息化建设有了突破性进展。

4. 物流业发展环境明显好转。国家“十一五”规划纲要明确提出“大力发展现代物流业”，中央和地方政府相继建立了推进现代物流业发展的综合协调机制，出台了支持现代物流业发展的规划和政策。物流统计核算和标准化工作，以及人才培养和技术创新等行业基础性工作取得明显成效。

但是，我国物流业的总体水平仍然偏低，还存在一些突出问题。一是全社会物流运行效率偏低，社会物流总费用与GDP的比率高出发达国家1倍左右；二是社会化物流需求不足和专业化物流供给能力不足的问题同时存在，“大而全”、“小而全”的企业物流运作模式还相当普遍；三是物流基础设施能力不足，尚未建立布局合理、衔接顺畅、能力充分、高效便捷的综合交通运输体系，物流园区、物流技术装备等能力有待加强；四是地方封锁和行业垄断对资源整合和一体化运作形成障碍，物流市场还不够规范；五是物流技术、人才培养和物流标准还不能完全满足需要，物流服务的组织化和集约化程度不高。

2008年下半年以来，随着国际金融危机对我国实体经济的影响逐步加深，物流业作为重要的服务产业也受到了严重冲击。物流市场需求急剧萎缩，运输和仓储等收费价格及利润大幅度下跌，一大批中小物流企业经营出现困难，提供运输、仓储等单一服务的传统物流企业受到严重冲击。从整体来看，国际金融危机不但造成物流产业自身发展的剧烈波动，而且对其他产业的物流服务供给也产生了不利影响。

(二) 面临的形势

应该看到，实施物流业的调整和振兴、实现传统物流业向现代物流业的转变，不仅是物流业自身结构调整和产业升级的需要，也是整个国民经济发展的必然要求。

1. 调整和振兴物流业是应对国际金融危机的迫切需要。一是要解决当前物流企业面临的困难，需要加快企业重组步伐，做强做大，提高产业集中度和抗风险能力，保持产业的平稳发展；二是物流业自身需要转变发展模式，向以信息技术和供应链管理为核心的现代物流业发展，通过提供低成本、高效率、多样化、专业化的物流服务，适应复杂多变的市场环境，提高自身竞争力；三是物流业对其他产业的调整具有服务和支撑作用，发展第三方物流可以促进制造业和商贸业优化内部分工、专注核心业务、降低物流费用，提高这些产业的竞争力，增强其应对国际金融危机的能力。

2. 调整和振兴物流业是适应经济全球化趋势的客观要求。一是随着经济全球化的发展和我国融入世界经济的步伐加快，全球采购、全球生产和全球销售的发展模式要求加快发展现代物流业，优化资源配置，提高市场响应速度和产品供给时效，降低企业物流成本，增强国民经济的竞争力；二是为了适应国际产业分工的变化，要求加快发展现代物流业，完善物流服务体系，改善投资环境，抓住国际产业向我国转移的机遇，吸引国际投资，促进我国制造业和高技术产业的发展；三是随着全球服务贸易的迅猛发展，要求加快发展现代物流业，培育国内现代物流服务企业，提高物流服务能力，应对日益激烈的全球物流企业竞争。

3. 调整和振兴物流业是国民经济持续快速发展的必要保证。根据全面建设小康社会的新要求，我国经济规模将进一步扩大，居民消费水平将进一步提高，货物运输量、社会商品零售额、对外贸易额等将大幅度增长，农产品、工业品、能源、原材料和进出口商品的流通规模将显著增加，对全社会物流服务能力和物流效率提出了更高的要求。同时，中西部地区要求改善物流条件，缩小与东部地区的物流成本差距，承接东部沿海地区产业梯度转移，促进区域间协调和可持续发展。

4. 调整和振兴物流业是贯彻落实科学发展观和构建社会主义和谐社会的重要举措。调整和振兴物流业，有利于加快商品流通和资金周转，降低社会物流成本，优化资源配置，提高国民经济的运行质量；有利于提高服务业比重，优化产业结构，促进经济发展方式的转变；有利于增加城乡就业岗位，扩大社会就业；有利于提高运输效率，降低能源消耗和废气排放，缓解交通拥堵，实现经济和社会的协调发展；有利于促进国内外、城乡和地区间商品流通，满足人民群众对多样化、高质量的物流服务需求，扩大居民消费；有利于国家救灾应急、处理突发性事件，保障经济稳定和社会安全。

二、指导思想、原则和目标

(一) 指导思想

以邓小平理论和“三个代表”重要思想为指导，深入贯彻落实科学发展观，按照保增长、扩内需、调结构的总体部署，以应对国际金融危机对我国经济的影响为切入点，以改革开放为动力，以先进技术为支撑，以物流一体化和信息化为主线，积极营造有利于物流业发展的政策环境，加快发展现代物流业，建立现代物流服务体系，以物流服务促进其他产业发展，为全面建设小康社会提供坚实的物流体系保障。

（二）基本原则

1. 立足应对危机，着眼长远发展。既要应对国际金融危机，解决当前物流业发展面临的突出问题，保先进生产力，保重点骨干企业，促进企业平稳发展；又要从产业长远发展的角度出发，解决制约物流产业振兴的体制、政策和设施瓶颈，促进产业升级，提高产业竞争力。

2. 市场配置资源，政府营造环境。充分发挥市场配置资源的作用，调动企业的积极性，从满足物流需求的实际出发，注重投资的经济效益。政府要为物流业的发展营造良好的政策环境，扶持重要的物流基础设施项目建设。

3. 加强规划指导，注重协调联动。统筹国内与国际、全国与区域、城市与农村物流协调发展，做好地区之间、行业之间和部门之间物流基础设施建设与发展的协调和衔接，走市场化、专业化、社会化的发展道路，合理布局重大项目。各地区要从本地区经济发展的实际出发，因地制宜，统筹规划，科学引导物流业的发展，防止盲目攀比和重复建设。

4. 打破分割封锁，整合现有资源。改革现行物流业相关行业管理体制，打破部门间和地区间的分割和封锁，创造公平的竞争环境，促进物流服务的社会化和资源利用的市场化，优先整合和利用现有物流资源，提高物流设施的利用率。

5. 建立技术标准，推进一体化运作。按照现代物流理念，加快技术标准体系建设，综合集成仓储、运输、货代、包装、装卸、搬运、流通加工、配送、信息处理等多种功能，推进物流一体化运作，提高物流效率。

6. 创新服务方式，坚持科学发展。以满足生产者和消费者不断增长的物流需求为出发点，不断创新物流服务方式，提升服务水平。积极推进物流服务的信息化、现代化、合理化和企业社会责任建设，坚持最严格的节约用地制度，注重节约能源，保护环境，减少废气污染和交通拥堵，保证交通安全，实现经济和社会可持续协调发展。

（三）规划目标

力争在2009年改善物流企业经营困难的状况，保持产业的稳定发展。到2011年，培育一批具有国际竞争力的大型综合物流企业集团，初步建立起布局合理、技术先进、节能环保、便捷高效、安全有序并具有一定国际竞争力的现代物流服务体系，物流服务能力进一步增强；物流的社会化、专业化水平明显提高，第三方物流的比重有所增加，物流业规模进一步扩大，物流业增加值年均递增10%以上；物流整体运行效率显著提高，全社会物流总费用与GDP的比率比目前的水平有所下降。

三、主要任务

（一）积极扩大物流市场需求

进一步推广现代物流管理，努力扩大物流市场需求。运用供应链管理与现代物流理念、技术与方法，实施采购、生产、销售和物品回收物流的一体化运作。鼓励生产企业改造物流流程，提高对市场的响应速度，降低库存，加速周转。合理布局城乡商业设施，完善流通网络，积极发展连锁经营、物流配送和电子商务等现代流通方式，促进流通企业的现代化。在农村广泛应用现代物流管理技术，发展农产品从产地到销地的直销和配送，以及农资和农村日用消费品的统一配送。

（二）大力推进物流服务的社会化和专业化

鼓励生产和商贸企业按照分工协作的原则，剥离或外包物流功能，整合物流资源，促进企业内部物流社会化。推动物流企业与生产、商贸企业互动发展，促进供应链各环节有机结合。鼓励现有运输、仓储、货代、联运、快递企业的功能整合和服务延伸，加快向现代物流企业转型。积极发展多式联运、集装箱、特种货物、厢式货车运输以及重点物资的散装运输等现代运输方式，加强各种运输方式运输企业的相互协调，建立高效、安全、低成本的运输系统。加强运输与物流服务的融合，为物流一体化运作与管理提供条件。鼓励邮政企业深化改革，做大做强快递物流业务。大力发展第三方物流，提高企业的竞争力。

（三）加快物流企业兼并重组

鼓励中小物流企业加强信息沟通，创新物流服务模式，加强资源整合，满足多样性的物流需要。加大国家对物流企业兼并重组的政策支持力度，缓解当前物流企业面临的困难，鼓励物流企业通过参股、控股、兼并、联合、合资、合作等多种形式进行资产重组，培育一批服务水平高、国际竞争力强的大型现代物流企业。

（四）推动重点领域物流发展

加强石油、煤炭、重要矿产品及相关产品物流设施建设，建立石油、煤炭、重要矿产品物流体系。加快发展粮食、棉花现代物流，推广散粮运输和棉花大包运输。加强农产品质量标准体系建设，发展农产品冷链物流。完善农资和农村日用消费品连锁经营网络，建立农村物流体系。发展城市统一配送，提高食品、食盐、烟草和出版物等的物流配送效率。实行医药集中采购和统一配送，推动医药物流发展。加强对化学危险品物流的跟踪与监控，规范化学危险品物流的安全管理。推动汽车和零配件物流发展，建立科学合理的汽车综合物流服务体系。鼓励企业加快发展产品与包装物回收物流和废弃物物流，促进资源节约与循环利用。鼓励和支持物流业节能减排，发展绿色物流。发挥邮政现有的网络优势，大力发展邮政物流，加快建立快递物流体系，方便生产生活。加强应急物流体系建设，提高应对战争、灾害、重大疫情等突发性事件的能力。

（五）加快国际物流和保税物流发展

加强主要港口、国际海运陆运集装箱中转站、多功能国际货运站、国际机场等物流节点的多式联运物流设施建设，加快发展铁海联运，提高国际货物的中转能力，加快发展适应国际中转、国际采购、国际配送、国际转口贸易业务要求的国际物流，逐步建成一批适应国际贸易发展需要的大型国际物流港，并不断增强其配套功能。在有效监管的前提下，各有关部门要简化审批手续，优化口岸通关作业流程，实行申办手续电子化和“一站式”服务，提高通关效率。充分发挥口岸联络协调机制的作用，加快“电子口岸”

建设，积极推进大通关信息资源整合。统筹规划、合理布局，积极推进海关特殊监管区域整合发展和保税监管场所建设，建立既适应跨国公司全球化运作又适应加工制造业多元化发展需求的新型保税物流监管体系。积极促进口岸物流向内地物流节点城市顺畅延伸，促进内地现代物流业的发展。

（六）优化物流业发展的区域布局

根据市场需求、产业布局、商品流向、资源环境、交通条件、区域规划等因素，重点发展九大物流区域，建设十大物流通道和一批物流节点城市，优化物流业的区域布局。

九大物流区域分布为：以北京、天津为中心的华北物流区域，以沈阳、大连为中心的东北物流区域，以青岛为中心的山东半岛物流区域，以上海、南京、宁波为中心的长江三角洲物流区域，以厦门为中心的东南沿海物流区域，以广州、深圳为中心的珠江三角洲物流区域，以武汉、郑州为中心的中部物流区域，以西安、兰州、乌鲁木齐为中心的西北物流区域，以重庆、成都、南宁为中心的西南物流区域。十大物流通道为：东北地区与关内地区物流通道，东部地区南北物流通道，中部地区南北物流通道，东部沿海与西北地区物流通道，东部沿海与西南地区物流通道，西北与西南地区物流通道，西南地区出海物流通道，长江与运河物流通道，煤炭物流通道，进出口物流通道。

要打破行政区划的界限，按照经济区划和物流业发展的客观规律，促进物流区域发展。积极推进和加深不同地区之间物流领域的合作，引导物流资源的跨区域整合，逐步形成区域一体化的物流服务格局。长江三角洲、珠江三角洲物流区域和华北、山东半岛、东北、东南沿海物流区域，要加强技术自主创新，加快发展制造业物流、国际物流和商贸物流，培育一批具有国际竞争力的现代物流企业，在全国率先做强。中部物流区域要充分发挥中部地区承东启西、贯通南北的区位优势，加快培育第三方物流企业，提升物流产业发展水平，形成与东部物流区域的有机衔接。西北、西南物流区域要加快改革步伐，进一步推广现代物流管理理念和技术，按照本区域承接产业转移和发挥资源优势的需要，加快物流基础设施建设，改善区域物流环境，缩小与东中部地区差距。

物流节点城市分为全国性物流节点城市、区域性物流节点城市和地区性物流节点城市。全国性和区域性物流节点城市由国家确定，地区性物流节点城市由地方确定。全国性物流节点城市包括：北京、天津、沈阳、大连、青岛、济南、上海、南京、宁波、杭州、厦门、广州、深圳、郑州、武汉、重庆、成都、南宁、西安、兰州、乌鲁木齐共 21 个城市。区域性物流节点城市包括：哈尔滨、长春、包头、呼和浩特、石家庄、唐山、太原、合肥、福州、南昌、长沙、昆明、贵阳、海口、西宁、银川、拉萨共 17 个城市。物流节点城市要根据本地的产业特点、发展水平、设施状况、市场需求、功能定位等，完善城市物流设施，加强物流园区规划布局，有针对性地建设货运服务型、生产服务型、商业服务型、国际贸易服务型和综合服务型的物流园区，优化城市交通、生态环境，促进产业集聚，努力提高城市的物流服务水平，带动周边所辐射区域物流业的发展，形成全国性、区域性和地区性物流中心和三级物流节点城市网络，促进大中小城市物流业的协调发展。

（七）加强物流基础设施建设的衔接与协调

按照全国货物的主要流向及物流发展的需要，依据《综合交通网中长期发展规划》、《中长期铁路网规划》、《国家高速公路网规划》、《全国沿海港口布局规划》、《全国内河航道与港口布局规划》及《全国民用机场布局规划》，加强交通运输设施建设，完善综合运输网络布局，促进各种运输方式的衔接和配套，提高资源使用效率和物流运行效率。发展多式联运，加强集疏运体系建设，使铁路、港口码头、机场及公路实现"无缝对接"，着力提高物流设施的系统性、兼容性。充分发挥市场机制的作用，整合现有运输、仓储等物流基础设施，加快盘活存量资产，通过资源的整合、功能的拓展和服务的提升，满足物流组织与管理服务的需要。加强新建铁路、港口、公路和机场转运设施的统一规划和建设，合理布局物流园区，完善中转联运设施，防止产生新的分割和不衔接。加强仓储设施建设，在大中城市周边和制造业基地附近合理规划、改造和建设一批现代化的配送中心。

（八）提高物流信息化水平

积极推进企业物流管理信息化，促进信息技术的广泛应用。尽快制定物流信息技术标准和信息资源标准，建立物流信息采集、处理和服务的交换共享机制。加快行业物流公共信息平台建设，建立全国性公路运输信息网络和航空货运公共信息系统，以及其他运输与服务方式的信息网络。推动区域物流信息平台建设，鼓励城市间物流平台的信息共享。加快构建商务、金融、税务、海关、邮政、检验检疫、交通运输、铁路运输、航空运输和工商管理等政府部门的物流管理与服务公共信息平台，扶持一批物流信息服务企业成长。

（九）完善物流标准化体系

根据物流标准编制规划，加快制订、修订物流通用基础类、物流技术类、物流信息类、物流管理类、物流服务类等标准，完善物流标准化体系。密切关注国际发展趋势，加强重大基础标准研究。要对标准制定实施改革，加强物流标准工作的协调配合，充分发挥企业在制定物流标准中的主体作用。加快物流管理、技术和服务标准的推广，鼓励企业和有关方面采用标准化的物流计量、货物分类、物品标识、物流装备设施、工具器具、信息系统和作业流程等，提高物流的标准化程度。

（十）加强物流新技术的开发和应用

大力推广集装技术和单元化装载技术，推行托盘化单元装载运输方式，大力发展大吨位厢式货车和甩挂运输组织方式，推广网络化运输。完善并推广物品编码体系，广泛应用条码、智能标签、无线射频识别（RFID）等自动识别、标识技术以及电子数据交换（EDI）技术，发展可视化技术、货物跟踪技术和货物快速分拣技术，加大对 RFID 和移动物流信息服务技术、标准的研发和应用的投入。积极开发和利用全球定位系统（GNSS）、地理信息系统（GIS）、道路交通信息通信系统（VICS）、不停车自动交费系统（ETC）、智能交通系统（ITS）等运输领域新技术，加强物流信息系统安全体系研究。加强物流技术装备的研发与生产，鼓励企业采用仓储运输、装卸搬运、分拣包装、条码印刷等专用物流技术装备。

四、重点工程

(一) 多式联运、转运设施工程

依托已有的港口、铁路和公路货站、机场等交通运输设施，选择重点地区和综合交通枢纽，建设一批集装箱多式联运中转设施和连接两种以上运输方式的转运设施，提高铁路集装箱运输能力，重点解决港口与铁路、铁路与公路、民用航空与地面交通等枢纽不衔接以及各种交通枢纽相互分离带来的货物在运输过程中多次搬倒、拆装等问题，促进物流基础设施协调配套运行，实现多种运输方式“无缝衔接”，提高运输效率。

(二) 物流园区工程

在重要物流节点城市、制造业基地和综合交通枢纽，在土地利用总体规划、城市总体规划确定的城镇建设用地范围内，按照符合城市发展规划、城乡规划的要求，充分利用已有运输场站、仓储基地等基础设施，统筹规划建设一批以布局集中、用地节约、产业集聚、功能集成、经营集约为特征的物流园区，完善专业化物流组织服务，实现长途运输与短途运输的合理衔接，优化城市配送，提高物流运作的规模效益，节约土地占用，缓解城市交通压力。物流园区建设要严格按规划进行，充分发挥铁路运输优势，综合利用已有、规划和在建的物流基础设施，完善配套设施，防止盲目投资和重复建设。

(三) 城市配送工程

鼓励企业应用现代物流管理技术，适应电子商务和连锁经营发展的需要，在大中城市发展面向流通企业和消费者的社会化共同配送，促进流通的现代化，扩大居民消费。加快建设城市物流配送项目，鼓励专业运输企业开展城市配送，提高城市配送的专业化水平，解决城市快递、配送车辆进城通行、停靠和装卸作业问题，完善城市物流配送网络。

(四) 大宗商品和农村物流工程

加快煤炭物流通道建设，以山西、内蒙古、陕西煤炭外运为重点，形成若干个煤电路港一体化工程，完善煤炭物流系统。加强油气码头和运输管网建设，提高油气物流能力。加强重要矿产品港口物流设施建设，改善大型装备物流设施条件。加快粮食现代物流设施建设，建设跨省粮食物流通道和重要物流节点。加大投资力度，加快建设“北粮南运”和“西煤东运”工程。加强城乡统筹，推进农村物流工程。进一步加强农副产品批发市场建设，完善鲜活农产品储藏、加工、运输和配送等冷链物流设施，提高鲜活农产品冷藏运输比例，支持发展农资和农村消费品物流配送中心。

(五) 制造业与物流业联动发展工程

加强对制造业物流分离外包的指导和促进，支持制造企业改造现有业务流程，促进物流业务分离外包，提高核心竞争力。培育一批适应现代制造业物流需求的第三方物流企业，提升物流业为制造业服务的能力和水平。制定鼓励制造业与物流业联动发展的相关政策，组织实施一批制造业与物流业联动发展的示范工程和重点项目，促进现代制造业与物流业有机融合、联动发展。

（六）物流标准和技术推广工程

加快对现有仓储、转运设施和运输工具的标准化改造，鼓励企业采用标准化的物流设施和设备，实现物流设施、设备的标准化。推广实施托盘系列国家标准，鼓励企业采用标准化托盘，支持专业化企业在全国建设托盘共用系统，开展托盘的租赁回收业务，实现托盘标准化、社会化运作。鼓励企业采用集装单元、射频识别、货物跟踪、自动分拣、立体仓库、配送中心信息系统、冷链等物流新技术，提高物流运作管理水平。实施物流标准化服务示范工程，选择大型物流企业、物流园区开展物流标准化试点工作并逐步推广。

（七）物流公共信息平台工程

加快建设有利于信息资源共享的行业和区域物流公共信息平台项目，重点建设电子口岸、综合运输信息平台、物流资源交易平台和大宗商品交易平台。鼓励企业开展信息发布和信息系统外包等服务业务，建设面向中小企业的物流信息服务平台。

（八）物流科技攻关工程

加强物流新技术的自主研发，重点支持货物跟踪定位、智能交通、物流管理软件、移动物流信息服务等关键技术攻关，提高物流技术的自主创新能力。适应物流业与互联网融合发展的趋势，启动物联网的前瞻性研究工作。加快先进物流设备的研制，提高物流装备的现代化水平。

（九）应急物流工程

建立应急生产、流通、运输和物流企业信息系统，以便在突发事件发生时能够紧急调用。建立多层次的政府应急物资储备体系，保证应急调控的需要。加强应急物流设施设备建设，提高应急反应能力。选择和培育一批具有应急能力的物流企业，建立应急物流体系。

五、政策措施

（一）加强组织和协调

现代物流业是新型服务业，涉及面广。要加强对现代物流业发展的组织和协调，在相关部门各司其职、各负其责的基础上，发挥由发展改革委牵头、有关部门参加的全国现代物流工作部际联席会议的作用，研究协调现代物流业发展的有关重大问题和政策。各省、自治区、直辖市政府也要建立相应的协调机制，加强对地方现代物流业发展有关问题的研究和协调。

（二）改革物流管理体制

继续深化铁路、公路、水运、民航、邮政、货代等领域的体制改革，按照精简、统一、高效的原则和决策、执行、监督相协调的要求，建立政企分开、决策科学、权责对等、分工合理、执行顺畅、监督有力的物流综合管理体系，完善政府的公共服务职能，进一步规范运输、货代等行业的管理，促进物流服务的规范化、市场化和国际化。改革仓储企业经营体制，推进仓储设施和业务的社会化。打破行业垄断，消除地区封锁，依法制止和查处滥用行政权力阻碍或限制跨地区、跨行业物流服务的行为，逐步建立统一开放、竞争有序的全国物流服务市场，促进物流资源的规范、公平、有序和高效流动。加强监管，规范物流市场秩序，强化物流环节质量安全管理。进一步完善对物流企业的交通安全监管机制，督促企业定期对车辆技术状况、驾驶人资质进行检查，从源头上消除安全隐患，落实企业的安全生产主体责任。

（三）完善物流政策法规体系

在贯彻落实好现有推动现代物流业发展有关政策的基础上，进一步研究制定促进现代物流业发展的有关政策。加大政策支持力度，抓紧解决影响当前物流业发展的土地、税收、收费、融资和交通管理等方面的问题。引导和鼓励物流企业加强管理创新，完善公司治理结构，实施兼并重组，尽快做强做大。针对当前产业发展中出现的新情况和新问题，研究制定系统的物流产业政策。清理有关物流的行政法规，加强对物流领域的立法研究，完善物流的法律法规体系，促进物流业健康发展。

（四）制订落实专项规划

有关部门要制订专项规划，积极引导和推动重点领域和区域物流业的发展。发展改革委会同有关部门制订煤炭、粮食、农产品冷链、物流园区、应急物流等专项规划，商务部会同供销总社等有关部门制订商贸物流专项规划，国家标准委会同有关部门制订物流标准专项规划。物流业发展的重点地区，各级地方政府也要制订本地区物流业规划，指导本地区物流业的发展。

（五）多渠道增加对物流业的投入

物流业的发展，主要依靠企业自身的投入。要加快发展民营物流企业，扩大对外开放步伐，多渠道增加对物流业的投入。对列入国家和地方规划的物流基础设施建设项目，鼓励其通过银行贷款、股票上市、发行债券、增资扩股、企业兼并、中外合资等途径筹集建设资金。银行业金融机构要积极给予信贷支持。对涉及全国性、区域性重大物流基础设施项目，中央和地方政府可根据项目情况和财力状况适当安排中央和地方预算内建设投资，以投资补助、资本金注入或贷款贴息等方式给予支持，由企业进行市场化运作。

（六）完善物流统计指标体系

进一步完善物流业统计调查制度和信息管理制度，建立科学的物流业统计调查方法和指标体系。加强物流统计基础工作，开展物流统计理论和方法研究。认真贯彻实施社会物流统计核算与报表制度。积极推动地方物流统计工作，充分发挥行业组织的作用和力量，促进物流业统计信息交流，建立健全共享机制，提高统计数据的准确性和及时性。

（七）继续推进物流业对外开放和国际合作

充分利用世界贸易组织、自由贸易区和区域经济合作机制等平台，与有关国家和地区相互进一步开放与物流相关的分销、运输、仓储、货代等领域，特别是加强与日韩、东盟和中亚国家的双边和区域物流合作，开展物流方面的政策协调和技术合作，推动物流业“引进来”和“走出去”。加强国内物流企业同国际先进物流企业的合资、合作与交流，引进和吸收国外促进现代物流发展的先进经验和管理方法，提高物流业的全球化与区域化程度。加强国际物流“软环境”建设，包括鼓励运用国际惯例、推动与国际贸易规则及货代物流规则接轨、统一单证、加强风险控制和风险转移体系建设等。建立产业安全保障机制，完善物流业外资并购安全审查制度。

（八）加快物流人才培养

要采取多种形式，加快物流人才的培养。加强物流人才需求预测和调查，制订科学的培养目标和规划，发展多层次教育体系和在职人员培训体系。利用社会资源，鼓励企业与大学、科研机构合作，编写精品教材，提高实际操作能力，强化职业技能教育，开展物流领域的职业资质培训与认证工作。加强与国外物流教育与培训机构的联合与合作。

（九）发挥行业社团组织的作用

物流业社团组织应履行行业服务、自律、协调的职能，发挥在物流规划制订、政策建议、规范市场行为、统计与信息、技术合作、人才培训、咨询服务等方面的中介作用，成为政府与企业联系的桥梁和纽带。

六、规划实施

国务院各有关部门要按照《规划》的工作分工，加强沟通协商，密切配合，尽快制定和完善各项配套政策措施，明确政策措施的实施范围和进度，并加强指导和监督，确保实现物流业调整和振兴目标。有关部门要适时开展《规划》的后评价工作，及时提出评价意见。

各地区要按照《规划》确定的目标、任务和政策措施，结合当地实际抓紧制订具体工作方案，细化落实，确保取得实效。各省、自治区、直辖市要将具体工作方案和实施过程中出现的新情况、新问题及时报送发展改革委和交通运输、商务等有关部门。

附录 2 世界物流企业 100 强

1. USPS 美国邮政服务公司 USA Mail，Express
2. DPWN（DHL）德国邮政—敦豪丹莎海空 Germany Mail，Express，logistics，finance
3. UPS 联合包裹服务 USA Express，logistics
4. Maersk 马士基 Denmark Shipping，freight forwarding，logistics
5. FedEx 联邦快递 USA Express
6. La Poste 法国邮政 France Mail，Express
7. Cosco 中国远洋 China Shipping
8. Japan Post 日本邮政 Japan Mail
9. Nippon Express 日通 Japan Freight forwarding，logistics
10. Royal Mail 英国皇家邮政 UK Mail，Express
11. TPG（TNT）荷兰邮政—天地 Netherlands Mail，Express，logistics
12. Deutsche Bahn inc Schenker 德国国有铁路公司 Germany Rail freight，logistics
13. Union Pacific Corp 联合太平洋 USA Rail freight，logistics
14. NYK Line（Nippon Yusen KK）日本邮船 Japan Shipping，freight forwarding，logistics
15. Burlington Northern Santa Fe 北伯林顿三塔铁路公司 USA Rail freight，logistics
16. Exel 英运物流—金鹰 UK Freight forwarding，logistics
17. Yamato Transport 日本大和运输公司 Japan Logistics
18. Poste Italiane 意大利邮政 Italy Mail
19. Mitsui OSK Lines 商船三井株式会社 Japan Shipping line
20. CSX Corp CSX 运输公司 USA Rail freight，logistics
21. SNCF 法国铁路联营公司 France Rail freight，logistics
22. Kuehne & Nagel 瑞士德讯海空运 Switzerland Freight forwarding，logistics
23. China Post 中国邮政 China Mail
24. Norfolk Southern Corp 美国诺福克南方铁路 USA Rail freight，logistics
25. K Line 日本川崎汽船 Japan Shipping line，logistics
26. Panalpina 瑞士泛亚班拿 Switzerland Freight forwarding，logistics
27. NOL（APL）新加坡东方海皇（美集）Singapore Shipping line，logistics
28. CNF 美国 CNF 运输 USA Freight forwarding，road haulage
29. Swiss Post 瑞士邮政 Switzerland Mail
30. Ryder 美国莱德 USA Leasing，Logistics
31. ABX Logistics 比利时享利物流 Belgium Rail freight，logistics
32. Canada Post 加拿大邮政 Canada Mail
33. Hapag Lloyd 德国哈帕罗德航运 Germany Shipping line，logistics

34. Canadian National Railway 加拿大国家铁路 Canada Rail freight，logistics
35. Hyundai Merchant Marine 韩国现代商船株式会社 Korea Shipping
36. P&O Nedlloyd 荷兰铁行渣华 UK/Netherlands Shipping line
37. Geodis 法国乔达国际 France Freight forwarding，Express，logistics
38. Seino Transportation 日本 Seino 货运 Japan Logistics
39. Canadian Pacific 加拿大太平洋铁路 Canada Rail freight，logistics
40. Hanjin Shipping 韩进海运株式会社 Korea Shipping
41. Penske 美国潘世奇物流 USA Road haulage，logistics
42. CMA-CGM 法国达飞海运 France Shipping line
43. Schneider 美国施奈德物流 USA Trucking，logistics
44. Posten Sweden 瑞典邮政 Sweden Mail，Express，logistics
45. Gefco 法国捷富凯物流 France Road haulage，logistics
46. OOCL 中国香港东方海外集装箱 China Shipping，logistics
47. Yellow（inc. Roadway）美国 Yellow Roadway 货车运输 USA Trucking
48. Australia Post 澳大利亚邮政 Australia Mail
49. Tibbett & pitten 英国天美百达物流 UK Logistics
50. DSV 丹麦得夫得斯国际货运 Denmark Freight forwarding，logistics
51. CH Robinson 罗宾逊全球物流 USA Freight forwarding
52. Expeditors 美国劲达国际—康捷空货运代理 USA Freight forwarding
53. Lufthansa Cargo 德航汉莎货运 Germany Air Cargo
54. Dachser 德国超捷物流 Germany Road haulage，Logistics
55. Wincanton 英国 Wincanton 物流 UK Logistics
56. JB Hunt 美国 JB 亨特运输服务公司 USA Trucking，logistics
57. Hellmann 德国海尔曼全球物流—汉宏货运 Germany Freight forwarding，Express，logistics
58. Swift Transportation 美国转运交通公司 USA Trucking
59. Sirva 美国 Sirva 物流 USA Removals，logistics
60. US Freightways 美国运输 USA Trucking
61. Ingram Micro Logistics 美国英迈物流 USA Logistics
62. Sankyu Inc 日本山九株式会社 Japan Logistics
63. Posten Norway 挪威邮政 Norway Mail
64. EGL 美商恒运国际货运 USA Freight forwarding
65. De Post 比利时邮政 Belgium Mail
66. SCAC SDV 法国 SCAC SDV 货运 France Freight forwarding
67. Ziegler 比利时 Ziegler 货运 Belgium Freight forwarding
68. Sinotrans 中外运 China Logistics
69. Thiel 卢森堡 Thiel 物流 Luxembourg Logistics

70. Correos y Telegrafos 西班牙邮政 Spain Mail，Express
71. Bax Global 美国伯灵顿全球 USA Express，logistics
72. Kintetsu Worldwide Express 日本近铁国际货运 Japan Freight forwarding
73. Austria Post 奥地利邮政 Austria Mail
74. Hays 英国 Hays 物流 UK Logistics
75. Brazil Post 巴西邮政 Brazil Mail
76. Air France cargo 法航货运 France Air Cargo
77. Post Danmark 丹麦邮政 Denmark Mail
78. Caterpillar Logistics 美国卡特彼勒物流 USA Logistics
79. Hitachi Transport System Ltd 日立物流 Japan Logistics
80. Fiege 德国飞格国际通运 Germany Road haulage，freight forwarding，logistics
81. Landstar Systems Inc 美国 Landstar system 货运 USA Road freight
82. Korean Air 大韩航空 Korea Air Cargo
83. Stef TFE 法国 STEF TFE 物流 France Logistics
84. Christian Salvesen 英国 Christian Salvesen 物流 UK Logistics
85. Werner Enterprises 美国温拿服务 USA Road freight
86. JAL Cargo 日本货运航空公司 Japan Air Cargo
87. Singapore Airlines 新加坡货运航空公司 Singapore Air Cargo
88. Groupe Cat 法国彼得卡特物流 France Road haulage，logistics
89. Arkansas Best Corp 美国阿肯色货运 USA Trucking
90. Hub Group 美国中心集团 USA Road，rail，air
91. Yang Ming Line 台湾阳明海运 Taiwan Shipping Line
92. Toll Holdings Ltd 澳大利亚 Toll 物流 Australia Logistics
93. Hub Group 美国中心集团 USA Road freight
94. KLM Cargo 荷兰皇家航空货运 Netherlands Air Cargo
95. Norbert Dentressangle 法国 Norbert Dentressangle 集团 France Logistics
96. Senko Co Ltd 日本 Senko 物流 Japan Road，sea，logistics
97. Cathay Pacific 香港国泰航空 Hong Kong Air Cargo
98. Senator Line 德国胜利航运 Germany Shipping，logistics
99. Geologistics 美国智傲物流 USA Freight forwarding
100. Autologic 英国 Autologic 物流 UK Logistics